경현金倞顯

국립대학교 대학원 사회학과 박사과정 수료.
〈진주신문〉 기자, 『명석면사』·『친일인명사전』·『경상남도사』 집필위원, 친일반민족행위진상
명위원회 조사3팀장, 행정안전부 과거사관련업무지원단 전문위원 역임.
종국상 학술부문 수상.
서로 『진주이야기 100선』·『명석면사』·『일제강점기인명록I-진주지역 관공리·유력자』·『민중
전쟁기억-1950년 진주』가 있고, 편찬한 책으로 『친일반민족행위진상규명위원회보고서 보유
』과 기획·작성한 책으로 과거사 관련 국가소송 및 헌법재판 판례집(전 5권)이 있으며, 공저로
구술사로 읽는 한국전쟁』 등이 있음.

듣도 보도 못한 진주역사

김경현의 진주이야기 100선

글쓴이 : 김경현

발행일 : 2024년 1월 10일

발행인 : 이문희
펴낸곳 : 도서출판 곰단지
주　소 : 경남 진주시 동부로 169번길 12, 윙스타워 A동 1007호
전　화 : 070-7677-1622
팩　스 : 070-7610-2323
전자우편 : gomdanjee@hanmail.net

ISBN : 979-11-89773-87-4　03900

듣도 보도

김경현의 진주이야기

들도 보도 못한 진주역사

김경현의 진주이야기 100선

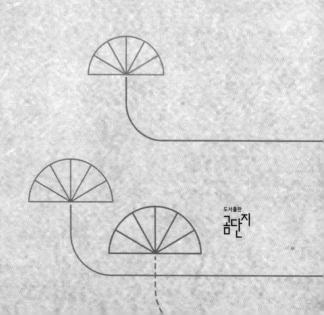

도서출판
곰단지

증보판 발간에 부쳐

25년 만에 초간본을 개정·보완해 증보판을 내놓습니다.

필자가 이 책을 쓰게 된 것은 1998년 당시 진주문화원 황대영 원장의 권유가 있었기 때문입니다. 이렇게 세상에 나온 『진주(晉州)이야기 100선(選)』은 부족함이 많은 책이었지만 필자의 첫 저작이었기 때문에 애착이 많이 갑니다. 비록 이 책은 오랜 시간 동안 진주사람들의 사랑을 받았지만 이미 절판된 지 오래되었습니다. 그래서 이 책을 찾는 사람들의 수요를 충족시키지 못하고 있었는데, 그러던 차에 2023년 10월 때마침 진주문고 여태훈 대표의 권유를 계기로 복간본 출간의 마음을 굳혀 옛 원고의 파일을 찾아내 고치고 보완하여 이렇게 증보판을 내놓게 되었습니다.

1998년 당시는 필자가 책이란 것을 처음 써본 때였습니다. 그래서인지 지금 들여다보니 참 서툰 점이 많이 눈에 띕니다. 군데군데 어색한 문장이나 거친 말투가 보이고, 지나칠 정도로 괄호 안의 설명이 많고 접속사도 눈에 거슬릴 정도로 많습니다. 어떤 글은 역사이야기답지 않게 매우 감상적이거나 혹은 과잉된 감정을 여과 없이 드러내기도 했습니다. 반면에 어떤 글은 행정백서나 통계를 나열하듯 매우 무미건조하게 썼습니다. 게다가 25년 전의 시점과 현재의 시점과는 간격이 너무 크고 시간적 차이만큼이나 물리적 거리도 큽니다. 그래도 이 간격을 메꿔야만 한다면 참으로 많은 내용을 보완하고 첨가해야 할 것입니다. 그럴 바에는 차라리 책을 다시 써야 할 판입니다. (특히 100선에서 빠진 논개의 가무제인 '의암별제'와 기생들의 '교방문화' 이야기가 그렇습니다.)

그렇지만 기존 내용이 갖고 있는 역사이야기의 유의미성에 비추어 볼 때 그 내용을 허투루 보거나 함부로 훼손하기 어려웠으므로, 초간본의 내용은 필요한 경우를 제외하고 대부분 그대로 두었습니다. 만약 아무것도 손대지 않고 오류조차 똑같은 판본으로 발행한다면, 그 책은 엄밀히 말해 '영인본(影印本)'이라고 해야 맞습니다.

하지만 이 책은 영인본이 아닙니다. 문장을 손질해 보완한 것도 있고, 요즘 트렌드에 맞게 편집한 부분도 있습니다. 또 예외적으로 고친 부분도 있습니다. 그렇지만 전체적으로는 기존 내용의 줄거리를 대부분 그대로 유지했습니다. 또 사소한 것 같지만 초간본에 표기한 것처럼 일본인 이름도 풀네임 대신에 성씨만 표기했고, 예외적으로 성씨만 일본어발음으로 표시했지만 어떤 것은 풀네임을 한자가 아닌 한글로 하고 괄호 안에 적어놓았습니다. 특별한 이유가 있다기보다는 초간본에 쓴 방식을 그대로 유지한다는 측면입니다. 예컨대 당시 도요토미 히데요시보다 '풍신수길'이 더 우리식 표기라고 생각했기 때문입니다.

그러므로 절판된 책을 다시 발간한다는 것은 넓은 의미로 해석해 일부 내용을 수정하고 '복간(復刊)'한다는 뜻으로 보고, 큰 줄거리와 서술방식은 그대로 유지하고자 했습니다. 그래서 이 책의 원래 제목 『진주이야기 100선』에다 '증보(增補)'라는 말을 덧붙이려고 했지만, 제목 대신에 이 책의 내용을 함축적으로 보여주기 위해 『듣도 보도 못한 진주역사』란 부제를 달게 되었습니다. 사실 25년 전 필자가 무작위로 선정해 썼던 당시에는 생소하고 놀라운 이야기들이 많이 있었지만 문화원스럽게 『진주(晉州)이야기 100선(選)』이라고 붙였습니다. 그러나 이번 증보판의 제목(부제를 말함)은 초심대로 달아보았습니다. 그 이유는 처음 이 책이 나왔을 때 진주토박이들도 처음 들어보는 이야기라고 호기심을 자아냈던 모습이 떠올랐기 때문입니다. 정말 듣도 보도 못한 진주역사 이야기가 아닐까 합니다.

비록 초간본의 글은 투박하지만, 그 글이야말로 필자가 당시 느끼고 사용한 언어이고 말투입니다. 그런 점에서 익히지 않고 날것처럼 보이는 생경함을 무릅쓰고 그 말투, 그대로 놔두기로 결정한 것입니다. 단지 본문의 인용 원문의 국한문과 한자를 한글로, 혹은 한글을 한자로 병기하거나 뜻풀이가 필요할 경우 인용문을 풀어서 대괄호 속에 해석한 문장을 달았고, 오탈자와 사실오인 된 부분은 바로잡았습니다.

사실상 이 책은 부족하고 고쳤으면 하는 부분이 적지 않았고, 더러는 전면적으로 손질할 부분도 상당하게 보였으므로 욕심 같았으면 모두 확 뜯어고쳤으면 싶기도 했습니다. 그렇지만 앞서 말했듯이 당시 집필했던 의도와 분위기를 살려 그대로 두고, 역사기록의 차원에서 예외적이거나 필요한 경우만 손보기로 했습니다. 이런 점 때문에 필요 이상의 수정이나 가필은 하지 않도록 노력했습니다. 하지만 막상 해보니 쉽지 않았던 관계로 수월하게 진행되지 않아 상당한 부분에 손을 댔던 것 같습니다. 그러고 보니 훨씬 더 나아졌다고 생각됩니다. 물론 제한적으로나마 고치고 보완한다고 했지만 아무리 많이 고치고 집어넣어 개정·증보한다고 하더라도 기존의 초간본이 갖고 있는 의미와 가치를 넘어설 수 없다고 봅니다.

그렇다면 본문에 나오는 '현재'라는 말은 초간본이 나온 1998년을 뜻하기도 하지만 증보판이 탈고된 2023년을 말하기도 합니다. 제아무리 세월이 흘렀다고 해도 과거의 역사적 흔적과 구전된 이야기는 기록이 있는 한 미래의 시점에서도 쉽게 변하지 않습니다. 다만 아쉬운 것은 원래 초간본에 실린 사진도판을 그대로 썼다는 점입니다. 그래서 복간본의 사진도판이 뚜렷하지 않다는 한계가 있는데, 원판 사진이 있었다면 좀 더 선명하게 사진을 수록하지 않았을까 하는 아쉬움이 남습니다. (이를 보완하는 측면에서 사진협회 진주지부 정현표 지부장이 1999년 편찬한 『사진으로 본 진주』 및 경상국립대박물관의 전시사진 등을 추가로 참고했습니다.)

앞으로 『진주이야기 100선』과 같은 책을 다시 쓰게 된다면 형식과 내용은 비슷하겠지만 좀 더 역사적인 의미를 담아보는 글을 쓰지 않을까 생각합니다. 이 책의 후속작을 펴내기 위해 오래전에 준비한 역사보따리가 빛을 볼 날을 기다리고 있습니다. 필자에게는 초간본 100가지 이야기에 담지 못한 역사이야기가 아직도 남아 있습니다. 그래서 옛 역사유물이나 역사흔적 등이 묻어 있는 글감이나 재료를 미련이 남아 여태껏 버리지 못하고 모두 보따리에 담아 두었습니다. 비록 역사이야기를 담은 보따리가 낡았지만, 내용물은 닦을수록 빛이 날 것입니다. 마치 술이 익어가는 단지처럼 필자의 역사보따리도 숙성이 끝나면 그동안 봉인되어 있던 매듭을 하나씩 풀어야 할 것입니다. 그때까지 이 증보판으로 아쉬움을 달래겠습니다.

어떤 기억이라도 기록으로 남기지 않는다면 결국 잊히거나 왜곡되기 마련입니다. 증보판을 만들면서 그때 기록하지 않았다면 지금은 도저히 알 수 없는 이야기들도 있었다는 사실이 그것을 잘 말해줍니다. 세월이 지나면 흔적은 지워지고 기억은 잊히지만 기록은 남는다는 평범한 역사적 진리가 비단 이 책의 이야기에만 해당하는 것은 아닐 것입니다.

하마터면 소중한 이야기가 사장될 뻔했는데, 이를 되살려 증보판으로 출간하도록 기회를 준 도서출판 곰단지와 이문희 대표에게 감사드립니다. 어쩌면 이 대표의 시편처럼 '그 이야기 전설이 되고 / 전설은 묻히고 몇 만 년 후에 / 누군가 캐낸 화석이 되고 / 누군가 우리의 연대를 추적하고 / 이야기를 만들 테지'라고 하지 않겠습니까? 그동안 즐거운 증보 작업이었습니다. 필자 김경현이 올립니다.

진주를 그리워하며
세종 방축천에서

역사의 중심축에 있었던 『진주이야기 100선』을 쓰면서

『진주이야기 100선』을 끝내고 내린 결론은 '진주 역사를 보면 우리나라 역사를 안다'라는 것입니다. 이러한 결론이 내려지기까지 타지역 출신인 필자로서는 진주의 역사와 문화를 찾는다는 것이 참으로 지난하게 느껴질 수밖에 없는 과정이었습니다. 그래서 개인사적인 이야기부터 꺼냄으로써 이 이야기를 쓰게 된 배경과 진주를 사랑하게 된 동기를 찾고자 합니다.

필자가 '역사의 보고(寶庫) 진주'를 맨 처음 찾게 된 것은 1980년 수학여행 때였습니다. 당시 중학생의 신분이던 필자는 선생님의 인솔 아래 성지정화사업이 완결되기 전의 진주성에 들어와 촉석루와 의암을 구경하고 임진왜란 3대첩의 하나인 진주성 전투와 왜장을 껴안고 순국한 논개의 이야기를 알았습니다. 그러나 진주 이야기는 그것이 다였습니다. 필자의 뇌리에는 진주가 촉석루와 논개밖에 없는 그저 그렇고 그런 자그마하고 조용한 도시로 오랫동안 각인되었기 때문입니다. 학창시절에 역사 이야기를 좋아했던 관계로 역사책을 많이 읽었지만, 그 속에 진주 이야기가 끼어들 형편은 못됐습니다. 그것은 필자가 읽은 역사책과 회고록 등이 모두 중앙사에 집중된 이야기였고 중앙무대를 장식한 인물들의 이야기였기 때문입니다. 더구나 그 이야기들은 한결같이 식민사관과 관변사학이 각색한 왕조 중심의 이야기였고, 한편으로는 부정한 정권을 유지하기 위해 만든 국수주의적인 지배 이데올로기 그 자체였으며, 또한 성공한 개인의 치부를 합리화하는 현학적인 이야기들 뿐이었습니다.

그래서 필자는 왜곡된 역사의식을 가질 수밖에 없었고, 우리나라 역사는 지방에서 이름 없이 사라져간 민중들의 이야기 대신에 중앙에서 이름을 날린 권력자의 이야기만 있는 줄 알았습니다. 역사와 문화가 오직 중앙에만 존재하고 지방의 역사와 문화는 중앙을 위해서만 이뤄지고 그래야만 존재가치를 인정받는 줄로 알았던 것입니다. 참으로 한심한 일이었습니다. 획일화된 제도교육 아래서 역사의 동력이고 문화의 주체인 민중의 이야기는 이렇게 철저히 왜곡되고 가치 없게 내버려졌던 것입니다.

그러다가 진주를 다녀간 지 불과 5년밖에 되지 않았는데도 아득하게 멀게만 느껴지던 진주를 1985년 다시 찾아왔습니다. 2차선이던 남해고속도로를 타고 진주의 관문에 들어섰을 때 차창 밖으로 스쳐 지나가는 '천릿길 진주 잘 오셨습니다'라는 입간판이 너무나 깊은 인상을 남기며 새로운 모습으로 다가왔던 것입니다.

그러나 필자의 눈과 귀가 비뚤어져 대학 시절 내내 진주를 바로 보지도 듣지도 못했으며, 대학만 마치면 진주를 하루 속히 떠날 생각만 했을 정도로 답답하고 재미없는 고장으로 생각했던 것이 사실입니다. 당시 특색 없는 개천예술제는 야바위꾼 잔치로 전락했다고 생각했고, 가야유물만 즐비했던 박물관인 줄 알면서도 진주성 전투의 생생한 흔적이 남은 유물을 찾아보겠다고 몇 번이나 진주박물관을 들락거리는 헛수고도 했습니다. 아름답게만 보이던 남강이 강바닥을 드러내며 오염돼 가는 모습과 진주의 상징이던 남강 대숲이 점차 잘려 나가는 광경에서는 실망만 거듭했습니다.

그저 여느 젊은이들과 마찬가지로 현상만 보고 진주의 유구한 역사와 문화 속에 감춰진 '진주정신'은 보지 못했던 것입니다. 철저하게 중앙사적으로만 바라보던 필자의 진주에 대한 역사문화 인식은 이분법적인 사고로 일관되었습니다. 가령 이충무공이 진주와 무슨 상관이 있고 또한 구한말 군대해산이 진주와 무슨 상관이 있느냐는 식이었습니다. 갑오농민전쟁을 떠올리면 전라도와 전봉준만 생각되고 이른바 대구폭동사건으로 알려진 10월인민항쟁을 생각하면 대구만 생각되었습니다. '진주농민항쟁'보다 '진주민란'이란 용어가 더 자연스럽게 생각됐으며, 종군위안부와 정신대의 문제는 먼 이야기로만 생각되었습니다.

그러나 이충무공은 제2차 진주성전투가 끝난 후 7만 민관군이 옥쇄한 진주성에 찾아와 촉석루에서 비통한 눈물을 흘렸으며, 진주의 진영대는 군대해산을 거부하고 무장봉기 상황까지 갔으나 친일파 최지환의 간계로 무장해제를 당하였고, 갑오농민전쟁 때에는 평거동 너우니에서 진주동학농민군이 봉기해 진주성을 점령하여 그 위세를 떨쳤고, 10월인민항쟁은 대구 못지않게 진주에서도 진주민중들의 항거가 격렬했습니다. 또한 진주농민항쟁을 시정잡배의 민란으로 왜곡되게 인식했던 것은 식민사관과 관변사학 때문이 컸으며, 정신대로 끌려가 일본군의 성적 노리개가 된 나이 어린 여자초등학생의 학적부를 진주에서 확인하는 순간 어디선가 솟아오르는 분노와 살떨림마저 느끼지 않을 수 없었습니다.

이러한 사실은 필자가 지난 7년 동안 진주신문사에 재직하면서 취재기자로 진주지역을 답사하는 동안 알게 모르게 발견한 것입니다. 진주민중의 역사와 문화는 워낙 놀라운 것이어서 필자는 전설 수준의 이야기에서부터 근현대사에 이르기까지 관심의 영역을 계속 확대하지 않을 수 없었으며 그러는 동안 진주를 사랑하지 않으면 안 되게 됐던 것입니다. 사료를 하나하나 확인하면서 때로는 그 시대의 현장에 서 있는 것처럼 전율도 느꼈고, 희망찬 함성과 의로운 투쟁을 보았고, 한숨을 내쉬기도 했습니다.

그 결과 진주의 역사와 문화는 우리나라 역사와 문화 그 자체였고 진주민중의 보편적인 생활사이기도 했습니다. 그것은 파편적으로 고립된 진주의 이야기가 아니라 우리나라 역사와 유기적으로 결합해 발전한 것이었고, 때로는 주체적으로 나타나기도 한 자랑스러운 진주민중들이 일궈낸 삶의 흔적들이었습니다. 이 이야기를 조사하고 쓰면서 필자는 그 시대에 삶을 살다간 어느 누구라도 '역사와 문화'라는 공간에서 별개적으로 존재할 수 없음을 깨달았으며, 오늘을 살아가는 우리에게도 '무엇을 할 것인가'에 대한 진지한 물음과 해답을 제시하고 있다고 생각했습니다.

따라서 지방사에 있어서도 정치적인 이유로 금기시됐거나 터무니없이 확대해석되거나 축소왜곡된 부분은 바로 잡혀야 할 것입니다. 진주의 역사와 문화를 찾는 과정은 사라져간 진주민중의 힘을 재확인하는 과정일 것이고, 중앙사에 매몰된 지방사를 복원하는 작업일 것입니다. 많은 시간에 비해 필자의 능력과 소견부족으로 미흡함이 많은 가운데 우선 100가지 이야기를 선정해 내놓습니다. 잘못된 부분이 있다면 진주인이 되고자 노력했던 한 젊은 탐사자(探査者)의 과욕으로 보고 용서해 주시고 앞으로 진주 이야기를 찾는데 더욱더 정진해 나가겠습니다.

『진주이야기 100선』은 1억2천만 년 전의 공룡시대 이야기부터 1998년 12월 현재 재건축되고 있는 진주 최초의 남강아파트 이야기까지 장구한 기간에 걸쳐 있습니다만 주로 일제 침략기의 이야기가 많습니다. 그것은 진주민중의 삶이 질곡에 빠진 가장 최근의 이야기였기 때문이며, 그 당시의 모순이 청산되지 못하고 오늘날에도 진주사회의 유제로 계속 남아 있기 때문입니다.

무엇보다 일제 침략과 식민지라는 참혹한 현실 속에서도 진주민중은 역사의 전면에 나서서 전국에서도 유례가 드문 주체적인 항쟁을 많이 이루어낸 이유도 거기에 있었기 때문입니다. 조선군이 아닌 일본군과 직접 단독으로 대규모적인 전투를 벌인 사례는 진주동학농민군 밖에 없으며, 진주는 전국 최초로 공립학교에서 남녀공학을 시작한 곳이었으며, 백정해방운동인 형평사 활동이 맨처음 시작한 곳도 진주였으며, 또한 전국 최초로 소작인대회가 벌어진 곳도 진주였던 것입니다.

따라서 필자는 천편일률적인 연대기처럼 진주 이야기들을 나열하지 않았는데, 그것은 진주민중의 역사와 문화가 도식적으로 존재하지 않았다고 보기 때문입니다. 단지 선정된 100가지 주제에 대해 글의 분량을 고르게 분배하려고 노력했으나 내용을 확인하거나 재구성하는 과정에서 어떤 부분은 너무 부족했던 게 아닌가 하는 느낌도 받았습니다. 그러나 차후 보완과제로 남겨 두었습니다.

특히 『진주이야기 100선』에 진주를 대표한다고 할 수 있는 촉석루나 논개, 삼장사, 소싸움 등의 이야기가 빠진 것은 필자의 중세사에 대한 염증도 있었겠지만, 진주의 알려지지 않는 이야기를 더 담고 싶었기 때문입니다. 그래서 널리 알려진 이야기보다 필자가 직접 채록한 전설이나 버려진 이야기들을 많이 챙겼던 것입니다.

그러나 아쉬웠던 점은 일제 시기의 너무 많은 역사적 사실들을 장구한 역사 속에 추려낸 100가지 안에 다루다 보니 진주고보와 진주농업학교의 항일학생운동과 진주노동공제회의 소작쟁의 그리고 진주사회주의운동, 정신대 문제 등이 빠졌으며, 3·1민족해방운동도 단편적으로만 다뤄졌다는 것입니다. 이는 이 이야기가 시대상황을 중심으로 한 것이 아니라 공간중심에서 시대상황을 바라봤기 때문에 자료와 채록담은 확보했어도 그 공간을 나타낼 만한 당대의 사진자료를 구하지 못해 못 쓴 경우도 많았기 때문입니다.

『진주이야기 100선』은 그 시대의 분위기를 조금이라도 더 전달하고자 원문의 글을 그대로 인용한 경우가 많았고, 용어도 그 당시에 사용하던 그대로 표기하려고 노력했습니다. 그런데 일본인의 성씨나 이름을 히라가나 발음대로 모두 표기하지 못하고 일부만 그친 것은 필자의 게으름 때문이었음을 밝혀 둡니다.

능력은 없고 의욕만 앞선 필자가 이 정도라도 진주 이야기를 쓸 수 있었던 것은 수많은 사람의 도움이 있었기에 가능했습니다. 이 자리를 빌려 하나하나 도움을 주신 사람들의 이름을 거명하고 싶지만, 너무 많고 어떻게 재단할 수 없을 정도로 필자에게 모두 소중한 분들이었기에 아예 생략했으며, 단지 이 책 끝에 사진제공자와 제공처를 밝혀 둔 것으로 대신했습니다.

그리고 참고문헌을 달지 않은 것도 너무나 많은 자료가 사용된 이유도 있었겠지만, 현학적으로 보이기 싫은 필자 개인의 생각과 이 이야기가 각주를 달아야 할 만큼 학술적인 논문이 아니라는 점도 작용했습니다. 다만 사진과 원문에 대한 출전은 모두 밝혔습니다.

끝으로 이 책을 출판할 수 있도록 기회를 주신 황대영 문화원장님께 감사를 드리며, 한때나마 이 글을 쓰는데 적지 않게 힘이 돼 준 정인(情人)께 이 책을 바칩니다.

1998년 12월
돌방이 있는 운돌에서
김경현

차례

듣도 보도 못한 진주역사

김경현의 진주이야기 100선

1. 선화당(宣化堂)

관찰사 집무실, 30년간 경남도정의 총본산

▲ 위 사진은 1913년 2월 선화당 앞에서 기념촬영한 일제 초 인사들의 모습. (앞줄 중앙에 실크해드를 쓴 사람은 일제 때 초대 경남도장관으로 부임했다가 떠나는 가가와이고 앞줄 왼쪽에서 다섯 번째가 당시 경남일보 주필이었던 장지연이다. 줄줄이 앉아있는 여자들은 가가와를 모셨던 진주기생들이다.) 〈사진출전 : 경남도정백년사〉

경상남도의 유서 깊은 관아인 '선화당(宣化堂)'이 지난 1996년 경남도 탄생 1백주년을 맞아 지역민의 관심을 집중시켰다. 선화당은 조선 말 개화기 때 관찰사청이었으나 일제에 의해 국권이 상실된 후 도청이전으로 용도 폐기될 때까지 30여 년간 경남도정의 총본산이었다.

예로부터 진주목으로 이름이 높던 큰고을 진주에 관찰도란 새로운 지방행정구역이 설정됐다. 1895년 5월 26일 칙령 제98호에 의해 진주성에 진주관찰부가 설치되고 진주관찰사가 부임했다. 기존의 행정구역이던 진주목과 속군·속현 등은 진주관찰부로 포함되어 새롭게 설정됐다. 하지만 이듬해 행정구역이 다시 바뀌었다. 1896년 8월 4일 진주관찰부가 경상남도로 변경되고 진주성에 경상남도청(경남관찰도청)이 설치됐으며, 진주관찰사가 경남관찰사로 명칭이 변경됐다. 경남관찰도는 기존 진주관찰부를 중심으로 지금의 부산과 울산 일대까지 관할하는 경상남도 행정구역으로 확장됐다.

이에 진주성에는 경남관찰사가 주재하는 도청(관찰도청 또는 관찰사청이라고 부름)이 들어서게 되고, 관찰사(지금의 도지사)가 집무실인 선화당에서 도정업무를 보게 됐다. 선화당은 원래 경상도 우병영(경남·북의 낙동강 서부지역을 총괄하던 육상방어기구)의 관청이었던 '운주헌(옛 이름은 관덕당)'인데 그동안 이곳에서 진주병사가 병무를 보았다. 그러다가 우병영이 폐지되고 관찰사가 부임하면서 운주헌은 선화당이란 명칭으로 바뀌었다.

원래 관찰사는 '조선8도'의 각도에 1명씩 임명했던 조선시대의 지방장관(종2품)을 말하는데 관찰사를 다른 말로 '감사'라고도 불렀기 때문에 관찰사가 있는 관청을 '감영'이라고 했다. 경상도관찰사는 조선시대 내내 대구(달성) 등 경북에만 주재하고 있었기 때문에 경남에는 없었다. 그러다가 조선 말 경상도가 남북으로 나눠진 후 관찰사가 진주에도 주재하면서 경남도정의 역사가 새롭게 시작됐던 것이다.

경남관찰사도 예전의 경상도관찰사처럼 관할지역내에서 만큼은 막강한 권력을 가졌다. 물론 중요한 정사에 대해서는 조정의 명령을 따랐지만 자기가 관할하고 있는 경남지역에 대해서는 경찰권·사법권·징세권 등을 행사하며 지방행정상 절대권력을 누렸다. 특히 관찰사가 주재하고 있는 진주의 경우 관찰사의 권력남용이 더 심했다. 따라서 관찰사가 있던 선화당은 백성들에게 위민기관이 아니라 '원성의 대상'으로 인식될 수밖에 없었다. 예컨대 경남관찰사 조시영이 보인 행태는 관찰사가 부릴 수 있는 권력이 과연 어느 정도였는지를 잘 보여주고 있다.

1898년 4월 조시영의 학정을 더 이상 보다 못한 어느 진주사람은 서재필이 창간한 〈독립신문〉에다 편지를 보내 그의 만행을 폭로했다. 〈독립신문〉 1898년 5월 5일자 보도에 따르면 경남관찰사 조시영은 진주군에 사는 죄 없는 백성 강대중을 구타해 옥에 가두고는 엽전 1만 냥을 빼앗은 후에 그를 풀어줬다는 것과, 역시 진주군에 거주하는 양민 윤재선에 대해서는 그의 딸을 자신의 첩으로 주지 않는다는 이유로 구타하고 옥에 가두었다는 것을 고발하고 있다. (그런데 아이러니한 것은 그의 공덕비가 진주성 영남포정사 옆 비석군 안에 세워져 있다는 사실이다. 그가 행한 악덕이 공덕으로 둔갑한 모순된 일이 아닐 수 없다.) 이러한 관찰사의 절대권력이 종종 문제 되자 대한제국 정부는 이들에 대해 징계를 내리기도 해 관찰사 이지용(1899년 8월~1900년 7월 재임)의 경우 정부가 그에게 실정의 책임을 물어 파면시킨 경우에 해당됐다.

하지만 이지용은 왕실종친(고종과는 5촌 당숙부와 당조카 사이였음)이었던 관계로 그 후에도 승승장구하며 출세해 을사오적(乙巳五賊)의 1인에 포함되는 내부대신이 됐고, 국권상실 때는 나라를 팔아먹은 공로로 일제의 귀족(백작)이 됐다. 이와 관련해 이지용과 진주기생의 관계를 보여주는 좋은 일화가 있다. 이지용이 진주기생 산홍의 미모에 반한 나머지 거금을 내놓고 자기 첩으로 들어와 달라고 요구한 적이 있었다고 한다. 그러나 산홍은 권력과 금력의 위세 앞에서도 굴하지 않고 한마디로 잘라 거절했다. 그녀는 "세상 사람들이 모두 대감을 매국노니 오적이니 하며 욕을 하는데, 아무리 천금의 돈이 귀하기로 어찌 역적의 첩노릇을 하겠습니까?"라고 일갈했다. 이 말에 격분한 이지용은 산홍에게 폭력을 행사하며 욕을 퍼부었으나 이미 그의 위신은 구겨질 대로 구겨졌고 망신을 당한 후였다고 전해진다.

아무튼 관찰사는 정부의 개화시책과 관제개편 그리고 일제의 간섭(일제통감부의 고문제도) 등으로 막강한 권력이 점차 축소되면서 일제의 허수아비로 전락한 끝에 지금과 같은 도지사라는 행정관으로 바뀌었다.

당시 관찰사의 탐욕스런 학정으로 도탄에 빠진 진주백성들은 참담한 심정을 억누를 수 없었는데, 이를 노래한 관찰사 송덕가가 우리나라 최초의 일간신문인 〈매일신문〉 1899년 1월 28일자에 실렸다. 역설적이게도 그 내용은 송덕가가 아닌 원망가였다. 가난한 백성이 관리들에게 푼돈과 농토를 빼앗기며 도탄에 빠져 있는데, 경남관찰사란 자는 촉석루에서 놀음판이나 벌이고 기생의 검무에만 관심을 두고 있다는 행태를 질타한 노래였다.

'쑤리 쎄인다 / 쑤리 쎄인다 / 진쥬 일군 쑤리 쎄인다 / 됴관찰ᄉ도님은 진쥬 빅셩 살니시오 / 잔민이 도탄ᄒ고 관리ᄂᆫ 부귀로다 / 됴흘시고 됴흘시고 / 촉셕 노룸 됴흘시고 / 잔민의 푼젼 쌔앗고 부민의 량젼 쎄셔 / 촉셕루에 놉히 안져 / 기셩 검무만 잠심 ᄒ다더라'(기사원문 인용)

[뿌리 뽑힌다 / 뿌리 뽑힌다 / 진주를 일구었던 뿌리가 뽑힌다 / 도관찰(道觀察) 사또님은 진주백성 살리시오 / 잔민(殘民)이 도탄(塗炭)하고 관리(官吏)는 부귀(富貴)로다 / 좋을씨고 좋을씨고 / 촉석루 놀음 좋을씨고 / 잔민의 푼돈 빼앗고 부민(府民)의 양전(良田) 빼앗아 / 촉석루에 높이 앉아 / 기생 검무(劍舞)만 잠심(潛心)한다더라]

그런데 국권상실 직전, 도정을 펼치던 선화당이 수천명의 진주성민에 의해 포위되는 사건이 발생했다. 물론 조선 말 때 선화당은 진주성이 공격받았던 수차례의 난리로, 이른바 민란(진주농민항쟁과 동학혁명)과 의병봉기(노응규 봉기) 등으로 점령된 적이 있었다. 그런데 앞서 있었던 민란이나 의병과는 전혀 다른 양상이 있었다.

1909년 진주의 마지막 경남도 관찰사였던 황철이 통감부의 지방장관회의에서 발언하기를, 진주에 있는 도청을 부산으로 이전할 수도 있다는 점을 시사했던 것이다. 이것이 진주성민들에게 알려지면서 선화당이 농민전쟁이나 의병전쟁 때처럼 또다시 포위됐던 것이다. 당시 선화당에 몰려온 군중들은 관찰사의 발언을 규탄하며 해명을 요구했는데 사태의 악화를 우려한 황철이 선화당에서 급히 나와 자신의 경솔함을 사과함으로써 일단 사태를 진정시켰다.

지역민의 민감한 사안이었던 도청이전발언을 함부로 했다가 철회한 황철은 누구인가. 그는 경남의 마지막 관찰사였는데, 이력을 살펴보면 흥미롭다. 황철은 우리나라 최초의 사진작가이기도 했으며 국권상실 후 일제의 작위나 은사금도 받지 않은 인물이었으나 망해가는 조국의 마지막 행정관으로서 그가 할 수 있었던 일은 고작 의병을 추격하는 일본군을 뒤따라다니며 주민들에게 '폭도귀순'이나 권유하는 등 일제의 꼭두각시 역할밖에 한 것이 없었다. 물론 황철의 전임 관찰사인 김사묵의 경우도 마찬가지였다. 김사묵은 1907년 군대해산 때 진주주둔 한병(韓兵)인 진영대를 해산시키기 위해 일본군에 대해 협조하는 등 통감부시대의 경남관찰사는 외피만 조선인이고 대한제국 관리일뿐 실제로는 일본인의 이익을 위해 봉사하는 '반(半)일본인'이었다. (실제로 황철은 일본어에도 능통했다.)

마침내 1910년 일본에 강제병합된 경술국치(庚戌國恥)를 당한 진주사람들은 뜻밖에도 무덤덤했다. 이미 부패한 대한제국에 대해 미련은 남아 있지 않은 듯 보였다. 이렇게 일제의 '한일합병'으로 조선인에 의한 도정업무가 완전히 폐지되고 관찰사가 선화당에서 쫓겨났다. 이에 따라 선화당은 조선총독부의 경남도청 건물로 이용되고 도지사격인 일본인 도장관이 그 주인이 된다. (사실상 이미 국권상실 이전부터 경남관찰사는 실권 없는 일제의 허수아비나 다름없었다.)

1910년 10월 9일 선화당에 나타난 경남도장관 가가와(향천휘)

는 초대 조선총독 데라우치(사내정의)의 무단통치방침에 따라 선화당을 떠날 때까지 경남도민에게 총칼로 살벌한 도정을 펼쳤다. 이른바 일제의 헌병경찰제가 시작됐던 것이다. 이미 합병 전부터 일제헌병이 경찰권을 장악하기는 했지만, 합병 후에는 더욱더 노골적이고 무자비한 형태로 나타났다. (이러한 무단통치는 3·1운동 때까지 계속됐다.)

사실상 선화당이란 이름은 관찰사가 재임하고 있을 때 사용된 명칭이며, 일제의 도장관이 부임한 이후에는 특별한 명칭 없이 그냥 도청 혹은 도장관실이라고 부르게 됐다.

이와 같이 수많은 오욕의 역사를 간직한 선화당은 지금의 진주시 남성동 73의 10번지 진주성내 영남포정사 안에 있었다. 이 건물이 언제 세워졌는지 정확한 기록은 없으나(비록 선화당이 그전에는 명칭이 달랐다고 해도 임진왜란 직후 우병영 설치되었을 때부터 있었던 것은 틀림없으며), 1896년 경남도가 생긴 이래 관찰사 집무실로 사용됐음은 사실이다.

현재 남아 있는 선화당 사진 중에 가장 오래된 것으로 알려진 1913년 2월 초대 도장관 가가와가 떠날 때 촬영된 기념사진을 보면 일자형 단층 기와지붕의 건물이 일제 때의 학교건물처럼 옆으로 길게 늘어서 있다. 또한 길쭉한 벽을 따라 유리 창문이 설치돼 있는 점 등을 미루어 볼 때 우리나라 고유의 한식관아 건물은 절대로 아니다.

아마도 이 사진 속의 선화당은 일제가 본격적으로 조선침략의 야욕을 드러낸 1905년 을사보호조약이라는 미명을 붙인 '을사늑약

(乙巳勒約)'이 체결된 이후에 건축된 것으로 보인다. 이는 1862년 철종 때의 진주농민항쟁(진주민란)을 비롯해 1894년 고종 때의 갑오농민전쟁(동학혁명)과 1895년 을미의병봉기(노응규 봉기) 등을 거치는 동안 진주성 점령이 피아간에 계속되면서 그 건물이 온전하게 남아있기가 힘들었을 것으로 보이기 때문이다.

실제로 『진양속지』에서는 선화당의 전신인 운주당(혹은 운주헌)이 두 차례나 불에 탄 사실을 기록하고 있는데, 1839년(헌종 5년)에 운주당에 화재가 발생해 그 안에 있던 병마절도사가 불에 타죽었고, 1899년(고종 36년)에도 화재가 발생해 당시 관찰사 집무실이던 운주당, 즉 선화당이 남김없이 타버렸다는 것이다.

따라서 현존 선화당 건물 중 가장 대표적인 강원도 원주시에 있는 선화당(옛 강원도관찰사의 집무실)의 경우 정면 7칸과 측면 4칸 팔작지붕으로 건립돼 있으므로 진주시의 선화당이 복원될 경우 사진 속의 일본식 건물이 아닌 원주시의 선화당 같은 전통적인 한식 건물로 복원돼야 할 것이다.

한편 초대 경남도장관 가가와는 '한일합병조약' 체결 후 신변의 위협을 느끼고 있는 진주 거주의 일본인 거류민단을 보호하기 위해 선화당 주변에 일본인 관공리숙소를 만들고 부하직원들과 가족들을 살게 했다. 이는 선화당이 있는 곳에 일제의 헌병대 본부와 경찰부 그리고 경찰서가 있었기 때문이다. 이것이 바로 일제관사의 시초가 되며, 이를 계기로 진주성안 선화당 주변에는 해방이 될 때까지 일제의 각종 기관·단체의 관리들이 거주하는 관사가 많이 들어서게 된 이유가 됐던 것이다.

또한 1919년 3·1민족해방운동 당시에는 선화당이 있던 자리가 도장관 집무실과 도청 산하의 경남경찰부가 있던 관계로 이곳은 소요사태 진압을 위한 일본군의 작전본부로도 역할 했다. 당시 경남도청 정문인 영남포정사에 들어서면 선화당 등 6개 동의 건물이 보이는데, 도장관 집무실을 비롯해 내무부·재무부·경무부 등의 부속 건물들이 배치되어 있었다.

그 후 선화당은 일제 초기의 경남도정을 담당하는 장소로 역할하다가 제 기능을 상실했다. 1925년 4월 1일 진주지역민들의 거센 반대 속에 와다(화전순) 경남도장관이 부산으로 떠난 뒤 1925년 4월 17일 당시 부산부 중도정 2정목에 소재한 연와조 2층 건물에 새로운 경남도청이 전격적으로 개청되었다. 이로써 1896년 이래 도청사로 사용된 진주 선화당의 용도가 마침내 폐기됐다. 와다가 선화당을 떠나면서 도장관이란 명칭도 바뀌어 그 이후부터 도장관이란 이름 대신에 지금처럼 도지사라는 이름을 사용하기 시작했다. (물론 해방 후 미군정 당시 도장관이란 명칭이 잠시 되살아났지만, 지금까지도 도지사란 명칭이 그대로 사용되고 있다.)

지금은 이미 헐려 선화당의 자취를 진주성에서 전혀 찾아볼 수 없지만 선화당이 도정의 총본산으로 기능할 때 정문으로 그 위용을 자랑하던 영남포정사만이 현재도 남아 있어 옛 선화당의 역사와 흔적을 겨우 지탱해 주고 있다. 현재 선화당이 위치했던 자리는 북장대 남쪽 아래의 빈터이며, 이곳 지하에는 선화당뿐만 아니라 조선 때의 병영건물터도 있었던 것으로 보인다. 이 같은 사실은 지난 1997년 선화당터가 이곳에서 발굴됨으로써 그 가능성을 더욱 확실하게 전해주고 있다.

아무튼 선화당이 행정청으로서 오랫동안 진주병사를 비롯해 진주부 관찰사, 경남도 관찰사, 일제 도장관의 집무실로 사용돼 온 것은 분명하다.

그런데 지금 선화당터에는 수십 개의 비석들이 떼지어 서 있는데, 이는 70년대 시작된 진주성지 정화작업 때 지역에 흩어져 있던 조선시대와 일제 때의 각종 공덕비를 이곳에 집합시켜 놓았기 때문이다. 또한 새로 건축해 90년대 초 비석군 옆으로 이전해 온 진양하씨 재실도 선화당의 옛 흔적을 더듬어 보게 하는데 어려움을 주고 있다.

하지만 경남도가 1996년 경남탄생 1백주년을 맞이해 경남도정의 산실이었던 선화당을 복원키로 계획하고 진주시가 이를 적극 추진해 많은 기대가 모아지는 가운데 앞으로 추이가 주목됐다. 특히 1997년 10월 국립 진주박물관이 선화당터 발굴작업에 착수해 선화당의 기초석 등을 발견함으로써 그동안 확실한 위치와 실체를 몰랐던 진주성 선화당의 실제 위치를 확인하였으며, 이어 선화당 복원사업에도 큰 진척을 보게 됐다.

그렇지만 그해 12월 IMF구제금융 신청과 함께 시작된 경제난으로 선화당 복원사업은 계속 연기돼 완전한 복원을 하기까지는 많은 시일이 걸릴 수밖에 없었다. (결국 이 글을 쓴 2023년 현재까지도 선화당은 이런저런 이유로 차일피일 미루어진 끝에 어느덧 25년이란 긴 세월을 흘려보내고 말았다.)

2. 시원여학교(柴園女學校)

신사참배 거부로 폐교된 여자 미션스쿨

▲ 1929년 3월 진주 시원여학교 제16회 졸업 기념사진. 〈사진출전 : 진주교회80년사〉

신사참배 거부로 문을 닫은 비운의 학교, '시원여학교(柴園女學校)'.

비록 일제의 간악한 황민화정책에 의해 폐교됐지만, 시원여학교가 우리 지역에 내린 근대적인 여성교육의 뿌리는 결코 만만치가 않다. 국권상실 당시 진주에는 호주선교사들이 진주 옥봉리교회를 비롯해 배돈병원, 광림학교 등을 설립해 기독교 선교활동을 활발히 벌이고 있었다.

1905년 서양인으로는 맨 처음 진주에 정착해 선교활동과 의료활동을 시작한 호주선교사 커를(거열휴) 부부의 노력으로 선교사 사택 옆에는 진주 최초의 여학교가 세워지게 되었는데, 이것이 곧 우리 고장의 여성들이 최초로 받은 근대식 교육의 효시가 된 시원여학교였다.

시원여학교는 호주선교사가 1906년 9월 3일 당시 진주군 대안면 2동에 있었던 야소교(예수교) 예배당에서 설립·개교한 기독교의 미션계 여학교이며 지금으로 치면 초등학교 과정에 해당된다. 즉, 여자초등학교인 셈이다. 이곳에서는 미션스쿨답게 성경을 필두로 조선어·지리·역사·산술·한문·습자·침봉 등을 가르쳤다. 여학생들은 주로 기독교인의 자제였으나 비신자 자녀들도 있었다고 한다. 개교 당시의 학생수는 15명이었는데, 주로 옥봉리교회에 다니는 기독교 신자 학부형들이 자신의 딸들을 취학시켰다.

당초에는 교명이 사립 정숙학교(맨 처음은 안동학교)였으나 남자 미션스쿨인 광림학교 여자부로 소속돼 있다가 그 후 독립해 1925년부터는 시원여학교로 이름이 바뀌었다. 시원여학교로 이름이 바뀌기 전에는 광림학교로 불렸는데, 당시 광림학교는 남녀공학이었기 때문에 시원여학교만 따로 이름을 떼내어 부르진 않았으나 구태여 이름을 불렀다면 '광림학교 부속 여자부', 즉 광림여학교라고 했다.

아무튼 광림학교 여자부에서 시원여학교로 독자적인 교명을 갖게 된 계기는 선교사 시넬리(그녀를 한글발음으로 부른 이름이며 스콜레 혹은 스콜스라고도 부름) 때문이다. 커를 부부의 친구인

'스콜레(N. R. Scholes·시넬리의 본명)'가 1907년 호주 빅토리아 멜버른에서 이곳 여학교의 교장으로 부임해 와 1910년 진주를 떠날 때까지 학교발전을 위해 많은 애를 썼는데, 그 후 그녀가 고국으로 돌아가 1919년 멜버른에서 세상을 떠나자 진주사람들은 시넬리 교장의 공로를 기념하는 뜻에서 그녀의 한자명 '시니(柴泥)'를 따서 1925년 교명을 새로 붙였다.

즉 '시원(柴園)'은 시넬리 교장의 정원이란 뜻이다. 그런데 선교사 보고서에는 '넬리 스콜레 기념학교(Nellie Scholes Memorial)'로 표현돼 있고, 16회 졸업기념 사진에는 '자원(紫園)'여학교(시원의 오기라고 생각됨)라고 표현돼 있다. 또한 1923년도 〈조선일보〉의 보도기사와 총독부가 1936년 발행한 1만분의 1 진주지도에는 '광림(光林)'여학교라고 나와 있다. 그 반면에 1939년 폐교할 때 관련보도를 했던 〈매일신보〉에서는 '시원'여학교라고 표기하고 있어 당시의 여학교 명칭이 크게 혼용되고 있었음을 알 수 있다.

이와 관련해 호주선교회의 두 자매선교사의 활동이 돋보였다. 1910년 여학교를 떠난 시넬리 교장의 뒤를 이어 M. S. 데이비스(대마가례)가 여학교를 맡아 1913년까지 운영했다. 그 후 데이비스가 호주로 돌아간 뒤 1918년 그녀의 여동생 E. J. 데이비스(대지안) 박사가 진주에 와서 오랫동안 배돈병원장을 맡은 인연이 있다.

어쨌거나 시넬리 교장이 시원여학교의 책임을 맡고 있을 때 여자 취학생들이 너무 많이 몰려 학급의 수용능력이 문제가 될 정도로 인기를 모았다는 사실은 시넬리의 학교에 대한 공헌도를 짐작할 수 있다. 처음에는 광림학교의 교실 하나를 빌려 여학생들을 수용했으나 입학을 원하는 수만큼 학생들을 모두 수용할 수 없어 1909년 8월 배돈병원 뒤편에 있는 묘지의 빈터에 건평 30평의 목조기와 건물 1개 동을 지어 여자부 교실을 그곳으로 옮겼다. 그러나 학생들이 계속 늘어나 독립된 여학교 개설이 시급한 문제로 떠오르자 마침내 호주선교회는 옛 광림학교 운동장 부지에 목조 2층 1백20평짜리의 새 교사를 건축하고 그곳으로 여자부 교실을 이전함과 동시에 실질적인 창립자이며, 초대 교장이었던 시넬리의 이름을 따 시원여학교라고 교명을 지어 1925년 1월 공식개교했다. (여학교 인가는 1924년 11월 5일에 났음.)

시원여학교는 국권상실 이전부터 졸업생을 배출했으나 일제에 의해 정규교육기관으로 인정받지 못하다가 광림학교 부속 여자부가 되면서 1914년부터 졸업한 졸업생을 제1회 졸업생으로 계산함으로써 1929년 현재 공식적으로 졸업생이 16회에 이르렀다. (시원여학교는 원래 광림학교 시절부터 심상과(초등과정)와 고등과(중등과정)로 구분(각 4년제)돼 있었는데 심상과 졸업횟수가 4회 더 많았다.)

그 후 캠블(감민의) 선교사에 이어 시원여학교의 교장이 된 커어(거이득) 선교사는 학생 2백50여 명을 수용하기에는 학교가 작아서 1924년 말 운동장을 갖춘 지금의 수정동 새 교사로 학교를 이전하고 교명을 변경해 학교발전의 기틀을 잡았다. 신축교사로 옮길 때부터 시원여학교의 교감을 맡고 있었던 정석록이 전임자인 클러크(가불란서) 교장의 뒤를 이어 마침내 1934년 시원여학교의 교장이 됨으로써 조선인 교장시대를 열었다. (그 이전에 교장은 모두 호주인 여자선교사들이 맡았다.) 그는 부산·경남에서 운영 중인 미션스쿨 가운데 호주선교회로부터 교장으로 임명받은 최초의 조선인이 됐다. 또한 초기에 15명에 불과하던 입학생 정원도 1936년 신학기에는 50명으로 증가했다.

하지만 1937년 중일전쟁을 일으킨 일본은 황국신민화 정책을 노골적으로 추진하면서 마침내 기독교에 대해서도 신사참배를 요구하기 시작했다. 기독교인이도 했던 정석록은 학교유지를 위해 신사참배를 하라는 학부형의 요구와 신앙을 배신할 수 없다는 호주 선교회 사이에서 갈등을 겪다가 결국 교장직을 사임하고 말았다.

정석록 대신에 시원여학교를 다시 떠맡은 호주선교회는 종교의 자유와 학교의 존속이라는 상반된 두 가지 측면에서 고민하지 않을 수 없었다. 마침내 호주인 대리교장(임시교장) 볼란드(부오란) 목사는 "개인적 행동으로 참배하는 것은 관계없으나 학교단체로서는 참가할 수 없다"라고 선언하고 신사참배를 거부하고 말았다. 종교의 자유를 택했던 것이다.

결국 시원여학교는 1939년 6월 조선총독부로부터 학교를 자진 폐교하라는 공문을 접수받게 됐다. 최후의 통첩을 받은 호주선교회는 총독부에 폐교신청서를 제출하면서 미나미(남차랑) 총독에게 기독교의 자유에 관한 탄원서를 함께 제출하고 같은 해 7월 31일 완전히 학교 문을 닫았다. 이로써 시원여학교는 호주선교회 소속 미션스쿨 중 신사참배를 거부해 폐교된 최초의 학교로 기록됐다.

그런데 일제는 폐교된 시원여학교의 건물까지도 몰수하기 위해 학교가 문을 닫자마자 기다렸다는 듯이 여학교 교실을 진주사범학교 기숙사로 쓰겠다고 요구해 왔다. 이에 따라 진주사범학교는 시원여학교의 목조건물 2층의 교실 4개를 기숙사방으로 개조해 심상과 1회 생 1백10명을 이곳에 수용했다.

한편 이곳에 재학 중이던 3백3명(1939년 2월 현재)의 시원여학생들은 학교가 폐교되자 당시 진주공립제2심상소학교(지금의 봉래초교)의 수정분교장(현 수정초교의 전신)에 모두 편입됐다.

그러나 해방 후에도 시원여학교는 끝내 재개교하지 못한데다가 한국전쟁 중에는 여학교 건물마저 미군폭격으로 전소돼 완전히 사라지고 말았다. 현재 시원여학교의 건물은 수정동 1통 2반과 3반 주택가 일대에 있었던 것으로 추정되고 있다.

3. 진주군청(晉州郡廳)

조선조 고종 말부터 일제 때까지 존속한 민중의 수탈기관

▲ 원래 진주군청 건물은 조선 때의 전통관아 모습이었다. (국권상실 직후의 모습.)
〈사진출전 : 경남도안내〉

　민중의 수탈기관이라는 오명을 벗지 못한 채 수십 년 전에 역사
속으로 사라진 '진주군청(晉州郡廳)'.

　군청하면 대개 1995년 1월 시군통합으로 없어진 진양군청을 생
각하기 쉬우나 진주군청이야말로 진주시청과 진양군청의 모태이
며 전신이었다.

진주군청은 수백 년 동안 진주에 설정됐던 조선시대의 행정구역인 진주목이 고종 32년(1895년) 진주군으로 개편되면서 진주지역 소관 행정청으로 설치됐던 진주관아이며, 일제 때인 1939년까지 44년 동안 존속했다. 진주군청이 설치되기 전까지만 해도 진주목사의 집무실인 '보장헌'이 진주목사의 관아, 즉 동헌으로 사용되고 있었기 때문에 당초의 군청건물은 보장헌이었다고 볼 수 있다.

그런데 경남관찰사의 집무실인 선화당이 진주성안에 있었던 데 비해 진주군수의 집무실은 성 밖에 있었다. 하지만 옛 관아에 들어선 진주군청이 있는 곳은 풍수지리상 명승지의 하나로 손꼽히는 '부구몰니(釜龜沒泥)' 터라고 일컫는 곳으로, 그곳은 오늘날 계동에 있었던 진주전신전화국 자리를 말한다. (현재는 진주전신전화국 건물을 리모델링해 KT 진주지사가 들어서 있다.) 옛날 부구몰니의 우거진 숲속 늪에는 황금빛 자라들이 많이 살고 있다는 이야기 때문에 사람들은 이곳을 귀한 터라고 여기며 잘 들어가지도 않았다고 한다.

그런데 언제부터인가 자라 늪은 사라지고 낯선 목사 행정청이 들어서 호령하기 시작했다. 이러한 조선 때의 진주목이 1895년 5월 진주군으로 개편되면서 목사 대신에 군수가 이곳에 부임하기 시작했다. 이른바 23부제의 하나로 진주에는 도청 격인 진주관찰부(진주군 등 21개 군을 관할)가 새로 들어서고 예전의 진주목은 진주군으로 바뀌었다. 그러나 이듬해 13도제 실시로 진주관찰부가 경남관찰도로 바뀌어 진주군을 비롯해 경남도내 전체(2부 29개군)를 소관하게 되자 진주군은 경남관찰사가 주재하는 경남도의 행정중심지가 됐다.

아무튼 1895년 행정구역과 관제개편 때 진주에 부임한 군수의 직책은 참서관이었는데, 불행히도 참서관 오현익은 명성황후 시해와 단발령을 계기로 봉기한 의병들에게 붙잡혀 처형되고 말았다. 그는 진주군수로 부임한 이듬해 1월 진주성을 함락한 노응규 의병부대에게 사로잡혀 효수형을 당하고 말았던 것이다.

그러나 관제가 바뀌었다고 해도 진주백성들이 보기에는 달라진 것이 거의 없었다. 명칭만 달라졌지 여전히 봉건적인 구태를 벗지 못한 탐관오리 같은 군수들이 민중의 고혈을 빠는 데 열중하고 있었다. 특히 진주에는 도청 격인 관찰사청이 소재하고 있고 도지사 격인 관찰사가 주재하고 있다보니 도내 다른 군보다 진주군수의 위세는 셀 수밖에 없었다. 실제로 경남도내 29개 군수 중에서 1등 군수로 대우받은 군수는 진주군수와 동래군수 뿐이었다.

그러다 보니 진주백성들은 진주군수를 목민관이 아니라 무자비한 착취자 또는 호색한 방탕아 정도로 보았다. 실례로 〈독립신문〉 1898년 7월 23일자 기사를 보면 '진쥬군슈 심상필 씨가 아젼이나 기싱의 쳥이면 단슐 마시듯 ㅎ야 민간에 듸단히 실망이 되엿다더라'(기사원문 인용)고 보도하고 있어 진주민중들의 원성이 어떠했는지를 알 수 있다. 즉 진주군수 심상필이 아전이나 기생의 요청이면 단술(감주 또는 식혜) 마시듯 하여 민간사회에 매우 실망을 주고 있다는 것이다.

아울러 진주군수는 '은결'이라는 방법으로 각종 세금을 착복했는데, 진주의 경우 특히 은결이 많아 당시 진주군수로 3년만 재직하면 상당한 재산을 모았다고 한다. 실례로 11대 민병성 군수 (1905~1906년 재직)는 전용인력거를 구입해 일본인 인력거꾼까지 고용했으나, 당시 길이 좁은 탓에 제대로 사용도 못 하고 군청 옆 재판소 앞에 방치했다고 한다.

진주군이 생긴 이래 군수로 재임한 수령은 모두 22명으로 파악되고 있는데, 그중 국권상실이 되던 1910년부터 1939년까지 일제에 의해 임명된 진주군수는 모두 8명이다. 이 중 3명은 조선인(박정규·한규복·김동준)이었고 나머지 5명은 일본인이었다. 하지만 이들은 조선인이건 일본인이건 가리지 않고 진주군청의 주인으로서 진주민중에게 세금을 뜯어내는 일에 무엇보다 골몰했으며, 각종 친일행사에도 어김없이 앞장서 후원했다.

실례로 일제 때 진주군수는 진주사람들에 대한 세금징수 실적이 저조하다고 들고 1923년 1월 25일 군내 각 면장을 소집했다. 이날 군청에서 열린 면장회의에서 납세독려에 착수할 것과 군청의 원조방안 등 4개항의 결의사항을 채택했는데, 특히 성적이 좋은 구장 (지금의 이장)에게는 장려금이나 상품을 수여하면 진주지역의 납세성적이 더 오를 것이라고 보았다. 이렇게 적극적으로 추진해 징수된 세금이 가끔 횡령되는 사례도 있었는데, 1931년 3월 초 진주군이 징수한 세금을 군청의 세금징수계 직원인 최상찬이 당시 돈으로 거액에 해당된 9천 원을 착복해 달아나는 사건이 일어났다. 그는 순사 출신의 세금징수원으로서 이미 범행의 조짐이 있었다. 최상찬은 이 사건이 터지기 전에도 세금을 이중으로 징수했다가 이를 알아차린 사람들로부터 세금반환을 요구받는 등 진주민중의 원성을 사 온 자였기 때문이다.

또한 친일행사를 후원한 경우를 예로 들면 양산 통도사의 진주 포교당에서는 진주군청의 후원 아래 1935년 8월 8일부터 27일까지 5회에 걸쳐 박만선 승려의 진주군 각 지역에 대한 '심전개발'이란 순회강연이 있었다. 이 심전개발이란 조선총독부가 조선에 산업진흥을 추진하는 동시에 조선인의 정신적 지배를 위해 종교계에 대해 실시한 '황국신민화를 위한' 세뇌교육의 전단계였다.

이와 같이 일제의 충견이 된 진주군수(물론 충견은 조선인군수를 가리키지만 일본인군수는 당연한 것임)는 전성기인 1938년과 1939년 사이에 1개읍 17개정 12개리와 16개면 1백26개리를 소관했다. 그러나 1939년 10월 1일 진주읍이 진주부로 승격됨에 따라 농촌지역인 16개면이 진양군으로 분리되면서 44년의 진주군 역사는 마감됐다. 마지막 진주군수였던 일본인 오바야시(대림복부)는 새로 신설된 진주부의 초대 부윤이 됐다. 또 진주군에서 분리·독립한 진양군의 초대 군수는 조선인 임헌평이었다.

따라서 진주군청사는 1939년 이후 진양군청사로 사용하기 시작했으며, 해방 때부터 1968년까지 진양군청사로 존속했다. 원래 진주군청사는 진주목의 전통어린 한식 관아건물(즉 동헌)이었으나, 일제 때 일본식 관공서 건물로 재건축된 뒤 1949년 좌익습격과 한국전쟁 와중에서 서너 차례 불타고 파괴되었다. 그때마다 복구하고 개축하였으나, 공사기간동안 군수는 임시청사에서 머물지 않을 수 없었다. 한국전쟁이 일어날 때까지는 옛 삼중정 백화점에서 집무했고, 진주수복 후에는 진주향교에서 셋방살이를 했다. 그러다가 1953년 계동에 건립한 건물에 안착했다. 이후 진양군청이 상대동에 신축·이전될 때까지 건물구조는 처음 때와 같은 골격을 그대로 유지했다.

그동안 시대에 따라 군청이 소재한 행정지명도 많이 바뀌었는데, 1896년 당시에는 진주군 주내면 대안리였고, 1906년에는 진주군 대안면 2동, 1914년에는 진주면 비봉동, 1932년에는 진주읍 동봉정, 1939년에는 진주부 동봉정, 1949년에는 진주시 계동이었다. 그리고 진양군청이 계동에서 상대동으로 이전한 1969년에는 옛 군청터의 행정동 이름은 중안동(법정동명은 그대로 계동)이 되었다. 그러다가 1997년 행정동 통폐합으로 진양군청이 진주시에 통합되어 사라졌고, 옛 진주군청 자리는 봉안동이란 행정동명으로 바뀌었다. (이로 인해 통합진주시는 16개면 25개동 71만 2천백 9㎢에 이르는 거대한 행정구역을 갖게 되었다.)

지금의 계동 38번지에 자리 잡은 진주군청 자리에는 진양군청이 떠난 후 전화국이 설치되었다. 한국통신공사 진주전화국은 60년대 말 진양군청이 이전한 후 대대적으로 수리되었다. 1968년에 공사에 들어가 1970년에 전화국으로 문을 열었는데, 이후 한국통신이 민영화되어 KT그룹으로 바뀜에 따라 현재의 전화국 건물은 KT 진주지사가 사용하고 있다.

4. 성지충혼탑(城址忠魂塔)

　　10년 만에 사라진 진주성에 있었던 전몰장병 추모탑

▲ 성지충혼탑 뒤로 현 진주박물관 자리에는 초가집들이 즐비하고 멀리 비봉산이 보인다.
〈사진제공 : 김도남〉

　　'성지 충혼탑(城址 忠魂塔)'은 건립된 지 10년 만에 용도 폐기
돼 사라진 단명한 충혼탑이었다. 현재는 상평동 송림공원 안에 있
는 진주 충혼탑과 문산면 남산공원에 있는 진양 충혼탑이 지역출

신 호국영령의 안식처 역할을 하고 있다.

성지 충혼탑은 태어날 때부터 어려움이 많았다. 당시는 어느 때보다도 반공노선이 강조된 60년대였다. 그럼에도 불구하고 이른바 '멸공전선에서 산화한 호국 영령'을 모시고 기리는 충혼탑과 봉안각 건립이 계속 늦어지고 있었다.

그러다가 1966년 6월께 당시 금액 1백34만8천여 원을 들여 진주성의 현 진주박물관 매점 옆 언덕에 충혼탑을 건립하기 시작했다. 그러나 예산 뒷받침이 제대로 안 돼 공사업자가 심한 자금난을 겪어 착공한 지 무려 2년 동안이나 지지부진한 끝에 겨우 1968년에야 완공했다.

1968년 6월 6일 '6·25 전승비' 앞에서 제막식을 가진 성지 충혼탑은 제13회 때부터 비로소 현충일 기념식 장소로 이용되기 시작했다. 당시 진주시는 성지 충혼탑 앞을 '충혼탑 광장'이라고 이름을 짓고, 새로 건립한 충혼탑 앞에서 '6·25사변 중 국토방위의 성전에 참전해 호국의 신으로 산화한 전몰장병 영현에 성전의 위훈을 추모'하며 명복을 빌었다.

이 충혼탑에는 국방부 표식과 함께 육해공군 장병의 얼굴부조가 붙어 있었으며, 탑 옆에는 국기게양대가 설치돼 있었다. 1970년 현충일에 충혼탑 영전에 바쳐진 글을 보면 성지 충혼탑이 앞으로 10년 안에 사라지리라고는 아무도 상상할 수 없었다.

'태고에서 끝까지 흘러가는 / 남강물이 굽어뵈는 이곳 진양성지 / 여기는 민족의 얼이 서린 곳 / 조국과 함께 영원히 가는 이들 / 해

와 달이 이 언덕을 보호하리라.'

그런데 성지 충혼탑은 22회 현충일 기념식을 끝으로 용도 폐기
되고 말았다. 진주시는 이곳 충혼탑이 협소한 곳에 세워져 있어 행
사하기에도 불편하고 탑에 봉안각도 없다는 이유로 1978년 6월 상
평동 솔숲으로 이전해 다시 건립한 것이다.

그러나 사실은 진주시가 당시 개발 중인 도동지역의 활성화 차
원에서 충혼탑을 상평동으로 이전했다는 지적이 높다. 이는 당시
도동으로 법원과 검찰청, 옛 진양군청 등이 이전한 것만 봐도 알
수 있는 것이다.

아무튼 1977년 성지 충혼탑에서는 마지막으로 개최되는 현충일
기념식이 열렸는데, 마지막을 의식한 듯 이 자리에는 당시 이병내
진주시장을 비롯해 각 기관장과 유족 및 시민 등 1천여 명이 참석
해 성대하게 거행됐다.

이날 추도식에는 대아고 악대부의 조악이 구슬프게 울리는 가운
데 전몰용사 육군대령 김기욱을 비롯해 지역출신 4백64위의 호국
영령을 기리는 21발의 조총이 쏘아졌다. 그 뒤 성지 충혼탑은 이곳
에서 철거돼 완전히 진주성에서 종적을 감췄다. 단지 충혼탑을 나
타내는 표식을 제거한 탑신만이 가좌동 석류공원으로 의미없이 옮
겨졌을 뿐이다.

그런데 갑작스런 충혼탑 이전으로 영문도 모르는 시민들은 멀쩡
한 충혼탑이 10년 만에 철거됐다면서 말이 많았는데, 이와 관련해
김도남(1996년 당시 30세) 씨는 "벼락을 맞지 않고는 있을 수 없

는 일"이라며 한동안 성지 충혼탑과 관련한 뜬소문이 시민사회에 나돌기도 했다는 것이다. 사실 충혼탑 꼭대기에는 벼락을 흡수하는 피뢰침이 있었기 때문에 벼락은 피할 수 있었지만 이전은 피할 수 없었던 것 같다.

그러나 상평동으로 옮겨갔던 충혼탑도 항구적으로 자리 잡지 못하고 24년 만에 또다시 새로운 자리를 찾아 이전했다. 다음은 2002년 세 번째로 충혼탑을 진양호반으로 이전한 이유를 밝힌 글이다.

'이곳에 호국영령을 모십니다.

여기 잠든 분들은 이 땅의 자랑스런 호국혼들로 나라와 겨레를 지키다가 장한 일생을 마쳤습니다. 충혼탑은 1968년 6월 6일 호국의 성지 진주성 안에 처음으로 세워졌습니다. 그러나 봉안각을 갖추지 않아 영령을 편히 모시지 못하던 중, 1978년 6월 6일 발전하는 진주의 동녘 상평동 솔숲으로 옮겨 봉안각을 갖추어 모셔 왔습니다. 그러다가 진주시와 진양군이 통합되어 시·군 별개의 충혼탑을 이제 한 터에 세우게 됨에 상평동에 세운 지 24년만인 2002년 6월 6일 현충일을 맞아 진주시민이 즐겨 찾는 호젓한 진양호반에 다시 세워 모시게 되었습니다.'

5. 옥봉천주당(玉峰天主堂)

진주 가톨릭역사의 산실인 옥봉성당의 전신

▲ 1926년 8월 15일 신자들이 성모승천축일을 맞아 진주 옥봉천주당 앞에서
기념촬영을 하고 있는 모습. 〈사진제공 : 옥봉성당〉

'옥봉천주당(玉峰天主堂)'은 진주 가톨릭교회(천주교회)의 산
실이며, 진주의 대표적인 천주교회인 옥봉성당의 전신이었다. 천
주당은 하느님인 천주님을 모신 집을 가리키는 말로써 성당의 옛
말이다. 조선 때 천주교가 박해를 받을 때 사람들은 천주교 신자를
가리켜 '천주학쟁이'라고 불렀다. 그 이유는 천주교 도입이 외국선
교사에 의한 것이 아니라 학문차원에서 자생적으로 이루어진 사실
때문에 천주교를 서학(서양학문) 또는 천주학이라고 불렀고, 그것

을 믿은 사람에게는 하찮은 일을 하는 천민에게 붙이는 '쟁이'를 붙여 천주학쟁이라고 불렀던 것이다.

예로부터 진주는 진주목을 비롯해 경상우병영, 진주관찰부, 경남관찰사청(경남도청) 등이 소재한 경남지역의 행정중심지이기 때문에 목사·병사·관찰사·군수·아전 등의 관리들이 많은데다 유림과 토호세력들도 많아 토착종교인 불교를 제외한 외래 종교가 발붙이기 어려운 환경이었다. 이를 보여주듯 진주의 천주교신자 정찬문이 병인박해 때 참수형을 당한 일도 있었기 때문이다. 이처럼 조선후기에 일어난 수많은 천주교박해를 극복하고 진주에도 천주교가 전래되었지만 여전히 수월한 일은 아니었다. 천주교는 물론 기독교 등 외래종교들이 일제침략이 노골화되기 전인 1900년대 초반까지도 진주중심지에 쉽게 자리를 잡지 못했던 것이다.

이를테면 1898년 가톨릭선교사 에밀리오 타케(엄택기) 신부가 진주에 부임해 배나무골(지금의 이현동을 말하지만, 당시 상봉동에도 배나무골이 있었음)에서 진주선교를 시작했으나 아전들(진주목의 말단관리)과 망나니들의 노골적인 방해로 1년 만에 마산으로 철수하고 말았다는 사실에서도 잘 알 수 있다. (그 후 타케신부는 진주에 다시 돌아와 진주의 외곽지역인 지금의 장재동 바라실에서 가톨릭 전교를 시작했다.)

1900년대 초반 진주 중심지에 진출해 자리를 잡은 외래종교로 1905년 기독교 호주선교사의 진주 진출이 있었고, 1907년 일본인에 의한 일본불교인 대곡파 본원사의 진주 진출이 있었다. 그러나 이 두 종교가 천주교보다 먼저 자리 잡은 것은 아니다. 사실상 가톨릭의 경우 천주교인에 대한 대박해(병인박해)로 진주중심지에 대한 정착이 늦어지긴 했지만, 진주에 전래된 최초의 외래종교는 가톨릭이라고 볼 수 있다. 다시 말해 1866년 병인박해 때 사봉면의 천주교 신자 정찬문이 진주포교에 잡혀 와 처형당한 적이 있었고, 나아가 1888년에는 진주의 문산면에 천주교 공소가 창설됐기 때문이다. 이때 설치된 천주교공소는 진주에 설치된 최초의 외래종교 시설이었다.

그러다가 국권을 상실한 한일합병 후 초대 대구교구장 안세화(프랑스명 F. Demange) 주교가 진주 읍내(당시의 행정구역을 가리키는 말이 아닌 인구가 많은 번화가를 말함) 동북쪽에 위치한 옥봉동 산밑의 순천당 터 1백20평을 구입해 천주교 공소를 설치하면서 진주 가톨릭의 역사가 본격적으로 시작됐다.

물론 이보다 앞서 문산성당이 진주 외곽지역인 진양지역에 이미 뿌리를 내리고 있었지만, 중심지인 진주읍지역은 이때 설치한 옥봉공소가 처음인 셈이다. 당시 옥봉공소에는 공소회장으로 이낙종(스테파노)이 전교에 힘쓰고 있었으며, 그의 맏아들 이상석(가브리엘)도 옥봉공소에서 진주천주교청년회를 조직해 청년운동과 전교운동을 함께 벌였다. 진주천주교청년회는 선교를 목적으로 연극단을 조직해 1922년 12월 말부터 1월 초까지 진주 장재리와 문산 그리고 통영 등을 순회하며 연극을 공연하기도 했다. 또한 이들 부자는 1920년 공소 안에 해성학원을 개설해 약 60명의 학생을 가르치는 등 교육운동도 활발히 전개했다.

1923년에는 이 공소 자리에 옥봉성당의 기초가 될 건물을 신축했는데, 그것이 바로 옥봉천주당이다. 그해 11월 25일 준공된 옥봉천주당은 전형적인 일본식 목조기와 건물로서 우리나라 성당건물 가운데 그 형태가 가장 왜색적인 건물이었다. 그러나 미약한 선교 기반 위에서 신자들은 이 정도라도 천주당을 갖게 된 것이 매우 다행한 일이라고 기뻐했다.

이를 보여주듯 당시 옥봉천주당 헌당식에는 수많은 신자가 참여한 가운데 대구교구장인 안세화 주교가 직접 미사를 집전하는 한편 문산성당의 김양홍(스테파노) 신부와 마산성당의 목세영 신부가 조례를 서는 등 경남지역 가톨릭사회의 관심을 집중시켰다. 이날 미사에는 성인영세자 20명, 견진성사자 1백39명, 고해성사자 2백76명, 영성체자 2백60명 등이 배출될 정도로 크게 성황을 이루었다.

이처럼 일개 공소에 불과한 옥봉공소에서 이렇게 큰 천주교행사가 치러진 것은 처음 있는 일이었다. 더구나 교구장이 직접 미사를 올릴 정도로 성대한 성사가 이루어졌다는 사실은 머지않아 옥봉공소가 본당으로 승격돼야 한다는 당위성을 예고한 것이었다.

당시 옥봉천주당은 문산성당에 소속된 공소였는데, 신자들의 열망과 교세확장에 힘입어 옥봉공소는 천주당을 신축한 지 3년이 못 되어 마침내 본당으로 승격했다. 이제야 진주에 성당다운 성당이 들어선 것이다.

1926년 5월 10일 본당으로 승격한 옥봉천주당은 초대 주임신부로 정수길(요셉) 신부가 부임하면서 성당발전의 기틀을 잡았다. 이때부터 옥봉천주당은 공소시대를 마감하고 옥봉성당시대를 연 것이다. 옥봉공소가 본당으로 승격되던 해 8월 15일에 있었던 성모 마리아의 승천축일을 맞아 신자들은 천주당 앞에서 기념사진을 찍으며 하루빨리 본당건물에 알맞은 성당건물이 신축되기를 바랐다. 기존의 공소건물은 늘어나는 신자들을 모두 수용하기에 비좁아진 이유도 있었지만, 일본식 건축물이란 점에서 하루빨리 천주교다운 성당건물을 갖추어야 한다는 여론이 일어났던 것이다.

이러한 염원에 따라 공소 때의 건물인 옥봉천주당은 1933년까지 옥봉성당 건물로 사용되다가 현재와 같은 근대식 붉은 벽돌성당이 건립되면서 그 역할을 다했다. 신축성당은 해방 후 한국전쟁 때 전화를 입고 성당의 첨탑지붕이 날아가는 등 파손을 당했으나 본체는 살아남아 이후에도 계속 사용되었다. 그 덕분에 이 붉은 벽돌성당은 고딕양식의 성당건축물로 가치를 인정받아 나중에는 국가등록문화재 제154호로 지정되었다. 이와 같이 옥봉성당은 진주 가톨릭역사의 산실로 자리 잡았다. 현재 이 옥봉성당의 공식명칭은 '옥봉천주교회'이다.

6. 진주사범 강당(晉州師範 講堂)

일제 식민지 교육이념이 담긴 강당

▲ 1942년에 건립된 진주사범학교 강당의 모습.
〈사진출전 : 진주사범 제2회 졸업기념사진첩〉

'진주사범 강당(晉州師範 講堂)' 건물에는 일제의 불순한 식민지 교육이념이 숨겨져 있었다. 1940년 관립 진주사범학교가 개교하면서 신안동 현 진주교육대학교 자리에 사범학교 건물이 건립되기 시작했는데, 강당도 이때 건립됐다. 1942년 준공 당시 사범학교 강당은 건평 6백70여㎡의 벽돌 1층 건물이었다.

그런데 이 강당건물에는 일제가 심어 놓은 식민지교육의 상징물이 교묘히 숨겨져 있었다. 이 상징물은 바로 강당 입구에 붙어 있던 3개의 기둥을 말하며 식민지 초등교육자를 길러내는 진주사범학교의 교육방침을 의미하는 것이기도 했다. 도대체 이게 무슨 소리일까.

당시 조선인 재학생들은 이런 사실을 전혀 모르고 있었는데, 일본인 쓰쓰미(제정조) 교장이 태평양전쟁이 시작되면서 입학한 사범학생들을 강당에 모아놓고 진주사범의 교육방침을 설명하면서 알려지게 됐다. 일본인 교장은 강당 입구의 세 기둥을 가리키며 각각의 기둥에 '사혼(師魂)의 수련', '전투력의 연마', '생산력의 발휘'라는 의미를 밝혀주며, 진주사범학교의 중심노력점이 무엇인지를 학생들에게 강조했던 것이다.

따라서 사범학생들은 강당에 들어설 때마다 3개의 기둥을 보면서 식민지교육 방침을 잊지 않고 충실히 해야 한다는 것을 강요당했던 것이다. 물론 당시 건축구조상 강당같은 건물이나 규모가 큰 건물에는 진주사범 강당처럼 한쪽 벽면에 3개의 기둥이 들어갔다. 진주사범학교 강당만의 특별한 구조물이 아닌 것이다. 그런데 이 기둥을 가리켜 어떤 의미를 부여한다는 것은 진주사범학교 이외에 어디에도 본 적이 없다.

또 이 강당 전방에 있는 교문입구에는 '호안덴(奉安殿)'이라고 부르는 일본신을 모신 '가미다나(신붕)'라는 신단이 있었는데, 일본천황의 사진이나 칙어를 보관하고 천황에 대한 황국신민의 예를 갖추어야 하는 곳이었다. (물론 이 봉안전도 해방 직후 학생들에 의해 즉각 파괴되었지만, 나중에는 교육탑으로 다시 세워졌다. 꼭 그 자리에 세워야만 했는지 의아하다.)

이처럼 강당 건물마저 식민지 교육이념을 심어 놓은 일본인 교장은 한마디로 민족말살 교육의 선봉장이었으며, 또한 일본천황(왜왕)에 대한 존경심이 극에 달한 자로서 황국신민화의 맹종주의자였다. 강당의 기둥조차 그렇게 해석하고 강요한 두뇌가 놀라울 뿐이다. 그는 천하무적으로 알고 있던 황군의 패배를 인정하기 싫었지만, 1945년 8월 15일 천황이 직접 옥음(목소리)으로 항복을 선언한 이상 받아들이지 않을 수 없었다.

이를 보여주듯 8·15 해방 다음날인 8월 16일 운동장에서 조례를 하는 자리에서조차 그는 전교생에게 시대착오적인 망발을 서슴지 않았다. 그는 "제군들! 대동아전쟁(태평양전쟁)이 1억국민(조선인과 일본인 합쳐 이렇게 불렀다)의 슬픔 속에서 끝났다"라고 말하며, 눈물을 흘리면서 항복을 함께 슬퍼하자고 일장연설을 한 후 조례를 끝마쳤다는 것이다. 기막힐 노릇이다!

어떻게 일제의 항복을 조선인이 함께 슬퍼할 수 있다는 말인가! 일제의 침략전쟁으로 수많은 조선인이 학병·징병·징용·정신대로 강제동원되어 개죽음을 당하지 않았던가. 그런데 일본인 교장의 이같은 망발을 보고도 진주사범의 조선인 학생들이 대부분 그대로 보고만 있었다고 하니 도무지 이해할 수 없는 일이다. 물론 조례에 참석했던 일부 조선인 사범학생들은 "자기네 나라가 망하더니 교장이 미친 것 같다"라고 수군댔다고 한다. 하지만 어느 누구도 교장의 말을 가로막고 그의 멱살을 잡아 단상에서 끌어내리지 못했다. 제국주의 전쟁에 부화뇌동한 쓰쓰미의 교장훈화는 친일의식에 오염된 조선인 교사와 학생들은 물론 거기에 세뇌된 진주사범학교

교육의 비극성을 그대로 전해 준 것이나 다름없었다.

그 후 진주교육대학이 출범했지만 진주사범 강당은 무대위치와 입구가 바뀌는 등 약간의 구조변경이 있었을 뿐 오랜 기간 크게 달라진 것이 없이 그대로 존속해 왔다. 그러다가 90년대에 들어와 진주교대에서 강당을 새로 중수하면서 진주교대는 일본인 교장이 식민지 교육방침으로 의미를 부여했던 3개의 기둥을 완전히 보이지 않게 덮어 씌웠다. 이는 기둥이 있던 쪽으로 새로운 강당출입문을 만들면서 기존의 건물 벽에다가 새로운 벽돌을 쌓아 붙여 버렸기 때문이다.

따라서 진주교대에서 유일하게 일제 때 만들어진 건물이 새 옷을 갈아입고, 마치 우리 것인 양 오랫동안 남아 있었다. 그래서 마치 그 모습이 청산되지 못한 친일파의 변신처럼 씁쓸하게만 느껴졌다. 그렇게 쓰쓰미가 강조한 그 3개의 기둥은 전혀 흔적을 찾아볼 수 없이 외피만 둘러쓴 채, 단지 강당 형태만 한동안 옛 모습을 겨우 유지하고 있었다. 그러나 이 건물도 결국 철거되고 현재는 그 자리에 현대식 강당이 들어서 있어 어떤 흔적도 남기지 않고 있다.

7. 각후재(覺後齋)

진주에서 가장 오래 존속한 민간서당

▲ 각후재를 세운 진주 귀곡동 향리들이 1933년 찍은 '계유삼길' 기념사진.
〈사진제공 : 정문장〉

'각후재(覺後齋)'는 조선 말기의 소학교령과 일제의 조선교육령
이 공포된 후에도 수십 년 동안 존속해 오면서 현 진양호 귀곡동지
역의 초등교육을 담당해 온 민간설립 서당이었다.

소학교령이 공포될 당시 1895년도에 진주에는 낙육재 등의 관
서재와 각후재 등의 민간 서당이 있었다. 각후재는 진주지역의 다
른 서당들과는 달리 일제의 식민지 교육이 뿌리내린 1930년대까

지도 존속되어 오면서 민족 초등교육의 산실로 기능해 왔다.

현재 진주지역의 옛 서당은 전혀 남아 있지 않으며 서당의 학습 광경을 찍은 사진도 발견되지 않고 있다. 그러나 각후재는 가장 늦게까지 존속한 덕택에 서당건물이 해방 후까지도 남아 초등학교 교실로 이용되기도 했다.

각후재는 조선 말기 진주군 축곡면 귀곡리의 일명 '까고실'에 있었는데, 정확히 말하면 귀곡리 대촌마을과 귀동마을 사이에 있었다. 이 당시 이곳 지역유지들은 대부분 해주정씨 문중이었는데 이들은 까고실에다 땅을 희사해 서당건물을 세웠다. 그래서 서당 각후재가 들어선 이후로 이곳을 사람들은 '서당골' 또는 '서재골'이라고 불렀으며, 후에 각후재가 현 귀곡분교 위치로 이전한 뒤에도 계속 그렇게 불렀다.

각후재에서는 천자문을 비롯해 명심보감이나 동몽선습 등 어린 학동들의 덕행함양과 한문습득에 도움이 되는 한적을 초급교재로 사용하였다. 특히 천자문은 서당의 대표적인 한문교육 교재로서 초급교과서의 역할을 했다. 원래 천자문은 중국 양무제 때 만든 한문책으로 1천5백여 년 전에 우리나라에 들어와 조선시대 때 널리 사용되면서 서당의 초급 한자학습서가 되었다.

그러나 일제는 식민지교육을 전 지역으로 확대시키고 민족의식을 말살시키기 위해 그나마 남아 있던 서당마저 간이학교로 전환시켜 전통적으로 해 온 서당교육을 폐지하거나 미인가시설이라는 이유로 폐쇄시켰다. 결국 각후재는 일제 말기가 되면 당시 내동국민학교 부설 귀곡간이학교로 바뀌었다. 그리고 전통적인 한문교육 대신에 일본어와 일본역사 등 식민지 초등교육이 실시됐다. 또한 각후재에 딸린 농토도 학교부지로 징발돼 그 자리에는 일본식 목조교사가 들어섰다. 이렇게 각후재가 내동국민학교 부설 간이학교로 개설될 때는 1940년 9월의 일이었다.

따라서 1933년 각후재 앞에서 이 지역유지인 정종근과 정후근 등이 모여 '계유삼길(癸酉三吉)'이란 기념촬영을 했을 때는 귀곡간이학교 건물만 보이고 각후재 모습은 전혀 나타나지 않고 있는 점을 볼 수 있어 이곳 촌로들의 말은 간이학교 개설 시기를 잘못 안 것 같다. 사진이 촬영된 연도인 1933년은 아직 각후재가 서당으로 기능하고 있을 때이고 1940년이 되어서야 비로소 간이학교로 바뀌었기 때문이다. 아마도 이때 찍은 사진은 각후재 관계유지들이 서당건물이 아닌 다른 장소에서 찍은 것으로 추정된다.

또한 학교사진에는 서당건물이 보이지 않는 이유는 귀곡간이학교가 해방 후 1948년 귀곡국민학교로 전환될 때 비로소 서당 바로 앞에 신축교사를 세워 서당건물을 가렸기 때문이다. 그러므로 해방 후 촬영된 사진에는 대부분 귀곡간이학교 건물만 보이고 각후재의 모습은 보이지 않게 된 것이다.

한편 해방 후까지도 각후재 건물은 교무실과 교실 등으로 사용되었으나 얼마 못 가 철거됐다. 각후재가 철거될 때까지만 해도 귀곡초등학교 교가에는 '각후재 옛터인 우리 귀곡교'라는 가사가 있었으나 지금은 그 교가마저 바뀌고 없다. 게다가 이 학교마저 분교로 격하됐다가 지금은 폐교되어 사라지고 없다.

현재 각후재가 있던 자리는 옛 귀곡분교 급식소 자리로 알려졌다. 하지만 이 자리도 1998년 남강댐의 2차 수몰로 역시 물밑으로 사라져 버렸다. 1996년 10월 각후재의 후예들은 사라져 가는 고향과 각후재에 대한 옛 기억을 더듬으며 『까꼬실』이란 책을 펴냈다.

다음은 해주정씨 대종친회장 정규섭 씨의 '각후재'에 대한 기억이다.

'각후재는 귀곡리 505번지 대지 약 200평 정도의 대지(垈地)에 자좌오향(子坐午向)의 양지바른 터에 목조 기와지붕으로 웅장하게 지어졌으며, 재실 정면에 각후재란 현판(懸板)이 이 건물의 구조에 알맞게 처마 밑에 걸려 있었습니다. 재실은 5칸(間)으로 기둥은 1척 4촌(一尺四寸) 정도의 환주(丸柱)로 썼으며, 보나 추녀는 어마어마하게 크다고 느꼈으며, 서편에 2칸 공부방(工夫房)이 있고, 다음이 대청이 2칸이요, 끝으로(동쪽) 방(房) 1칸이 있는 것으로 생각하고 있습니다. 아마 2칸 방과 2칸 대청은 서생들이 강학(講學)을 하는 공부방이요, 동편 1칸은 훈장님이나 마을 어른들의 집무실이라 생각됩니다. 대청에는 각후재 기문(記文), 중수기문(重修記文), 이건기문(移健記文)의 3개의 현판이 요소에 걸려 있었습니다. 지금은 건물도 없어졌으며, 이 현판도 없어졌으니 각후재에 대한 아무런 역사적인 사실(事實)을 알 길이 없습니다.' (원문 인용)

8. 금촌선생 송덕비(今村先生 頌德碑)

광복 때 없어졌다가 1988년 일본에 재건립한 일본인 송덕비

▲ 1940년대 금촌송덕비에서 졸업기념촬영을 하는 진주농업학생들의 모습.
〈사진제공 : 황대영〉

해방과 함께 박살 난 '금촌선생송덕비(今村先生頌德碑)'. '금촌'은 1925년 5월 8일부터 1945년 8월 15일까지 무려 20년 가까이나 교장으로 재임한 당시 진주공립농업학교장 '이마무라 다다오(금촌충부)'를 가리킨다. 사람들은 진주농업학교를 보통 '진농'이라

고 줄여서 부른다.

1937년 6월 12일 오후 2시께 진주농업학교(경남과기대의 전신, 현 경상국립대의 전신이다.) 교정에서는 당시 경남도지사 가와베(하부천일)와 하동군수 방진태 등 기관단체장과 유력인사들이 참석한 가운데 이마무라 교장 송덕비 제막식이 성대하게 개최되고 있었다.

이 일본인 교장의 송덕비를 진농 교정에 세우게 된 것은 이마무라(금촌)가 오랫동안 교장으로 재임하면서 '성이근(誠而勤)'이란 훈육표어를 교실마다 자필 현액해 걸어놓고 학생들로 하여금 성실과 근면을 실천궁행케 해 교풍을 진작시켰으며, 또한 진농을 갑종 농업학교로 승격시키는 한편 교사이전·학급증설 등에도 힘써 농업학교를 융성하게 하는 데 지대한 공헌을 했다는 것이다.

그래서 이 공적을 영원히 후세에 남기고자 이마무라가 교장으로 취임한 지 만 10년째가 되는 해에 맞춰 송덕비를 학교 안에 건립한 것이다. 이 제막식은 당시 진농 강당의 오른쪽 녹음지에서 있었는데, 이마무라와 전교생이 지켜보는 가운데 일본인 도지사와 군수 및 내빈들이 각각 축사를 했다.

이중 축사를 했던 군수는 당시 현직에 있었던 하동 군수인데, 이 학교 졸업생이기도 했던 조선인 방진태였다. 그는 졸업생 대표로 유창한 일본어를 구사해 가며 축사를 했는데, 이마무라에 대해 '전형적인 교육가'라고 말하거나 '숭경(崇敬)'이라는 표현을 쓰는 등 극찬을 아끼지 않았다.

그러나 이토록 '숭경'을 받으며 성대하게 제막된 이마무라의 송덕비가 후세에 길이 남겨지기는커녕 10년도 못 돼 학생들에 의해 박살이 나고 말았다. 8·15해방이 왔던 것이다.

해방이 되자 이마무라도 살기 위해 목숨을 구걸하는 일개의 패잔병 신세로 전락한 일본인에 지나지 않았다. 그는 부인과 아들 2명을 이끌고 부산으로 탈출해 당시 부산에 있던 경남도청의 옛 제자를 찾아갔다. 이마무라는 진주농업학교 옛 제자인 김창식(해방 당시 경남도 지방과 근무)을 찾아가 무릎을 꿇고 큰절을 올리며 일본행 선박의 승선권을 구해 달라고 간곡히 부탁했던 것이다. 살기 위해서는 어떤 별짓도 다 한다는 전형적인 일본인의 비굴함을 보는 듯했다. 그렇게 그는 무사히 일본으로 돌아갔다.

사실상 이마무라가 아무리 농업학교 발전에 기여한 교장이라고 해도 그 역시 조선총독부가 임명한 일본인 관리일 수밖에 없었다. 실례로 그는 진농에서 TK단사건 등 항일사건이 일어나자 사건에 연루된 학생들을 모조리 퇴학 및 무기정학 처분을 내렸던 인물이고, 학생들을 경찰에 넘겼던 사람이다. 제자 사랑이 조금이라도 남아 있었다면 이렇게까지 무자비하게 내치지는 않았을 것이다. 아무리 그가 진정한 스승의 길을 운운해도 민족감정 앞에서는 그도 역시 일제의 이익을 대변하는 일개의 일본인 관료에 불과했다.

이마무라는 1937년 중일전쟁이 일어나자 전교생을 모아놓고 일본인과 조선인은 한뿌리라는 '내선동조의 역사적 사실'이란 친일강연을 하며 조선인과 일본인의 대동단결을 강조했지만 진농의 항일사건처리를 보듯이 언행이 불일치하는 민족차별감을 분명히 갖고 있었다. 단지 조선인학생들의 노동력을 착취하기 위해 내선동조나 내선일체를 외쳤을 뿐이다. 이마무라는 1941년 태평양전쟁이 일어나자 이후부터 농업학교 근로보국대장이 되어 학생들을 강제노동에 내몰았다.

따라서 해방이 되자 학생들은 학교 안에 봉안된 가미다나 등의 일제잔재를 없애면서 이마무라의 송덕비도 함께 부숴서 없애버렸던 것이다. 당연한 일이었지만 이렇게 부숴버린 송덕비를 다시 보게 될 줄을 누가 알았으랴!

이 진농의 일본인 교장 송덕비가 철거된 지 43년 만에 장소를 바꿔 다시 일본에 세워졌던 것이다. 1988년 진농의 옛 제자들이 모여 기금을 마련해 1963년 사망한 이마무라의 생가가 있던 일본 코우지케 토사시에 '은사 금촌충부선생송덕비'를 재건한 것이다. 이들은 한국에서 송덕비를 만들어 배에 싣고 가는 수고로움까지도 감수했다. 꼭 이렇게까지 해야만 했을까.

원래 이 송덕비는 진농의 교정인 진주농림전문대학(후에 진주산업대와 경남과학기술대로 바뀌었다가 경상국립대로 통합됨) 구내에 세우려고 했으나 친일시비와 재학생들의 반발을 우려해 일본에다 세우게 됐다고 한다.

새 송덕비의 비명은 옛 제자인 은초 정명수 옹이(진주의 서예가로 유명하다. 2001년 작고), 비문은 역시 그의 애제자로 자처하는 파성 설창수(개천예술제 제사장을 지낸 문화예술인이다. 1998년 작고)가 썼다. 설창수는 "그 10주년 기념송덕비가 45년 8월 광복의 격랑에 실영됐던 것을 옛 땅의 돌 몸에 새겨서 바다 건너 재건해 감개무량함에 목메인다"고 비문에 표현했다. 이들이 이마무라의 옛 제자들이라고 하지만 진주농업학교를 졸업한 이들을 모두 대표하지는 않는다. 하지만 일본인교장 송덕비재건은 실로 시대착오적 발상이 아니었는지 다시 생각해봐야 할 일로, 씁쓸함마저 금하지 않을 수 없다.

이 소식이 알려지자 당시 일본언론에서는 '반세기의 시간을 넘어 일본과 한국이 맺은 사제의 사랑'(일본 〈산께이신문〉 1988년 7월 8일자)이라고 보도하는 등 민족을 초월했다는 식으로 크게 다루었으나 어찌 된 영문인지 국내언론에서는 단 한 줄도 보도되지 않았다. 이처럼 일본과는 달리 한국에서는 이를 거의 주목하지 않아 묘한 대조를 이루었다. 아마도 송덕비를 세우고 귀국한 이들은 자신들의 행위가 그렇게 당당하다고 보기 어려웠는지 아니면 일말의 부끄러움이 남아 있었는지 알 수 없지만, 보도자료를 만들어 언론에 돌리지 않고 쉬쉬했기 때문으로 보인다.

오히려 국내언론에서 이런 반민족적인 행위를 대대적으로 취재하고 폭로해 다시는 이와 같은 어처구니없는 일이 재발하지 않도록 교훈을 삼아야 옳지 않았나 하는 생각이 든다. 역사는 반복한다는 말이 틀린 말이 아님을 다시 한번 확인해준 사건이었다.

9. 진주 제3야학교(晉州 第三夜學校)

민족교육으로 20년 동안 견뎌왔던 일제 때의 야학교

▲ 1939년 진주 제3야학교 제14회 졸업기념사진. 〈사진제공 : 김창문〉

모든 것이 부족하고 힘들었지만 '진주 제3야학교(晉州 第三夜學校)'에는 언제나 배움의 열기가 가득 차 있어 밤늦도록 향학의 불빛이 꺼질 줄 몰랐다.

일제의 무단통치가 문화통치로 바뀌면서 1920년대에는 전국적으로 많은 야학이 곳곳에 생겨났는데, 진주지역에는 당시 제1야학교를 시작으로 제2, 제3야학교 등이 생겨났다. 물론 무단통치 기간에도 진주에는 크고 작은 각종 야학이 많이 개설돼 있었으나, 마지막에 세워진 제3야학교처럼 지역사회에 관심을 모은 야학은 없었다. 제3야학교는 나이 제한이 없는 남녀공학으로 지금의 진주초등학교 뒤쪽인 인사동 주택가에 자리 잡고 있었다.

그런데 제3야학교에서는 다음과 같은 슬픈 사연을 간직하고 있다. 1920년대 초 진주면 옥봉리에는 이학찬이라는 백정출신의 재산가가 살고 있었는데, 그는 자식을 공립보통학교에 입학시키려고 했다. (당시 진주면에는 제1보교와 제2보교, 2개의 공립초등학교가 있었다.) 그러나 백정출신이라는 이유 하나만으로 모두 입학을 거절당하자 그는 하는 수 없이 비정규 교육기관이지만 야학교라도 입학시키려고 동분서주했다. 결국 야학교 중에서 1923년 새로 설립된 제3야학교만이 유일하게 백정의 자식을 받아들이기로 하자, 그는 당시 돈으로 거금에 해당된 1백 원을 기부하고 겨우 자식을 입학시켰다.

하지만 이 사실을 알게 된 다른 학부형들이 백정과 함께 교육을 시키게 할 수 없다면서 너도나도 자식들을 야학교에 보내지 않는 바람에 불행히도 이 백정의 자식은 그만 퇴학당하고 말았다. 이윽고 이 사건은 작은 사건처럼 묻혔지만, 곧 더 큰 사건으로 비화되기 시작했다. 백정자식에 대한 입학거부는 계급적 차별을 나타내는 전근대적 양태라고 볼 수 있다. 바로 여기에서 진주의 백정해방운동인 형평운동이 일어나게 된 사회적 배경(직접적인 배경은 아니지만)이 된 것이다. 양반출신 강상호와 백정출신 장지필이 의기투합해 형평운동을 일으키자 이학찬은 서슴없이 동참했다. 이러한 쓰라린 인권차별의 경험을 갖고 있었던 이학찬은 같은 해 백정해방기구인 형평사가 진주에서 창립되자 망설임 없이 참여했다. 그는 중요한 임원(형평사 창립 5인방 중의 한 사람)으로 형평운동에 적극 참여해 형평운동을 전개했다.

아무튼 제3야학교가 개설된 것은 1923년 초 지역의 선각자 권홍우가 가난한 아이들이 돈이 없어 배움의 기회를 얻지 못한 채 방황하는 모습을 보고 개인재산을 털어 야학교(당시 이름은 '제3야학회'였다)를 세우면서 시작된 것으로 알려져 있다. 설립자 권홍우는 야학을 통해 문맹률을 타파하는 것은 물론 일제가 세운 보통학교의 식민지교육이 아닌 우리의 민족교육을 하기 위해 학교를 헌신적으로 운영했다.

그러나 시간이 갈수록 재정문제로 야학교의 운영이 어려워지자 진주부호 정상진이 매월 10원씩 보조금을 후원하기도 했으며, 〈동아일보〉 진주지국장 강대창도 이 제3야학을 돕기도 했다. 또한 진주지역의 중등학교에 재학 중인 학생들이나 졸업생들이 푼돈을 모아 기부하기도 했는데, 1931년 3월 25일 진주농업학교를 졸업하는 졸업생들(5년제 첫 졸업생)이 그동안 적립해 놓은 돈 30여 원을 제3야학교 등 지역 야학에 기부하기도 했다.

자신은 돈 있는 부모 밑에서 정규교육을 받았지만, 돈이 없어 정규교육을 받지 못하는 이들에 대한 연민과 조선인이란 정체성이 작용한 것으로 볼 수 있다. 그래서인지 제3야학교가 일제경찰 몰래 민족교육을 실시하고 있었고 그 때문에 학생들은 돈을 모아 기부할 수 있었다. 당시 제3야학교의 교육과정은 보통학교의 초등교육과 비슷했지만, 야학교에서는 일본어 교육보다 조선어 보급에 주력했으며, 조선어 시간에는 은밀히 우리나라의 역사를 가르치기도 했다는 것이다. 비록 교육과정은 짧아 4년밖에 안 됐으나 야학생들의 향학열은 6년제의 보통학생에 비해 조금도 뒤떨어지지 않을 정도로 수준이 높았다.

당초 제3야학교가 개설될 당시의 교실은 협소한 공간에 들어선 3칸 목조건물이 고작이었으나 학생 수가 늘어나자 그 옆에 있던 초가집을 개조해 교실을 1칸 더 만들었다. 또한 사무실, 즉 교무실도 마련해 무쇠종을 출입구에 매달아 수업시간을 알리는 등 어느 정도 학교다운 모습을 갖추었다. 1933년 추석 때 제3야학교가 강당(교실겸용)에서 개최한 학예회는 여느 보통학교 운동회나 학예회 못지않게 대성황을 이뤄 당시 이를 구경하려는 학부형과 관객들로 입추의 여지가 없었다고 한다.

그러나 기본재산이 없어 1930년대 중반부터 야학의 운영이 날로 어려워지자 야학교사들과 남녀학생들이 직접 거리로 나서 진주 사람들에게 눈물로 후원을 호소하는 지경에 이르렀다. 그러나 별반 성과가 없었고, 게다가 사회여론도 좋지 않아 일부 교사마저 이에 대한 책임을 지고 사직을 하기에 이르게 되었다. 그러자 지역언론에서는 적극적인 논조로 사직하는 교사들의 입장을 옹호하는 한편 진주의 양심적인 인사들에게 제3야학교를 후원해 줄 것을 촉구했다. 다음은 진주에서 발간된 〈중앙공중보〉가 1935년 1월 1일자 보도를 통해 밝힌 제3야학회에 대한 기사이다.

'유명자(有名者) 제씨(諸氏)여. 냉정한 두뇌로 재삼사지(再三思

之)하여라. 저 무산대중(無産大衆)의 아동을 위하야 장차 유망한 조선청년을 양성코겨 주(晝)이면 신성한 노동을 단련하고 야(夜)이면 문명(文明)의 지식을 교수(教授)하는 간부 제씨가, 장림(長霖)의 야(夜)와 염열(炎熱)의 야(夜)이며, 혹풍(酷風)의 야(夜)와 독설(毒雪)의 야(夜)임도 불고(不顧)하고 1년 3백60일을 1일과 여(如)이 보수(報酬)도 무(無)한 노동교육에 광광열렬(廣廣烈烈)한 혈성(血誠)으로 자기 일신을 공헌하다가 종일 행로(行路)에 부득(不得) 입문(入門)이란 격(格)으로 저와 갓흔 악평(惡評)의 세례(洗禮)만 밧고 다정한 교편(教鞭)을 중도(中道)에서 더젓스면 과연 이것이 누구의 과실(過失)일가' (기사원문인용)

['이름있는 여러분들이여. 냉정한 두뇌로 두세번 더 생각해 보아라. 저 무산대중의 아동을 위하여 장차 유망한 조선청년을 양성하고자 낮이면 신성한 노동을 단련하고, 밤이면 문명의 지식을 가르치는 간부 여러분이, 장마비의 밤과 심한 더위의 밤이며, 독한 바람의 밤과 독한 눈의 밤에도 불구하고 1년 3백60일을 하루와 같이 보수도 없이 노동교육에 빛나는, 열렬하고 피나는 정성으로 자기 일신을 공헌하다가 하루종일 걷는 길에 부득이 문 열고 들어간다는 식으로 저와 같은 악평의 세례만 받고, 다정한 교편을 중도에서 던졌으면 이것은 과연 누구의 과실(過失)일까']

이처럼 존폐의 기로에 몰릴 정도로 제3야학교의 모든 조건은 열악하기만 했다. 학생들은 대부분 가난한 집에서 태어난 아들·딸들로 낮에는 남의 집 심부름꾼이나 상점 잡역부 또는 농사일, 나무꾼

일 등에 종사해 어린 나이부터 적지 않게 노동과 생활고를 겪지 않으면 안 됐다. 교복이나 가방은 물론 교재나 공책마저 갖추지 못한 학생들도 많았다.

물론 야학교사들도 무보수로 가르치면서 오히려 자신이 근무하던 직장에서 못 쓰는 종이 등을 구해와 학생들에게 나눠주기도 했으나 야학교가 학생들에게 모든 것을 갖춰 주지는 못했다. 그러나 20년의 짧지 않은 세월을 견디며 제3야학교는 발전해 왔다. 1936년 3월 30일 입학하는 제3야학교의 신입생 모집정원은 80명으로 당시 진주지역에 설치된 야학교 중에서 가장 많은 인원을 뽑았다.

이러한 제3야학교가 끝내 문을 닫게 된 것은 경영난보다도 일제의 탄압 때문이었다. 그동안 일제는 제3야학교의 교육내용에 대해 간섭하거나 감시하면서 끊임없이 괴롭혀 야학운영을 매우 힘들게 했으나 그런대로 버텨왔다. 그러나 1940년에 들어와 일제의 황국신민화로 대표되는 민족말살정책이 본격적으로 실시되면서 제3야학교는 1943년 마침내 18회 졸업생을 끝으로 문을 닫고 말았다.

그동안 제3야학교가 정규교육기관이 아니라는 점 때문에 야학졸업장이 학력으로도 인정받지 못했지만, 이곳 야학출신들은 지역사회의 훌륭한 밑거름과 일꾼으로 자리 잡았다. 그 대표적인 졸업생으로는 한국가구의 아름다움을 보여주는 수많은 장석을 수집해 태정민속박물관을 세운 김창문 관장을 들 수 있다. (그는 나중에 한국전쟁 직후 길거리를 배회하는 불우한 아이들을 모아 제3야학교 같은 한빛공민학교를 운영해 이들에게 배움의 기회를 주기도 했다.)

10. 진주사범 구료(晉州師範 舊寮)

악명 높았던 황민화 교육장이던 기숙사

▲ 1942년 진주사범학교 구료에 수용된 심상과 1학년 학생들의 모습.

〈사진제공 : 박성백〉

'진주사범 구료(晉州師範 舊寮)'는 사범학생들을 충실한 식민
지 초등교육자 또는 황국신민으로 만들기 위해 갓 입학한 사범학
교 1학년생들을 의무적으로 강제수용해 군대식 합숙생활을 강요한
악명 높은 수정동 임시기숙사를 말한다. '구료'는 사범학교 밖에 있

던 임시 기숙사를 말하며, 사범학교에 안에 있는 새 기숙사는 '신료'라고 불렀다.

진주가 교육도시로 이름이 알려진 역사적 배경에는 2개의 사범학교가 있었다는 점 때문이다. 1920년대에 진주에 도립 경남사범학교가 있었으나 폐교된 적이 있고, 1940년대에 다시 진주에 관립(국립에 해당) 사범학교가 설립된 사실이 있다. 1940년 4월 조선총독부의 관립 진주사범학교가 개교되면서 진주사범에는 재학생들을 위한 2개의 기숙사가 설치됐다. 사범학교가 있는 신안동 본교에는 하숙을 원하지 않는 상급생이 사용하는 '신료'가 있었고, 학교밖 수정동에는 신입생들만 전원 수용하는 '구료'가 있었다.

그런데 사범학교가 사용하는 수정동 구료건물은 원래 여학교 교사였다. 1939년 7월 신사참배를 거부해 폐교당한 미션계 여자초등학교인 시원여학교 목조교사인데, 일제가 이 교사를 몰수해(자기들 말로는 '임대해') 진주사범 기숙사로 사용하면서 용도가 변경된 것이다.

구료로 사용된 시원여학교 교사는 2층의 목조건물이었는데, 당시 2층 교실 4개를 개조해 1~5호실로 만들고 1층 교실 4개도 개조해 6~9호실과 사감실, 정양실(이른바 정신수련장)을 만들었다. 구료는 교실을 개조해 기숙사 방을 대충 여러 칸으로 만들었기 때문에 방의 크기가 고르지 못했으므로 크기에 따라 학생들은 11~14명씩 배치해 개교 당시의 심상과 1학년생 1백50명 중 1백10명을 수용했다.

이들 중 일부는 신입생임에도 구료에 수용되지 않았는데, 그것은 이른바 뒷배경이 있는 유력인사의 아들이거나 진주거주의 일제 관리(일본인이나 조선인 관료)의 아들인 경우에 해당됐다. 물론 일본인 아들이라도 관료나 유력자 자식이 아니면 대개 기숙사생활을 했다. 반면에 이런 '빽'이 없으면 대부분의 조선인 1학년생은 진주에 거주해도 정신훈련과 집단훈련이란 명목으로 강제수용돼 혹독한 규율 속에 군대식 기숙사생활을 강요당하지 않으면 안 되었다.

새벽 6시에 기상하면 구료생들은 교복대신 국민복과 전투모, 각반차림으로 운동장에 집합해 요장의 지휘로 사감교사에게 인원을 보고하고 궁성요배와 국민체조를 한 뒤 '시노미치(師の道)', 즉 충실한 일본천황의 신민과 교육자가 되자는 '선생의 길'을 복창했다. 마치 군대에서 내무검열하는 것을 보는 것과 다름없었다.

그리고 수정동 구료에서 신안동 본교까지는 약 4km 정도 되는데 구료생들은 2~4열 종대로 일본군가를 부르며 학교에 등교했으며, 하교 후에도 똑같은 방법으로 기숙사로 돌아왔으며, 구료에 돌아와서는 밤 11시께 또다시 취침점호를 했다. 각 방에는 일본 천조대신을 봉안한 신붕(神棚)이라는 '가미다나'가 설치돼 있어 참배했으며, 조선인 학생들을 감시하기 위해 소수의 일본인 학생들이 1~2명씩 각 방에 배치돼 있었다.

또한 야간에는 순번제로 요생들이 전투복차림으로 일본목검을 들고 불침번을 서는 등 1학년 기숙사생활은 완전히 일본군대 내무반 생활이나 다름없었다. 게다가 구료 출입구에나 각방에 붙은 표어들도 '전쟁에 이기자', '소년항공병에 지원하자', '소년전차병 모집' 등 모두 전쟁내용 일색이었다.

그러나 사범학교는 교사를 양성하고 배출하던 곳이 아니던가. 사실상 구료에서 집단생활을 하는 등 군대식 통제를 통해 길러진 교사는 결코 전인교육과 거리가 멀고 옳은 교사가 되기도 어려웠다. 모든 교육은 기합과 처벌이 능사라고 보았다. 사범학교는 식민지하에서 식민지 교사와 수많은 황국신민들을 배출하도록 만든 곳이었기 때문이다. 바로 그러한 인간을 만들고 집단교육했던 곳이 바로 이 진주사범학교 구료가 아니었을까.

그러나 이 악명 높던 구료도 일제가 패망하면서 1945년 8·15 직후 폐쇄됐으나 미군정 때 진주사범학교 전체가 미군 주둔지로 점령되어 징발되면서 다시 사용되었다. 미군 때문에 학생들이 신안동 기숙사(신료)를 사용할 수 없어 다시 수정동 구료를 당분간 기숙사로 사용해야 했기 때문이다. 그러나 그것도 잠시뿐 한국전쟁 때 수정동 구료는 완전히 불타고 말았다. 이후 여학교부지가 주택가로 변모하면서 지금은 더 이상 수정동 구료의 흔적을 전혀 찾아볼 수 없다.

이후 사범학교가 교육대학으로 명칭과 학제가 바뀌면서 진주교대 기숙사는 여학생들만 수용했다. 그 기숙사는 금남의 집으로 '언덕 위의 하얀집'이라고 고상하게 불리기도 했다. 하지만 80년대까지만 해도 1실 4인이 함께 쓰는 닭장집과 같았는데다 취침점호와 같은 기숙사 야례(夜禮)[야간인원점검]가 있는 등 진주교대 여학생기숙사에도 사범학교 시절에 있었던 구료의 흔적이 알게 모르게 남아 있었다.

11. 정촌교 특활대(井村校 特活隊)

50년대에 중학입시 공부를 했던 초등학교 창고

▲ 1957년 진주 정촌국교 제6학년 특별활동대가 입시공부를 하던 학교창고 건물 앞에서
기념촬영한 모습. 〈사진출전 : 정촌80년사〉

　전쟁의 상흔 속에서도 진학의 열기가 뜨거웠던 '정촌교 특활대
(井村校 特活隊)'. '특활대' 하면 무슨 거창한 말처럼 보이지만 학
교에서 교과공부 이외의 취미활동을 하는 '특별활동대'의 줄임말이

다. 단지 정촌교 특활대는 입시공부를 위해 활동하는 특활대라는 점에서 달랐을 뿐이다.

요즘은 대개 '입시'하면 '고입'이나 '대입'을 가리키기 쉽지만 1960년대까지만 해도 초등학생들이 중학교에 진학하기 위해서는 '중학입시'를 거치지 않으면 안 되었다. 당시 진주지역의 일선 초등학교에서는 명문중학교 진학자를 다른 학교보다 더 많이 배출하기 위해 제각기 혈안이 되어 있었다. 당시 진주의 명문중학교는 공립학교이던 진주중학교와 진주여중을 말한다.

당시는 학벌이 인생을 결정하는 것처럼 보일 때였다. 전쟁으로 모든 게 파괴된 당시처럼 부조리가 판치는 세상에서 자신의 의지만으로 이룰 수 있는 일은 한 가지밖에 없었다. 즉 신분 또는 계층 상승을 위해서는 돈(재산)이나 빽(권력)이 없으면 오로지 좋은 학교에 들어가 실력을 인정받아 출세하는 길밖에 없었기 때문이다. 그 방법은 오직 고등교육을 받는 것이고 일류학교에 진학하는 것이었다. 그래야만 가난의 대물림과 악순환의 고리를 끊을 수 있다고 보았다. 그래서 나이 어린 초등학생들마저 '입시지옥'에 내몰리지 않을 수 없었다.

1957년 당시 진양군 정촌면 호탄리에 위치하고 있던 정촌국민학교(현 호탄동 경남정보고 자리에 있었음)에서는 6학년 학생 중 중학교 진학희망자들만 모아 공부시키는 '정촌교 제6학년 특별활동대'가 활동하고 있었다. 이 6학년생들은 1953년도에 입학한 학생들로 남녀를 모두 합해 44명밖에 되지 않았으나, 한국전쟁 직후의 어려운 교육환경 때문에 6학년 때에는 변변한 교실조차 없어 학교창고에서 수업을 받지 않으면 안 되었다.

그런데 이들 6학년생 중 여학생 2명과 남학생 16명만이 중학진학을 희망하고 나머지 학생들은 가정형편 등으로 부득이 진학을 포기하고 농사일 등 가사를 돕기로 했다. 그래서 진학 희망자 18명만이 방과 후 오후 늦게까지 학교에 남아 별도로 입시공부를 하게되었다. 사실 특활대의 중학입시반 아이들은 변변한 참고서나 문제집이 없었기 때문에 별다른 입시준비없이 그냥 교과서를 통째로다 외웠다.

교과서마다 아이들이 연필로 줄을 긋고 공부한 흔적이 역력했는데, 어떤 교과서는 글자가 보이지 않을 정도로 먹지가 되다시피 새까맣게 칠해진 것도 있었고, 심지어 교과서 페이지의 종이가 뚫려 연필구멍이 난 곳도 있었을 정도로 모두들 열심히 공부했다.

이들이 입시공부를 한 곳은 평소에 6학년 교실로 사용되다가 방과 후에는 '특활대'의 공부장소로 이용된 학교창고 건물이었다. 이 창고 건물은 당시 정촌국교 본관 뒤쪽에 있는 검은 양철지붕 건물이었는데, 1955년부터 교실로 개조해 사용했다. 당시 6학년 담임교사였던 조준제 교사는 중학진학자들의 사기를 높이고 일체감을 심어주기 위해 '특별활동대'라는 이름을 지어 주고 특활대 건물인 창고 앞에서 이들과 함께 기념사진도 찍었다.

재미있는 것은 이들이 오후 늦게까지 남아 입시공부를 할 때 이를 폭로하려는 신문기자가 오지 않을까 하며 교문 쪽을 수시로 힐끔거려야 했기 때문에 공부에 집중하기가 힘들었다는 것이다. 당시는 교육자치제가 실시되고 있는 시기였고 초등학교의 중학입시

공부를 문교부에서 공식적으로 허용하지 않고 있었기 때문이다.

그 후 특활대를 만들었던 담임교사는 이듬해 다른 학교로 떠났고 특활대 건물로 이용됐던 창고도 새 교실 증축으로 더 이상 교실로 사용되지 않았지만 어린 초등학생들의 입시지옥은 1971년 중학입학 무시험제도가 전면 실시될 때까지 계속됐다. 즉 은행알이나 구슬이 들어있는 수동식 추첨기를 학생들이 직접 '뺑뺑' 돌려 중학교를 배정받는 뺑뺑이 추첨이 시작되면서 입시지옥이 끝난 것이다.

그러나 중학입시 폐지가 꼭 좋았던 것만은 아닌 것 같다. 1975년 명석중학교에서 교생실습을 했던 경상대의 어느 교직과정 이수자는 중학교 무시험에 대해 이렇게 말했다. 그는 "중학교에 실습을 나간 교생들이 수업을 진행하는데 애로가 있었던 것은 평준화 및 무시험 진학으로 문자해독도 못하는 학생들이 제법 있었다는 점"이라고 밝혔다. 초등교육 과정에서 문자 습득을 제대로 하지 못한 채 중등교육 과정에 자동으로 올라왔기 때문이다.

그럼에도 불구하고 중학교 입시폐지는 국민의 의무교육 확대라는 측면에서 의의가 크다고 볼 수 있다. 그렇다면 아이들에겐 앞으로 살아갈 인생행로에 있어 수많은 시험이 있을 것인데, 굳이 초등학생 때부터 입시에 시달려야 할 필요는 없지 않은가.

12. 진주 봉양학교(晉州 鳳陽學校)

봉래초교의 전신인 구한말 근대식 사립학교

▲ 국권상실 직후 무렵인 진주 봉양학교 제4회 졸업식 기념사진.
(앞줄 오른쪽 두 번째가 강상호이고 세 번째가 김기태이다.) 〈사진제공 : 김중섭〉

'진주 봉양학교(晉州 鳳陽學校)'는 구한말 진주에 세워진 대표적인 사립 근대교육기관이었다. 이 봉양학교가 사립학교로서 끝까지 전통을 이어서 명문사학의 요람이 되었어야 했으나 그렇게 자리 잡지 못하고 공립으로 바뀐 것은 무슨 이유였을까.

구한말 진주에 세워졌던 근대적인 학교들은 대부분 국가에서 세운 관립학교(진주낙육고등학교)이거나 공립학교(진주소학교)였다. 설령 근대적인 사립학교라고 해도 진주에 온 외국선교사들이 세운 미션계 학교(호주선교사가 세운 사립정숙학교)가 고작이었으며, 대개는 전통적으로 내려온 민간 서당(봉양학교의 전신인 봉양재) 등이 근대교육을 대신하고 있었다.

따라서 봉양학교의 개교는 진주 최초의 사립 근대교육의 시작을 의미했다. 원래 봉양학교는 진주강씨 문중의 자녀교육기관인 '봉강재(鳳降齋)'였으나 조선 말에 이르러 서재(봉양재)로 만들어졌다가 다시 지역인사들에 의해 사립 봉양학교로 개교한 것이다.

망국의 분위기가 짙어 가던 1909년 당시 연호인 융희 3년 2월에 조선(대한제국)의 마지막 황제 순종은 공유재산을 최대한 활용하여 각 지역에 학교를 설립하라는 칙령을 내렸다. 이에 따라 진주의 교육선각자 김기수는 대안면장 강재순 등과 힘을 모아 대안동 공유부지에 사립학교를 세웠다.

이 학교가 바로 사립 진주 봉양학교다. 여기에는 대안1동 동유답 1백50두락과 대안2동 동유답 70두락이 사용됐으며, 당시까지 이 지역교육을 담당했던 민간 서당인 '봉양재'의 이름을 따 봉양학교라고 교명을 지었다.

처음에는 동유답 소작을 하고 있던 대안1동과 2동 주민들이 봉양학교 건립을 반대하는 등 적지 않게 파란을 일으켰으나 봉양학교가 국가로부터 공식적으로 인가되고 학생들이 삼삼오오 모여들면서 잠잠해져 1910년 개교할 수 있었다.

1910년 5월 29일 오전 12시에 거행된 개교식은 초대 교장 강재순(형평운동가 강상호의 부친)이 먼저 개교 취지를 설명했고, 이어 내빈 축사가 있었다. 축사를 했던 내빈은 바로 1905년 '시일야방성대곡(是日也放聲大哭)'으로 유명해진 위암 장지연이었다. (안타깝지만 장지연도 경술국치 후 드러나게 변절하여 친일논조의 시문을 쓰는 등 오점을 남겼다.) 그는 당시 진주에서 발행되던 〈경남일보〉의 주필로서 이 자리에 참석해 봉양학교 개교를 축하하는 연설을 했다.

1910년 개교 당시 입학시험 과목이 산술을 비롯해 한문·국한문·작문·일어회화였으며, 입학생은 남자만 해당됐다. 겉으로 보기에는 일어회화 등 실용적인 교육을 강조한 것으로 보이지만 교육내용은 민족교육이었다. 봉양학교가 개교할 당시는 국운이 기울어 나라가 망하기 일보직전이었지만 아직 대한제국이 존속했을 때였으므로 조선어와 조선역사를 배우고 태극기를 내걸 수 있었다.

특이한 것은 개교할 때 이 학교에 내건 종이 일반적으로 볼 수 있는 학교종이 아니라 절에서나 볼 수 있는 범종이었다는 사실이다. (70년대 말까지만 해도 우리나라 각급 학교에서는 내부 타종식 서양종이 학교마다 사용됐는데, 이 학교종이 보급돼 널리 쓰이게 된 것은 일제 때의 일이다.)

그 당시 봉양학교를 세우는데 적지 않은 공로가 있던 사람들로는 초대 교장으로 취임했던 대안면장 강재순을 비롯해 남평문씨라고 알려진 여성독지가, 학교설립과 인가 등의 실무에 공헌한 초대 교감 김기수, 지역유지 김원로 등이며, 진주 대부호 김기태 등도 봉양학교 운영에 관계했다. 김기태의 교육사업은 그의 조모 정부인(貞

夫人) 김 씨의 여성교육에 대한 관심에서 비롯됐다고 볼 수 있다.

특히 초대 교장 강재순의 장남인 강상호도 백정해방을 위한 형평운동을 하기에 앞서 부친의 뜻을 받들어 애국계몽운동의 일환으로 교육운동을 했다. 그는 부친이 문을 연 봉양학교를 1914년 확장하는 등 우리나라가 일제식민지 치하에 들어간 뒤에도 봉양학교 운영에 힘써 나중에는 아버지에 이어 봉양학교 설립의 유지(遺志)를 받들어 뜻을 이어갔다. 그래서 국권상실로 조선의 전 강토가 일제의 식민지로 전락됐지만 봉양학교는 근대 사립교육의 산실로 얼마 동안은 조선어 학습 등 민족교육을 비공식적이나마 계속 실시할 수 있었다. (봉양학교는 사립학교였으므로 일본인 교원이 없었다.)

한일합병 후 봉양학교를 운영한 주요인물을 살펴보면 1912년에는 학생 82명으로, 설립자는 강재순이었고 교장은 서진욱이었다. 1915년에는 학생 68명으로, 설립자는 강경호(강상호의 개명 전 이름)였고, 교장은 김기태였다는 사실이 〈경남일보〉 등 당시 신문에 기록돼 있다.

따라서 사립 봉양학교는 공립 진주보통학교(경남 최초의 초등학교인 진주소학교의 후신)와 더불어 진주지역의 대표적인 근대식 초등교육기관으로 성장했다. 그러나 민족교육을 의심한 일제에 의해 감시와 간섭을 받다가 일제에게 학교를 빼앗길 수밖에 없었다. (당시는 무자비한 무단통치 시기였다.) 봉양학교가 사립에서 공립으로 넘어간 1919년은 진주지역사회를 뒤흔들었던 3·1민족해방운동이 일어났던 해이다. 바로 이 운동에 주도적으로 참여해 실형을 선고받고 복역한 사람 중에는 봉양학교 출신들이 많았다. 실례로 진주 3·1민족해방운동사건으로 징역형을 받은 주동자급 23명 중에는 설립자 강상호(징역 6개월 형)를 제외하고도 봉양학교 출신이 6명(박용근·박진환·장덕익·이강우·최웅림·정몽석)이나 됐다.

이러한 사실을 볼 때 봉양학교의 민족교육과 일제의 공립 전환은 서로 무관하지 않음을 짐작하게 한다. 사실상 봉양학교는 3·1운동 직후인 그해 5월 학교운영주체가 일제로 바뀌어 사립에서 공립으로 변경됐다. 그동안 봉양학교는 진주제2공립보통학교로 바뀔 때까지 7~8회의 졸업생 2백여 명을 배출하는 등 진주지역의 인재배출 창고로 톡톡히 역할하고 사라졌다.

이처럼 조선 말의 민간서당인 봉양재가 합병 전에 사립봉양학교로 개교한 뒤 일제식민지 기간에 일제의 식민지 보통교육장인 공립학교로 바뀌었지만 봉양학교가 영원히 사라진 것은 아니었다. 일제의 공립제2보통학교를 거쳐 해방 후 현재까지도 봉양학교는 진주 봉래초등학교로 그 맥을 계속 이어가고 있기 때문이다.

13. 배다리(船橋)

'배건너 먼당'의 어원이 된 남강부교

▲ 1912년 진주 남강에서 촬영된 배다리의 모습. (정부인 김 씨의 장례식 사진에서 부분 발췌한 것.) 〈사진제공 : 김대준〉

아직도 나이 든 진주사람들은 진주성에서 남강 너머 바깥쪽에 있는 칠암동이나 강남동 또는 망경동을 '배 건너 먼당'이라고 말한다. 여기서 '배'는 1912년 남강에 가설됐던 '배다리'를 뜻하며, (이를 흔히 일본인들은 '선교(船橋)' 또는 '부교(浮橋)'라고 불렀으며 진주사람들은 '뱃다리' 혹은 '나무다리'라고 불렀다.) '먼당'은 '멀리 떨어진 곳'이란 진주지역의 사투리이다.

천혜의 요새 진주성은 서장대와 촉석루를 감싸며 흐르는 남강과 함께 북장대와 동장대 앞에 펼쳐져 있던 늪지대인 대사지로 인해 성민들의 성 안팎 출입은 대단히 제한적이고 한정적일 수밖에 없었다.

그래서 1910년 한일합병을 기화로 진주성을 강탈한 일제는 원활한 성내 출입을 하기 위해 남강에 다리를 건설할 계획을 추진하게 됐다. 즉 일본인들이 조선침략의 주요 거점 도시였던 부산과 마산으로부터 서부경남으로 진출하기 위해서는 도청 소재지인 진주성을 완전히 개방할 필요성을 느꼈던 것이다.

따라서 일제는 예전에 촉석루나루터에서 사용하던 나룻배로는 식민지통치기능을 제대로 수행할 수 없다고 판단해 조선을 합병하자마자 다리건설을 추진하기 시작했다. 하지만 남강을 가로지른 대규모 교량을 만들기에는 당시 기술도 문제였지만 엄청난 공사비를 감당하지 않을 수 없어 결국 배다리를 생각하게 된 것이다. 조선에서는 이미 오래전부터 배다리를 만든 경험을 갖고 있었기 때문이다. 조선 때의 임금 정조가 아버지인 사도세자의 묘를 찾아가기 위해 한양도성에서 출발해 수원 화성으로 행차할 때 노량진에서 한강을 건너기 위해 만들었던 다리가 바로 배다리였기 때문이다.

결국 진주에도 1912년, 일본왕 다이쇼(대정)가 즉위한 그해 현재의 진주교 자리에 남강을 가로지르는 최초의 배다리가 가설됐다. 일본인 사사키(좌좌목방송)가 배다리라고 일컫는 선교를 가설한 것이다. 그전까지는 한두 척의 나룻배로 강을 건넜기 때문에 사람이나 물자를 수송하는데 매우 불편했을 뿐만 아니라 시간도 오래 걸려 진주성 왕래가 원활하지 못했다.

그래서 1912년 봄에 가설된 이 배다리는 진주성민 뿐만 아니라 서부경남주민들 사이에서도 크게 인기를 끌어 배다리를 직접 건너보려고 일부러 이곳까지 찾아왔을 정도로 획기적인 반향과 화제를 불러 일으켰다. 수많은 나룻배가 굴비처럼 단단하게 엮어져 일렬종대로 길게 늘어서 남강을 가로지른 모습은 당시 사람들로서는 처음 보는 광경이어서 배다리를 다녀간 사람치고 한마디씩 안 하는 사람이 없었다.

배다리가 개통될 때 이를 구경하려고 모여든 사람들이 지금의 남강변 장어집 일대(지금은 진주성 진주대첩광장조성을 위해 철거되었음)와 강 건너 남강회관(지금은 남가람문화거리 조성사업으로 철거됨)과 대나무숲 일대를 가득 메워 남강 양쪽 언덕이 사람들의 흰옷으로 인해 온통 눈이 내린 듯 새하얗게 보였다고 한다.

이 배다리는 멀리서 보면 강물에 한 줄로 길게 판자를 깔아 놓은 듯했고, 물결에 일렁일렁거릴 때마다 마치 커다란 구렁이가 강물을 헤엄쳐 강폭을 가로질러 가는 것 같았다고 한다. 1912년 진주의 대부호 김기태의 할머니 정부인 김 씨의 장례가 있었는데, 끝없는 장례행렬이 배다리를 건너가는 모습이 장관이었다고 한다. 출렁거리는 물결에 따라 움직이는 것이 마치 용이 움직이는 듯 승천하는 것처럼 보였다는 것이다.

그러나 이 배다리도 가끔씩 절단되는 경우가 있었는데, 첫째가 홍수 때이고, 둘째가 수돗물 때문이다. 먼저 홍수라는 자연재해가 닥치면 사람들은 불가항력을 자인하듯 빨리 태풍이 지나가거나 비가 그치기를 기다릴 수밖에 없었다. 배다리도 마찬가지였다. 태풍이 치거나 홍수가 나면 배다리는 추풍낙엽처럼 흔들리고 거센 바람에 날아갔으며 일엽편주같이 속수무책으로 남강의 격랑 속에 빨려 들어가 물속으로 사라졌다. 〈매일신보〉 1925년 10월 7일자 기사에 따르면 "홍수로 인하여 유실되었던 선교는 근근 사람이 통행하도록 가설비(假設備)를 해서 일대 혼잡을 정(呈)하였는데…"라고 보도했다.

둘째로, 성안에 거주하던 일본인들은 우리나라 우물물을 마시고 배탈이 자주 났던 관계로 깨끗한 남강물을 마시기 위해 사설수도를 설치했다. 이 수돗물은 남강에서 끌어왔는데, 선뜻 이해가 가지 않지만, 일본인들이 수돗물을 출수할 때마다 배다리 중앙부를 절단해야 했다고 한다. 게다가 배다리의 폭이 좁고 바람에 많이 흔들려서 무거운 화물 등을 수레에 싣고 배다리로 옮겨가기에는 불편이 많았다. (심지어 자동차도 배다리로 간신히 1대씩 건너갔다고 한다.)

이런 일 말고도 뜻하지 않은 일로 배다리가 부서지기도 했는데, 1925년 12월 11일 도청의 부산이전을 반대하는 진주지역민들(주모자들은 주로 일본인)이 대규모 집단행동을 벌일 때 '심(心)'자를 쓴 붉은 띠를 머리에 두른 적심단원들이 배다리를 파괴한 일도 있었다고 한다.

그래서 일제에게는 배다리가 아닌 진짜 교량이 필요하게 됐는데, 1925년 경남도청이 진주성에서 부산으로 빠져나간 뒤 남강 다리 건설을 실행했다. 결국 일제는 주민무마용으로 바로 현 진주교의 전신인 옛 '남강다리(구 진주교)'를 1927년도에 남강 위에 만들었다. (이때의 공식적인 교량명은 '진주교'였다.)

이 현대식 콘크리트 교량으로 인해 과거 15년 동안 남강다리 역할을 해 온 배다리는 그 후 영원히 남강에서 자취를 감췄다. 하지만 100년이 넘은 지금도 '배 건너', '배 넘어'라는 말속에 배다리는 아직도 건재하고 있음은 물론이다. (필자가 대학생 때인 1980년대만 해도 흔히 듣던 말이었으나 지금은 거의 자취를 감추었다.) 또한 해마다 가을에 개최되는 개천예술제 때와 남강유등축제 때에는 그 옛날의 배다리를 연상시키는 남강부교가 촉석루 앞 남강에 설치돼 사라진 배다리에 대한 향수를 지역민들에게 불러일으키고 있다.

▲ 1910년대 남강에 가설된 배다리의 전경. (왼쪽에 촉석루가 보이고, 강위로 점점이 한 줄로 연결된 나룻배가 마치 교각처럼 보인다.) 〈사진출전 : 사진으로 본 진주〉

14. 대사지(大寺池)

성벽 부숴 매립한 진주성 방어연못에 깃든 3·1운동의 정신

▲ 1923년 10월 촬영된 연꽃 이파리가 가득한 진주 대사지 전경.
(뒤에 보이는 건물은 진주제1보통학교.) 〈사진출전 : 진주중안백년청사〉

진주의 '대사지(大寺池)'는 일제에 의해 영영 사라진 연못이 됐지만, 그곳에는 임진왜란 때의 항전정신은 물론 진주 3·1민족해방운동 때의 저항정신까지 고스란히 스며들어 있다. 즉 대사지는 진주민중들의 꺾이지 않는 불굴의 저항 의지와 역사적인 숨결이 깃든 유서 깊은 장소인 것이다. 지금은 전혀 흔적도 찾아볼 수 없는 도심지가 됐지만, 대사지가 있었던 곳에 서면 진주성 전투의 함성과 독립만세를 부른 진주민중들의 투쟁과 외침이 땅끝 저 밑에서부터 울려 퍼지는 듯 그 느낌이 생생하게 들려온다.

조선 때의 대사지는 중세유럽의 봉건영주가 외부침입을 방어하기 위해 성벽둘레에 설치한 해자(垓字)와 같은 수중 방어기능을

가지고 있었던 관계로 조선시대 성곽 중 가장 믿음직한 성곽으로 평가됐다. 그러나 처음부터 대사지가 방어연못으로 만들어진 것은 아니다. 기록상에는 대사지가 전략적으로 만들어진 것이 아니라 아주 우연한 기회에 생겨났다고 나와 있다.

『삼국유사』에 따르면 대사지는 신라 혜공왕 2년인 서기 766년께에 강주관서(진주성으로 풀이됨)의 대사(大寺)라는 절이 있던 곳에 동쪽 땅이 점점 꺼져 연못이 생겼다고 한다. 그 연못의 크기는 세로가 13척이고 가로가 7척이었다는 것이다. 그런데 난데없이 잉어 5~6마리가 생겨나더니만 점점 몸통이 커지면서 그 연못도 따라서 커졌다는 것이다.

이렇게 생겨난 연못은 대사라는 이름을 따 대사지라고 부르게 됐다. 이 대사지가 단순한 연못이 아닌 요새를 방어하기 위한 해자로서 본격적인 역할을 하기 시작한 것은 그로부터 8백여 년의 세월이 지난 임진왜란 때의 일이다.

임진왜란 당시 진주성은 글자 그대로 천혜의 요새였다. 바로 성벽을 둘러싸고 있는 남강과 절벽 그리고 대사지 때문이었다. 특히 대사지는 북쪽 성벽을 따라 3개의 못으로 형성된 깊은 늪지대이기 때문에 진주성을 방어하는데 일차적인 수성역할을 했다. 그래서 1591년 제1차 진주성 전투에 승리할 수 있었고 이는 임진왜란 3대 대첩으로 기록됐다.

하지만 이듬해 6월 제2차 진주성 전투가 벌어졌을 때는 상황이 달라졌다. 복수혈전을 맹세하고 돌아온 왜군은 총공세를 펼치며 대사지의 수성기능을 무력화시켰다. 이 당시 왜군은 지형의 불리함을 감수하는 악조건 속에서도 대사지의 물을 모두 빼고 흙을 날라다가 연못을 매립해 큰길을 만들었던 것이다. 그 결과 진주성 싸움의 양상은 서서히 왜군에게 유리한 방향으로 돌아갔다. 대사지가 매립되자 왜군은 전투장비인 귀갑차를 앞세우고 조총을 쏘면서 돌입했고, 결국 악천후까지 겹쳐 한쪽 성벽이 무너지자, 진주성은 왜군의 집중공격을 견디지 못하고 함락되고 말았다.

사실 임진왜란 전에는 대사지의 범위가 북문 바로 아래까지는 미치지 못했다고 한다. 그래서 임진왜란 당시에는 대사지의 서북쪽에 호를 깊이 더 파서 물을 담아 취약점을 보강함으로써 왜군에 비해 열세에 놓인 조선의 민관군이 진주성을 상당 기간 지켜낼 수 있었던 이유가 됐으나 병력의 중과부족으로 결국 패배하고 말았던 것이다. 그 뒤 광해군 때에는 진주병사 남이흥 등이 아예 서쪽 끝까지 호를 더 파 대사지의 길이와 너비를 더 늘려 수성의 기능을 대폭 확대시켰다. 임란 후에는 진주성 북문 앞까지 대사지의 물이 가득 차 성내로 들어오기 위해서는 다리가 필요했다. 그래서 대사지의 못을 가로지른 다리(대사교를 말함)를 놓아 사람들이 성문에 올 수 있도록 했다.

한때 대사지는 '하지(荷池)'라고도 일컬어 조선 말 때 작성된 진주군지도에는 대사지가 하지라고 표시돼 있다. 또한 진주목 방어군대의 주둔지인 진영이 대사지 위에 있다고 해서 '진영못'이라고도 불렀다.

그런데 이 대사지가 임란 후 수백 년 동안 아무 일 없이 존속돼 오다가 1910년 국권상실 후 진주성이 일제에 의해 강탈되면서 돌과 흙으로 매립돼 없어지기 시작한 것이다. 일제는 진주성의 서북쪽을 둘러싼 대사지를 매립하고 이곳에 진주지역의 중심가를 조성해 식민지통치에 알맞은 도시형태를 만들고자 계획했다. 수백 년 전 임란 때에는 왜군이 진주성을 공략하기 위해 대사지를 매립하더니 이번에는 식민지로 조선전체를 집어삼킨 일제가 진주성 관찰사청에 무혈입성하더니 호국의 본고장인 진주를 일본식 도시구조로 개조하고자 다시 대사지를 매립하기 시작했던 것이다.

그러나 임란 때와 마찬가지로 대사지는 항전과 저항의 상징이었다. 일제가 무단통치의 총칼을 앞세워 대사지를 메웠지만, 진주민중의 조선독립을 외치는 3·1민족해방운동이 진주 최초로 그 매립지 위에서 터졌던 것이다.

1919년 3월 18일에 일어난 진주지역 최초의 만세소리는 진주군 집현면 농민 김재화가 경성에서 몰래 숨겨 가져온 3·1독립선언서 1장에서 비롯됐다. 그는 경성에서 역사적인 3·1운동을 목격하고 떨리는 감정으로 진주로 내려온 뒤 동지들을 규합해 가져온 그 1장으로 다시 1천 장의 선언서를 등사했고, 18일 약속된 장소에서 동시다발적으로 뿌리는 만세운동을 전개하게 만든 장본인이었다.

김재화는 진주장날(원래 5일장으로 장날은 2일과 7일이었음)을 기해 이날 오후 1시께 대사지 매립지에 몰려든 군중들 앞에 우뚝서서 조선독립을 역설하는 감격적인 연설을 한 뒤 독립선언서와 유인물을 뿌리고 '대한독립만세'를 외쳤다. 대사지 매립지에서 민중들의 민족해방을 외치는 투쟁의 소리가 진동할 무렵 같은 시각에 진주장터를 비롯한 법원지청(옛 진주재판소) 등 진주 곳곳에서도 대한독립을 외치는 진주민중들의 함성이 동시다발적으로 전 시가지에 메아리쳤다. (이날부터 시작된 진주의 3·1운동은 4월 18일까지 1개월 동안이나 계속됐으며, 이 기간 동안 일제에 체포돼 징역형을 선고받은 주동자급만도 23명이나 됐다.)

이와 같이 3·1운동의 횃불을 높이 든 대사지 매립지에서 거사를 주도한 인물은 김재화만 있었던 것이 아니다. 대사지 매립지 시위의 주동자는 김재화를 비롯해 강달영과 권채근 3명이었는데, 이들은 모두 일제경찰에 체포돼 투옥됐다. 특히 김재화는 진주 소요사건의 주범 중의 주범으로 간주돼 징역 3년 형을 언도(선고)받고 복역하다가 출옥 후 불과 17일 만에 숨져 그가 얼마나 심하게 고문을 당해 후유증을 앓았는지 알만했다. 또한 매립지에서 함께 거사한 권채근도 징역 1년 6월형을 언도받고 복역하다가 고문으로 인해 옥사했으며, 강달영 역시 징역 3년 형을 언도받고 복역하다가 석방되었지만 나중에 공산주의자(제2차 조선공산당 책임비서)가 된 바람에 다시 투옥돼 혹독하게 고문을 받아 그 후유증으로 정신병자가 되고 말았다.

이처럼 3·1운동을 진압한 일제는 다시 대사지 매립공사를 시작하여 남아있던 습지마저 모두 매립했다. 1935년 일본인 진주읍장 야마시다(산하정도)는 매립지 위에 신시가지를 건설하고자 진주제1보통학교(지금의 진주초등학교) 앞과 대안동 일대의 대사지를 매립 완료한 후 시가지를 확충하고 도로망을 개설했다.

이때 대사지의 대부분이 매립됐는데 매립에 사용된 토석은 진주성 외성벽과 내성벽이며, 이 성벽 바위가 매립지에 상당량 들어

갔다고 한다. 이 매립지 위로 당시 진주극장과 진주경찰서, 일본인 소학교(현 배영초교) 등이 들어선 것으로 보아 매립된 대사지의 범위와 그 일대에 들어선 시가지의 규모를 짐작게 한다. (당시 대사지 매립공사를 맡았던 건설토목업체는 진주의 대표적인 적산기업이었던 '죽본조'였다.)

그런데 대사지 매립이 끝나 갈 무렵인 1936년 8월 진주에 불어닥친 병자년 대풍수해는 매립된 지 얼마 안 된 대사지를 예전의 모습대로 되살려 놓았다. 비록 잠시동안 이었지만, 일제의 대사지 매립공사를 도로아미타불로 만든 것이다.

다시 말하면 일제는 대사지를 매립한 후 이 일대를 '영정'이라는 일본식 지명을 붙이고 이곳을 신시가지의 중심지로 건설하고자 꿈에 부풀어 있다가 하룻밤 사이에 느닷없는 홍수로 날벼락을 맞은 꼴이 됐다. 이른바 병자년 대홍수로 영정매립지는 대파된 건물(주로 일본인 가옥)이 즐비해 차마 눈을 뜨고 볼 수가 없을 정도였고, 침수된 깊이도 3척에서 12척까지나 달해 시가지에서 멀리 떨어진 곳에 거주하던 일반 조선인의 살림집 피해도 엄청났다고 한다.

이와 관련해 진주 조선인사회에서는 호국의 얼이 깃든 진주성벽을 부수어 대사지를 매립한 일제에 대해 대사지에 있던 이무기가 진노해 승천하면서 용이 되어 폭풍우를 몰고 와 복수를 대신했다고 하는 풍문이 나돌 정도로 당시의 민심은 흉흉했다고 한다.

그 후 대사지는 완전히 매립돼 3·1운동을 무력으로 진압한 진주경찰서가 마침내 이곳으로 이전해 오면서 대사지의 기운을 짓눌러 버리고 말았다. 그리고 1939년에는 경찰서의 새 청사건물과 연무장이 건립됐는데, 바로 지금의 진주경찰서 자리를 말한다. 이제 대사지는 현존하는 조선시대의 그림이나 일제 때의 사진 속에서나마 연꽃의 향기가 가득한 옛 모습을 겨우 찾아볼 수밖에 없다. 옛 대사지 위에 세워진 일제의 진주경찰서 건물은 한국전쟁 때 파괴되어 복구되었다가 다시 증개축되었지만, 그 후 완전히 철거되었고, 현재는 현대식 청사건물이 들어서 완전히 탈바꿈한 상태이다.

15. 배돈병원(培敦病院)

호주선교회가 봉래동에 세운 근대식 병원

▲ 진주 최초의 서양식 민간병원인 배돈병원의 1910년대 모습.
〈사진출전 : 진주기독신문〉

'배돈병원(培敦病院)'은 비록 진주지역에 대한 기독교의 전도사업을 위한 방편으로 세워졌으나, 근대 의료기관으로서 역할했던 바는 상당히 컸다.

1939년도 배돈병원의 외래진료환자가 연간 1만7천6백20명이나 되는데, 그중 시료환자는 5천8백80명이고, 입원환자는 1만3천7백

53명이나 됐다. 이는 당시 행정구역이었던 진주부의 인구가 일본인까지 포함해 모두 4만7천2백여 명이었음을 볼 때 배돈병원에 치료를 위해 출입했던 사람들의 수치는 실로 엄청난 것이다.

물론 배돈병원에 반드시 진주사람들만 출입했던 것은 아니다. 하동 등 서부경남은 물론 거창 등 중부경남과 멀리는 전라도 광양 등지에서도 왔었음을 볼 때 얼마나 많은 사람이 배돈병원을 찾았는지 알 수 있다. 더구나 배돈병원과 같은 시기에 개원한 일제의 도립 진주의원이 들어서 있었기때문에 환자들이 분산되었음에도 불구하고 배돈병원를 찾은 환자의 수효는 그만큼 상당하다고 보지 않을 수 없다.

배돈병원의 출발은 기독교 선교의 역사와 궤를 같이한다고 볼 수 있다. 호주선교회의 병원건립은 의료혜택을 통한 기독교 전도사업의 용이함을 위해서였다. 호주선교회는 선교회가 세운 옥봉리교회 옆에다 1910년 병원건물을 착공한 이래 전도사업과 병원사업이 함께 시작되었기 때문이다.

초기에는 우여곡절이 많아 착공된 건물이 준공도 되기 전에 화재가 일어나 공사가 중단되기도 했다. 이러한 어려움과 난관을 뚫고 마침내 1913년 11월 4일 근대식 병원을 건립(지금의 봉래동 위치)하고 봉헌식을 거행했다. 이 병원이 바로 배돈병원이며, 호주장로교 총회가 선교구역 시찰자로 진주에 파견한 패튼(J. Paton) 목사의 한자명을 따서 '배돈(培敦)'이라고 병원 이름을 지었다. (엄밀히 말하면 패튼 목사의 부인인 M. W. 패튼을 기려 '고 패튼 부인기념병원'으로 이름을 붙인 것이다.)

그러면 진주 최초의 서양식 병원건립에 대해 살펴보자. 병원건립은 호주선교회가 진주에 들어온 구한말(1908년)부터 논의됐으며, 1910년 호주의 건축가 켐프(H. H. Kemp)가 병원설계도를 작성하면서 활기를 띠기 시작했다. 당시 공사업자는 일본인 토목기술자 다케모도(죽원웅차)였다. 그는 나중에 진주에서 건설토목회사 '죽본조'를 설립했다. 당시 조선인이 서양식 병원을 건축할만한 기술도 경험도 없었기 때문에 일본인에게 시공을 맡긴 것이다. 조선인 인부들은 단지 벽돌을 굽거나 나르는 등 잡역부로 공사에 투입되었다.

그러나 1911년 11월 건물이 완공될 무렵 원인모를 불이 발생해 5백여 파운드(당시 호주는 영국의 식민지였기 때문에 호주선교회는 영국의 화폐단위를 썼다.) 이상의 손실을 보고 1913년에 가서야 겨우 완공됐다. 배돈병원은 내과·외과·이비인후과·치과로 나누어져 있었고, 병상은 41대가 설비돼 있었다. 지금의 종합병원에 비하면 크지 못한 규모이지만 당시에 보기 어려운 큰 병원으로, 최신의 의료시설을 갖춘 현대적 병원이었다.

배돈병원에는 주로 호주인 의사가 선교사를 겸해 근무했는데, 병원을 설립한 초대 원장 커를(거열휴)을 비롯해 40여 명의 남녀 선교사들과 조선인 직원이 병원문을 닫을 때까지 의사와 간호사 등을 맡아 봉사했다. 이들은 병원 건립의 원래 의도한 목적달성에 부응이라도 하듯이 환자를 전도하는 데 노력했다. 각 병실에는 전도사와 전도부인을 배치해 외래환자와 입원환자들의 쾌유를 빌며 환자들을 위해 매일 찬송가를 부르며 예배를 드렸다. 또한 조선인

병원직원들도 기독교 신자였던 관계로 모두 병원전도협회에 가입해 '복음' 전파에 힘썼다.

당시 옥봉리교회의 김정수 장로는 감격해하며 "진주에 이같은 병원이 있다는 것은 주님 사업에 얼마나 귀한 기관인지 입으로 다 말할 수 없다"라고 표현했다. 사실 배돈병원에서 질병을 고치거나 몸을 정상으로 회복한 사람들은 모두 기독교의 '하나님' 혹은 '예수님'의 은혜를 입었다고 생각했다는 것이다. 이렇게 하여 배돈병원은 환자들로 하여금 기독교를 믿게 하거나 아니면 타종교에서 개종하게 함으로써 진주의 기독교인을 증가시키는 데 혁혁한 공을 세운 일등공신되었다고 한다. 당시 배돈병원의 전속목사는 볼란드(부오란) 목사였다.

이처럼 배돈병원이 자의반 타의반으로 환자들에게 기독교를 믿게 만드는 데 주력했는데도 많은 사람들이 그것에 개의치 않고 이곳을 자주 찾아왔다. 그 이유는 배돈병원이 근대식 의료기관이라는 점과 중서부경남의 유일한 민간병원이라는 점도 작용했다. 무엇보다도 이곳의 치료가 영리사업에 있지 않다는 점 때문이다. 따라서 일반 서민들은 고압적인 일제의 도립병원보다 호주인의 배돈병원을 더 좋아했다.

실례로 배돈병원은 돈 없는 빈민환자를 무료로 치료해 주는 경우가 많아 진주사회의 칭송을 자주 받아왔는데, 1927년 12월에는 맹장염으로 죽어가는 의령군의 한 가난한 소작농을 입원시켜 무료로 수술해 주는 등 많은 의료봉사를 했다는 것이다. (이러니 어떤 무신론자도 기독교를 믿지 않을 수 없었을 것이다.)

또한 배돈병원은 영어를 배우려는 학생들에게도 인기가 있는 장소였다. 진주농업학교 제23회 졸업생 일본인 다데이시(입석설부)는 진농에 입학했을 때 요코다(횡전)라는 교감이 영어를 가르쳤는데, 일본식 발음 때문에 제대로 영어수업을 할 수 없었는지 어느 날 요코다는 "영어를 잘하려면 배돈 선생 집에 가서 가족들과 10분간이라도 좋으니 이야기를 하는 것이 좋다"라고 배돈병원의 호주선교사로부터 원어민(原語民) 영어학습을 권유했던 기억을 회고한 적이 있다. (1930년대까지만 해도 중등학교에서는 영어를 배웠다. 하지만 일제가 태평양전쟁을 일으키며 미영격멸을 선언하자 적국의 언어라며 영어과목을 없애버렸다.)

그런데 40여 년 동안 한결같이 진료활동을 계속해 오던 배돈병원이 아주 영영 문을 닫게 되는 일이 벌어졌다. 바로 병원을 운영하던 호주선교사들이 신사참배를 거부한 것이다. 일제는 1941년 신사참배를 거부했던 호주선교사들을 병원에서 내쫓고 친일부역적인 조선인을 들여 앉히도록 병원에 압력을 가했다. 결국 배돈병원의 조선인 의사였던 김준기가 데이비스(대지안) 원장에 이어 병원장이 됐다. 그 후 시시각각 신변의 위협을 느낀 선교사들은 병원과 교회일에서 아예 손을 떼고 모두 호주로 철수했으며, 단지 매클라렌(마라련) 박사만이 선교회 재산을 관리하기 위해 진주에 남았다가 태평양전쟁이 일어나면서 경찰에 즉각 체포됐다. 그는 진주 경찰서 유치장에서 11주 동안이나 억류됐다가 부산으로 이송된 끝에 1942년 국외로 추방됐다.

병원장이 바뀐 배돈병원은 1941년 9월 28일 '대동아 고도 국방 국가체제'에 부응하는 측면에서 국민총력 진주배돈병원연맹을 결성하며 친일 협력적 자세를 취했다. 그러나 조선인 병원장 김준기도 일제의 마음에 안 들었는지 그해 12월 8일 치안유지법 위반혐의로 체포했다. 미국의 첩자라는 누명을 씌웠다. 병원장이 체포되자 배돈병원은 일제에 더 잘 보이기 위해 조선총독부 기관지인 〈매일신보〉에 김준기의 이름으로 '익찬 동아공영(翼贊 東亞共榮)'이란 축하광고를 실었다. '익찬 동아공영'은 일제의 침략전쟁을 합리화한 대동아공영권을 적극 찬양하고 지지한다는 뜻이다. (그때까지 어떤 신문이든 배돈병원이 광고를 한 경우가 있다는 사실을 필자는 아직까지 1건도 더 확인하지 못했다.) 그러나 김준기는 재판도 받지 못한 채 미결수로 해방이 될 때까지 무려 4년간이나 경남경찰부 옥창에서 신음할 수밖에 없었다.

따라서 그동안 호주선교회의 헌신적인 지원으로 운영돼 오던 병원은 금방 재정적인 위기를 맞이했고, 병원장마저 없는 병원은 곧이어 문을 닫을 수밖에 없었다. 게다가 일제 말부터 시작된 미공군의 남해안 공격으로 진주도 공습당해 배돈병원도 파괴를 면치 못했다고 한다. (김준기 자서전에서 증언)

해방 후에도 배돈병원은 복구되지 못했는데 단지 일제에 의해 징용이나 징병을 갔다가 돌아온 해외 귀환동포의 임시거처로 수용소 역할을 했을 뿐이다. 이미 빈 건물만 있을 뿐 의사도 간호사도 없었다. 그곳은 병들고 굶어 죽어가는 인간들이 우글거리는 목불인견의 생지옥이나 다름이 없었다. 당시 이곳의 참상을 목격한 한

신문기자는 그 비참한 상황을 다음과 같은 기사로 생생하게 묘사해 충격을 주었다.

'진주 배돈병원이라면 기억 있는 사람의 머리엔 붉은 벽돌집이 연상될 것이며, 외양은 현대식 건물의 호화스러운 위용을 그대로 나타내고 있다. 그러나 이 병원 옥내에 한걸음 들어놓는 사람은 그 비참한 전경에 놀람을 지나 기막힌 한숨을 품지 않을 수 없을 것이다. 음침한 냄새 나는 병실에는 가족 수 최소 3명으로부터 최대 10명의 남녀노소가 아사선상에서 꿈틀거리고 있다. 샛노란 걸레 같은 피부, 굶주려 지친 몸을 처치하지 못해 마루방에 누워 있는 목숨, 그중 좀 넓은 방에는 가마니를 깔고 명색만의 안식처를 만들고 있으니 희망 없는 구렁에서 낡은 목숨을 호흡하고 있을 따름이다. 이 수용소에서는 11명의 아사자를 내었다고 한다.' (〈민주중보〉 1946년 7월 28일자)

이와 같이 배돈병원은 옛 명성이 온데간데없이 극빈자 수용시설로 전락한 끝에 얼마 후 한국전쟁이 일어나면서 진주시가지가 미 공군의 융단폭격으로 불에 탈 때 함께 파괴되어 그 흔적조차 남기지 못하고 완전히 사라져 버렸다.

배돈병원이 한국전쟁 때 미공군의 집중폭격 목표가 된 것은 진주가 인민군의 점령하에 있을 때 이곳에 진주시 인민위원회가 설치돼 있었기 때문이다. (그 안에는 진주시 여성동맹 사무실도 있었다.) 원래 인민군은 미군이 교회 같은 종교시설이나 병원 같은 의료시설은 잘 폭격하지 않을 것이라는 판단 아래 인민위원회 사무실을 배돈병원에 설치했지만, 오판이었다. 미공군은 닥치는 대로 무자비한 폭격을 감행해 진주의 전 시가지를 불태우며 초토화시켰던 것이다. 현재 위치한 진주교회 근처(봉래동 38번지 옆)에 배돈병원이 있었지만 건물은 전혀 남은 흔적이 없다. 단지 지금의 봉수동 일대에 있었던 배돈병원과 광림학교의 흔적을 기억하고자 2013년 1월 24일 진주교회에서 세운 100주년사적기념비가 남아 있을 뿐이다.

16. 망진봉수(望晉烽燧)

통일기원하며 시민들이 복원한 봉수대

▲ 조선 영조 때 진주목 지도에 나타난 망진봉수 모습. 〈사진출전 : 진주목지도〉

'백두산 진달래 한라산 유채꽃 / 지리산 큰 달맞이 / 떠돌이 잡동
사니 여기 다 모여라 / 두억시니 몽달이도 나오너라 / 우리함께 봉
홧불을 지피자 / 한때는 짝사랑, 그리움도 되었다가 / 지금은 전부
요 숫제 통곡인 / 통일의 봉홧불을 지펴 올리자 / 사람은 사람끼리
살부비고 살아가게 / 살아서 끝끝내 꽃 피우는 우리의 역사 / 시작
이자 마지막일 한 나라에 이르는 망진산 통일맞이 봉홧불을' (박노
정 시인의 시 '시작이자 마지막일 통일의 봉홧불을'에서)

망진산 봉수대가 폐지된 지 1백여 년 만에 진주시민의 힘으로 복원돼 1996년 8월 16일 많은 사람이 지켜보는 가운데 봉홧불을 힘차게 지폈다. 이번에 망진산에 복원된 봉수대는 원래 '망진봉수(望陣烽燧)'란 이름으로 조선 초기에 건립된 봉수대인데, 고종 32년인 1895년 폐지되기 전까지 수백 년 동안 우리나라의 전통적인 통신수단으로 기능해 왔다.

원래 봉수는 횃불을 의미한다. 조선시대에는 첩보기능이 지금처럼 발달하지 못해 국경 또는 각 지방에 오랑캐나 왜적의 침입 혹은 도적의 봉기로 급변이 있을 때 신속하게 알리기 위한 수단으로 봉수대의 횃불과 연기를 사용했다. 현재 진주지역에 설치된 봉수대는 망경동 망진산과 명석면 광제산 2개소에 소재하고 있다.

봉수대가 설치된 망진산은 다양한 한자명으로 불려 왔는데, 문헌에 따라 '망진산(網陳山)'·'망진산(望晉山)'·'망진산(望陣山)' 등으로 다양하게 쓰여졌다. 이 가운데 처음 것의 망(網)자는 비봉산과 관계되어 붙여진 풍수지리적인 이름으로 보이며, (비봉산에서 날아오른 봉황새가 날아가지 못하도록 망진산에서 그물을 쳤다는 것이다.) 두 번째의 것은 글자 그대로 진주를 내려다 볼 수 있는 곳이라는 뜻이다. 그에 비해 세 번째의 망진산에서 진(陣)자는 군사적인 의미를 담고 있는 것으로 볼 수 있다.

조선 영조 때 제작된 『여지도서』상의 진주목 지도와 순조 때의 진주목읍 지도에는 이곳 봉수대의 이름이 지금처럼 진주를 가리키는 '진(晉)'자가 아니라 군사주둔지를 가리키는 '진(陣)'자로 표시돼 있다. 이는 망진산이 진주성내를 내려다 볼 수 있는 전략적인 요충지였기 때문에 군사주둔지인 '진지'의 역할이 강했다고 볼 수 있기 때문이다.

그래서 망진산에는 정상에 설치된 봉수대를 중심으로 성곽이 산기슭을 견고하게 둘러싸고 있다. 한때는 목책성이었던 것이 임진왜란 당시 토성과 석성 등으로 개축됐으며, 왜군이 점령했을 때는 조선에서의 주둔과 장기전을 대비하기 위해 왜성('망진채'라고 부름)을 쌓기도 했다고 전해진다. 이런 군사적 필요성을 다시 한번 보여준 사례가 있다. 실례로 가장 가까운 예를 든다면 한국전쟁 때 파죽지세로 몰려오던 인민군 6사단을 저지하기 위해 해병대가 최후의 진주방어선을 이곳 망진산에다 쳤으나 이를 지켜내지 못함으로써 결국 진주가 함락되고 말았다는 사실에서도 이곳의 전략적인 중요성을 잘 알 수 있다.

이처럼 망진봉수가 진주성 수성과 공략의 요충지에 위치했던 관계로 봉수의 역할못지 않게 진지의 역할도 매우 컸었다. 하지만 망진산은 봉수대로서의 역할이 더 컸다. 망진봉수는 보조 봉수대 역할을 하는 '간봉'으로 남쪽의 사천 안점봉수와 북쪽의 명석 광제봉수를 연결했다. 광제산 봉수는 경상도내 다른 봉수와 연결돼 최종적으로 한양 모악산 봉수대(현재의 서울 서대문구 무악동 안산봉수대)에 접수된다. 이렇게 망진봉수에서 올린 첩보는 한양도성의 병조에 보고돼 임금이 마침내 사태를 파악하게 되는 것이다.

따라서 변란이 있을 때마다 낮에는 연기를 피워 올리고, 밤에는 횃불을 밝혀 급한 소식을 한양으로 전했는데 만약 적이 침공했을 때 봉수가 타오르지 않았다면 나라가 큰 위기에 처하게 되는 것으로, 이는 보통 일이 아니었다. 이때 봉수대 근무자인 봉군은 엄청난 직무유기를 했으므로 엄중한 책임을 물어 즉결 처형했다고 한다. 그만큼 봉군의 역할은 막중한 것이었다.

그러나 임진왜란 때 1차 싸움과 2차 싸움을 앞두고 망진봉수가 얼마나 타올랐는지 알 수 없으나 위기의 진주성 소식을 듣고 1~2차 싸움을 위해 외지에서 수많은 의병과 관군들이 진주성에 집결했던 역사적인 사실을 미루어 볼 때 망진봉수가 당시 봉수대로서 제역할을 충분히 발휘했을 것으로 추정된다.

반면에 망진봉수는 억압당하는 민중의 분노가 폭발했다는 신호로도 사용됐는데, 조선 말 일어난 갑오농민전쟁 등이 그것이다. 또한 해방 후에는 합법적인 통신수단을 갖지 못했던 좌익세력들이 망진산 봉수대 터에서 횃불로 신호를 주고받기도 했다. 즉 1949년 2월 18일 밤 8시께 남로당원 김재봉은 주약동 동책 박수만의 지령에 따라 망진산의 '망령봉(望嶺峯)'에서 봉화전을 감행했던 것이다.

현재 복원된 봉수대는 원래의 위치가 아니며 전통적인 봉수대를 쌓는 축법도 형식도 모두 다르다. 원래 망진봉수는 망진산 최정상에 설치됐으나 송신탑으로 인해 아래쪽에 내려와 복원됐으며 축법도 흙과 돌을 혼축한 남방식 축법이 아니라 완전히 석축을 사용한 북방식 축법으로 바뀌었기 때문이다.

그렇지만 망진산 봉수대의 의미는 각별하다. 옛날의 최첨단 통신수단인 봉수대와 오늘날의 첨단통신 시설인 중계탑이나 송신탑 등이 똑같은 장소에 위치하고 있음은 과거와 현재가 공존하고 있다는 묘한 상징성을 주고 있다. 복원된 망진산봉수대의 바로 위쪽에 진주MBC의 망진산 송신소와 진주KBS의 망진산 중계소가 바로 옛 망진봉수자리에 설치돼 있기 때문이다.

무엇보다 망진봉수의 복원은 옛 통신수단의 재현이라는 점보다 진주사람들이 염원하는 '민족통일의 기원'에 있다고 그 의미를 찾아야 할 것이다. 바로 복원된 봉수대 제단 앞에는 백두산을 비롯해 한라산·지리산·월아산·독도에서 가져온 돌이 있기 때문이며 비어 있는 금강산 돌자리는 그 자리를 채워 넣을 수 있는 통일의 날을 염원하는 진주사람들의 마음을 잘 나타내고 있기 때문이다. (1998년 가을부터 북한과의 경제협력사업으로 남한사람들의 금강산 관광이 활발히 진행되고 있어 망진봉수대에 비어 있는 금강산 돌자리가 곧 채워질 것으로 보았다. 하지만 남북관계가 경색되어 금강산 관광이 중단되어 아직까지 요원한 실정이다.)

이 같은 이유 때문인지 많은 사람이 복원된 망진봉수를 찾았는데, 한때 〈한겨레신문〉(현재는 〈한겨레〉로 제호가 바뀜)에서 촌철살인의 만평을 그렸던 만화가 박재동 화백도 1997년 12월 20일 망진산 봉수대를 찾았다. 필자의 안내로 망진산에 오른 그는 봉수대 앞에 놓인 돌을 하나하나 만져 보다가 그 가운데 백두산 돌을 한참이나 두 손으로 감싸며 감격해했던 모습을 잊을 수 없다.

현재 시민단체가 세운 봉수대는 원래 위치가 아니므로 조선 때부터 있었던 망진산 정상에 제대로 복원해야 한다는 여론이 나오고 있다.

17. 동장대(東將臺)

진주성 바깥 성벽에 위치한 동쪽 누각

▲ 경상우병영지도에 나타난 동장대의 모습으로 현재 진주성에 있는 북장대와 형태가
비슷하다. 〈사진출전 : 경상우병영지도〉

'동장대(東將臺)'는 조선시대 진주성에 설치됐던 4개의 장대중
가장 바깥쪽 성벽에 위치한 동쪽 누각을 말한다. 대개 진주성을 찾
는 관광객이나 진주시민들은 성벽을 따라 남쪽에서부터 서쪽과 북
쪽을 향해 걷다 보면 촉석루를 가리키는 남장대와 회룡루를 가리키
는 서장대, 진남루를 가리키는 북장대 등을 차례로 만나게 된다. 이

들 동서남북 장대는 유사시에 각 방향의 작전지휘본부로 사용됐다.

이렇게 한바퀴를 돌고 나면 뭔가 빠졌다는 생각을 하지 않을 수 없게 된다. 바로 동쪽 장대가 보이지 않는다는 사실에 의아해하는 것이다. 이때 사람들이 둘러본 성벽은 진주성 내성벽이었고, 외성벽은 이미 헐려서 자취를 감춘 지 오래됐기 때문에 외성벽의 장대인 동장대도 당연히 볼 수 없었던 것이다.

임진왜란 때 동장대는 진주성의 취약지를 방어하던 외성벽의 신북문과 동문(혹은 남문)사이에 위치해 있던 관계로 가장 치열한 접전장소가 됐다. 왜군은 2차 진주성싸움 때 동장대의 양쪽에 있던 성문(신북문과 동문)을 집중 공격한 끝에 진주성을 겨우 함락했는데, 이때 왜군들은 동쪽 외성벽 방어의 주요 항전지휘소였던 동장대를 미친 듯이 파괴해 버렸다고 한다. 그렇다면 진주성 함락이 전말을 간단히 살펴보자.

일본 '전국(戰國)'을 통일한 최고 우두머리 도요토미(풍신수길)는 조선에 상륙한 왜군이 최초로 진주성에 대패를 당하자 대로하고 이듬해 자신의 최측근 왜장이던 가토(가등청정)에게 왜군을 전부 모아 진주성을 총공격할 것을 명령했다. 따라서 2차 진주성전투는 왜군이 사활을 걸고 임한 전투였다. 오죽했으면 왜군은 자기들의 군사가 아무리 많이 죽더라도 진주성과 전라도를 반드시 격파하고 돌아와야 한다고 생각했을까. 이를 보여주듯 조선에 출병한 왜군의 전체 병력 중 절반이 넘는 10만 명에 육박하는 대군이 동원되었다고 한다.

조선의 민관군은 진주성 공격의 선봉에 선 가토가 이끄는 왜군과 맞섰다. 1593년 6월 21일부터 치열한 공방전이 벌어졌다. 특히 진주성 외성이던 동장대 쪽으로 공격하는 우키다(우희다수가)의 왜군에 맞서 조선의 민관군은 있는 힘을 다해 필사적으로 싸웠으나 역부족이었다. 진주성 동문의 북쪽 옹성이 때마침 장마 기간으로 인해 쏟아진 폭우를 이기지 못해 지반이 약해지는 바람에 성벽이 무너지는 사태가 일어났다. 조선군에겐 악재였고 왜군에겐 호재였다. 이를 틈 타 우키다의 왜군이 한꺼번에 성안으로 쏟아져 들어왔다. 선조실록에는 이때의 광경을 묘사하기를 '음력 6월 29일 미시(未時)[오후 1~3시경]에 비로 인하여 동문 쪽의 성이 무너져서 왜적이 개미 떼처럼 붙어 올라왔다'라고 표현했다. 결국 왜군에 의해 진주성이 함락되면서 성내에 있던 사람들이 모조리 살육되는 등 매우 비참한 최후를 맞이하고 말았다. 진주성은 왜군의 포위공격을 받은 지 7일만인 6월 28일 한쪽 성벽이 폭우로 약해져 무너져내리면서 속절없이 왜군에게 뚫리고 말았다.

이튿날 29일, 날이 밝자 물밀듯이 밀고 들어오는 왜군에 의해 성안은 피바다가 되었다. 성내가 모두 함락되면서 동장대를 비롯한 항전지휘소가 모조리 파괴되었고, 조선의 민관군은 물론 개·돼지까지 살아 있는 모든 것이 떼죽음을 당하는 등 완전히 전멸했다. 선조실록에는 '왜적이 본성(本城)을 무찔러 평지를 만들었는데, 성안에 죽은 자가 6만여 명이었다'라고 기록했을 정도이다. 진주성 함락의 소식을 들은 유성룡은 『징비록』에 쓰기를 '왜변(倭變)이 있은 이래 사람 죽은 것이 이 싸움처럼 심한 일은 없었다'라고 기록했다.

이렇게 진주성은 폐허가 되었다. 그 후 광해군 때 진주성에 부임한 진주병사 남이홍은 부서진 동장대를 고쳐 다시 세웠으며, 영조 때는 『여지도서』를 발간하면서 '우병영지도'에 동장대의 모습을 그려 넣었다. 이 그림으로 볼 때 동장대의 모습은 지금의 북장대와 비슷한 규모와 모양을 갖추었을 것이라고 추측된다.

그런데 옛 진주관찰부와 경남도청의 정문이었던 영남포정사가 최근 들어 옛 전신이 대변루라고 설명되어지고 있는 것은 크게 잘못된 것이다. 영조 때 발간된 『여지도서』에 있는 경상우도 병마절도영의 '성지'조에 따르면 동장대가 바로 대변루임이 명확하게 드러나고 있기 때문이다. 이처럼 동장대는 대변루라는 이름과 함께 진주성의 4대 장대중의 하나로 수백 년 동안 아무런 탈 없이 존속해 왔다.

그러다가 1905년, 대한제국이 허수아비 주권국가로 전락하게 되는 을사늑약이 체결되자 이듬해인 1906년께 앞으로 있을 망국을 예감이라도 한 듯 동장대는 하룻밤 사이에 자연적으로 무너져 내리고 말았다. 동장대가 무너지자 일제는 철거비용을 줄이게 됐다고 좋아하며 동장대의 양쪽 성벽마저 모두 철거한 뒤 이곳에다 신시가지를 만들었다.

일제는 동장대터에 식산은행 진주지점의 건물을 세웠으며 일본인 지점장의 사택을 만들었다. 1939년에는 동장대가 있던 일대를 희망찬 식민지 통치를 염원한다는 뜻으로 행정구역명을 '일출정 (日出町)'이라고 이름 지었다. 일본을 상징하는 태양이 떠오르는 곳이라는 뜻이었다. 하지만 해방 후 즉시 이 왜색적인 이름을 버리고 옛 지명의 의미를 담아 새로 이름을 지었다. 진주사람들은 사라진 동장대를 기억하고자 '장대동(將臺洞)'이라고 지었고, 또한 철거된 동쪽 성벽을 잊지 않기 위해 '동성동(東城洞)'이라고 이름을 고쳐 지었다. 이 명칭은 오늘날까지도 그대로 동명으로 사용하고 있다.

한편 동장대의 위치는 지금의 중앙사거리(현 중앙광장교차로)와 중소기업은행(현 IBK기업은행) 진주지점 사이에 있었던 것으로 추정되고 있다.

18. 문산찰방(文山察訪)

문산성당 건물로 전락했던 조선 때의 정보·통신·교통기관

▲ 1908년에 촬영된 문산찰방 관아의 모습이지만 이때는 이미 문산성당으로 사용되고 있었다. 〈사진출전 : 문산성당80년사〉

한때 사교로 규정된 천주교의 교인들을 색출하는 데 혈안이 됐던 조선시대 관아인 '문산찰방(文山察訪)'이 오히려 몇십 년을 못 가고 거꾸로 천주교 성당 건물로 뒤바뀌었다.

문산은 조선 때 '소촌역'이란 이름으로 오랫동안 진주의 관문역할을 해 오며 찰방의 지배아래 있었던 큰 역촌마을이었다. 1866년 대원군의 천주교 대탄압이 시작되자 전국적으로 천주교인에 대한

색출작업이 찰방을 중심으로 광범위하게 전개됐다. 이는 찰방이 국가도로망의 중요지점에 위치하면서 공문서 발송을 비롯해 관물 운송 및 출장관리들의 교통편의 등을 제공하는 관청이었기 때문이다. 또 한편으로 찰방은 정보의 수집과 범죄인의 검문·검색 임무도 수행했다.

그러나 병인박해라는 대탄압 속에서도 천주교인들은 진주지역 가운데 최초로 문산에 복음의 씨앗을 뿌린 데다가 40여 년 후에는 천주교인을 색출하던 문산찰방 관아를 아예 성당 건물로 매입해 버렸다. 실로 격세지감을 느끼게 하는 역사적인 아이러니가 아닐 수 없다.

비록 문산찰방이 성당 건물로 둔갑되는 이변을 낳았지만, 한때 문산찰방의 위세는 웬만한 수령급보다도 더 셌다. 찰방은 역들의 집합체인 역도를 관장하면서 역도에 있는 역에 상주하는 외관(바깥 관청)이었다. 문산찰방은 소촌역에 상주하면서 진주의 평거역을 비롯해 영창역과 문화역, 의령의 지남역, 사천의 관율역, 곤양의 완사역, 고성의 배둔역, 남해의 덕신역, 거제의 오양역, 진해의 상령역 등 진주 인근 15개 역을 관할하며 직접 관리했다.

비록 문산찰방은 봉록이 없는 관리이기는 했지만 품계로 따지자면 현감과 같은 종6품직(음관)인데다 국가의 육상·통신·정보를 주관하는 관리라는 점에서 현감보다 그 서열이 우위에 있었으며, 심지어 종4품인 군수나 종5품인 현령보다도 위세가 더 클 수도 있었던 것이다. 오직 찰방을 벌 줄 수 있는 직속상관은 임명권자인 관찰사밖에 없었다.

이는 찰방이 역장과 역리, 역졸들을 포함한 수많은 역민들을 관리하고 역마를 보급하거나 암행어사 협력 및 사신접대 등을 총괄하는 역행정의 최고 책임자였기 때문이다. 그랬을 뿐만 아니라 정보수집 기관으로서 지방의 주와 현에 있던 수령의 탐학과 민간의 질병까지도 상세히 조사해 상부에 보고하는 기능도 가졌기에 그 역할은 매우 막중했다.

그래서 임진왜란 때는 군사정보를 갖고 있던 문산찰방(당시 이름은 소촌찰방)이 수곡 '진배미'에서 군사훈련을 하고 있던 이순신(당시 이충무공은 백의종군 중에 있었음)을 찾아가 이야기를 나눌 수 있었던 것도 그 때문이다. 이때 문산찰방 이시경은 진주목사와 함께 이순신을 만나 왜적과 맞서 싸울 방책에 대해 논의했다.

따라서 정3품 당하관인 진주목사도 경우에 따라서는 문산찰방을 수족 부리듯이 함부로 대할 수가 없었다. 비록 사법권과 병사권은 없었으나 문산찰방이 거느린 검은색 벙거지를 쓴 역졸들의 정보망은 군수나 현령정도는 파면시킬 수 있는 영향력을 가질 정도로 적지 않은 힘을 갖고 있었다. 자고로 과거나 현재나 정보가 힘인 것은 똑같아 보인다. 그래서 진주로 잠입하는 암행어사도 주로 문산찰방이나 찰방의 역졸들에게 정보를 얻어 갔을 정도로 이들의 정보망은 대단했다. 그러나 과유불급이라 할까. 오히려 그런 점 때문에 역행정이 문란해지고 부정부패가 심했던 것도 사실이다.

이처럼 문산에는 수많은 역리와 역졸들 및 그 가족(역리는 기본적으로 세습제였다)들이 찰방을 중심으로 집단적으로 모여 살면서 '소촌'이란 대단위 역촌마을을 형성했기 때문에 오랫동안 문산은 '1

면1촌'의 대촌임을 자랑하였다. 하지만 지금은 문산면이 읍으로 승격됐기 때문에 '1읍1촌'이라 해야 할 것 같다.

그런데 바로 이러한 문산찰방 관아에 성당이 들어선 것이다. 병인박해 이후 문산지역을 시작으로 꾸준히 교세를 키워 오던 천주교는 마침내 광무 9년(1905년)에 문산본당을 설립했다.

대한제국 정부는 이미 1885년 근대식 우편제도의 신설로 찰방제도가 폐지돼 특별한 용도로 사용되지 않던 문산찰방 건물을 천주교 선교사에게 판 것이다. 찰방건물은 문산을 서부경남에 복음을 전파하려는 거점으로 삼고자 한 권마리오 줄리엥(프랑스인) 신부에 의해 1905년 거액으로 매입돼 성당의 본당건물로 개조됨으로써 찰방건물은 천주교건물이 되어 십자가가 걸렸다.

권줄리엥 신부는 대한제국 정부로부터 매입한 찰방관서와 아전관서 10여 동과 찰방부지 2천4백여 평을 문산성당 건물과 부지로 사용하기 시작했다. 그 후 문산찰방 건물은 성당건물과 사제관 등으로 쓰이다가 1937년에 현재의 문산성당이 완공되면서 철거됐다. 새로 지은 문산성당은 고딕양식의 건축물로 성당의 본당인 양옥성전은 해방 후 나중에 국가등록문화재 제35호로 지정되었다. 만약 성당으로 사용된 문산찰방 한옥관아건물이 아직도 남아 있었다면 양옥성전보다 더한 문화재적 가치를 인정받았을 것이다. 현재 문산읍 소문리 58번지에 소재한 성당건물이 바로 문산찰방 관아가 있었던 정확한 자리가 되는 셈이다.

19. 은전다방(銀殿茶房)

해마다 전국 문인들의 시화전이 개최됐던 문학사랑방

▲ 50년대 폐허 위에 꽃피운 문학인의 안식처였던 은전다방의 모습으로
시화전 현수막이 걸려 있다. 〈사진출전 : 개천예술제40년사〉

진주 은전다방(銀殿茶房)은 한국전쟁의 삭막한 폐허 속에서도
전국의 문인들로부터 각광을 받은 사랑방이었으며, 갈 곳 없는 가
난한 예술가들로부터도 크게 사랑을 받으며 애용된 안식처였다.

은전다방이 1950년대에 우리나라 문학의 중심지로 역할하게 된 것은 지방예술제의 효시인 개천예술제가 영남예술제란 이름으로 진주에서 개최되면서부터이다.

1951년 전선에서는 한국전쟁이 계속되는 가운데 예술제 취지문과 같이 11월 1일부터 5일까지, '싸늘한 폐허'가 된 진주일원에서 제2회 영남예술제가 개최되고 있었다. 한국전쟁 때 진주시가지는 미군기의 폭격으로 초토화가 되었던 것을 비유해 '싸늘한 폐허'라고 묘사한 것 같다. 이 '폐허의 예술제' 가운데 지금의 대안동에 위치한 은전다방에서는 전국에서 내로라하는 시인과 화가들이 모여들어 화기애애한 분위기 속에서 시화전을 개최하고 있었다.

'자! / 그러면 / 이별(離別)을 합시다. // 별이 쏟아지는 검은 밤이었다. // 지나간 꿈을 / 푸른 탄식(歎息)으로 불어 놓고 / 머-ㄹ리 사라지는 발자취 소리….' (이경순의 시 '유성'의 전문 인용)

동기 이경순 시인이 쓴 시에다가 홍영표 화가가 그린 시화 '유성(流星)'이 은전다방에 걸리던 날, 진주의 문학소년·소녀들뿐만 아니라 전국의 수많은 문학지망생들이 시화전을 보려고 폐허의 도시 진주로 몰려들었다.

이들은 은전다방과 상설화랑에 걸린 이경순의 '유성'과 서정주의 '무제'를 비롯해 설창수의 '적막'·구상의 '아침바다'·이정호의 '샛별'·김보성의 '기망'·박목월의 '목과수'·김춘수의 '기'·손동인의 '삼경에'·최현옥의 '해당화'·김동렬의 '전야경'·조지훈 '파초우'·오상옥의 '달'·이형기의 '버들피리'·장람의 '설매'·유치환의 '감상

저격'·홍두표의 '대장간'·박영환의 '해운대에서'·최계락의 '해변' 등의 각종 시화를 구경하는 한편, 문인들의 시낭송을 들으면서 문학에 대한 꿈을 키워 갔다.

은전다방은 1952년에도 영남예술제 문학부 시화전을 개최해 오상순을 비롯한 박종화·서정주·이경순·조지훈·유치환·김춘수 등 이름이 쟁쟁한 시인들의 작품을 내걸었으며, 1953년 제4회 예술제 때는 여류시인 모윤숙의 작품과 이미 작고한 한용운과 최현옥의 작품도 시화전에 내걸었다. 이때만 해도 진주는 한국문학의 집결지이자 아성이었다.

또한 은전다방에 전시된 시화의 그림도 박생광을 비롯한 조영제·성재휴·홍영표 등의 이름난 화가들의 작품이었다. 1952년 첫 시화전 때 박생광 화백은 서정주를 비롯해 설창수와 구상 등의 시에 그림을 그렸으며 조영제 화백은 박목월과 김춘수의 시에, 성재휴 화백은 조지훈과 김상옥 등의 시에, 홍영표 화백은 유치환과 이경순 등의 시에 삽화나 그림을 그렸다.

물론 예술제 기간이 아니더라도 은전다방은 시인과 화가들로 늘 북적거렸다. 실례로 홍두표 시인과 정진업, 김수동 시인은 은전다방에서 툭하면 싸워 이들이 다방에 들어오기만 하면 고함이 그칠 줄 몰랐다는 문단이면사가 전해진다.

이처럼 50년대 폐허 속에서 우리나라 문학의 중심지로 역할을 했던 은전다방은 일제 때만 해도 카페로 사용됐으며, 해방 후에는 40여 평의 홀이 다방으로 개조돼 문을 열면서 문인들과 화가 및 음악가들이 모이는 문화예술의 사랑방이 됐다. 다방 이름을 은전이라고 한 것은 '음악의 전당'이란 뜻이 있다고 당시 다방주인 조양현이 밝힌 선전문에 나온다.

그런데 한국전쟁 때 미공군의 맹폭격으로 진주가 초토화될 때 대안동 일대가 폐허로 변했는데, 이때 언덕에 있던 은전다방도 전화를 입어 반파됐다. 그러나 영남예술제가 시작되면서 은전다방은 긴급히 수리돼 다시 문을 열고 시화전을 개최했던 것이다. 그러다가 50년대 중반부터 폐허가 된 시가지를 재건할 때 새로운 도시계획에 따라 은전다방은 철거됨으로써 1954년부터는 시화전이 다른 장소에서 개최됐다. 하지만 초기의 영남예술제를 빛낸 은전다방의 시화전은 수많은 문인의 기억 속에 오랫동안 생생하게 남아 있었다.

현재 은전다방이 있었던 위치로는 대안동 구무길 외과병원 자리로 알려지고 있다. 1996년 구무길 의사가 사망한 후 이곳 병원은 철거되고 대신에 상가가 들어서 더욱 위치를 알아보기가 힘들게 됐다.

다음은 은전다방의 시화전에 걸렸던 시 가운데 하나이다. 어렵고 힘든 시절에 위안을 주고 꿈을 키워주었던 시인들의 마음이 전해진다. 조지훈의 시 '파초우(芭蕉雨)'의 전문이다.

'외로이 흘러간 / 한 송이 구름 / 이 밤을 어디메서 / 쉬리라던고 // 성긴 빗방울 / 파촛잎에 후두기는 저녁 어스름 / 창 열고 푸른 산과 / 마조 앉어라 // 들어도 싫지 않은 / 물 소리기에 / 날마다 바라도 / 그리운 산아 // 온 아츰 나의 꿈을 / 스쳐간 구름 / 이 밤을 어디메서 / 쉬리라던고'

20. 진주식량검사출장소(晉州食糧檢査出張所)

악명높은 일제의 식량수탈 기관

▲ 1944년 9월 28일 진주식량검사출장소 앞에서 직원들이 한 직원의 일본군 입대를 기념하는 사진을 찍고 있다. 〈사진제공 : 진주문화원〉

'진주식량검사출장소(晉州食糧檢査出張所)'는 일제 때 진주지역 농민들이 피땀 흘리며 생산한 곡물들을 미곡검사라는 이름으로 강제수탈해 갔던 조선총독부의 악랄한 식량수탈기관의 하부조직이다.

일제는 품질이 좋은 조선쌀을 일본으로 가져가기 위해 1915년 총독부령으로 미곡검사규칙을 공포하고 각 지역에 곡물검사소를 설치했다. 그리고 1917년 4월 당시 지금의 계동에 있던 진주군청 안에 '경남 곡물검사소 진주출장소'가 설치되면서 진주지역의 곡물 검사와 수탈이 시작됐다.

1927년 11월 28일 동봉정(현 계동)에서 대정정(현 강남동)으로 새 청사를 지어 이전한 곡물검사소는 1932년 10월 검사업무가 도지사에서 총독으로 검사 기능이 이관돼 더욱 강화되자 '조선총독부 진주출장소'라는 이름으로 번듯하게 간판을 바꾸어 달았다. 이제 일제는 일본으로 가는 곡물뿐만 아니라 국내에서 이뤄지는 거래라고 할지라도 반드시 곡물검사소의 검사를 거치지 않으면 안 되게 했다. 이에 따라 진주의 모든 지역에서 곡물검사가 광범위하게 실시되었고 검사소의 업무와 인원도 크게 늘어나 1936년 다시 지금의 강남동에 청사를 증축했다.

그 후 일제는 1937년 중일전쟁과 1941년 태평양전쟁을 일으키면서 침략전쟁으로 치닫게 되는데, 이에 보조를 맞춰 1939년 미곡배급조합통제법을 제정하고 1943년 식량관리령을 공포하며 본격적으로 식량수탈을 하기 시작했다. 이른바 '공출'이 본격화된 것이다. 따라서 진주곡물검사소의 이름도 다시 '진주식량검사출장소'로 바뀌었으며, 당초 곡물검사기관인 출장소가 총독부 양곡을 확보하기 위한 식량검사 및 식량통제기관으로 둔갑해 마침내 그 본색을 드러냈던 것이다.

당시 진주식량검사출장소가 검사해 수탈해 간 곡물은 벼를 비롯해 현미·쌀·보리쌀·팥·콩·밀·완두·보리·쌀보리·옥수수 등 20여 개 품목에 이르며 심지어 가마니 생산검사까지도 했다.

일제가 전쟁에 광분할수록 식량수탈은 더욱 심해져 진주지역 농민들은 실제 생산량보다 더 많은 공출량 때문에 늘 굶주림에 허덕일 수밖에 없었다. 그래서 농민들은 엄청난 공출배정량을 줄이기 위해 검사 받는 곡물에 돌멩이를 집어넣거나 물을 부어 부피를 늘리는 등 갖가지 방법으로 곡물을 빼앗기지 않으려고 몸부림쳤으나 이를 발견하려고 혈안이 된 검사소 직원의 눈을 속이지는 못했다.

게다가 일제의 전쟁이 본격화되고 물자수요가 폭증하자 총독부는 조선인들로부터 한 알의 쌀이라도 더 많이 빼앗기 위해 공출미(供出米)는 각 마을의 공동책임이므로 하루라도 빨리 공동출하(共同出荷) 해야 한다고 다그치며 '적기예취(適期刈取)'하면 1할가량의 증취(增取)는 문제없다고 기만적으로 선전·선동했다. 한마디로 제때 수확하면 수확량 증가는 문제없다는 식이었다.

결국 절망적인 기아선상에 내버려진 농민들과 그 가족들은 과장해서 말하면 선학산이나 망진산 등에 올라가 소나무껍질 등을 벗겨 먹거나 풀뿌리를 캐먹으며 죽지 않을 정도로 겨우 목숨을 연명해 갔다. 그만큼 초근목피로 연명하던 참혹한 시절이었던 것이다.

이처럼 일제의 식량수탈기관으로 악명을 떨친 진주식량검사출장소는 해방 후에도 얼마간 존속했다가 철폐됐다. 그러나 수탈적 성격은 없어졌지만 그 업무는 그대로 이어져 '국립농산물검사소 진주출장소'란 이름으로 남아 여전히 곡물검사기관으로서 수매검사를 실시하고 있다. 수매 때 농산물품질검사는 70년대만 해도 양잠업으로 누에고치 검사도 있었다. 하지만 대표적인 수매는 통일벼 추곡수매가 있는데 벼건조와 품질에 따라 정부가 등급별로 수매해 국민들에게 되팔거나 비축하였다.

현재(1998년) 진주식량검사소의 후신은 도동 솔밭에 있는 국립 농산물검사소 영남지소 진주출장소를 말하는데 농산물 품질인 정기관으로서 업무를 계속 보고 있다. 이후 1999년 국립농산물검사소가 국립농산물품질관리원으로 명칭이 변경되어 진주출장소도 국립농산물품질관리원 영남지원 진주출장소로 이름이 바뀌었다가 다시 경남지원 진주사무소로 개칭되어 오늘에 이르고 있다.

21. 낙육재(樂育齋)

구한말 진주의병 투쟁의 중심지

▲ 구한말 태극기가 걸린 진주낙육고등학교의 졸업식 모습으로 앞줄 왼쪽에서 다섯 번째가 나중에 형평사를 창립하는 강상호이다. 대부분의 유생들은 갓을 쓰고 있으나 개화사상을 받아들인 강상호는 단발한 모습이다. 〈사진제공 : 김중섭〉

구한말 진주 청년유림들의 학당인 '낙육재(樂育齋)'는 일제침략에 맞서 마지막까지 항전한 진주시내에 있었던 최후의 의병활동 중심지였다.

낙육재는 유생들의 관립서재로서 조선시대 경상감사인 조현명이 창립했는데, 당시에는 경상도 관찰사가 주재하고 있던 대구에 있었다. 그러다가 1896년 경상도가 경상남북도로 분리돼 경상남도의 관찰사가 진주에 있게 됐으므로 낙육재가 이곳에도 만들어졌다.

그러나 경남도청 소재지인 진주에 즉각 낙육재가 만들어지지 않았는데, 이는 낙육재와 학전(관립서재에 딸린 전답으로 서재의 운영비를 보조함)이 당시까지 밀양에 있었기 때문이다. 따라서 진주 유생들은 관찰부 소재지에다가 학당을 창설하라고 요구를 하지 않을 수 없었다.

결국 진주선비 박재구 등 지역유림들은 낙육재를 분리해 진주에도 설치하라는 요구사항을 조선정부에 거듭 탄원해 밀양에 있던 학전인 전답 4백80석지기를 진주로 분할·이속시켜 관립서재이며 학당인 낙육재를 진주에 창설하게 됐던 것이다.

낙육재 건물은 당시 중안리의 대사지 위쪽에 있었는데, 과거에 경상우병영 산하에 있던 토포영으로 사용하다가 폐쇄된 관청건물이었다.

이처럼 경상남도 관찰사청(도청) 소재지인 진주에 낙육재가 설치되자 곧 경남지역 최고의 학당으로 자리 잡았으며 도내 각 지역의 향교에서 배출된 청년유생들이 대거 몰려들기 시작했다. 낙육재는 1897년 대한제국이 선포된 후 민족자주화와 근대교육의 일환으로 관립학교로 개편돼 '진주낙육고등학교'로 개교했다.

낙육고등학교는 진주지역과 경남도내에서 가장 우수한 인재가 모여든 고등교육기관이었을 뿐만 아니라 일제의 통감부 정치가 실시되기 전에 시작된 근대관립학교라는 점에서 민족적인 성향이 뚜렷했다. 당시 낙육고등학교 '졸업예식' 때 걸린 구한말 태극기 사진이 선명하게 남아 있어 여기에서 우리는 어느 정도 낙육재의 민족적인 성향을 짐작할 수 있다.

따라서 일제는 항일의식의 거점지이자 민족자주화교육의 중심지인 낙육재를 분쇄하기 위해 기회를 엿보고 있다가 1905년 이른바 '을사보호조약'을 계기로 작전을 개시했다. 1905년 11월 17일 '한일신협약'이라고 일컫는 망국적인 '을사늑약'이 체결돼 대한제국이 자주성을 잃고 일제통감부의 손아귀에 놀아나자 전국의 유림들은 또다시 벌떼처럼 일어났다. (이미 1896년에 유림들의 을미의병 봉기가 있었고 진주의 경우 노응규 의병부대가 진주성을 점령하기도 했다.)

을사늑약이라는 반식민지적인 침략소식을 접한 낙육고등학교의 청년유생들도 분연히 일어나 '동아개진교육회'라는 비밀결사조직을 만들고 의병을 일으켜 각 관서를 습격하는 등 항일투쟁에 돌입했다. 이에 대해 당시 진주거주 일본인들의 공포감은 대단했다고 한다.

유생들은 낙육재에 모여 혈서로 연판장을 만들며 결의를 굳게 다지는 등 의병봉기의 주역으로 크게 활약했다. 이들이 작성한 연판장은 '왜놈들의 손아귀에 넘어가는 나라를 구하자'라는 동지들의 중지를 모아 피로써 다짐한 집단서약서였다.

그러나 일제는 이때를 기다렸다는 듯이 부산에서 출동한 일본군 헌병분견대로 하여금 낙육재를 완전점령하고 유생들을 처형하거나 모두 몰아내 버렸다. 일본군 다카하시(고교) 소위가 이끄는 일본헌병대는 최신식 무기로 무장하고 을사조약이 체결된 그해 12월 낙육재를 야습·공격해 생포된 유생들을 각기 처형하고 남은 유생들을 모두 해산시켜 버렸던 것이다.

그 후 일본군의 감시 아래 낙육재는 다시 문을 열었으나 1907년 군대해산령으로 진영대가 해산되자 일제는 낙육고등학생들의 항일의병투쟁이 다시 일어날 것을 우려해 이듬해에는 낙육재를 완전히 폐쇄하고 말았다. 이에 진주에서 발간되던 〈경남일보〉는 빈 건물로 방치되고 있던 낙육고등학교를 다시 개교해야 한다는 진주민들의 여론을 1909년 11월 16일자 보도에서 대변하기도 했다.

'當地 樂育高等學校는 道內 聰俊 子第를 養成ㅎ는 一大機關인딩 何事件을 因ㅎ므인지 校門 閉鎖가 一週年이 近혼 故로 一般 人士가 該校의 早速 開學홈을 希望혼다더라.' (기사원문 인용)

[이곳 낙육고등학교는 경남도내에서 총명하고 준수한 자제를 양성하는 일대 교육기관인데, 어떤 사건으로 인한 것인지 교문을 닫은지가 1년이 가까워지고 있기 때문에 일반인사가 그 학교의 조속한 개학을 바라고 있다고 한다.]

그러나 낙육재에서 항전하다 탈출한 유생들은 낙육고등학교 폐쇄와 상관없이 중서부경남 등지로 숨어들어 그곳에서 의병봉기를 일으키는 등 국권상실 이후까지도 의병투쟁을 계속했다.

그 후 폐쇄된 낙육재는 의병활동이 잠잠해지자 1910년 4월 진주공립실업학교로 개교됐으며 실업학교가 진주농업학교(옛 진주농고·진주농전·진주산업대·경남과기대를 거쳐 현 경상국립대의 전신)로 개칭돼 자리를 옮겨가자 옛 건물은 철거되고 그 자리에는 일제의 도립 진주의원이 들어서 진주자혜의원이 설치되었다. 지금의 중안동 4번지에 있는 진주의료원(옛 도립병원) 자리가 바로 의병 투쟁의 중심지였던 낙육재 자리였던 것이다. 해방 후 오랫동안 공공의료기관으로 역할 하던 진주의료원이 1992년 초전동(초장동을 말함)으로 이전(2013년 폐업)된 후 현재 그 자리는 중앙요양병원이 들어서 노인환자에 대해 재활진료를 하고 있다.

22. CAC원조 가교사(CAC援助 假校舍)

한국전쟁 때 미8군의 건축자재로 지은 교실

▲ 1952년 준공된 진주 중안국교의 CAC원조 가교사. 〈사진출전 : 진주중안백년청사〉

한국전쟁으로 폐허가 된 진주에서 미국의 교육시설 원조계획(일명 CAC 원조계획)에 따라 파괴된 각급 학교에 임시방편으로 건립된 'CAC원조 가교사'는 열악하기만 했던 진주의 교육환경을 조금이나마 개선시켰고, 이곳에서 공부하던 학생들도 비바람이라도 피하며 공부할 수 있다는 사실에 행복해하며 면학에 열중했다.

1950년 9월 진주는 북한 인민군 6사단과 미군 25사단의 치열한 전투로 유서 깊은 촉석루가 불타고 각급 학교와 공공건물이 파괴되는 등 완전히 초토화되고 말았다. (이러한 대부분의 피해는 진주가 인민군의 점령지로 있을 동안 벌어졌던 미공군의 맹폭격에 기인했던 바가 크다.)

특히 일제 때부터 교육도시로 알려질 만큼 각급 학교가 많았던 진주는 미공군의 무차별적인 융단폭격으로 전화를 입지 않은 교실이 거의 없을 정도로 피해가 극심했다. 물론 이같은 피해는 진주뿐만이 아니라 전국적인 현상으로, 이로 인해 우리나라 교육시설은 회생하기 힘들 정도로 큰 타격을 받았다.

그런데 당시 진주시내 소재 초등학교 중 중안국민학교(일제 때 조선인아동이 다닌 초등학교)와 배영국민학교(일제 때 일본인아동이 다닌 초등학교)가 나란히 붙어 있었는데, 이상하게도 중안초교만이 극심한 폭격피해를 당해 배영초교와 크게 비교되었다. 배영초교는 일제 때의 건물이 멀쩡해 본관 건물은 나중에 국가등록문화재로 지정될 정도로 상태가 양호했다. 현재 배영초교 본관에는 진주교육지원청 부속건물로 '진주학생 문화나눔터 다움'이 개관되어 들어서 있다.

사실 중안초교는 진주지역 초교 중에서도 가장 규모가 큰 학교였으나 전쟁으로 인해 입은 피해는 실로 엄청났다. 일제 때 만들어진 2층 목조본관교사는 완전히 불타 버리고 기초만 남았으며 강당도 다 불타고 지붕이 없어 하늘이 뻥 뚫린 채 골조만 앙상히 남아 있었다. 단지 폭격 속에서도 일부 신관교사가 토막 난 채 간신히 옛 모습을 유지하고 있었으나 어느 때 붕괴될지도 모르는 상황이었다. 모든 것이 엉망이고 불안했다. 심지어 운동장에서 나온 불발폭탄이 터져 학생들이 중상을 입는 등 어처구니없는 불상사도 일어났다.

그래도 학생들은 배움에 대한 마음은 컸고 교사들은 헌신적으로 가르쳤다. 닭장 같은 임시 판잣집에서 수업을 받거나 아예 하늘을 지붕 삼고 운동장을 마루로 삼아 노천수업을 강행하지 않으면 안 됐다. 설령 남아 있는 교실이 있다고 하더라도 군수용(軍需用) 임시시설로 징발되어 학생들은 학교 밖에서 수업을 받지 않으면 안 되었다.

그러나 모든 것이 부족하고 열악해 종이와 분필도 넉넉하지 않았던 터라 가르치는 교사도 배우는 학생도 어려움이 이만저만하지 않았다. 그럼에도 가르침에 대한 열의와 배움에 대한 열망은 너무도 강해 어떤 난관도 이들을 막을 수 없었다. 모두가 진지하게 수업에 임했다.

아무튼 파괴된 학교 교실을 대신할 대책이 시급히 마련되어야 했다. 문교부는 1951년 2월 임시수도 부산에서 '전시하 교육특별조치요강'을 발표하고 그동안 중단됐던 교육재개를 시달했다. 바로 이 조치 속에 미국 CAC원조 임시교사 1천 교실 건축계획이 포함돼 있었던 것이다. 한줄기 암흑 속에서 비치는 빛과 같은 소식이었다.

진주에서는 가장 피해가 극심한 중안초등학교를 시작으로 CAC 원조 가교사가 진주사범학교 등 폐허가 된 각급 학교에 속속 들어서기 시작했다. 이 가교사는 임시방편으로 마련된 것이기 때문에 제대로 된 건축물이라고 보기 어렵지만 우선 비바람을 피하고 수업할 교실이 생겼다는 점에서 교사와 학생들은 좋아서 싱글벙글하며 기쁨을 감추지 못했다.

마침내 중안초교는 미8군의 지원으로 CAC원조계획에 따라 8개 교실분의 건축자재를 지원받아 1952년 5월 28일 지금의 교문자리에 일단의 가교사를 준공했으며 같은 해 8월 6일 8개 교실을 완공했다. 그동안 눈이 오거나 비가 오거나 날씨에 관계없이 노천이나 천막 또는 부서진 창고에서만 수업을 주고받던 교사들과 학생들은 모두 기뻐서 어쩔 줄 몰랐다. 이들은 그해 예정된 가을운동회 대신에 10월 18일 'CAC원조 가교사 준공 축하체육대회'를 개최할 정도로 즐거워했다.

그 후 CAC원조 가교사는 중안초교의 본관과 신관, 강당 등의 다른 교육시설이 하나둘씩 완전하게 복구돼 제 기능을 찾을 때까지 '면학의 전당'으로 톡톡히 역할 했다. 그리고 1969년 8월 5일 철거됨으로써 그 할 일을 다 했다. 중안초교는 현재 진주초등학교로 이름이 바뀌었지만, 한때 교문에 위치해 있었던 가교사는 진주초교의 잊을 수 없는 옛 역사로 남아 있다.

이렇듯 CAC원조 가교사는 오래전에 사라진 건물로 사람들의 기억에 더 이상 남아 있지 않지만, 빛바랜 사진 속에서나마 그 흔적을 찾아볼 수 있다. 가교사를 보고 있노라면 한때 이 가교사에서 공부했던 아이들의 해맑은 모습들이 여전히 따뜻한 눈빛으로 묻어져 나온다.

23. 진주재판소(晉州裁判所)

구한말 경남도의 근대식 사법기관

▲1895년 경남 최초의 재판소 청사로 사용된 진주재판소의 건물은 조선시대의 객사였다.
〈사진출전 : 경남 진주안내〉

'진주재판소(晉州裁判所)'는 1895년부터 1912년까지 17년 동안 진주에 설치됐던 대한제국의 근대식 사법기관이었다. 비록 일제의 강압으로 실시된 1894년의 갑오개혁으로 탄생된 지방사법기관이었지만, 진주재판소는 경남지역 최초의 근대식 재판소였으며, 경남사법기관의 요람으로 크게 기여했다.

갑오개혁 이듬해인 1895년 5월 고종의 칙령에 의해 경남지역에 최초로 설치된 진주재판소는 부산재판소와 더불어 조선 때 수백 년 동안 진주목 등 지방관아에서 하던 지방수령의 재판사무를 모두 이관받고 근대식 재판을 하기 시작했다. 그러나 전문적인 법관이 양성되기 전이었던 관계로 명칭만 재판소였을 뿐 진주재판소는 여전히 예전과 같이 진주관찰사나 진주군수가 단독판사가 돼 일체의 소송업무를 처리하고 판결했다.

1896년 진주재판소는 23부제에서 13도제 실시로 '경남'이 탄생되자 경상남도재판소로 명칭이 바뀌어 다시 개설됐고, 진주에는 도청격인 경남관찰도와 시군청격인 진주군이 새로 생기면서 기타 다른 관공서의 이름 또는 기구도 모두 명칭이 바뀌었다.

이에 따라 경남재판소로 이름이 바뀐 진주재판소는 경남지역을 거의 관할했는데, 1904년에는 진주군을 비롯해 사천군 등 무려 경남지역 30개 군을 관할할 정도로 지방사법기관으로서 그 역할이 대단히 컸다. 또한 별도로 경남재판소의 판결에 불복해 상소하는 사건을 접수처리하는 순회재판소가 진주에 설치돼 2심 재판제도를 정착시켰다.

1905년 이른바 을사보호조약으로 일제의 통감부가 설치되면서 일본인 판사가 대거 참여한 일본식의 3심제 신재판소로 개편되면서 진주의 경남재판소는 대구공소원 소속의 진주지방재판소로 바뀌었다. 그 아래에 다시 진주구재판소가 설치돼, 1908년 경남도에는 진주지방재판소와 진주구재판소, 부산구재판소가 8월 1일자로 문을 열었다.

이처럼 통감부재판소가 설치되면서 진주재판소는 본래의 사법

주권과 자주성을 잃게 됐으며 의병탄압의 제도적 장치와 일제 식민통치를 위한 시녀로 전락했고, 한편으로는 1909년부터 부산지방 사법기관의 하부조직으로 점차 그 규모도 축소되기 시작했다.

1909년 7월 대한제국의 사법권이 박탈되고 10월 법부(지금의 법무부)가 폐지되면서 같은 해 11월 진주지방재판소는 사법권 위임실시로 부산지방재판소 진주지부로 더 축소됐다. 사법권을 장악한 일제는 그동안 대한제국 재판소가 해오던 국한문 혼용의 소송양식을 모두 일본어로 바꾸고 앞으로 판결문 등에는 모두 일본어로만 표기하도록 했다. 우리나라가 망하기도 전에 이미 재판소에서는 일본어 상용이 본격적으로 시작됐던 것이다.

이와 같이 경남지역 법원의 효시였던 진주재판소가 부산재판소 소속으로 전락되는 현실을 당시 〈경남일보〉(진주에서 발간된 지방 일간지의 효시)는 1909년 11월 6일자 신문을 통해 다음과 같이 짤막하게 소식을 전했다.

'司法權 委任實施의 結果로 晉州地方裁判所ᄂᆞᆫ 本月 一日붓터 釜山地方裁判所 晉州支部로 懸板을 改揭ᄒᆞ얏더라.'(기사원문 인용)
[사법권 위임실시의 결과로 진주지방재판소는 11월 1일부터 부산지방재판소 진주지부로 현판을 고쳐 달았다고 한다]

그리고 마침내 1910년 한일합병으로 대한제국이 완전히 망하자 진주재판소는 부산지방재판소 진주지부의 진주구재판소로 더욱 위상이 약화됐다. 그리고 1912년 일제는 재판소의 조직개편에 착수해 일본식 법원체계를 확립하고 대한제국 정부가 쓰던 재판소라는 명칭 대신에 법원이란 명칭을 새로 부여했다. 이에 진주구재판소는 부산지방법원 진주지청이라는 간판을 달게 됐고 그 안에 검사분국(지금의 검찰청 진주지청의 전신)을 설치함으로써 법원·검사분국시대가 도래했다.

그러면 진주재판소가 설치됐던 자리는 어디에 있었을까. 바로 지금의 평안동에 위치한 옛 진주MBC방송국과 옛 진주신문사가 있던 자리(현재의 상아치과의원 건물)이다. 원래 이곳은 대한제국 시대의 진주군 청사(조선 때의 진주목 관아)와 관리들이 묵어가는 숙소, 즉 '객사'가 있었던 곳이었는데, 진주재판소가 설치된 건물은 조선 숙종 때인 1686년께 건립된 객사였다.

이 진주객사에는 지난날 '봉의루(의봉루라고도 함)'라는 현액이 걸려 있었다. 이 봉의루 앞에서는 1907년 3월 6일 애국상채회의 국채보상에 대한 연설회가 열렸는데 때마침 재판소 앞을 지나가던 진주기생 부용이 이에 감동을 받아 진주에서도 국채보상운동을 벌이게 된 계기가 됐던 장소이기도 했다.

아무튼 재판소가 설치된 객사는 이미 2백 년이나 지난 한옥 관아건물이었기 때문에 상당히 낡아 1908년 10월 일제 통감부는 객사를 대대적으로 수리한 후 재판소로 다시 사용했다. 그 후 일제는 한일합병 후에도 이 객사 건물을 재판소, 즉 법원으로 계속 사용했는데, 많은 재판이 이곳에서 열렸다. 그중 가장 많은 재판이 열렸던 때가 있었는데, 바로 진주의 3·1독립운동 시기이다.

일제가 작성한 경북경찰부의 『고등경찰관계적록』에 따르면 "배일사상(排日思想)을 포지(抱持)하고 있던 박진환·이강우·강대창·강상호·박룡근 등이 주모자가 되어 3월 18일 진주장날에 맞춰 기독교예배당에서 알리는 정오의 종소리를 신호로 일제히 조선독립만세를 부르짖으며 약 1만 명의 군중이 금정(錦町)거리의 재판소 앞에서 남쪽으로 행진했다"라고 기록했다. 그렇게 독립만세를 외치던 사람들이 경찰에 의해 하루가 멀다고 붙잡혀와 이곳에서 재판을 받았다. 다음은 당시 기사이다.

'진주군 지수면 사는 소요범인 김재화 외 23명의 제1회 공판은 18일 오후 12시 30분에 진주법원지청에서 개청되었는데 소요 후 처음되는 공판인 까닭으로 내선인(內鮮人)[일본인과 조선인]의 방청자가 매우 많고, 더구나 조선상인들은 가가(假家)[상점]를 닫히고 재판소로 몰려들어 그 수효가 실로 3000여명이나 되어 불온한 상태가 있음으로서 특히 방청을 금지하고 심리를 마친 후 좌(左)와 같이 검사가 구형을 하였고 일간 판결언도가 있을터이라더라.' (〈매일신보〉 1919년 4월 23일자 기사이며, 기사 중 구형 명단은 생략함)

일제는 3·1운동 이후에도 이 객사 건물을 법원청사로 계속 사용하다가 1937년 2층 벽돌로 법원건물을 새롭게 건축함으로써 진주재판소였던 한옥청사는 종막을 고했다.

해방 후에도 일제의 법원건물은 계속 부산지방법원 진주지원과 부산지방검찰청 진주지청으로 사용되다가 도동으로 청사가 옮겨지자 진주문화방송에 매각되었다. 그리고 법원청사를 철거하고 그 자리에 진주MBC방송국이 건립되었다. 그러나 MBC방송국도 가호동으로 이전되자 잠시나마 진주객사복원 여론이 있었으나 성과 없이 끝나고 말았다. 대신에 그곳은 아파트건설업체에 팔렸고 결국 2008년 22층의 주상복합아파트 '롯데인벤스'가 신축되었다.

24. 진주신사(晉州神社)

진주의 대표적인 황국신민화 제단

▲ 일제 때 우리 민족을 일본신민으로 개조하려고 했던 대표적 세뇌교육장이며 일본 신도의
종교적 제단인 진주신사의 모습. 〈사진출전 : 진주대관〉

'진주신사(晉州神社)'는 일제 때 우리나라의 민족성을 말살하고
모든 조선인을 일본인으로 개조하려고 했던 진주의 대표적인 황국
신민화 세뇌교육장이었다. 사진에서 보듯이 진주신사의 입구에는
정문에 해당되는 '도리이(鳥居)'가 세워져 있는데, 일본신사가 있
는 곳에는 반드시 이 도리이가 서 있다.

하지만 신사는 우리 민족에게 이질적인 존재였지만 일본인들에겐 종교와 같은 자신들의 근원적 고향이며, 또는 자기민족의 정체성을 확인하는 구심점이 된 곳이다. 이를 보여주듯 노구치(야구우정)가 작사하고 고마이(구정일양)가 작곡한 '진주의 노래' 중에 나오는 가사를 보면 '거리를 지키는 것은 진주신사 아리야세 / 나무들에 푸른 야아레소레 바람이 분다'라는 대목이 나온다.

원래 신사는 일본 고유의 종교인 신도의 제사장소였으나 일제가 '천황숭배'와 '내선일체(조선과 일본의 하나됨)'을 구현하기 위해 총독부 차원에서 모든 조선인들에게 신사참배를 강요하면서 가장 악랄한 통치수단으로 나타났다.

먼저 진주신사가 만들어진 경위를 살펴보자. 1915년 1월 진주 거주 일본인들은 진주신사 봉사회를 조직하고 임진왜란 때 왜군을 물리친 호국의 충절이 깃든 진주성내 촉석루 앞에다가 신사부지를 조성해 일본왕(천황) 다이쇼(대정)의 즉위대례일에 맞춰 건립예정지 터닦기를 끝냈다. 신사가 들어설 예정지 일대는 경남 최초의 초등학교였던 공립 진주소학교(현 진주초등학교의 최초의 전신)가 있었던 매월당 자리이기도 했다.

일본인들은 신사 터가 마련되자 1916년 12월에 진주신사 창립을 총독부에 청원했으며 이듬해 5월 허가가 나자 즉시 공사에 들어가 그해 10월 준공을 보았다. 그런데 진주신사 건립공사비 6천여 원 중에는 진주의 조선인 부호와 유지들이 낸 자발적인 기부금도 상당 액수가 포함돼 있어 진주의 친일상 조짐은 일찍부터 나타나고 있었다.

1917년 1월 진주신사가 준공되자 당시 조선총독 하세가와(장곡

천호도)는 특별히 축사를 보내 축하했으며, 1918년 7월 경남도지사 사사키(좌좌목등태랑)가 진주신사 숭경회를 조직해 스스로 회장직에 앉아 경남도신사로서 진주신사의 위상을 더욱 공고히 했다.

한편 1926년 10월 15일에는 그동안 줄기차게 도청이전을 반대해 왔던 일본인 유지 이시이(석정고효)가 도청이전을 끝내 막지 못했다고 자책하여 진주신사에서 신사참배를 한 후 권총자살을 했다. 그런데 당시 진주면민들은 이를 슬퍼해 죽은 일본인의 추모비를 신사 앞에 세웠다고 하니 이 얼마나 무지몽매한 일인가.

사실상 도청이전 반대운동은 무지랭이 같은 일반 조선인과는 상관없는 일로 자본이 있는 조선인이나 일본인들끼리 이해관계를 놓고 벌인 상권 또는 기득권 싸움이었기 때문이다. 도청이전 반대운동을 이끈 일본인 중에는 악질자본가 시미즈(청수좌태랑)도 있었으며, 또한 지금의 중앙시장 전신인 진주장 상인들이 가장 많이 도청이전을 반대했다고 한다.

그럼에도 불구하고 형평운동가 강상호나 노동운동가 강달영 등 사회운동가들이 도청이전반대운동을 벌인 것은 1천여 년 동안 경남, 아니 영남의 수부도시였던 진주의 역사적인 전통을 무시하고 일제의 식민지 통치의 편의를 위해 일제침략의 교두보이며 거점인 부산으로 도청을 이전하고자 했기 때문이다. 즉 일제 식민지정책에 대한 저항이었지 일본인 상인들의 기득권에 편승한 돌출행동은 아니었던 것이다.

그 후 진주신사는 중일전쟁과 태평양전쟁이 시작되자 각종 친일행사로 발길이 끊이지 않았다. 1937년(일제가 중일전쟁을 일으키던 해)부터 출정군인에 대한 봉고제와 무운장구 기원제 등이 열렸고, 이를 비롯해 진주 각급 학교의 신사참배가 줄줄이 이어졌으며, 아울러 종교단체의 신사참배와 궁성요배 등이 진주신사에서 매일같이 개최됐다. 특히 종교인들에게 있어 진주신사는 지옥과 같은 곳이었다. 특히 친일목사의 주도로 수많은 신자들이 신앙을 배신하고 진주신사에서 굴욕적인 참배를 자청하지 않으면 안 됐기 때문이다.

1938년 8월 16일 조선총독부 기관지였던 〈매일신보〉에서는 '진주군내 기독교 각파가 신사참배를 결의해 황국신민정신을 자각했다'라는 기사와 함께 진주경찰서 히구치(통구선구) 서장의 협박성 담화문이 실렸다.

'당서(當署) 관내(管內) 기독교도(基督教徒)의 지도(指導)에 대해서는 상부(上部)의 뜻에 체제(滯在)하야 될수록 제제(制裁)를 피하고 온전히 교도(教徒)의 리해(理解)와 자각(自覺)함을 기다려 지도받는 자로서 일본인적(日本人的) 실천리성(實踐理性)을 각성(覺醒)토록 지도하야 왓스나 그 결과 종내(從來) 지도사항의 첫째인 신사참배(神社參拜)에 기독교의 십계(十戒)에 저촉한다는 리유(理由)로 반대하는 일부 교도들도 이제 와서는 번언(飜言)하야 국민적 자각의 입장에서 자발적으로 수긍하고 잇슴을 대단 깁븜을 마지 안는 현상이며 금후(今後)도 본건(本件)에 대하야 당국(當局)의 방침은 확고불변(確固不變)인바 특히 목하(目下) 일본적(日本的) 기독교회(基督教會)의 실현운동이 태두(擡頭)하야 잇는 오늘에 잇서 자기의 면목(面目)에 최촉(催促)하며 또는 보신상(保身上) 좌이우변(左移右變)하야 만일 황국신민(皇國臣民)의 의무를 망각하고 끝까지 신사참배를 부정하는 자가 잇는 째에는 본인(本人)에 대하야 법적 책임을 별도로 하고 총동원(總動員)의 체제(體制)를 정비하야 적성(赤誠)의 의기(意氣)에 타오르는 이째에 다만 한 사람이라도 보조(補助)를 어기는 자가 잇다면 무엇보다 대단 유감(遺憾)으로 생각하는 바입니다.' (기사원문 인용, 한자추가 삽입)

[진주경찰서 관할 구역내 기독교 신자의 지도에 대하여 상부의 뜻에 머물러서 될 수 있으면 제재를 가하는 것을 피하고 온전히 신자의 이해와 자각함을 기다려 지도받는 자로서 일본인의 실천이성을 깨닫도록 지도하여 왔습니다. 그 결과 종래 지도사항의 첫번째인 신사참배가 기독교의 십계명에 저촉한다는 이유로 반대하던 일부 신자들도 이제부터 말을 바꾸어 국민적 자각을 하는 입장에서 자발적으로 수긍하고 있어 대단히 기쁨을 마지 않는 현상입니다. 지금 이후에도 이 문제에 대하여 경찰당국의 방침은 확고하고 변하지 않을 것이므로, 특히 현재 일본적 기독교회를 실현하려는 운동이 나타나고 있는 오늘날까지도 자기의 체면상 재촉하거나 또는 보신상 오락가락함으로써 만일 황국신민의 의무를 망각하고 끝까지 신사참배를 부정하는 자가 있을 때는 그 사람에 대한 법적 책임은 별도로 하겠습니다. 한편 총동원의 체제를 정비하여 뜨거운 정성으로 의기가 타오르는 이때에 다만 한 사람이라도 신사참배에 보조하는 것을 어기는 자가 있다면 무엇보다도 대단히 유감으로 생각하는 바입니다.]

이에 따라 그해 9월 24일 오후 2시께 진주군내 기독교 4개파 27개교회의 교역자 대표 등 20여 명이 모여 아베(아부) 고등계 형사주임의 지휘 아래 진주신사 앞에 정렬해 동방요배를 실시하고 황도 기독교에 대한 결의문을 낭독한 뒤 연합신사참배를 실시했다. 더구나 이들은 히구치 경찰서장을 비롯해 아베 고등주임 및 경찰서원들과 함께 기독교인의 신사참배를 기념하는 사진까지 찍었다.

하지만 신사참배가 아무리 일제에 의해 강요된 것이라고 하지만 1940년 당시 진주신사의 씨자총대(책임자)로 있던 사회지도층 인사들 가운데 절반이 조선인이었다는 사실(이장희·최지환·정태범·정상진·정규용·이현중·김동식)은 진주지역 시회의 친일화 수준을 짐작게 했다. 이들은 황기(일본기원) 2600년 기념으로 진주신사의 경내 확장과 정비사업을 벌여 조선인의 신사숭배에 대한 열기를 높이는 등 친일화에 열을 올렸다.

무엇보다 학생들의 경우 졸업식을 마치면 반드시 진주신사에서 참배를 하고 일본의 개국신인 '아마데라스 오오미가미(천조대신)'를 받드는 가미다나(일명 '신붕')을 한 개씩 받아 갔는데, 이들은 집에 돌아가서도 가미다나를 모셔놓고 신사참배를 계속해야만 했다.

또한 일제는 매월 1일(1939년 제정한 흥아봉공일)과 8일(1941년 12월 8일 대동아전쟁 발발일)에는 진주지역 각급학교 학생들에게 등교하기 전에 진주신사에 들려 반드시 신사참배를 하고 학교에 오도록 했다. 학생들은 아침 일찍 신사 앞에 도착하면 거기에 설치해 놓은 우물에서 긴 손잡이가 달린 대나무 쪽배기로 물을 떠서 손을 씻은 후, 신사 앞에 서서 절을 하고 손뼉을 두 번 치고 합장하며 묵념을 한 후 다시 두 번 절을 했다. 그러나 단체일 경우에는 참배 대열 앞에 선 신사의 사장(신사에서 제사와 행사를 관장하는 신직을 말함)이 종이로 된 하다키(총채와 비슷한 것)를 좌우로 흔들며 일본왕에게 충성을 맹세하는 등 아주 왜색적인 의식으로 예를 올렸다.

결국 8·15 해방이 오자 진주신사는 다른 어떤 일제잔재보다 가장 먼저 부서졌으며, 신사 앞에 있던 자살한 일본인 추모비도 이때 함께 부서졌다. 그러나 진주신사는 완전히 파괴되지 못하고 일부 부속건물이 남아 진주공보관(진주문화원의 전신)과 시립도서관(연암도서관의 전신) 등으로 사용되다가 60년대 말 철거됐다.

한편 해방 직후 철거된 진주신사 자리에는 1962년 12월 진주방송중계소(진주KBS의 전신)가 건립됐다. 그러나 중계소가 1978년 신안동으로 이전되자 1987년 12월에는 '진주성 임진대첩 계사순의단'이 건립돼 참배가 다시 시작됐다. 비록 다른 의미와 형태를 갖고 있으나 진주신사의 참배가 중단된 지 40여 년 만에 똑같은 장소에서 똑같이 묵념하는 순의단 참배로 나타났다는 사실은 역사의 아이러니가 아닐 수 없다.

그런데 진주신사 자리에서 순의단이 완공될 때 당시 대통령이던 전두환이 직접 제막식에 참석해 기념식수를 했다. (사실상 전두환은 1984년 진주시청을 방문해 순의단 건립을 지시했으나 제막식 때는 막상 나무만 보내고 직접 참석하지 않았다.) 그런데 전두환이 순의단 건립을 지시하고 진주를 떠난 뒤 제막식 때 기념식수한 애꿎은 나무만 수난을 당했다. 군부독재 타도를 외치는 대학생들에 의해 그의 이름이 새겨진 식수기념 표지석이 돌로 파괴됐고 그가 심은 애꿎은 나무도 이리저리 발로 차이고 부러져서 결국 제 명에 못 살고 죽고 말았다.

　현재 순의단 앞에는 전두환이 식수한 나무도, 이를 알리는 표지석도 없고 포장된 주변 한켠에 드러난 맨 땅만이 역사의 생채기로 오랫동안 남아 있었다. 나무를 심은 사람이 아무리 때려죽일 만한 나쁜 짓을 했다고 해도 말 못 할 나무가 무슨 죄가 있다고 결국 죽여야만 했는지 씁쓸할 뿐이다.

25. 진주종묘장(晉州種苗場)

경남 농업발전의 시발점

▲ 비봉산 아래에 자리 잡았던 초창기의 진주종묘장 모습. 〈사진출전 : 경남농촌진흥사업지〉

'진주종묘장(晉州種苗場)'은 경남지역에 대한 주요 농산물의 종자배포와 개량증식에 힘써 온 우리나라 농업근대화의 전진기지이며 경남 농업발전의 시발점이었다. 즉 오늘날의 경남농촌진흥원(현 경남농업기술원)의 모태이다.

'농자천하지대본야(農者天下之大本也)'라는 말에서 알 수 있듯이 예로부터 우리나라는 농업을 매우 중요시했다. 조선 말 개화정책이 실시되면서 자급자족하던 전통적인 농업방식에도 일대 개화의 바람이 불기 시작해 일제통감부 때 비로소 대한제국정부는 근대적인 농업연구기관을 설립하고 농업의 과학적인 연구와 체계적인 농사지도를 하기 시작했다.

1907년 대한제국정부는 경남관찰사가 주재한 관찰도청 소재지인 진주에 종묘장 설치를 준비한 끝에 1908년 3월 칙령 제13호 종묘장 관제를 공포함으로써 진주종묘장이 탄생했다. 이 진주종묘장은 우리나라에서 함흥종묘장과 더불어 전국에 설치된 종묘장 중 가장 최초로 설치된 종묘장이었다. 당시 진주와 함흥에는 농상공부 직속의 종묘장이 문을 열었으며, 곧이어 전국 각지에도 9개소의 종묘장이 추가로 문을 열었다.

진주종묘장은 각 지역에 적합한 품종과 재배법을 시험보급하는 한편 농작물에 비료를 뿌리는데 필요한 표준량을 정해 주는 등 농사시험 연구와 농촌 지도사업을 목표로 농업에 대한 기반을 다져갔다.

그러나 1910년 8월 대한제국의 주권이 일제에 의해 상실되자 진주종묘장은 같은 해 10월 '경남종묘장'으로 이름이 바뀌면서 일본식의 관권에 의한 농사개량사업이 이뤄지기 시작했다. 즉 일제는 농사개량이라는 미명 아래 못자리에 심어야 할 종자에서부터 탈곡에 이르기까지 쌀농사의 전 과정을 감시하며 자기들에게 필요한 식량과 원료를 중점적으로 생산하도록 강요했다.

국권상실 당시 비봉산 아래에 조성된 진주종묘장의 규모는 건물과 부지가 5백41평이었고, 종묘장에 딸린 시험전(試驗田)이 6반보, 화전(火田)이 1정보였는데, 여기에다 종자와 종묘를 시험재배했다. (1정은 3천 평) 주목할만한 점은 진주종묘장이 갖고 있는 감독전(監督田) 6정7묘보에 대해서는 진주의 일반농민들에게 소작을 주고 농사지도라는 이름아래 경작 등을 시키고 이를 감시·감독했다는 점이다. 이밖에 2반8묘보의 과수원에는 복숭아를 비롯해 배·사과·감·수구리(須具利)[까치밥나무 열매를 말함]·포도·딸기 등의 과실들을 재배했다.

일제는 진주종묘장이 농사의 개량과 발전을 목적으로 매년 농사일에 들어가는 요긴한 종자와 종묘를 개발했을 뿐만 아니라 씨받이 조류(주로 닭을 말함)와 돼지도 생산해 널리 농가에 배포한다고 선전했다.

이처럼 말은 그럴듯하게 했지만 일제는 1910년 진주에 있는 경남종묘장에 일본인 기술행정관을 배치했고, 1919년부터는 종묘장에 일본인 전문기사를 두었다. 그 후 진주군청 등 각 군에도 일본인 기수를 두면서 농사개량을 빌미로 농민들을 통제해 나갔던 것이다.

사실상 일제는 진주종묘장의 눈 밖에 난다면 소작농이나 자영농들이 더 이상 농사를 지을 수 없게끔 만들었다. 진주종묘장은 농사순회 강연을 강화하면서 소규모 작물에 대해서는 농가에 작물시험도 해주는 한편 농경법과 농구의 사용법을 교습했고 농가부업도 장려했다. 이밖에 잠업(누에치기)전습소를 개설했고 간접적으로는 조림(숲조성)과 수리(물공급) 등에도 관여해 오늘날의 임업시험장(또는 산림조합)과 농지개량조합(수리조합)의 효시가 되기도 했다.

이와 같이 일제는 종묘장을 통해 중앙과 말단까지 일사불란하게 농업생산의 명령체계를 확립해 지주들로 하여금 농사지도 조직을 만들게 하여 종묘장과 연결했다. 즉, 종묘장의 일본인 관리와 조선인 지주가 주동이 돼 '지주회'·'권농회'·'권업회' 따위의 친일농업단체를 조직하고 이들 조직원을 통해 농사개량이란 명분으로 농민들에게 명령하고 통제해 나갔던 것이다.

이때 지주들은 종묘장에서 군과 면으로 내려가는 벼장려 품종의 보급체계를 이용해 농민 위에 군림하고 이들을 소작권으로 얽어매는 수법으로 곡물을 수탈해 갔다. 따라서 일제 때 진주를 비롯한 경남지역의 농민들은 종묘장이 비록 농업근대화라는 기치를 내걸었다고 하지만 또 다른 일제의 수탈기관이고 위장된 통제기관이나 다름없다고 보았다.

한편 진주종묘장이 구한말 창설될 때 자리 잡았던 최초의 위치(종묘장 청사를 기준)는 지금 진주여고가 있는 상봉동의 비봉산 앞 들판으로 추정되고 있으며, 이후 보다 넓은 곳을 찾아 종묘장은 남강 건너 칠암동 들판으로 이전했다. 1923년 종묘장이 당시의 행정구역인 진주읍 천전리(지금의 칠암동) 지역으로 청사와 시험포장을 이전할 때 원래 있던 자리는 종묘장 부속 시험장이 됐다. 종묘장이 이전된 후 그 자리에 조성된 부속시험장의 이름은 봉산시험장이며, 이곳에는 2정7반보 가량의 농작물 시험포장이 조성됐다.

1932년 10월 진주종묘장, 그러니까 경남종묘장은 경남농업시험장으로 이름이 바뀌었다. 그리고 봉산시험장이 있었던 곳(원래 옛 진주종묘장 자리)에는 1945년 3월 29일 진주공립고등여학교(진주여고의 전신)가 이전해 옴에 따라 그곳은 진주여고 자리가 됐다.

해방되자 경남농업시험장은 중앙농업시험장 대구지장 진주분장으로 명칭이 바뀌었고, 1947년 진주분장 산하에 경남지방농사교도국이 신설됐다. 1948년 경남농업시험장은 정부수립 후 경남농업기술원을 시작으로 경남농사원을 거쳐 경남농촌진흥원으로 바뀌는 등 명칭이 여러 차례 변경됐다. 이처럼 경남농업의 시발점이 된 진주종묘장의 역사는 경남농촌진흥원으로 계승됐으며 오랫동안 진주시 초전동 벌판에 자리를 잡고 경남농사개량사업의 산실로 역할 해 왔다. 이후 1998년 경남농촌진흥원은 다시 경남농업기술원으로 명칭이 되돌아와 현재에 이르고 있다.

26. 진주보안대(晉州保安隊)

문민정권 때 철거됐던 군부독재의 상징

▲ 1996년 진주시 장대동에 있다가 철거된 진주보안대 건물의 모습.
〈사진제공 : 진주신문사〉

　우리나라 군부독재의 상징이며 진주지역 민간인의 사찰기관이었던 옛 '진주보안대(晉州保安隊)'건물이 1996년 11월 4일 마침내 철거됐다. 진주시 장대동 94-29번지에 위치한 이 건물은 정확히 26년 만에 철거됐는데, 그동안 일선공작기관으로 악명을 떨치다가 이날 가을비를 맞으며 역사의 뒤안길로 사라졌다.

일명 '진주보안대'로 일컫는 이 정보기관은 국군보안사령부의 하부조직으로 1948년 건국과 함께 창설된 국군 정보국에 뿌리를 두고 있는 육군 특무대로부터 출발하고 있다. 그러므로 진주보안대는 한국전쟁 때 CIC로 불린 육군특무대의 후신이라고 할 수 있다. 한국전쟁 때 인민군에 의해 진주함락이 명확관화해지자 당시 진주특무대장 탁성록 소령은 진주와 서부경남일대의 보도연맹원을 예비검속해 무더기로 학살하는 악행을 저지르기도 했다.

이후 특무대는 방첩대 등의 이름을 거쳐 군사쿠데타를 성공한 박정희 대통령의 장기집권을 돕기 위해 방첩대가 국군보안사로 확대개편되면서 진주에도 진주보안대라는 이름으로 그 위압적인 모습을 드러냈다. 1970년 당시 진주보안대는 관할구역이었던 진주시와 진양군을 효과적으로 사찰하기 위해 보안사령부의 예하부대인 지구보안부대로 장대동 합동주차장(현 시외버스터미널) 앞에 설치되면서 나타났다. 진주보안대가 들어선 건물은 시유지 2백5평 가운데 98평의 부지에 들어섰는데, 견고한 2층 규모의 보안대건물을 신축함으로써 1970년 10월 22일 문을 열었다.

그런데 정작 진주보안대는 청사신축에 거의 돈을 쓰지 않았다고 알려지고 있는데 그 이유는 당시 이상희 진주시장(5~6공 때 내무부·건설부장관 역임)이 무기한 시유지 사용을 허가한데다 공화당 국회의원 구태회와 한일사 대표 조영환 등 사회지도층 인사들이 건립 지원에 대거 참여했기 때문이다.

특히 전 진주시의회 양윤식 의장(1994년~98년 역임)이 당시 동양토건 대표로서 보안대 건물 신축 사업을 직접적으로 지원해 보안대는 청사준공 후 양윤식 의장을 비롯해 도움을 준 지역 인사들의 명단을 동판에 새겨 보안대 현관에 붙여 놓기도 했다.

이처럼 진주보안대는 단독청사를 마련하자 '삼일공사'라는 위장된 이름으로 간판을 내걸었다. 여기에 출입하는 이들은 군복을 입지 않고 일반사회인처럼 머리를 길은 장교 및 하사관들이 마치 일반회사의 직원처럼 자연스럽게 행동했다. 보안대는 상사와 중사 계급의 주재관을 진주에 상주시키고 진주시청과 진양군청 등을 수시로 출입하며 멋대로 기관장회의 등에도 참석하는 등 정보수집과 감시활동을 거리낌 없이 벌이도록 했다. 당시 진주지역을 관할하는 보안대의 현역장교로 진주주재관은 중위였고, 진양주재관은 중사였다.

이 보안대 건물은 마치 벌집같은 내부구조로 지어져 각 공간마다 1호실·2호실 등의 번호가 붙은 철제문과 육중한 목재문이 어두컴컴한 복도를 따라 길게 늘어서 있었다. 그래서 이곳에 무단연행된 사람들이 이 복도를 지날 때마다 느끼는 불안감은 충분했으며, 어디에선가 들려오는 고문소리와 비명소리는 이들에게 공포감을 심어주기에 안성맞춤이었다.

그 후 진주보안대의 활동은 보안사령관 전두환의 집권(11대 대통령 취임)과 5공화국 창출(12대 대통령 취임), 그리고 그의 뒤를 이어 보안사령관이 된 노태우의 6공화국 창출(13대 대통령 취임)에 힘입어 더욱더 노골적으로 나타나 당초 임무인 군사첩보 수집은 뒷전인 채 정권유지를 위해 모든 시민들을 감시하는 공작 기관으로 완전히 변질되고 말았다.

그리고 1990년 10월 4일 서울에서 국군보안사 서빙고분실을 탈출한 윤석양 이병의 폭로로 보안사의 악행이 적나라하게 드러나면서 진주보안대의 실상도 밝혀지게 됐다. 윤 이병의 민간인 사찰 자료 중 진주보안대가 수집한 것으로 보이는 지역 사찰대상자는 당시 교육계를 비롯해 종교계·노동·농민·재야·학생운동권까지 모든 분야에 걸쳐 총망라돼 있었다. 정보원으로 활용된 이들은 안타깝게도 학원프락치로 불리는 보안사에 포섭된 대학생들이 많았다. 이들 프락치들은 원래 운동권학생들이었으나 시위나 시국사건으로 붙잡혀 군대에 강제징집되면서 보안대로부터 '녹색사업'이란 폭력이 동반한 사상개조과정을 거쳐 프락치가 됐다. 이와 같은 전향공작을 극복하지 못하고 넘어간 일부 입대병들이 프락치가 되어 휴가를 받아 다시 대학가에 잠입해 내부를 사찰하며 학원정보를 수집했던 것이다.

이렇게 진주보안대가 수집해 감시한 대상자는 이승홍 신부(하대성당)를 비롯해 신장욱(서부경남민주시민협의회)·조창래(전교조)·이규영(진주노련)·김석동(동남교통)·정현찬(진양군농민회)·권재성(경상대)·허영희(경상대)·한대홍(진주교대)·박상섭(진주교대) 씨 등 수십 명에 이르고 있었다. 이들 중에는 천주교 신부는 물론이고 사회운동가나 해직교사·노동운동가·농민운동가 등이 있었고, 대다수는 운동권 학생들로서 주로 시위를 주도했던 총학생회 간부들이었다.

이와 관련해 진주보안대의 사찰대상자중의 한 사람이었던 이규영(당시 진주민주노조연합 조직국장) 씨는 "노조활동을 간첩들이나 하는 것으로 보지 않는 한 보안대가 이런 한심한 작태를 벌일 수가 없다"고 분노했다.

이같은 엄청난 폭로에 당황한 국군보안사는 다시는 이같은 국민 사찰행위를 하지 않겠다고 다짐하며 새롭게 조직을 일신하는 의미로 구한말의 '군국기무처'를 본떠 '기무사' 또는 '기무부대'로 이름을 바꾸었다. 그러나 도저히 보안사의 사찰을 용납할 수 없었던 국민들의 완강한 저항과 반발이 계속되자 김영삼 대통령의 문민정부 때 보안사의 조직은 크게 축소·개편됐다. 결국 진주보안대도 1993년 4월 6일까지 장대동 청사에서 주재하던 보안대원들이 모두 원대복귀조치되면서 하루아침에 폐가처럼 변해 버렸다.

그리고 보안부대가 철수한 보안대청사는 수년 동안 '충호회'라는 유령간판만 붙인 채 빈 건물을 지키는 방위병들이나 노닥거리는 장소로 흉물처럼 방치돼 도시미관을 해치고 있다가 결국 진주시의 유료주차장 조성계획에 따라 1996년 철거되어 완전히 사라졌다.

27. 청수문방구점(淸水文房具店)

충독상을 안겨줬던 일제 때의 최고급 문방구점

▲ 1940년대 지금의 진주시 대안동에 있었던 청수문방구점의 모습.
〈사진출전 : 진주대관〉

일제 때 진주에 있었던 '청수문방구점(淸水文房具店)'은 최고
품 제품만을 취급하는 진주의 대표적인 고급 문방구점이었으며,
뛰어난 상술로 한때 호황을 크게 누렸다.

일제 때부터 교육도시의 명성을 날려온 진주는 각급 학교가 많

앉던 덕분에 문방구점도 많았다. 이들 문방구점 가운데 일본인 시미즈 가네자부로(청수금삼랑)가 경영하는 청수문방구점은 단일 문방구 상점으로 볼 때 진주에서 가장 규모가 크고 장사가 잘됐다. 비록 소매상이었지만 비치된 문구류나 물품이 많고 다양해 마치 도매상 같았다.

따라서 청수문방구점에는 온갖 것의 학용품과 사무용품, 각종 서양제지류 등이 가득 차 있어 각급 학교뿐만 아니라 각 기관·단체에서도 이곳을 주로 드나들었다.

청수문방구점은 광고전략도 남달라서 당시 영정(지금의 대안동) 215번지 대로변에 자리 잡고 있었던 문방구점의 모서리 상단에는 청수문방구점이란 글자가 새겨진 입체간판을 걸어놓고 있었고, 그 옆 정면 상단에는 청수상점이라는 상호가 걸려 있었다.

거기에다 광고선전방법이 여느 문방구점과는 확연히 달랐다. 이 문방구점 주인은 자신의 출신지가 일본 오사카 임을 상기시키기라도 하듯 문방구점 광고를 낼 때마다 반드시 '대판옥 청수문방구점'이라고 표시된 이른바 '카피'를 사용해 자신의 상호를 기억되게 했다.

또한 문방구점 주인 시미즈는 한자의 큰 대자(大)에다 둥근원을 친 표식을 문방구점 로고로 사용하는 등 현대적인 광고이미지로 점포를 선전하는 등 구멍가게 같은 문방구점 이미지를 완전히 바꿔 놓았다. 더구나 총독부정책이나 시국반응도 빨라 관급표어나 구호가 학교나 관공서에 나붙기도 전에 청수문방구점 진열대에 먼저 나붙고 진열될 정도로 그의 상술은 뛰어났다.

실례로 시미즈는 1940년이 '황기(일본기원) 2600년'이라는 사실을 파악하고는 총독부 차원의 대대적인 행사가 있을 것을 예상해 이미 1939년 겨울부터 재빨리 문방구점 진열대에 '축 황기 2600주년'이란 선전표어를 붙여놨다. 그 후 '황기 2600년' 기념 슬로건이 불티나게 팔렸음은 물론이다. 일제가 대대적으로 선전하기 앞서 미리 준비해 놓은 것이다.

이러한 기민한 상술은 결국 청수문방구점이 일제에 멋모르고 부화뇌동하는 한 국민학교에다 조선총독상을 안겨다 주는 결정적인 산파역할을 하기도 했다.

태평양전쟁이 일어나자 조선 각지에는 전쟁분위기가 급속히 확산되고 있었는데, 시미즈는 총독부가 '대동아전쟁 승리'를 기원하는 '모형비행기 날리기 대회'를 개최한다는 사실을 알고 미리 모형비행기 제작에 필요한 각종 고급 재료를 대회가 시작되기도 전에 대량 확보해 문방구점에 비치해 놓았던 것이다.

결국 1941년 진주길야국민학교(지금의 진주초등학교)가 청수문방구점에서 재료를 구입해 만든 모형비행기로 매일같이 연습을 거듭한 결과 경남대표를 거쳐 전국대회에서 1등을 차지해 마침내 총독상을 받았다는 것이다.

이처럼 뛰어난 경영감각으로 문방구점을 기업적으로 이끌어 갔던 시미즈였지만, 전쟁 막바지에는 더 이상 문방구점을 제대로 운영하지 못했으며, 특히 8·15해방 때에는 문마저 닫지 않을 수가 없었다. 그 역시 쫓겨가는 수많은 일본인과 함께 일본으로 돌아가지 않으면 안 되었기 때문이다. 그나마 시미즈가 자신의 점포가 적산가옥으로 전락되는 운명을 직감하고 문방구점을 그냥 미련 없이 헐값으로 조선인에게 넘겨 최소한이나마 비용을 받아냈다는 후문이 있어 마지막까지도 그의 노련한 상술을 엿볼 수 있다.

한때 진주에서 악덕 자본가로 악명을 떨쳤던 진주조면공장 사장 시미즈 사타로(청수좌태랑)가 문구업자 시미즈 가네자부로와 한집안 식구라는 말이 있었지만, 확인된 사실은 아니다.

해방 후 청수문방구점 건물은 여러 차례 주인이 바뀌었다. 청수문방구점 건물은 1946년 6월에 진주상공경제회(지금의 진주상공회의소 전신)가 옮겨와 한때 사무실로 사용하기도 했다. 또한 청수문방구점 건물은 그 후에는 한국화가 박생광 화백의 소유로 바뀌어 박 화백의 화실 겸 다방으로 쓰였다. 한국전쟁 직후이던 1954년 박 화백은 '청동'이라고 이름 붙인 '문방구점 다방'에 서양화가 이중섭 화백을 초대해 그의 작품을 전시하기도 했다. 이중섭 화백은 진주에서 그린 그림 중 '진주 붉은 소'를 자기를 도와준 박 화백에게 선물하기도 했다.

박생광 화백은 한국전쟁 전후 자리를 잡지 못하고 이곳저곳 떠돌던 이중섭을 진주에 데리고 와 옛 청수문방구점이었던 자신의 화실에서 함께 기거한 추억이 있다. 하지만 이 화백의 진주생활은 오래가지 못했다. 일본인 아내와 두 아들까지 가족을 모두 일본에 보내고 혼자 남은 중년의 천재화가는 늘 외로워했다. 초라한 모습의 이 화백이 진주의 어느 선술집에서 담뱃불을 빌려 붙이는 유명한 사진이 남아있는데, 사진작가 허종배의 촬영으로 찍힌 것으로 바로 이 무렵의 일이다.

두 화백의 추억이 깃든 청수문방구점이 있었던 영정은 지금의 대안동을 말하지만 일제 때의 지번이던 영정 215번지는 지금의 대안동 어디를 말하는지 특정하기 어렵다. 한국전쟁 때 도시가 초토화되면서 도시계획으로 구획정리를 다시 했기 때문에 옛 지번과는 완전히 달라졌기 때문이다.

28. 수정봉 고분(水晶峰 古墳)

임나일본부설의 근거로 이용된 가야고분

▲ 1910년 일제에 의해 발굴, 약탈되기 직전에 촬영한 진주 수정봉 고분의 모습.
〈사진출전 : 조선고적도보〉

일제가 손을 대기 전까지만 해도 '수정봉 고분(水晶峰 古墳)'
은 수천 년 동안 외부의 침입을 받지 않고 고대 가야인(백제계 가
야인)의 안식처로 조용히 자리 잡고 있었다. 그런데 갑자기 분묘가
파헤쳐지고 잠에서 깨어났다.

일제는 1910년 조선을 식민지로 만들면서 침략을 정당화하기 위

해 고대 일본인들이 가야지역을 식민지로 경영(직할통치)했다는 이른바 '임나일본부설'을 입증하고자 경남일대에 분포된 가야고분 군을 조직적으로 파헤치기 시작했다. 진주 수정봉과 인근의 옥봉 고분군은 일본인 이마니시(금서룡)에 의해 최초로 발굴됐다.

이후 일제의 어용학자 세키노(관야정)를 비롯해 야쓰이(안정), 구리야마(율산)는 진주의 수정봉 고분이 가야 것과 같고 고구려 등의 한민족과는 관계가 없다고 주장하며(하지만 그들은 이곳에서 발견된 백제계통의 유물을 모른 척했다.) 임나일본부설의 유력한 근거자료로 삼았다.

이들은 수정봉 고분을 파헤쳐 살펴본 후 보고서를 작성했다. 1914년 9월 세키노는 일제에 보고한 발굴조사보고서를 통해 수정 봉 고분의 부장품이 고대일본에서 출토된 것과 흡사한데다 고구려 것과 달라 가야민족이 일본과 깊은 연유가 있고, 고구려 또는 한민 족과는 관계가 매우 드물다며 임나일본부설을 정당화했다.

따라서 일제는 수정봉 고분을 근거로 가야지역이 수천 년 전에 이 미 일본의 식민지였다고 강변하는 등 현재(1910년대)의 한반도 식 민지 상황을 합리화하는 억지 주장을 되풀이했던 것이다. 심지어 고 분 발굴품을 '임나시대'의 고분에서 출토된 유물로 보기까지 했다.

이와 관련해 일부 우리나라 학계에서도 일제의 주장대로 임나 일본부를 일본의 식민지라고까지 보고 있지는 않지만 고대 '왜'라 는 일본종족이 한반도에서 축출된 뒤 다시 그들의 옛 영토를 회복 하고자 우리나라 특정부분을 일시 점령한 지역을 말한다는 주장을 제기하고 있기도 하다. 하지만 이 역시 식민사관 또는 그 유산이라는 비판이 만만치 않아 학계는 물론 일반대중에게조차 언급할 가치가 없다는 여론이 높다.

비록 일제가 수정봉 고분 등의 발굴을 통해 임나일본부설을 역사적 근거가 있다고 정당화시켰지만, 이 발굴은 그와 동시에 임나일본부설을 부정하는 근거가 되고 말았다. 왜냐하면 수정봉 고분에서 발굴을 통해 발견된 횡혈식 석실묘는 이곳이 가야지역이었지만 적어도 6세기 초부터 백제의 지배하에 있었다는 사실을 반증하고 있기 때문이다. 횡혈식 석실묘는 백제계의 석실로서 현재 일본 측 고대사학계에서도 임나일본부가 백제에 설치됐다는 주장은 하지 않는다.

아무튼 임나일본부설의 근거가 된 수정봉 고분은 지금의 수정동과 옥봉동지역에 있는 2개의 산봉우리에 있었는데, 이곳에는 원래 모두 7기의 가야고분이 있었다. 하지만 일제의 무분별한 발굴과 그 후 이어진 도굴로 나머지 고분은 어느 순간에 모두 사라져 버렸다.

단지 일제에 의해 이들 고분에서 출토된 유물들은 조사보고서를 통해 확인되고 보관되었다는 점이 다행일 뿐이다. 예컨대 말재갈·발걸이·그릇받침·목단지·뚜껑바리·굽다리·뚜껑접시·가랫날·가락바퀴·청동바리 등인데, 발굴 당시 수많은 도기와 철기들이 진주경찰서에 임시보관돼 있다가 대부분 일본으로 반출돼 동경공과대학(현재의 일본 도쿄대 공학부)에 소장됐기 때문이다.

단지 수정봉 3호 고분에서 나온 유물만이 당시 일본으로 반출되지 않고 이왕가(李王家)박물관(지금의 국립중앙박물관)에 보관된 덕택에 해방 후 다시 국립진주박물관으로 옮겨와 보관될 수 있었다. 그러나 진주박물관에 소장된 수정봉 3호 고분 유물들은 김해박물관이 가야유물 전문박물관으로 개관함에 따라 그곳으로 또다시 옮겨 갔다.

이처럼 수정봉 고분에서 나온 유물 중 3호 고분 이외의 유물들이 임나일본부설의 근거로 사용하기 위해 일제에 약탈된 뒤 지금까지 반세기가 넘도록 반환되지 않고 있어 지난 1994년 4월 진주시의회는 유물반환을 촉구하고 나섰다. 진주시의회는 일본 도쿄대에 보관 중인 수정봉 고분과 옥봉고분의 유물을 반환토록 조치해 줄 것을 진주시에 촉구하고 불가능할 경우 이들 유물의 모조품이라도 만들어 전시할 것을 요구했다.

그러나 진주시는 일단 문화재관리국과 경남도에 협의하겠다고 하면서도 국가 간의 외교문제라고 난색을 표시해 결국 현재까지도 별다른 진척을 보지 못하고 있다.

한편 1910년 세키노가 발굴할 당시 수정봉 고분은 텃밭으로 개간된 상태였기 때문에 고분형태만 남아 있었으나 발굴 후에는 그 형태마저 파괴됐고, 해방 후에는 무분별하게 들어선 무허가 영세민 주택들로 인해 고분의 형태는 물론 흔적마저도 전혀 찾아볼 수 없게 됐다.

단지 고분이 자리 잡고 있던 그 일대가 공원지구로 지정되고 무허가 주택이 정리되면서 옥봉에 남아 있던 2기의 고분에 대해서는 그 흔적만이라도 보존할 수 있었다. 즉 2기 고분이 경남도지방기념물 제1호로 지정됨으로써 옛 고분군의 흔적을 겨우 지탱해 주고 있는 것이다.

29. 무촌리 5층석탑(武村里 五層石塔)

가슴 아픈 사랑의 전설을 간직한 무명탑

▲ 지금은 무너지고 없는 진주시 사봉면에 있었던 무촌리 5층석탑.
(1930년대의 모습.) 〈사진제공 : 김주아〉

'오늘이 있는 것은 반드시 과거가 있었고, 오늘 여기서 살게 되
는 것은 필연적으로 살아야 할 이유가 있기 때문에 여기서 살고 있
다. 천지만물은 인연에 의해서 만나고 새로운 인연을 맺게 되므

로….' (불교경전에서)

　지금은 사람의 길마저 희미한 야산 언덕배기에 버려지고 사라진 무명탑(無名塔)이 되었지만, 이곳에는 한때 착한 남자와 여자가 현세에 이루지 못한 사랑을 내세에 다시 기약하며 가슴 아픈 이별을 간직했던 애달픈 사연이 오랜 전설처럼 서려 있다. 하지만 이제는 아무도 '무촌리 5층석탑(武村里 五層石塔)'을 찾는 이가 없다. (무촌리 5층석탑에 얽힌 두 가지의 이야기를 참고로 재구성해 봤다.)

　아직 통일국가가 형성되기 전 신라의 귀인을 사랑했던 백제의 무사가 멸망하는 조국과 자신의 운명을 함께 한 끝에 쓰러졌다. 죽어가는 무사는 그들이 처음 만났던 석탑을 향해 마지막 힘을 다해 말을 몰았다. 그러나 무사는 귀인을 보지 못하고 끝내 눈을 감았다.

　석탑 아래서 싸늘한 시체로 변한 무사를 껴안고 귀인은 사랑의 아픔과 시대의 비극에 울부짖었다. 귀인은 무사를 죽게 한 화살을 뽑아 자신의 목을 찌름으로써 자신도 무사의 뒤를 따랐다. 석탑만이 말없이 그들을 지켜보고 있었다.

　그리고 그들이 죽은 자리에는 느티나무가 자라기 시작했으며 그 주변에는 검붉은 산국화가 피기 시작했다. 오랜 세월이 흐른 후 이곳에는 무사의 애달픈 전설을 말해 주듯 '무사마을'이라는 '무촌(武村)'마을이 생겨났다. 그래서 사람들은 이 석탑을 무촌리 5층석탑이라고 불렀다.

　다시 수 세기가 흐른 후 이 석탑에는 사람들의 눈을 피해 두 사람의 선남선녀가 다시 찾아왔다. 신분의 벽을 뛰어넘지 못한 화공과 상처받은 영혼에 눈물 흘리는 낭자가 현세에 이루어질 수 없는 사랑의 아픔에 괴로워했다. 그 아픔은 생각보다 깊었고 슬펐다. 외롭고 불안하기만 한 마음으로 두 사람은 몸을 탑에 기대고 슬픔에 겨워 말을 잇지 못했다.

낭자는 애절하게 말했다. "우리는 이렇게 허무하고 가슴 저리는 바람(風)일 수밖에 없는 걸까요." 화공은 낭자의 두 손을 잡고 대답했다. "세월과 상관없이 언젠가는 함께 할 날이 올 것입니다."

그리고 많은 세월이 흘렀다. 석탑은 무너지고 세상은 바뀌었으나 오랫동안 석탑 주변을 맴돌았던 사랑의 전설은 해마다 가을바람이 불면 더욱 애절해지고 있다. 그 운명을 다한 듯한 거대한 고목 아래 세월의 무상함을 하소연하듯 잘려 뒹구는 3등분의 탑분신만이 그것을 잘 말해 주고 있다. 이젠 그마저 보이지 않는다.

그 위로 초록의 왕성함을 잃어버린 메마른 갈잎이 성장을 다 한 운명을 함께 느끼는 듯 바람에 어설프게 떨고 있고, 한때는 세인들의 소망을 안고 그 위엄을 드러냈던 거대한 탑의 흔적만이 싸늘한 바람 속에 서걱거리는 억새풀을 의식하며 저무는 해를 뒤로하고 있었다. 누군가를 떠나보내고 그리워하며 애달파 하는 것은 무엇일까. 아마도 부질없는 일임에도 사랑이나 인연의 영원함과 불멸성을 믿는 것이리라.

사봉면 무촌리 야산의 이름 모를 폐사지에 있었던 5층 석탑은 천여 년 동안 이루지 못한 사랑의 전설을 간직한 채 인고의 세월을 견뎌 왔다. 이 석탁을 무명탑으로 보듯이 문헌이나 전설 어디에도 그 탑이 세워진 사찰의 존재나 이름이 전해진 바는 없다. 일제 때만 해도 5층 석탑의 형태가 그런대로 유지되고 있었으나 해방 후에는 크게 훼손돼 3층 석탑만 남아 있다가 지금은 그것마저 무너지고 없다. 원래 이 석탑은 화강암으로 만들어진 석조 오층탑이었으나 4층 탑신과 5층 옥개는 사라졌고, 기단도 매몰되었는지조차 알 수 없다.

한때는 많은 사람이 이 석탑 앞을 지나며 소원을 빌며 탑돌이를 하거나 돌멩이를 탑신에 쌓아 올렸지만, 세월의 무게를 못 이겨 붕괴를 막지 못했다. 현재는 탑이 세워진 기단이나 기초석은 남아 있지 않아 탑의 흔적을 확인하기 어려우며, 탑신의 일부도 어디에 있는지 전혀 확인되지 않는다.

김주아 할머니(1996년 당시 70세)가 오랫동안 간직해 온 빛바랜 사진 속에서 말해 주는 무촌리 5층석탑의 비밀은 과연 무엇이었을까. 스산한 바람이 부는 가을날이면 이곳을 찾는 어느 이름 모를 시인은 이들의 사랑을 애달파 하며 이렇게 읊었다.

'길고 긴 꼬임줄기 주섬 주섬 기워오다가 가슴을 풀어 내릴 그대를 짚었다 / 하루를 네 번으로 잘라 나흘을 만들 만큼 깊숙한 열망은 내 무뚝뚝한 팔로 그대를 묶었다 / 마디 마디 전해지는 끈적한 숨결이 이 세상만의 연은 아닐터 / 그대를 깊이 깊이 바라다가 손바닥을 대본다 저 무형의 거울속에 내가 들어섬은, 그대가 거기 있는데 / 그대는 또 하나의 나였다.'

30. 진삼선 철도(晉三線 鐵道)

진주와 삼천포 간 애환을 담은 철도노선

▲ 1965년 12월 7일 진삼선 개통축하 아취를 통과하고 있는 열차의 모습이다.
〈사진출전 : 한국철도80년약사〉

'모두들 눈물 지우며 / 요란히 울고 가고 / 다시 돌아오는 기적 소리에 귀를 기울이더라 / 내 폐가와 같은 밤차에 / 고단한 육신을 싣고 / 몽롱한 램프 위에 / 감상은 자욱한 안개가 되어 내리나니 / 어디를 가도 뇌수를 파고 드는 한줄기 고독' (김광균의 시 '야차'에서)

'진삼선(晉三線)'의 밤기차를 타본 사람이거나 새벽열차를 타본 사람은 자기만 간직한 비밀스런 추억이 하나쯤 있다. 그때를 기억하고 있는 한, 이미 폐선된 지 오래된 진삼선의 기찻길이지만 멀리서 기적소리를 내며 달려오는 추억의 기차를 볼 수 있는 것이다.

진삼선은 기관사의 방향 착오로 '잘 나가다가 삼천포로 빠진다'라는(이 말을 삼천포에 가서 했다가는 크게 낭패를 당할 수도 있다.) 부정적인 유행어마저 낳았던 철도로서 그 뜻처럼 탈도 많고 말도 많았다. 진삼선은 진주역과 삼천포역을 연결하는 철도노선을 말하는데, 철도부설 공사를 할 때부터 적지 않게 진통을 겪더니만 결국 단명하고야 말았다.

원래 진삼선 철도는 대한제국 말부터 거론됐다. 1910년 4월 진주와 삼천포 간에 궤도가 좁고 규모가 작은 경편철도를 부설하기 위해 진주의 부호 김기태와 서진욱, 일본인 자본가 후쿠이(복정)와 오오노(대야) 등이 마산이사청을 거쳐 통감부에 경철 부설을 청원하였으나 그해 8월 국권상실로 정세가 바뀌면서 착공되지 못했다.

그러다가 진삼선 철도부설 문제는 일본인이 더 크게 필요성을 느끼게 됐고 그들이 직접 철도부설운동을 벌이기 시작했다. 1936년 당시 진주읍장이던 야마시다(산하정도)는 "대진주(大晉州) 건설의 열쇠를 가진 진삼철도 부설문제는 읍민의 열성만 있으면 그리 어려운 일이 아니다"고 포부를 밝히면서 사업추진에 앞장섰다. 그는 당시 진주에서 발간되던 〈남선공론〉과의 인터뷰에서 진삼선 철도부설의 당위성을 다음과 같이 강조했다. 여기에서 말하는 '양지(두 지역)'란 진주와 삼천포를 말한다. (《남선공론》 1936년 3월 1

일자 보도)

'금후(今後) 양지(兩地)의 관민(官民)이 서로 협력(協力)하야 산
업개발(産業開發)에 중대(重大)한 관건(關鍵)을 가지고 잇는 철도
(鐵道)만 부설(敷設)되면 경제적(經濟的) 제휴(提携)로 양지(兩地)
의 번영(繁榮)은 다시 더 말할 것도 업시 대약진(大躍進)할 터이
다.' (기사원문 인용)

이에 따라 진삼철도의 촉성운동위원으로 야마시다 읍장을 비롯
해 시미즈(청수좌태랑) 경남도회 의원과 우에하라(상원삼사랑) 진
주읍회 의원이 조선총독부를 방문해 진삼선 철도부설을 요청하는
등 관계요로에 다각적인 접촉을 가진 끝에 비로소 철도공사가 시
작될 수 있었다.

그러나 태평양전쟁이 터지자, 공사자재 부족 등을 이유로 공사
가 중단돼 해방 후에도 그대로 방치되고 있었다. 그러다가 1946년
진주상공위원회와 진주부윤 정종철이 다시 미군정 당국에 진삼선
철도의 조속한 착공을 요구하는 진정을 했다. 하지만 미군정기간
에 착공하지 못했고, 정부수립 이후에도 한국전쟁 등으로 또다시
실현되지 못했다.

이러한 난항 끝에 진삼선은 한국전쟁 후 우리나라에서 맨 처음
시작된 철도공사로 기록된 가좌동 개양역과 사천역 간의 기차선
로 10.5㎞가 1953년 5월 개통되면서 구체화됐다. 그리고 1960년
3월 사천에서 끊어진 진삼선을 삼천포까지 이어주는 나머지 구간

18.7km에 대한 철도건설공사가 시작돼 대망의 진삼선 철도가 전체적인 윤곽을 드러냈다.

하지만 이 철도공사도 착공한 지 1개월 뒤에 일어난 4·19혁명과 다시 1년 뒤에 일어난 5·16쿠데타로 불안정한 정치사회적인 정세가 계속되면서 진삼선공사는 또 한 번 중단되고 말았다. 이처럼 진삼선 철도공사처럼 우여곡절이 많은 철도공사는 없었을 것이다.

그러다가 조국근대화를 외치는 군정 실권자 박정희의 강력한 추진으로 4년 뒤인 1964년 4월 진삼선 건설공사는 다시 시작돼 이듬해인 1965년 12월 7일 마침내 완공됐다. 진주 개양(지금의 가좌동)에서 삼천포까지 이어주는 총 29.1km의 진삼선이 마침내 개통된 것이다. 진주는 물론 사천과 삼천포 주민들, 삼천포항으로 들어오는 남해사람들의 기쁨은 이루 말할 수 없었다.

진삼선 개통식에는 당시 박정희 대통령과 이효상 국회의장이 참석할 정도로 크게 성황을 이루었다. 또한 개양역 근처에 있는 정촌초등학교의 재학생들이 이 진삼선이 개통된 날을 기념해 12월 7일 특별히 열차에 무임시승을 하기도 했다.

이처럼 진삼선의 개통은 삼천포방면의 풍부한 해산물을 신속하게 진주로 운송해 중서부경남은 물론 서울과 부산으로 대량공급할 수 있다는 획기적인 계기를 만들었을 뿐만 아니라 삼천포지역의 교통불편 해소에도 크게 기여했다. 진삼선 철도의 주된 고객은 진주를 오가는 통학생들과 어물 장사치들이었다.

그런데 한 해 두 해가 가면서 진삼선은 당초 기대와는 달리 운송물동량과 이용승객 감소로 70년대에 들어서면서 심각한 적자노선으로 전락하기 시작했다. 진삼선의 철도교통은 진삼국도의 도로교통에 밀려 점차 사양길로 접어들었기 때문이다.

결국 수많은 애환을 싣고 14년 8개월을 달려온 진삼선은 매년 1~2억여 원의 적자를 견디지 못하고 1980년 10월 1일 진삼선 폐선소식을 알리는 철도청 고시 제41호에 따라 폐선되고 말았다. 진삼선 철도가 수차례의 착공과 중단을 거듭하면서 개통된 시간은 무려 55년이란 오랜 세월이 걸렸으나 폐선되기까지는 너무나도 순식간에 이뤄졌다. 국가예산만 낭비한 탁상 철도행정이란 비판이 잇따랐다. 하지만 철도교통은 국가기간시설이라는 점을 볼 때 이윤논리만으로 쉽게 폐선을 결정할 수 있을까 하는 의문도 든다.

폐선일이던 이날 밤에 마지막 열차 제949호가 2량의 객차를 달고 진주역을 빠져나가 삼천포역을 향해 지친 기적소리를 내며 힘겹게 달리기 시작함으로써 진삼선의 철도운행은 종지부를 찍었다.

대개 기관차는 시속 1백10㎞ 이상 속력을 낼 수 있었으나 단선인 진삼선은 선로가 나빠 시속 90㎞ 밖에 못 내었다. 그러나 진삼선을 이용하던 통학생들이나 주민들에게는 결코 잊을 수 없는 속도감이었고, 모두들 진삼선 폐선소식에 아쉬움을 감추지 못했다.

특히 진삼선이 지나는 진양군을 비롯해 사천군과 삼천포시에서 학교에 다니는 경상대 통학생들의 아쉬움은 더욱 컸다. 이들은 진삼선 폐선 소식에 버스통학을 모색하거나 아예 자취나 하숙을 생각했다. 이때 대학생들 사이에서 흥얼거리며 유행하던 팝송이 있었는데 공교롭게도 폐선되는 진삼선을 노래한 듯 기차 통학생들은 달리는 기차 밖을 내다보며 '원 웨이 티켓'을 목청껏 불러댔다. (이 노래는 원래 닐 세다카가 불렀으나 80년대 초 다시 리바이벌돼 크게 유행했으며, 그 뜻은 '결코 되돌아올 수 없는 편도선 기차여행'을 말하는 것이었다.)

'Choo, hoo, choo hoo / train a chuggin' down the track / Gotta travel on Never comin' back, / Woooooo, Gotta ONE WAY TICKET TO THE BLUES / Wooooooo~' (영문가사 원문 인용)

[치익~ 치익~ / 기차는 선로를 따라 들어옵니다 / 이제 다시 돌아오지 못하는 여행을 떠나야 해요 / 아아~ 슬픈 편도 승차권이여 / 우우~]

1980년 10월 진삼선 폐선소식이 알려지자 철도폐선이 고시된 날, 마지막 밤차를 타고 특집기획취재에 들어간 경상대 학보사 기자들은 진삼선의 종착역인 삼천포역에서 내렸으나 진주로 돌아올 기차가 없어 텅빈 역사에서 머뭇거리던 중 기관사의 배려로 진주로 향하는 진짜 마지막 기차인 화물열차를 얻어 타고 다시 돌아올 수 있었다. 그리고 1980년 10월 25일자 〈경상대학보〉에 김광균의 시 '야차(夜車)'를 싣고 '사라지는 철길, 마지막 철마를 타고'라는 부제의 기사를 내보냈다.

'상영이 모두 끝난 영화관의 빈 좌석들을 연상케 하는 빈 공간엔 먼지만 쌓여 있고 개찰구는 닫혀 있으며 매표구에는 굳게 닫힌 유

리문에 철도청고시 제41호가 붙어 있었다.' (기사원문 인용)

　진삼선 폐선 후 개양역에서 사천 공군부대(현 사천공항)까지만
선로의 일부가 남아 있어 어쩌다 한번씩 화물만이 수송되고 있을
뿐 폐선된 나머지 진삼선 구간은 철도마저 철거돼 도로로 바뀌면
서 추억의 기찻길 흔적은 완전히 사라진 상태이다. (폐선된 철도를
따라 사천에서 삼천포까지 일직선의 새로운 도로가 만들어졌다.)

　그런데 1997년 6월 진주상공회의소가 앞으로 진주~사천~삼천
포지역이 연담도시화되고 항공산업 관련업체(삼성항공 등)의 물동
량 수송이 대규모로 이루어질 것이기 때문에 진주~삼천포 구간의
폐선된 구간을 포함해 총연장 32km의 진삼선 철도를 부활해야 한
다고 주장했다. 그러나 그해 12월 IMF(국제통화기금) 구제금융으
로 대변되는 경제난이 시작되자 역시 실현되지 못했다.

31. 진주농대 부속목장(晉州農大 附屬牧場)

대학 캠퍼스 안에 있었던 동물농장

▲1950년대 중반에 조성된 진주농대 부속목장의 모습.
(지금의 경상국립대 칠암캠퍼스 소재.) 〈사진출전 : 제23회 졸업기념사진첩〉

　한때 대학 캠퍼스 안이 닭·오리·토끼·돼지·양·소·염소 등 온갖 동물들과 가축들의 울음소리로 가득 찼던 것은 '진주농대 부속목장(晉州農大 附屬牧場)'이 대학구내에 자리 잡고 있었기 때문이다.

　진주농대(경상국립대의 전신)가 진주농고(경남과기대의 전신)에서 더부살이를 끝내고 1955년 칠암동에 조성된 새 캠퍼스로 이전하자 이때 부속농장도 부속목장이란 이름으로 캠퍼스에 함께 설치됐다. 진주농대 부속목장은 대학구내 동남쪽에 3천여 평의 부지에 각종 가축사와 사료포 등을 갖추어 교수와 학생들의 실험실습장으로 자리 잡으면서 목장으로 활용되기 시작했다. 목장시설 중 부화육추실을 비롯해 관리실·표본계사·한우사는 당시에 대학에 재직하던 김해정 교수의 설계로 건립됐다.

한우사에는 한우를 입식시켜 농학과의 농경용으로 사육했으며 부화실에서는 많은 병아리를 부화하여 양계농가에게 분양하기도 했다. 그러나 초기의 육추실은 원시적인 형태로서 숯불을 이용한 새끼조류를 기르는 시설이었는데 학생들은 이 정도라도 육추사육 실습을 할 수 있다는 사실에 만족해했다.

1955년 7월 진주농대가 이전할 당시의 부속목장은 소규모의 양계사·토사·양봉상·농우사·사료창고·사료실 등을 갖추어 출발했는데, 1957년에는 미군용(美軍用) 콘세트 4개동 가운데 2개동을 가축사로 이용하면서 웅장한 모습을 드러냈다. 따라서 하늘 높이 솟아 있는 2개동의 콘세트 축사와 7~8개동의 소형축사가 목장에 집중적으로 모여 있어 대학내에서 이른바 '축사군'을 형성했다.

특히 1958년 4월부터는 부속목장에 축혼비를 건립해 실험실습용으로 이용되다가 죽은 축혼을 달래기 위해 제사를 지내기 시작해 눈길을 끌었다. 이 축혼비는 경상대(진주농대의 전신)가 가좌동 본 캠퍼스로 이전할 때 함께 옮겨 가 현재 농과대학과 수의과대학 사이에 자리 잡고 있다. 축혼제는 인간을 위해 희생된 동물, 학생들의 실험실습과 교수연구실의 지원재로 사용되다가 희생된 가축과 식용을 위해 희생된 동물의 혼을 달래기 위해서 지내는 제사이다. 축혼제 등의 동물에 대한 제사는 일제식민지 시절에 이식된 일본의 풍습이지만 경상대는 죽은 동물에 대한 깊은 이해를 위해 해마다 5월이면 길일을 택해 축혼제를 지내왔다.

한편 부속목장을 상징하는 거대한 콘세트축사가 가장 붐빌 때가 있었는데, 그때는 진주농대에 가축인공수정센터가 설치되면서부터이다. 학생들은 아무래도 인공수정이 동물적인 교미보다 볼거리가 없다는 듯 입맛을 다시기도 했다는 후문이다.

특히 종돈으로 사육한 수퇘지와 암퇘지를 교미시킬 때 수퇘지가 보여주는 스크루 같은 기묘한 성기는 많은 학생들의 호기심을 자아냈다고 한다. 또한 수의학과 남학생들은 분만 실습시간에 암소의 자궁에 손을 집어 넣기도 했는데 팔뚝 전체가 들어가고도 그 길이가 모자라는 모습에 놀라면서도 엉뚱한 상상을 하며 모종의 희열을 느꼈다고 하는 변태 같은 이야기도 전해진다.

그런데 1965년 8월 이들 축사군 남쪽에 종합가공관이 들어서고 그 동쪽에는 이를 관리하는 농부와 목부의 숙소도 마련돼 비좁은 목장은 더욱 비좁아졌다. 더구나 진주농대가 경상대로 승격·개편되면서 목장이 계속 캠퍼스 안에 남아 있을 수 없게 된데다 협소한 공간으로 인해 가축사육마저 불편한 점이 많았다. 결국 부속목장은 1978년 초 '경상대 동물사육장'으로 명칭이 바뀌어 금산면으로 이전됨으로써 칠암캠퍼스 목장시대를 마감했다.

이와 관련해 한때 가축이 아닌 동물원에서나 볼 수 있는 우아하고 화려한 조류가 경상대에 들어왔다. 1976년 일본 나가사키현 지사가 공작새 9마리를 진주시에 기증했는데, 당시는 진양호동물원이 개원되기 전이었던 관계로 공작새를 키울 데가 없었다. 그때 마침 경상대 부속목장이 있다는 사실을 알고, 진주시가 위탁관리를 의뢰하여 금산면 동물사육장에서 사육하다가 동물원이 개원되자 공작새를 건강한 상태로 인계하기도 했다. 현재 옛 칠암캠퍼스의 부속목장터에는 경상대 병원(대학병원)이 건립돼 있다. 또한 새로 이전한 금산면 소재의 경상대 동물사육장에서도 해마다 축혼제를 지내왔다.

그런데 금산면에 있는 경상대 목장에 들어가는 길에 심어진 벚나무가 길게 도열해 있어 봄이면 행락객들이 차를 몰고 들어와 혼잡을 크게 이루었다. 그래서 봄철이면 경상대 목장길은 경상대 학생들이 주차단속을 할 정도로 벚꽃이 흐드러지게 피어 장관을 이루어 있어 진주의 새로운 명소로 알려지고 있다.

한편 경상대 목장은 '경상대학교 부속동물사육장'이란 이름으로 나날이 발전을 거듭했다. 2002년에는 경상대 목장에 동물수술실과 분만실 등을 설치하고 돼지이식연구를 위한 부속시설을 건립했다. 또한 2015년 농촌진흥청에 의해 경상대 부속목장이 가축생명자원 관리기관으로 지정되었는데, 재래흑염소의 유전자원을 관리하는 여건이 적합하다고 판단되었기 때문이다. 경상대 목장에서 키우는 국내 재래흑염소 30여 마리가 40여 년 동안 외부와 교류 없이 목장에 안전하게 보존된 결과 유전자의 고유성이 확보되어 유전적 우수성을 인정받은 것이다.

32. 진주보교 여자부(晉州普校 女子部)

우리나라 남녀공학의 효시가 된 초등학교

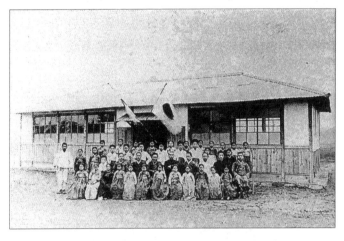

▲ 한일합병으로 일장기가 나부끼는 진주보통학교 여자부 교실의 모습.
〈사진출전 : 진주중안백년청사〉

구한말 공립진주보통학교(진주초교의 전신)에 설치된 '여자부(女子部)'는 우리나라 교육사상 최초의 남녀공학으로 기록되고 있다.

1895년 고종의 소학교령에 의해 경남(부산·울산 포함) 최초로 진주성 매월당 자리에 설립된 진주소학교는 공립 근대 초등교육기관으로서 착실하게 뿌리를 내리고 있었다. 그러던 중 일제 통감부의 통치로 보통학교로 격하됐다가 어느 날 획기적인 전환점을 맞이했다. 1909년 4월 1일 전국 최초로 진주보통학교에 3년제 여자학급이 설치된 것이다.

이미 한성에는 1886년 종교적인 목적으로 미국선교사가 세운 이화학당이란 사립여학교가 설립돼 있었고 진주에도 1906년 호주선교사가 설립한 정숙학교(나중에 시원여학교가 됨)라는 미션스쿨이 있었으나 대한제국정부가 세운 공립 초등학교에 설치된 여자학급은 없었다.

사실상 시원여학교의 전신인 사립정숙학교가 진주의 근대여성교육의 효시가 됐지만 남녀공학이 된 것은 공립진주보교보다 늦다. 정숙학교는 진주의 호주선교사가 세운 별개의 남학교인 안동학교와 1909년 8월 31일 통합해 사립광림학교라는 남녀공학으로 새롭게 출발했다. (이후 광림학교 여자학급은 시원여학교로 분리독립할 때까지 광림학교 여자부로 존속했다.) 그러나 공립진주보교의 경우 광림학교보다 5개월 전에 이미 여자학급을 설치해 우리나라 공립학교사상 최초로 남녀공학이 이뤄졌다.

이는 당시 진주 대부호 김기태의 조모 '김 정부인(金 貞夫人)'[정부인 김씨]이 여자도 배워야 한다는 여성교육관을 일찍이 깨치고 진주보교에 교실건립을 희망해 옴에 따라 남녀공학이 전국에서 처음으로 실시된 배경이 됐던 것으로 알려지고 있다. 이때 진주보교의 남자학급은 4년제인데 비해 여자학급은 3년제였다. (이후 진주보교 여자부도 1917년 4년제로 바뀌었다가 1923년에는 지금과 같이 6년제로 바뀌었다.)

그러나 당시 유교의 신분질서가 뿌리 깊게 남아 있었기 때문에 남녀가 한 학교에서, 특히 한 교실 안에서 함께 수업을 받는다는 것은 상상조차 하기 힘든 일이었으므로 진주보교의 여자교실 설치는 일대 사건일 수밖에 없었다. 특히 진주의 여성에 대한 보수성이 전국 어느 곳 못지않게 강했던 만큼 이곳 유림들의 반발 또한 극심해 진주보교의 남녀공학은 실시초기부터 여학생 부족 사태를 면치 못했다.

그러나 진주보교는 '남녀칠세 부동석(男女七歲 不同席)'이라는 엄한 유교적인 윤리관을 의식해 남학생은 오전반으로 하고 여학생은 오후반으로 하는 등 2부제 수업으로 학급을 운영해 이러한 반발을 무마하고자 했다. 그리고 마침내 1910년 11월 2일 여학생 전용 교실 2개 칸을 완공함에 따라 여학생들만 수업을 받는 전용공간을 마련했다. 그래서 어느 정도 학부형의 반발이 무마되고 남녀공학 제를 정착시킬 수가 있었다.

이러한 노력에도 불구하고 남녀공학을 실시한 첫해에는 진주보교에 입학한 여학생이 고작 6명밖에 안 되었으며, 그나마 이들 중 이현자와 허충희 등 3명밖에 졸업하지 못했다. 남녀공학이 공교육으로 정착하기까지는 아직 시간이 더 필요해 보였다.

이처럼 여자교실이 지어진 후 진주보교는 1913년 3월 25일 여자반 제2회 졸업식을 거행했는데, 이때에는 여자취학생들도 계속 늘어나 1회 졸업식과 비교도 되지 않을 정도로 16명이나 되는 여학생들이 졸업했다. 여학생들의 취학이 괄목상대해진 것이다.

처음에는 관리들이나 상인 또는 농민들의 딸만 다니던 보통학교였으나 점차 유림들의 딸도 취학해 이들 양반댁 자녀들이 등하교를 할 때에는 하인들이 가마를 대령하기도 했다는 이야기도 있다. 그러나 우리나라 남녀공학의 효시인 진주보교 여자부는 여학생 전용교실을 마련한 지 3년 5개월 만에 자리를 옮기고 말았다. 경술국치(1910년)라고 일컫는 국권상실 이후 1914년 일제가 진주보통학교를 성 밖으로 내보내 지금의 인사동 자리로 이전했기 때문이다.

진주보교는 국권상실 후 1919년 사립 진주 봉양학교가 공립으로 바뀌어 공립제2보교가 되자 '공립진주제1보통학교'로 교명이 바뀌었다. 그리고 1931년 진주제1보교는 학교 자체에서 발간한 '김 정부인'이란 내용의 수신서(지금의 도덕교과서)에다 그녀의 교실희사로 학교에 여자부가 설치될 수 있었다고 기록했다. 근검절약으로 거대한 부를 이룩한 김 정부인의 이야기는 1933년 조선총독부가 발행한 보통학교 수신서에도 실렸으며, 최근(1998년)에는 후손들이 기념사업회를 만들어 사천시 축동면 가산리의 묘소에서 기념관 건립과 교육사업을 벌이기도 했다.

어쨌든 시민사회에서는 진주제1보교에 취학하는 여학생들이 계속 늘어나자 1934년부터는 아예 여자부를 여학교로 독립시키자는 여론이 높아지게 됐다. 이에 김기태는 자신의 할머니 정부인 김씨가 살아있을 때 진주보교에 여자교실을 건립해 기부한 사실을 기억하고, 고인(1912년 작고)의 유지를 받들어 여학교건립과 부지구입에 들어가는 비용으로 거금 4만 원을 내놓겠다고 시민사회에 약속했다.

그러나 김기태는 갑자기 마음을 바꿔 당초 약속한 기부금 대신에 단돈 5백 원만 진주보교 여자부 분립기성회에 내놓았다. 무언가가 그의 마음을 상하게 했던 것이다. 이에 격분한 기성회는 학부형회의를 통해 김기태의 농락적인 행위를 규탄하고 그가 내놓은 기부금 5백 원도 받을 수 없다고 반환하는 한편 진주보교의 여자부독립 무산문제를 그의 탓으로 돌리고 말았다.

당시 언론은 "여학교 분리·독립운동의 주인공인 김씨가 운동현장에 나서지 않는 이상 모든 성과가 무너지고 말 것은 사실"이라고내다봤다. 결국 김기태의 약속번복과 사업불참으로 공립여자보통학교 설립운동은 물 건너가고 말았다. 만약 이 일이 성사되었다면진주는 또 하나로 여성사뿐만 아니라 교육사적 측면에서도 획기적인 성과와 금자탑을 이룩할 수 있었을 것이다. 실로 안타까운 일이다.

이와 관련해 〈조선일보〉의 1932년 5월 2일자 보도를 보면 김기태가 기부금 약속을 저버린 이면에는 이유가 있었음이 밝혀졌다.다음 기사와 같이 할머니 정부인 김씨의 초상화를 진주보교에서철거하라는 학부형들에 대해 손자의 섭섭한 감정이 전혀 작용하지않았다고는 볼 수 없었기 때문이다.

'전긔 김씨의 외조모인 김 정부인의 초상(肖像)을 학교장의 의사로 응접실에 거러 둔 것을 일반 학부형은 불만을 품고 나려오든차이 문제를 학교당국에 항의한 바 교장의 말이 전긔 김 정부인은 근검절약으로 성공한 녀자로서 수신서 교과서에까지 아동훈시로 그사실이 있는 만큼 교당에 초상을 거러둠이 유익하다고 론제함을 반박하여, 근검절약으로 치부한 사람이 오즉 김 정부인만이 아님을 론증하고 적극적 항의를 하엿다 한다.' (기사원문에는 김 정부인이 김기태의 외조모라고 나와 있으나 잘못 표기된 것이다.)

하지만 이 초상화 문제는 김기태가 기부금 약속을 지키지 않음으로써 그에 대한 불신을 더욱 악화시켰다. 학부형들과 김기태는 서로 양보하고 일이 되게 하는 방향으로 타협하며 서로를 보듬어 주는 아량이 부족했다. 사실상 김기태는 정부인 김씨가 물려준 재산으로 제1보교를 비롯해 제2보교(지금의 봉래초교), 일신여고보(현재의 진주여고)와 보성전문학교(현재의 고려대) 등에 적지 않은 기부금을 낸 교육사업가였다. 그래서 경남도평의원과 총독부 중추원 참의까지 지낸 친일파란 소리를 듣기는 했지만 교육사업의 공로로 어느 정도 지역사회에서 인정받는 인사였다. 그러나 감정적인 이유로 진주보교 여자부 독립문제의 약속을 저버림으로써 그동안 해왔던 교육사업에 일말의 오점을 남겼다.

그 후 진주보교 학부형회에서는 여학교 분리·독립운동 대신에 여자부 학급증설 운동을 전개했다. 한편 진주보교시절에 있었던 이 여학생 전용교실 자리는 진주보교가 성 밖으로 이전된 후 일제의 진주신사가 들어섰다. 해방 후에는 신사가 철거되고 지금은 그 자리에 '임진대첩계사순의단'이 설치되어 있다.

33. 운돌(鳴石)

'명석면'이란 지명이 유래된 한 쌍의 돌

▲ 진주시 명석면 신기리에 명석각이 건립되기 전 운돌의 모습.
〈사진출전 : 진주의 어제와 오늘〉

'명석(鳴石)'을 우리말로 풀이해 보면 '우는 돌', 즉 '눈물을 흘리며 우는 돌'이란 뜻으로 이른바 '운돌' 또는 '울돌'이라고 한다. 지금 사용하는 행정지명인 진주시 명석면도 바로 이 운돌에서 유래된 것이다.

고려 때의 일이다. 시기적으로는 고종 때와 공민왕 때라고 하는 두 가지 설이 있다. (일단 전자를 택한다.) 고려 고종 18년에 몽고가 우리나라를 침략하리라는 통첩이 있었으므로 나라에서는 각 고을에 성과 저수지를 수축하라는 명령이 있었다. 그런데 침략하는 외세가 누구인지도 분분하다. 조선 인조 때 발간된 『진양지』에는 공민왕 때 여진족의 침입으로 나와 있고, 반면에 전설에 따르면 왜구의 노략질 때문이라고 전해진다. 어쨌든 몽고든 여진족이든 왜구든 외세의 침략에 대비해 당시 토석성이었던 진주성도 왕명에 따라 석성으로 개축하기 위해 축성공사가 대대적으로 벌어졌다.

이 공사에는 백성뿐만 아니라 승려까지도 참여했는데, 광제산 산사의 한 도승도 진주성 성벽 쌓기에 자진해 참여했다. 이 도승은 성쌓기가 끝나자 다시 산사로 돌아가고 있었는데, 지금의 명석면 신기리 골짜기쯤 왔을 때 산 위에서 산 밑으로 굴러 아래로 달려오는 두 개의 바윗돌을 보고 깜짝 놀라 "무령석물(無靈石物)이 우째 가냐!"라고 외쳤다.

도승의 외침소리를 들은 바윗돌은 가던 길을 멈추고 대답했다.

"우리도 진주성 쌓는데 성돌로 한 역할 하고 싶어 간다."

이 말을 들은 도승은 진주성 쌓기가 이미 끝났다고 알려주자 이 두 개의 바윗돌이 그만 그 자리에서 주저앉아 대성통곡을 하며 울더라는 것이다. 자신의 몸을 성돌로 보답할 기회를 놓쳤다는 것일까. 이를 본 도승은 크게 감격해 울고 있는 바윗돌을 향해 아홉 번의 합장 배례를 했다.

그 후 사람들은 이 바윗돌을 신령스런 영물로 간주해 양지바른 곳에 모셔 놓고 소원을 빌었다. 또한 도승이 아홉 번 절을 했다는 뜻으로 운돌이 멈춘 곳을 '구배골' 또는 '구복동'이라고 부르기 시작했다. 특히 이 지역의 지명을 '돌이 울었다'는 뜻으로 명석이라고 지으면서 운돌의 보국충정을 기렸다.

이에 따라 이곳 지명은 조선시대 전기까지 진주목 북면 명석리로 불렀다가 한동안 이름이 바뀐 후 조선후기에 이르러 순조 때 다시 명석리로 불렀고, 고종 때 명석면으로 칭하게 된 후 오늘에 이르고 있다. 그런데 이 바윗돌은 국가적 변란이 있을 때마다 눈물을 흘렸다고 전해지고 있다.

이처럼 명석은 우리 지역 고유의 지명으로 알려져 있는데, 이는 명석면의 지명유래가 운돌에서 비롯됐다고 『진양지』에 나와 있기 때문이다. (하지만 엄밀한 의미에서 운돌이 『진양지』 속편(續編)에 기록된 때는 마지막인 1967년 편찬·간행된 통권 6권째의 일이며, 그동안 운돌이야기는 전설로만 구전돼 왔다.)

그러나 옛날 중국에서 발간된 『산해경(山海經)』을 보면 운돌이란 뜻의 '명석'이 나오고, 중국의 『고금지명 대사전』에도 지금의 중국 광서자치구 횡현의 서쪽 5리에 우는 돌이 많은 산이 있다고 해서 명석산이란 지명이 붙어 있다고 밝히고 있다. 그러므로 진주의 명석이 함양·사천·하동·곤명·악양 등 다른 지역의 지명처럼 중국에서 따온 지명일지도 모른다는 생각이 든다.

한편 이 운돌은 한 쌍의 수컷 돌과 암컷 돌로 구성돼 있는데 마치 남녀의 성기와 흡사해 성 신앙의 대상이 되기도 했다. 특히 수컷 돌은 귀부가 남자의 성기 끝의 귀두같이 볼록하게 생겨 남근석이라고 했으며, 암컷 돌은 여자 성기와 닮지는 않았지만, 돌의 형상이 마치 족두리를 쓴 여인의 모습이나 임산부의 모습이라고 하여 여성의 상징물로 보았다.

원래 수컷 돌은 명석면 신기리 동전마을 구배골 남쪽 약 1백m 지점의 밭두둑에 있었고, 암컷 돌은 그 뒤쪽 약 10m 지점의 개울가에 있었으나 주민들이 1970년 음력 3월에 동전마을 앞에다 합석시켰다. 그리고 1973년부터는 명석면민들이 이곳에 명석각을 지어 운돌을 모셔 놓고 명석면장이 제관이 되어 매년 삼짇날에 제사를 지내고 있다.

과거에는 운돌제사를 지낼 때 아헌관과 종헌관 등 제관을 모두 면장이나 경찰지서장 또는 학교장, 농협조합장 등 면내 기관장들이 맡아했으나 관주도의 권위주의적 발상이라는 면민여론에 따라 이후 덕망있는 면민도 제관으로 참여할 수 있게 됐다. 이제 운돌제사는 마을제사 차원에서 면 전체 제사로 확대되고 있다.

그러나 성기 상징물의 숭배목적인 다산이나 아들기원, 풍요의식 등이 지금의 주민들 사이에서는 거의 보이지 않고 있어 사실 성기 숭배의례와 민속신앙적인 요소는 거의 사라진 실정이다. 그렇지만 운돌과 그 전설은 민속학적 가치를 인정받아 운돌은 1988년 12월부터 경남도의 민속자료 제12호로 지정돼 공식 보호를 받고 있다.

34. 수도교(水道橋)

진주 최초의 상수도를 기념해 이름을 붙인 다리

▲ 1930년 7월 준공된 수도교의 전경. (진주성 서장대 밑으로 흘러가는 나불천을
가로지르고 있다.) 〈사진제공 : 제일카메라현상소〉

'수도교(水道橋)'는 진주지역에서 최초로 가설된 상수도를 기념
해 이름을 붙인 나불천의 교량명이다. 나불천은 진주사람들이 부
르는 말로 '만물도랑'이라고 하는데, 집중호우나 장마 때 홍수가 지
면 하천의 물이 가득 차 넘친다고 붙여진 이름이다.

물론 나불천의 물이 차고 넘친다고 해서 '찰 만(滿)'자를 붙여
'만물(진주사투리로 맘물)'이라고 한 것은 알겠는데, 도랑이라고

한 것은 잘 이해가 가지 않는다. 도랑은 폭이 작고 좁은 개울물을 말하기 때문인데, 사실 나불천은 하천의 제방이 축조되기 전의 자연하천 모습이라고 해도 도저히 도랑이라고 보기는 어려웠다. 아마도 도랑은 홍수에 지친 사람들이 나불천의 범람을 줄이는 마음으로 작은 개울처럼 얌전히 흘러가라는 소망에서 나온 말로 생각된다.

그런데 대개 다리가 건설되면 대부분의 다리이름은 그 지역의 지명을 따거나 아니면 강이나 하천이름을 따서 짓는 경우가 많았다. '맘물도랑'의 한자어 나불천도 마찬가지였다. 웃나부리·아랫나부리·나불마을·상나불교·하나불교 등의 이름을 보듯 물길이 흐르는 곳에 따라 생긴 주변의 지명이 다 나불천의 나불(羅佛)[신라의 불상이란 뜻을 갖고 있다고 한다]로부터 시작하기 때문이다.

그러나 수도교는 예외였다. 1930년 7월 일제에 의해 남강과 합류지점인 나불천 하류에 건설된 이 새로운 다리는 진주상수도 가설을 기념해 수도교라고 이름을 지었던 것이다. 하지만 진주사람들은 수도교라고 부르기보다 나불천에 놓인 다리라는 점에서 '나불다리' 또는 '나불천교'라고 불렀다. 이렇듯 나불교라고 이름을 짓지 않고 왜 갑자기 수돗물을 연상하는 수도다리가 되었을까.

먼저 진주 상수도역사의 연원을 살펴볼 필요가 있다. 먼저 진주 상수도의 기원은 국권상실이 있기 전인 1907년 통감부시절로까지 거슬러 올라간다. 처음에는 일본인도 우물물을 마셨다. 하지만 진주성안에 거주하던 일본인들이 우물물을 마시고 배탈이 자주 났던 관계로 남강에서 깨끗한 물을 길어 마셨다. 하지만 곧 일본인들은 조선인의 전통우물은 물론 남강물도 불신했다. 당시 진주에 거주하던 일본인들은 조선인들이 마구 버리는 오물을 보고 남강물을 식수로 사용하기에는 불결하다고 생각하고 진주성안에 공동수도전을 설치해 정수한 물을 식수로 사용하기 시작했다.

그리고 한일합방 후 일본인들이 늘어나고 수돗물 수요가 증가함에 따라 남강물을 정수해 마시기 위해 사설수도를 설치했다가 사용량이 더 늘어나자 그 규모를 확장했다. 1932년 남산정이라고 일본식 지명이 붙은 지금의 진주성 서장대 근처에다 대형 수도수지(수돗물 집수장)를 설치했다. 나아가 지금의 신안동 남강변 나불천 옆에는 수도 수원지(수돗물 상수원)를 설치해 진주중심가에 수돗물을 대량으로 공급했다. (그러나 수돗물을 이용하는 주민은 거의 일본인들이고 조선인들은 여전히 우물이나 남강을 이용했다. 물값을 받았기 때문이다.) 따라서 일제 중반기에 나불천 하류에 가설된 다리이름이 수도교라고 이름 지어진 것은 전혀 생소한 것은 아니었던 셈이다. 나불천 옆에는 수도 수원지가 있었기 때문에 더 그렇다.

이 수도교는 남성동과 신안동을 연결하는 다리로 당시 철근과 시멘트를 사용해 상판 단형교 구조로 건설된 교량이었다. 수도교는 비록 현대적인 공법으로 건설된 다리이지만, 그 구조는 옛날부터 사용된 일반적인 다리 형식이다. 이른바 수도교의 구조는 형교인데, 이는 '보다리' 또는 '널다리'라고 한다. 이와 같은 다리는 일제에 의해 시멘트가 들어오기 전에 이미 우리나라에서 나무나 돌 등을 이용해 만든 것으로, 이런 형교형식의 전통적인 다리가 많았던 것이다. 그러나 콘크리트로 만든 신설교량은 아무래도 사람들 눈에 신기하게 보였던 모양이다. 다리에서 사진까지 찍는 사람도 있었기 때문이다.

그런데 수도교를 배경으로 기념사진을 찍거나 이곳에 놀러 온 사람들이 많았던 것은 다리가 남강을 가로지른 거대한 진주교처럼 특별히 웅장하거나 볼 것이 많았기 때문이 아니다. 사실상 수도교는 다리 자체로는 별로 볼 것이 하나도 없는 평범한 다리에 불과했다. 단지 수도교가 놓인 위치가 풍광이 좋은 진주성의 서쪽장대인 서장대 밑이었고 수려한 경치를 보여주는 남강과 나불천이 합류하는 지점에 있었기 때문에 사람들이 많이 찾았던 것이다.

실례로 1942년 진주중학생(이때는 5년제였으므로 진주고보생에 해당)들이 수도교에서 졸업기념 사진을 찍었는데 이들은 이 다리에서 사진을 찍으면 뒤쪽에 있는 서장대와 절벽, 남강이 함께 어우러져 멋있는 기념사진이 될 것이라고 생각했던 것 같다.

이처럼 다리 주변의 빼어난 경치 때문에 많은 사람들의 발길을 사로잡던 수도교는 해방 이후에도 수십 년간 더 존속했다. 진주가 한국전쟁으로 초토화될 때도 수도교는 어느 정도 부서졌지만, 교량 전체는 무사한 편이었다.

그러나 세월이 갈수록 수도교는 좁은 다리폭 때문에 차량 소통에 어려움을 더해 결국 70년대에 새로 건설된 개령교에게 그 자리를 물려주고 사라졌다. 원래 이곳에는 조선 때 개령교(開寧橋)라는 '원조 개령교' 다리가 있었다. 그래서인지 사람들은 수도교를 예전의 다리 이름인 개령교로 부르기도 했다.

하지만 수도교에 이어 만들어진 이 개령교도 지금은 나불천 복개공사로 없어졌고, 그곳에는 하천을 덮고 있는 길고 거대한 복개도로만이 있을 뿐이다. 단지 나불천복개도로는 평소 도로 가장자리가 주차장으로 쓰이고 있는데, 차량이 몰리는 개천예술제나 남강유등축제 때는 더욱더 요긴하게 행사를 위한 임시주차장으로 사용되고 있다. 그렇지만 환경생태계 복원을 위해서는 나불천에 복개된 상판을 뜯어내 햇빛을 보여줘야 한다는 시민여론도 만만치 않다.

35. 진주식산은행(晉州殖産銀行)

식민지 경영자금의 출처 역할을 한 진주의 관치금융기관

▲ 진주식산은행 일출정 사옥의 1940년대 모습.
〈사진출전 : 진주대관〉

일제의 식민지경영 자금원이 된 진주식산은행의 공식이름은 '조선식산은행 진주지점(朝鮮殖産銀行 晉州支店)'이다. 이 진주식산은행은 1906년 대한제국 정부가 지방별로 세운 농공은행 가운데 하나로서 진주에 설립된 진주농공은행의 후신이다.

당초 진주농공은행은 진주성안 세무서 거리가 있는 남강의 벼랑 위에 영업장소를 설치했지만, 1918년 농공은행이 식산은행으로 바뀌면서 해방이 될 때까지 동성동에 건립한 은행건물에서 영업을 했다. 식산은행이 설치됐던 곳은 동장대가 있었던 현 중앙광장교 차로의 IBK기업은행 진주지점 일대이며 이곳에는 식산은행 진주 지점장의 사택도 있었다.

진주식산은행은 진주농공은행을 흡수한 뒤 식민지경영 자금원 답게 일제의 전폭적인 지원에 힘입어 총독부 자금뿐만 아니라 경 남도 금고사무까지 취급했다. 1918년 10월 당시 진주식산은행은 산업금융과 공공금융을 담당하기 위해 설립됐으나, 일반 은행업무 도 겸하는 등 진주지역 최대의 금융기관으로 군림하기 시작했다.

이처럼 진주식산은행에 시중의 돈이 많이 몰리자 대형 금융사고 도 일어났다. 당시 진주군청의 군금고 사무를 맡고 있던 식산은행 에 당연히 입금돼야 할 진주군의 세금이 입금되지 않고 거액이 사 라진 사건이 발생했던 것이다. 1931년 3월 5일 진주군청 세금징수 계의 조선인 직원 최상찬은 평소대로 진주군 관내에서 징수한 세 금 1만9천 원을 식산은행에 입금하러 갔다가 변심해 1만9원만 입 금하고, 나머지는 횡령했다.

그는 식산은행에서 받은 영수증에 표기된 '9'와 '원'이란 두 글자 사이에 천자를 집어넣어 마치 1만 9천 원 전액을 다 입금한 것으로 위조해 그 차액인 8천9백91원을 갖고 도주해 버린 것이다. 당시 9 천 원이라면 엄청난 금액이었다.

예를 들면 1931년 12월 현재 진주경찰서 경부이던 조선인 사법 주임의 월급이 70원이었다는 점에 비추어 볼 때 그가 횡령한 금액 의 규모가 어느 정도인지 짐작할 수 있다. 이 사실은 식산은행이 진주군청에 보낸 '돌합표(突合票)'에 의해 실제로 입금된 금액이 얼마인지 통보되면서 드러났는데, 그땐 최상찬은 이미 군청에 없었다. 그는 사건이 들통나기 1개월 전에 사표를 내고 일본으로 도주한 뒤였다. 완전범죄였다.

이 같은 사건 속에서도 진주식산은행의 자본규모는 일제의 비호 아래 꾸준히 증가해 1939년 말 예금액은 1백55만5천4백19원이고, 대출금으로서 공공대부가 73만2천8백82원, 산업대부가 4백84만7천31원, 상업대부가 1백40만4백24원으로 나타났다.

이처럼 막대한 여수신(與受信) 실적을 자랑하던 진주식산은행이 1937년 중일전쟁이 일어나자 전쟁자금 조달기관으로 둔갑한 것은 지극히 당연한 일이었는지도 모른다. 진주식산은행의 본점인 조선식산은행이 공식적인 일제의 전비조달기관으로 지정되었기 때문이다. 일제는 1938년께부터 식민지금융자금 전개와 전시체제 전환방침에 따라 조선식산은행을 전비조달기관으로 삼았던 것이다.

이에 따라 조선식산은행은 식산채권을 발행해서 얻어진 대금을 모두 군수물품 조달과 전쟁비용으로 사용하고자 일본본토에 있던 대장성 예금부로 넘겼다. 또한 조선식산은행은 일본군국주의와 결탁한 미쓰이(삼정) 또는 미쓰비시(삼릉) 등의 군수재벌의 자금원이 됐으며 동양척식회사 등에도 돈을 대주기도 했던 돈줄이었다.

한편 진주에 식산은행이 설립된 후 초대부터 해방 당시까지의 역대 지점장은 모조리 일본인들이 차지했고, 단지 주임급 행원들만 몇몇 조선인이 담당했다. 이때 진주식산은행을 가장 잘 활용한 예금주는 바로 LG그룹 창업주인 구인회(LG그룹 구자경 회장의 부친, 현 LG그룹 구광모 회장의 증조부)이다. 구인회는 일제 때 진주부 영정에서 구인회상회라는 주식회사를 경영하고 있었는데. 진주식산은행의 대부주임과 잘 아는 사이였다.

1943년 구인회는 식산은행에 예금한 40만 원을 찾아 토지에 투자함으로써 지역에서 대번에 만석꾼이란 명성을 얻게 되었다. 해방 후에는 농지개혁법(이 법으로 받은 농지채권은 한국전쟁으로 인한 극심한 인플레이션으로 휴짓조각이 되고 지주계급의 몰락을 가져왔음)이 공포되기 전에 토지를 모두 되팔아 부산에서 LG그룹의 전신인 락희화학을 창업하는 데 기틀을 마련했다.

아무튼 진주식산은행은 일제의 비호를 받으며 8·15해방 때까지 성장했으나, 1950년대에 산업은행으로 개편되면서 그 식민지배의 어두운 그림자가 드리워진 오욕의 이름은 금융업계에서도 사라졌다.

36. 대사교(大寺橋)

다리 밟기의 전통이 어린 흙다리

▲ 1913년 진주 대사지에서 촬영된 대사교의 마지막 모습.
〈사진출전 : 진주교회80년사〉

사진 속에 전해지는 진주지역 최고의 다리는 '대사교(大寺橋)'
이다. 1913년께 촬영된 대사교의 모습에서 우리는 한국 고유의 '흙
다리' 형태가 무엇인지를 대강 짐작할 수 있다. 대사교는 진주성을
방어하고 보호하는 장치로 만들어진 연못, 즉 해자인데, 그 위에
놓인 다리를 말한다. 대사라는 이름은 큰 절이라는 뜻으로 신라 때
있었던 고찰의 이름에서 연유한 것이라고 한다.

대사교의 기본 구조는 나무이지만 사람과 소나 말이 원활하게 통행하기 위해 다리 위에 뗏장을 얹어 나무사이로 발이 빠지지 않도록 흙을 다졌기 때문에 흙다리로 일컬어졌다. 이러한 흙다리는 아주 오래전부터 남강에 흘러드는 크고 작은 개울에 소규모로 많이 설치돼 있었는데, 대사교가 설치된 것은 임진왜란 이후로 보인다.

진주성 북쪽을 방어하기 위해(남쪽은 남강이 있음) 전략적으로 설치해 놓은 해자가 바로 대사지라는 연못인데, 옛날에는 대사지가 진주성 북문까지 미치지 못했기 때문에 광해군 때 진주병사 남이흥과 경상감사(경상도관찰사) 박경신이 그 서쪽 땅을 좀 더 파게 하여 대사지의 길이와 너비를 예전보다 많이 확장했다. 그 바람에 대사지를 건너지 않고서는 성안팎으로 출입이 어려워졌다. 비록 대사지의 성곽방어기능은 높아졌지만, 사람들의 통행은 전보다 훨씬 더 불편해졌다. 대사지에 나룻배를 띄워 건널 수도 있었지만, 연못 전체가 연밭이고, 또 저수량도 많지 않아 늪지대와 같은 뻘밭이어서 배가 다닐 만큼 여건이 수월하지 못했다.

그래서 사람들은 진주성으로 향한 석축교량인 용다리를 건너가거나 대사지가 끝나는 곳을 찾아 소로를 걸어 성벽을 따라 성내로 출입해야 했다. 따라서 확장된 대사지로 인해 사람들의 진주성내 출입이 어려워지자 대사지의 폭이 짧은 곳을 골라 다리를 놓게 되었다. 그래서 북문 밖 대사지 위에 다리를 놓아 성곽과 연결해 놓은 것이 바로 대사교의 시초가 됐던 것이다. 이렇게 대사교가 놓이면서 가마는 물론 큰 수레도 지나갈 수 있게 되었다. (대사교가 없을 때는 짐꾼들이 지게에 짐을 지어 날랐다.)

대사교는 석축교량이 아닌 흙다리이다 보니 해마다 보수하고 관리해야 했다. 특히 태풍이나 장마로 다리가 부실해지거나 교각으로 세운 나무기둥이 오랫동안 물에 젖어 썩으면 그때마다 교체했다. 그렇게 대사교를 늘 수리했으므로 겉보기와는 달리 매우 튼튼한 다리가 되었다고 한다.

이 대사교는 인마의 통행과 짐을 수송하는 통로가 된 기능도 갖고 있었지만, 공동체문화를 만드는 곳이 되기도 했다. 일제 때 풍습이 없어지기 전까지만 해도 정월 대보름 밤이면 진주성 안팎의 남녀노소가 너나 할 것 없이 대사교로 몰려나와 한 해 동안 재앙이 없기를 바라는 마음에서 '다리 밟기'를 했다고 한다. 만약 다리 밟기를 하지 않으면 다리에 병이 생기거나 그해에 액을 면하기 힘들다는 속설 때문에 수많은 사람이 대보름 밤의 밝은 하늘 아래서 답교놀이를 했다. 그런데 답교놀이에도 신분과 장소 구분이 있었듯이 용다리는 주로 양반집 사람들이 찾고 대사교는 대개 서민들이 찾았다고 한다.

속설에 의하면 바람기가 많은 남편을 둔 아낙네들은 다리 밟기를 통해 가슴속에 맺힌 분노를 누르며 남편의 바람기가 잦아들기를 기원하며 밤새 대사교를 밟고 다녔다고 한다. 또한 이날은 진주기생들도 다리 밟기에 참여해 각자의 액운을 떨쳐 버리고 자신을 데려갈 '님'을 그리는 소망을 빌기도 했는데, 이 소문을 들은 서울 한량들이 진주기생과 연분을 나누기 위해 대사교의 다리 밟기에 동참했다는 말도 전해진다.

이처럼 대사교는 단순히 교량역할만 한 것이 아니라 이 고장 사람들의 근심과 재앙을 떨쳐 버릴 수 있는 민간 신앙적인 가교역할을 하는 등 공동체문화를 형성하는 곳이기도 했다. 따라서 대사교는 성 안팎을 연결해 주는 교통의 장이었을 뿐만 아니라 문화교류의 장이었으며 지역 공동체 화합의 장이기도 했던 것이다. (물론 청춘의 선남선녀가 눈이 맞는 만남의 장소이기도 했으나 주로 기생과 한량의 연분이 뿌려지는 불륜의 장소이기도 했다고 한다.)

한일합병 후 일제는 대사지를 완전히 매립하기 전까지 그 위에 놓인 다리를 '사카에바시', 즉 '영교'라고 불렀는데, 바로 옛 대사교를 말하는 것이다. 일제도 대사교의 유용성을 인정한 셈인데, 일본인들은 경남도청이 있던 진주성내에 출입하기 위해서는 이 다리를 종종 이용할 수밖에 없었다.

그러나 대사교는 흙다리의 한계상 풍수해 때 부서지거나 떠내려가는 경우가 생겨 그때마다 매번 다시 다리를 가설해야 하는 등 불편이 많았다. 그런데다 결정적으로 대사교가 사라진 이유가 있었다. 일제가 진주의 신시가지 조성을 위해 대사지를 전부 매립하면서 더 이상 다리로서 존재가치를 가질 수 없게 되었기 때문이다. 이로 인해 전통의 다리였던 대사교는 결국 자취를 감추고 말았다.

이 대사교가 있었던 자리는 배영초교 앞 서울전산학원(그 후 서울전산학원은 중앙광장사거리 옆으로 이전되고 그 자리는 상가로 계속 바뀜) 일대로 추정된다. 현재 배영초교도 평거동으로 이전했으며 그 학교 건물은 진주교육지원청이 사용하고 있다. 앞으로 대사교가 있었던 자리는 무엇으로 다시 바뀔 것인지 알 수 없지만 혹시 미래에는 다시 무슨 건물이 그 자리에 들어설 지 궁금해진다.

37. 대평리 유적(大坪里 遺跡)

진주에서 가장 오래된 선사시대의 유적

▲ 1977년 진양군 대평면 대평리 옥방마을 일대의 유적발굴 모습.
〈사진출전 : 시민을 위한 가야사〉

진주시 대평면 '대평리 유적(大坪里 遺跡)'은 진주지역에서 가장 오래된 선사시대 유적이지만 극히 일부분만 알려져 있을 뿐 대부분 파괴되고 사라진 상태이다. 정확히 말해 대평리 옥방마을 일대에서 발굴된 고대유적을 말한다.

대평면 '한들'이란 남강변의 드넓은 평야에는 질서정연하게 정렬

한 바윗돌들이 수십 개나 놓여 있었는데 이곳 사람들은 이 바윗돌을 가리켜 '도깨비 바윗돌'이라고 불렀다. 수천 년 동안 전설이 되어 도깨비 바윗돌이라고 불린 이 바윗돌들은 1953년 대평면에 수리조합(진양농지개량조합의 전신)이 창설될 당시 실시된 수로축조와 경지정리 및 개답공사 중에 고대유적이 드러나면서 그 정체가 밝혀졌다. 바로 고인돌이었던 것이다. 일단 고인돌이라고 생각하자 그동안 단순하게 보아왔던 무수한 바윗돌들이 살아 움직이는 듯 고대유적이 우리 앞에 모습을 드러내기 시작했다.

이 바윗돌들은 바위로 수를 놓은 바둑판처럼 4열로 줄지어 놓여 있었는데, 남강변을 따라 상촌리에서부터 사평마을 '벗들'까지는 2열로 놓여 있었다. 이곳에는 수천 년 동안 흘러내려 가던 남강이 오랜 세월이 지나는 동안 퇴적물로 인해 강유역이 변경되면서 많은 고대유적들이 모래더미 속에 파묻혀있었다. 따라서 일부분의 바윗돌만 겨우 드러나 있다가 60년대 남강댐 건설에 따른 1967년 방수제 공사 때 대평리 일대에서 고대인의 지석묘와 돌칼 등이 나오면서 선사시대 유적으로 알려지기 시작했다.

그러나 고대유적에 대한 무관심과 무지뿐만 아니라 강변언덕에서의 모래채취과정이나, 무분별한 방수제공사 또는 경지정리사업 등으로 귀중한 선사시대 유적이 80% 이상이나 매몰되고 파손돼 고고학계의 정확한 고증을 거치기도 전에 영원히 사라질 위기에 처하고 말았다.

뒤늦게 대평리 유적의 가치를 인정한 당시 문화재관리국이 부랴부랴 1972년 지표조사에 착수해 고인돌과 무늬없는토기 조각 등을 무수히 발견함으로써 이 바윗돌들이 공식적으로 기원전 5세기께 형성된 청동기시대의 유적임을 확인했다. 비록 늦었지만, 획기적이고 거대한 발견이었다.

이에 따라 1975년부터 1979년까지 4~5차례에 걸쳐 문화재관리국 문화재연구소가 대평리 유적에 대해 대대적인 발굴조사를 실시해 청동기시대의 유적과 유물들을 대량 발굴해냈다. 대평리 유적의 발굴은 그때까지 가장 보존상태가 양호한 옥방마을 일대에서 집중적으로 이루어졌기 때문에 유적의 명칭은 '옥방 1호'와 '옥방2호'란 이름이 붙여졌다.

특히 이곳에서 발굴된 고대인의 집터는 동서 18.6m, 남북 4.6m의 장방형 움집으로 지금까지 남부지방에서 발견된 움집터 중에서 가장 큰 것으로 알려졌다. 출토유물도 엄청난 편인데 구멍무늬토기·붉은 간토기·민무늬토기와 마제석촉·숫돌·갈돌·그물추 가락바퀴 등 헤아릴 수 없을 정도이다. 지금까지 고고학 발굴사상 이렇게까지 광범위하고 다양하게 유물이 다량으로 발굴된 선사유적지는 없었다.

한편 고인돌의 하부형태는 다섯 종류가 확인됐으며 이곳에서는 마제석검과 마제석촉 등이 출토됐다. 또한 인접한 석관묘에서는 인골과 함께 마제석촉 등이 출토돼 인골을 본 발굴관계자들을 깜짝 놀라게 했다. 사냥무기였는지 전쟁무기였는지 알 수 없지만, 무기와 함께 드러난 돌칼에 맞은 인골의 모습은 고대인의 죽음에 대해 많은 궁금증을 낳았으나 정확한 이유를 알 수 없었다. 2500년 된 고대 무덤의 미스터리를 현대고고학이나 법의학으로 풀기란 어려웠다.

이들 대평리 유적에서 발굴된 유물들은 현재 국립진주박물관 등에 소장(후에 진주박물관이 임진왜란 전문박물관으로 바뀌면서 다른 곳으로 이관됨)되었으며, 발굴 당시 확인된 집터와 분묘가 모두 함께 있었다는 사실은 고대인의 생활상을 종합적으로 파악할 수 있어 그 가치가 매우 높게 인정되었다.

그러나 이러한 고고학적 가치에도 불구하고 대평리 유적은 문화재 지정은커녕 지방기념물이나 민속자료로도 지정되지 않아 계속 방치되다가 결국 남강댐 보강 공사로 2차 수몰돼 영원히 물속으로 사라지고 말았다. 대신에 진주시는 남강일대 선사시대의 흐름을 알 수 있는 유물을 전시하고 대평면 청동기문화를 보존하고 교육하기 위해 2009년 진양호변의 대평면에 진주청동기문화박물관을 건립했다. 이곳 고대유적지에 청동기문화박물관이 세워져 청동기시대의 모습을 재현했던 것이다. 그리고 개관 10주년을 맞아 청동기문화박물관의 야외전시장을 새롭게 단장해 청동기문화를 보다 밀접하게 체험할 수 있도록 했다.

이와 관련해 시 한 수를 소개하고자 한다. 조해훈 시인은 고고학적 발굴현장을 찾아가 직접 유적과 유물을 살펴보고 시를 지었다. 시 '뒤에서 칼 맞은 사람'이 지어진 발굴현장은 다름 아닌 대평면 옥방마을 청동기유적지였다. 조 시인의 말에 따르면, 우리나라에서 가장 큰 규모의 청동기시대 경작지와 마을이었던 옥방유적지는 그 당시 전쟁 중이었다고 한다. 그러다 보니 2500년 만에 발굴된 인골은 그 전쟁통에 죽은 고대인의 흔적으로 보인다고 하며, 다음과 같은 시상을 떠올렸다. 사실 고대인의 생존적 문제는 먹고 사는 일뿐만 아니라 가족과 부족을 지키기 위한 싸움에도 있었던 것이다.

'세상에 무슨 원한을 쌓았을까 / 등에 칼이 꽂혀 있다니 / 그것도 돌을 갈아 만든 시퍼런 돌칼에 / 죽은 지 이천오백 년 만에 발견된 사나이 / 돌관을 만들어 묻은 걸 보면 전쟁영웅일까 / 가족 지키려다 불한당에게 당한 걸까 / 진주 남강 옥방 청동기 유적지 / 찔릴 때 아팠던 살은 이미 흙이 되어 버렸고 / 녹슬지 않은 칼은 뼈 사이에 꼿꼿이 서 있다 / 바람에 날리는 흙먼지 뒤집어쓴 채 / 너도 나도 사인 밝히느라 머리 싸매고 있다 / 살해된 황토색 시신이 있는데 / 경찰도 폴리스라인도 없고 / 발굴자만 시커먼 얼굴로 / 고민스러워 하고 있다'

38. 무두묘(無頭墓)

천주교 병인박해 때의 머리 없는 순교자 무덤

▲ 1866년 병인박해 때 처형돼 머리 없는 시신으로 묻힌 정찬문의 가묘자리.
1975년 이장돼 진양군 사봉면에는 표지석만 서 있다. 〈사진출전 : 진양문화 제4호〉

'무두묘(無頭墓)'란 '머리 없는 무덤'을 뜻하는데, 구체적으로 말
하자면 조선 말 때 흥선대원군의 서슬 퍼런 천주교 탄압령에 따라
진주지역에서 순교한 한 천주교 순교자의 무덤을 말한다.

진주시 사봉면 무촌리 중촌마을 뒷산 허유고개에 있는 이 순교
자의 묘지는 전국에 조성된 수많은 천주교 순교자묘지 중에서도

가장 극적인 사연을 갖고 있다. 이곳의 이름이 무두묘라고 일컫는 것에서도 그 특이성을 알 수 있겠지만 이 순교자 묘지가 발견돼 성역화되기까지는 1백여 년이란 세월이 흘러야 했고 묘지발견 과정도 극적이었기 때문이다.

1866년 프랑스 함대의 침입사건(일명 병인양요)은 당시 조선정부가 프랑스인 가톨릭 신부를 처형한 것에 원인이 있었다. 그런데 이 사건을 전후해 우리나라는 천주교 역사상 가장 참혹했던 천주교인 대학살이 벌어졌는데, 이를 가리켜 후세 사람들은 '병인박해' 또는 '병인교난'이라고 부른다. 바로 '머리 없는 무덤' 이야기는 여기에서 출발한다.

무두묘의 주인공인 정찬문은 우곡 정온의 후손으로 순조 22년인 1822년 사봉면 무촌리에서 태어났는데, 천주학 신봉 집안이던 칠원윤씨 집안에 장가를 들기 전까지만 해도 조선의 통치이념이었던 유교의 전례의식을 매우 충실하게 잘 지키며 살아왔던 사람이었다. 그러나 부인 윤씨와 혼인한 뒤 부인의 권유로 자연스럽게 천주교 신자(영세명 안토니오)가 되면서 앞으로 불어닥칠 대박해의 회오리바람을 제일 먼저 맞지 않으면 안 될 운명에 처하고 말았다.

그동안 몇 차례에 걸쳐 박해사건을 일으키며 천주교를 박해하던 조선정부는 천주교가 더 이상 조선 땅에 발을 붙이지 못할 것으로 보았으나, 프랑스인 신부가 국내에 들어와 선교하면서 다시 '천주학쟁이'들이 되살아나고 있다는 소문이 돌기 시작했다. 당시 집권자이던 대원군은 조선의 안위를 위해 서양세력을 배격하는 척화방침을 굳힘에 따라 1866년 11월 조정에서는 전국에 천주교인 일제

수색령을 내리고 매월 말 검거실적을 의정부에 보고토록 했다. 이에 따라 6여 년 동안 조선팔도를 강타한 끔찍한 종교박해가 시작돼 9명의 프랑스인 신부를 비롯해 수많은 조선인 성직자, 그리고 수천 명의 천주교인들이 전국 각지에서 붙잡혀 떼죽음을 당했다.

그러나 진주에서의 천주교박해는 병인박해가 본격적으로 시작되기 전부터 일어났다. 1866년 9월 20일 진주의 천주교 신자 정찬문도 천주교인을 색출하던 진주포교에 의해 체포됐고 진주옥에 갇혔다. 그는 배교(背敎)를 거부하고 모진 고문 속에서 초주검이 됐으나 끝내 천주교 신앙을 버리지 않았다. 결국 진주감영(진주성에 있던 우병영을 말함)은 그를 체포한 지 석 달 만에 지금의 합동주차장 자리(진주 시외버스터미널 일대)인 장대동 백사장에 끌고 나와 목을 베고 말았다. (현재 진주지역에서 천주교 박해로 숨진 사람들 중 유일하게 정찬문만 진상이 규명된 상태이다.)

당시 그는 진주영장(무관 3품의 벼슬아치)의 집행으로 참수형을 당했는데 진주감영은 사교로 규정된 천주교의 말로와 경각심을 높이기 위해 그의 목 잘린 머리를 긴 장대에 매달아 진주성문 앞에 내걸었다고 한다. 이러한 형집행을 효시 또는 효수라고 한다. 즉 죄인의 목을 베어 그 머리를 높은 장대 또는 나무에 달아, 여러 사람들이 보도록 한다는 것이다. 효수형은 군사상 중범자에 대한 처벌로서 백성들에게 국법의 권위를 내세우고 재범의 방지에 뜻을 두고 있다. 당시 천주교에 대한 탄압도 마찬가지였다. 병인박해로 인해 결국 프랑스 함대가 조선에 출동해 병인양요를 일으키는 군사적 도발을 감행하자 조선정부는 그런 확신을 더해 갔다. (병인양요 이후 대원군은 척화비를 세워 백성들에게 경계심을 갖도록 했다.)

따라서 남강 백사장에 버려진 정찬문의 목 없는 시신만이 방치되어 있다가 간신히 그의 고향인 사봉면에 몰래 운구되어 겨우 묻힐 수가 있었다. 그 후 그의 집안은 '천주학쟁이' 집안으로 몰려 풍비박산을 당했고 그가 묻힌 무두묘는 오랜 세월 동안 방치된 끝에 사람들의 기억 속에 완전히 잊히고 말았다. 단지 이 일대에 남아 있는 머리 없는 무덤에 대한 전설만이 정찬문의 비극적인 죽음을 서늘하게 암시해 줄 뿐이었다.

그러다가 해방 후 1947년 문산성당의 서정도 신부가 이 전설을 좇아 이 일대를 집중 조사한 끝에 당시 최고령(94세) 할머니인 광산김씨 할머니의 도움으로 2~3차례 무덤 발굴을 시도한 끝에 정말 목 없는 무두묘를 발견함으로써 순교자 묘지가 세상에 알려지게 되었다.

이에 따라 1975년 '천주교 순교자 정안토니오 성지조성위원회'가 발족돼 무두묘가 최초로 발견된 텃밭에서 1백여m 떨어진 무촌리 뒷산으로 목 없는 유골을 이장시켜 묘지를 새롭게 단장을 함으로써 무두묘는 한국 천주교의 성지로 조성됐다. 이후 해마다 많은 천주교 신자들이 이곳을 찾고 있으며 무두묘에서 그의 순교를 기리고 있다.

현재 정찬문의 무두묘가 발견됐던 산등성이는 표지석이 세워져 있어 이 자리가 병인박해 당시 순교당한 천주교인의 원래 무덤자리임을 가르켜 주고 있다. 이와 관련해 정찬문의 순교비문을 짓기도 했던 경상대 국문학과 교수 강희근 시인은 이곳의 머리 없는 묘를 보고 그의 시 '무촌리 풍경'에서 이렇게 읊었다.

　'무촌리 무두묘에 비가 오고 / 있다 / 목을 내어 놓고도 / 서럽지 않았던 순교자 정찬문 / 그의 묻혀져 있는 자리 눈대중으로 / 못찾았던 무촌리 사람들의 / 어깨 위에 내리던 그 비 지금 / 오고 있다 / 거기 파보아라 사촌들이 머리 / 없는 시신 / 덮어 두었던 자리 거기 파보아라 / 손가락으로 가리켜 주었던 / 구순 노파 텃골 마누라의 적중이 / 오늘 사봉면 일대 무언의 / 풍경이 되어 / 빗물에 화안히 씻겨지고 / 있다 / 천주교 사봉공소의 십자첨탑 / 거기 어린 녹물도 / 하나로 화안히 씻겨지고 있다'

39. 강주진영(康州鎭營)

연못으로 바뀐 고려 때의 군사주둔지

▲ 강주진영에 있는 진주시 정촌면 예하리 연못은 호걸의 소변과 여인의 눈물이 모여 이루어졌다는 전설이 있으며, 연못을 따라 우람하게 서 있는 고목들이 강주진영의 신비를 더하고 있다. 〈사진제공 : 진주신문사〉

지금은 연밭으로 변해 버렸지만 6~7백 년 전만 해도 영웅 호걸이 모여 말 달리며 무술을 연마하던 군사 주둔지였던 '강주진영(康州鎭營)'은 무슨 까닭에 한 여인의 슬픔이 녹아 있는 것일까.

진주시 정촌면 예하리에 있는 강주마을은 신라 경덕왕 이래 1천

3백여 년 동안 강주라는 지명이 한 번도 바뀐 적이 없을 정도로 진주지역에서 가장 오래된 지명을 갖고 있는 곳으로 전해지고 있다. (어쩌면 전국에서 가장 오래된 마을이름일지도 모른다.)

이곳은 고려시대의 강주진이 있었던 곳으로 고려 우왕 5년에 배극렴이 강주진장으로 있으면서 서부경남을 노략질하는 왜구들을 방어하기 위해 진을 쳤다는 기록에서 강주진영의 유래를 추측할 수 있다. 물론 강주는 신라 때부터 있었던 군사요충지로 기록돼 있으나 이때의 정확한 위치는 알 수 없고, 단지 신라의 강주장군 유문이 후백제의 견훤에게 항복했다는 기록만이 나와 있을 뿐이다.

그러나 『신증동국여지승람』의 진주목조에 의하면 강주진장 배극렴이 진주목사 김중광에게 토성이던 진주성을 석성으로 개축도록 했다는 기록도 있어 고려 때의 강주는 진주성 외곽을 방어하던 군사주둔지였다고 판단할 때(진주성 주변에 강주라는 지명은 이곳밖에 없었다는 점을 볼 때) 강주못일대가 그곳일 것으로 생각된다.

아무튼 강주진영은 고려 말부터 조선 초까지 진주지역을 방어하기 위한 군사기지였음이 틀림없다.

그런데 강주진의 군사주둔 영지가 언제부터 사라지고 지금처럼 연못만 남게 됐는지 알 수 없으나, 이 연못에 얽힌 전설만은 애달프기 그지없다. (이름을 밝히기를 꺼려한 이곳 토박이 할머니의 이야기를 듣고 슬프다기보다는 참으로 희한하다는 생각이 들었다.) 전설은 다음과 같이 시작된다. (필자 재구성)

옛날에 맨발로 따라오는 정분난 애첩(기생이었는지도 모른다)을 뒤로 한 채 무공과 시류만을 안으려는 한 호걸이 늦겨울의 마른 황토바람을 일으키며 적토마를 타고 강주진영을 떠나고 있었다. 그러나 여인의 곡성이 하도 처절하여 지나가는 바람마저 숨을 죽였고, 얼어붙은 군마용 여물통까지 균열시켰다고 한다.

결국 여인의 통곡이 호걸의 마음을 움직였는지 거친 말고삐가 매서운 소리를 내뿜으며 적토마를 멈추게 했다. 말에서 뛰어내린 호걸을 보고 멀리서 여인의 얼굴에 화색이 돌았지만, 호걸이 쏟아내는 느닷없는 폭우소리는 주위를 감읍시킬만한 울음소리로 변했으나, 결국 여인을 절망으로 몰아넣었다.

왜냐하면 호걸은 여인을 버릴 수 없어서 말에서 내린 게 아니라 오줌을 누기 위해 내렸던 것이기 때문이다. 용변을 보고 한참 만에 거송 사이에서 나타난 호걸은 바지춤을 쥐고 한참동안 몸을 부르르 떨며 여인을 바라보더니만 끝내 황토바람과 함께 영지에서 사라졌다는 것이다.

그런데 그 물이 흘러들어 빈 영지를 가득 메워 연못을 이룬데다 흙먼지 속에서 여인이 쏟아내는 애증의 눈물 또한 연못물을 넘치게 했다고 하니, 이것이 곧 지금의 강주못이라고 한다. 이처럼 강주못은 호걸의 소변과 여인의 눈물로 이뤄졌다는 것이다. (사실상 필자가 진주지역의 사방천지를 돌아다니면서 온갖 이야기를 다 들어봤지만 이런 이야기는 처음 들어봤다.)

어쨌든 조선시대에 들어와 이 강주진영터는 완전히 연못으로 바뀌었는데, 이곳은 조선 때 가차례리(지금의 예하리)라는 곳에 위치해 있었다. 전설처럼 호걸의 소변물과 여인의 슬픔이 거름이 됐는지 아니면 여인의 한이 연꽃으로 부활했는지 강주진영터에 생긴 연못에는 해마다 여름이 되면 연꽃천지를 이루고 있다.

"연꽃도 피어 화초되고 목단요절은 행화초고요~"라고 시작되는 강주마을 오귀점 할머니(1995년 당시 89세)가 부르는 '강주연화가'는 나지막이 산들바람을 타고 강주못으로 울려 퍼지고 있었다. 『진양지』에 의하면 강주못에 대해 '부용이 만떨기나 못을 메우고 있어 푸른 일산을 붉게 비추어 바람 앞에 뒤집고 움직인다'라고 그 아름다움을 표현하고 있다. 또한 못뚝에 우거진 고목중 이팝나무는 멀리 중국에서 가져와 심은 것이라고 전해진다.

조선 말 순조 때 조사된 기록에 의하면 강주제(저수지)는 둘레가 4천4백50척으로 물을 이용할 수 있는 몽리답은 42석지기(1석지기는 20마지기임)라고 나와 있다. 그래서 일제는 강주못의 몽리면적을 확대하기 위해 1942년에 강주못을 소류지로 다시 새롭게 조성해 예하리 일대의 농업관개 용수로 활용했다.

해방 후 강주못은 농업용수뿐만 아니라 이곳에 만발한 연꽃(강주못에는 연이 빽빽하게 자라 7~8월 꽃이 피는 시기가 되면 연꽃으로 장관을 이룬다.) 때문에 마을노인들과 일반 시민들의 휴양장소는 물론 진주지역 초등학생들의 소풍장소로도 애용되었다. 또 이곳 주민들도 연뿌리를 캐다가 시장에 내다 팔기도 하는 등 여러모로 유용한 장소가 되었다.

이처럼 강주못이 크게 각광을 받게 되자 이곳의 역사적인 의미를 밝혀주기 위해 1994년에는 진양군의 마지막 군수인 하대창 군수가 김범수 진양군사편찬위원의 고증으로 시군통합 직전인 12월 31일에 강주못 옆에다가 '고려조 강주진영유지비'를 세웠다.

그런데 이곳을 찾는 사람들이 많아지자 강주못 일대가 근린생활 지역으로 급속히 개발되면서 생활오수와 쓰레기 등으로 황폐화되기 시작했다. 그래서 강주못의 탄생배경과 같이 강주못이 진짜 오줌통처럼 전락되고 있는 실정이 아닌가 하는 우려가 들었다. 더구나 미국산 황소개구리가 언제부터인지 강주못을 장악하고 토종개구리의 씨를 말리고 있다.

이처럼 아름답던 연못의 모습이 볼썽사납게 변해가자 진주시가 정비에 나서기 시작했다. 우선 강주못가를 따라 나무다리를 길게 설치해 산책로를 만들었고 오수방출과 쓰레기투기를 금지시켰다. 이렇게 강주못이 정비되자 예전의 아름다운 모습을 찾게 되어 진주와 사천주민들이 많이 찾아오기 시작하면서 연못의 환경은 더욱 깨끗이 변모하는 선순환을 이루게 되었다.

한때 강주못가에 자리 잡은 식당 '연리(蓮利)'는 맛집으로 소문나 식객 만화가로 유명한 허영만 화백도 이곳에 와서 맛을 음미했다. 연리에서는 연꽃의 잎과 씨앗 및 뿌리를 사용해 오리요리를 만들었는데, 훈제오리를 찔 때 연잎을 덮었다가 살짝 꺼내면 연향이 감도는 요리가 된다. 이와 더불어 연씨를 넣고 끓인 오리탕과 연씨를 넣어 끓인 죽이 일품이다. 연리는 진주검무 이수자이기도 했던 염혜영 씨가 강주못 후문에 낸 식당이었으나 그녀가 이른 나이에 세상을 떠난 후 이제 그 맛을 보기가 어렵게 되었다.

그렇다면 강주못에 떠도는 희한하고도 기묘한 두 남녀의 전설은 연꽃을 보러 이곳을 찾는 연인들에게는 어떤 의미일까. 강주못의 전설이 과연 어떤 생각과 느낌을 주는지 궁금해진다.

40. 일신생활관(一新生活館)

꿈 많은 여고시절 추억이 어린 진주여고의 생활관

▲현모양처의 미덕과 예절을 교육하던 진주여고의 일신생활관의 옛 모습.
〈사진출전 : 1969년 졸업기념사진첩〉

1969년 진주여고 졸업사진첩에는 여고생들의 추억이 담긴 '일신
생활관(一新生活館)'의 모습이 나온다. 이 사진을 보고 있노라면
진주출신의 작곡가 정민섭이 작곡(작사 장재흔)해 가수 김인순이
부른 노래 '여고졸업반'이 생각난다.

'뒤돌아보면 그리운 시절 / 생각해 보면 아쉬운 시간 / 돌아가고 파 사랑하고파 / 아 잊지 못할 여고졸업반'

뒤돌아보면 그립고, 돌아가고 싶다는 지나간 유행가의 한 대목 처럼 여고시절은 풋풋하고 아련한 추억의 바다일 것이다. 오랜 전 통으로 다져 온 진주여고 출신의 여성들은 학창시절의 가장 향수 어린 장소를 하나 든다면 단연 일신생활관을 꼽는다.

60~70년대 당시 진주지역의 명문여고로 일컬어지던 진주여고 는 교내 생활관도 학교 명성만큼이나 유명해 이곳은 여성들이 가 정에서의 이상적 역할을 돋보이게 하는 생활교육을 실천하는 장소 였다. 진주여고의 생활관은 예전에 있었던 기숙사 생활에서부터 역사가 시작되었다. 진주여고 기숙사 생활의 전통은 오래된 것이 었다. 진주여고의 전신이던 일제 때 개교한 사립 일신여자고등보 통학교가 시작된 이후 여학생들의 기숙사 생활은 잊을 수 없는 낭 만을 가져다주었다. 초기 기숙사 입소 여학생들은 김장 때에는 직 접 배추를 씻고 소금에 절여 양념을 묻혀 김치를 담았다고 한다.

해방 후에는 이러한 기숙사 생활을 하는 대신에 재학 중에 한 번 씩 꼭 생활관을 입소하는 것으로 그 전통을 대신했다. 그렇다고 생 활관에서 여학생들이 과거 기숙사 시절에 했던 것처럼 김장김치를 담그지는 않는다. 그렇지만 진주여고는 생활관을 개관할 때 일신 여고보의 교명을 따 생활관의 이름을 지었다. 비봉산 아래 녹음지 (현 교문 뒤)에 자리 잡은 일신생활관은 진주여고 개교 당시의 명 칭이었던 일신여학교의 이름을 잊지 않기 위해 '일신관'이란 현판을 내걸었던 것이다. 공식적으로 일신생활관은 1960년 8월 31일 교지 안에 완공된 단층 건물로서 그해 10월 16일 개관했다.

일신생활관은 개관하자 마자 유명해졌다. 경남도내 각급 여학교 생활관의 모범이 됐으며 진주지역뿐만 아니라 다른 지역에서도 견학을 하러 올 정도였다. 이 때문에 진주여고는 1960년부터 1962년까지 문교부(교육부의 전신)에 의해 생활관 운영 연구학교로 지정되기도 했다.

생활관의 구조는 1개의 예절실과 침실, 강의실로 이루어졌으며, 특이한 점은 강의실이 일반 교실 바닥과는 달리 온돌로 되어 있었으므로 2층 침대의 침실이 부족할 때에는 온돌 강의실이 또 하나의 침실 역할을 했다.

이곳은 모든 재학생들이 반드시 한번은 입소해야만 하는 의무 교육장이었으며, 기숙사 생활처럼 4박 5일 동안 정규 교과목이 아닌 생활관 자체의 교육내용에 따라 생활했다. 입소생 대표의 선서로 시작되는 생활관 생활은 반드시 한복을 입어야 했으며 손님 맞는 법, 어른께 진짓상 올리기, 큰절 올리기 등의 전통예절 학습과 직접 중앙시장에 나가 장을 보고 식사준비하기, 자신의 도시락을 직접 싸보기, 옷 세탁하기, 화단 가꾸기 등의 가사 노동을 직접 체험하는 기회를 가졌다.

그러나 무엇보다 주목할 점은 조를 지어 가상의 가정을 만들고 학생 각자가 아버지나 어머니의 역할을 하며 미래의 가정상을 미리 체험했다는 것이다. 판에 박힌 교과서식 가정교육이 아니라 몸소 각자의 역할을 통해 부모님의 입장도 이해해 보고 미래의 결혼

생활에 대한 단아한 꿈도 다져보는 그야말로 살아있는 교육의 장이었다.

지금 생각하면 이 모든 것이 불편하고 무척 고리타분하게 여겨질지는 모르겠지만, 당시 저학년 때부터 예비고사와 본고사 준비에 시달리던 여고생들에게는 숨통을 틔워 주는 활력소였다.

단지 아쉬웠던 점은 세대가 교체되고 세태가 변했다는 것이다. 여성들의 사회적 활동이 점점 더 강조되고 가사노동과 전통예절은 다소 등한시되는 세태이기 때문이다. 이러한 요즘 신세대의 사고방식과 그런 세태 때문인지 지금의 여고생들에게는 생활관 입소가 형식에 불과하며 핵가족 사고방식에 걸맞지 않은 진부한 것이 되어 버린 것 같아 보인다. 이런 전통도 빛이 바래 진주여고 후배들은 더 이상 생활관에 입소·숙박하지 않는다. (필자의 두 딸도 모두 진주여고를 졸업했는데 생활관 입소·숙박은 없었다고 한다. 비록 숙박하는 것은 없지만 예절교육으로 한복을 입고 큰절 올리는 법과 다도는 배웠다고 말했다.)

이제 어머니의 가슴처럼 넉넉했던 일신생활관은 1987년 '효주기념관'이 신축되면서 철거되고 없지만, 이곳을 거쳐 간 입소생 1만 4천여 명의 가슴속에는 애잔하고 그립던 짙푸른 여고시절과 더불어 영원한 향기로 남아 있을 것이다. (지금은 효주기념관이 일신생활관을 대신하고 있다.)

따라서 60~70년대 졸업생들의 기억 속에는 아직도 생활관 생활에 대한 그리움과 아쉬움이 다음 말처럼 깊게 배어 있다. 아마도 그때 생활관 생활이 정말로 진지했기 때문일 것이다. 추억의 일신생활관에는 여전히 들린다. 낙엽이 구르는 모습만 봐도 깔깔거리며 웃는 싱그러운 여고생들의 웃음이 바람소리처럼 언제까지나 끊이지 않을 것같다.

'앵무새처럼 귀여운 언니와 함께 즐거웠던 생활관 시절. 비봉산의 하늘이 그리도 짙푸른 빛으로 손짓하고 우리들의 웃음과 한숨이 멀리하던 뜰, 벤치, 나무들….' (1969년 진주여고 졸업앨범 중에서)

41. 호랑이나무(虎木)

호랑이를 잡아 걸었던 용암리의 정자나무

▲ 조선 영조 때 진주목 대곡의 천하장사 김신망은 호랑이를 잡아 이 나무에 매달았다.
〈사진출전 : 진주신문사〉

진주시 대곡면 용암리 용암마을회관 앞에 있는 느티나무는 호랑이를 잡아 묶어 놓은 나무라하여 '호랑이나무(虎木)'라고 부르고 있다. 호랑이는 죽어서 가죽 대신에 나무를 남겼다.

조선시대까지만 해도 호랑이는 조선 전역에 나타나며 많은 인명과 가축을 닥치는 대로 살상한 공포의 대명사였다. 실제로 '호랑이

나무' 이야기가 생겨난 영조 때의 경우를 들면, 1734년(영조 39년) 여름부터 가을까지 무려 1백40명의 사람들이 호랑이에게 물려가 거나 잡아먹혔다. 조정에서는 민심이 동요되자 호랑이 포획을 적 극적으로 권장하며 호랑이를 잡는 사람들에게는 포상을 실시하기 도 했다. 그러나 호랑이를 잡는 경우보다 물려 죽는 경우가 더 많 아 호랑이는 조선시대 내내 두려움의 대상이었다. (그러나 지금은 호랑이가 한반도에서 완전히 멸종된 것으로 확인돼 두려움은커녕 안타까운 심정을 금할 수 없다.)

호랑이나무 이야기는 바로 이때 시작됐다. 조선 영조 때의 정자 촌 향반 김신망은 이 지역 김해김씨 문중이 자랑하던 장사로 그의 힘을 대적할 만한 사람이 없을 정도로 힘이 대단했다. 그는 사냥을 즐겨 해 평소에도 활을 매고 화살통인 전대롱을 차고 다녔다. 또한 장사답게 술도 많이 마셔 그에게는 활과 화살 그리고 술병이 잠시 라도 손밖에 떨어질 날이 없었다.

힘이 장사인 만큼 그가 사냥한 짐승들도 멧돼지나 곰같은 대형 동물들이 많았으며, 그에게 한번 걸렸다고 하면 어떤 짐승도 도저 히 그의 손아귀를 벗어나지 못했다. 그래서 사람들은 과연 김신망 이 맹수중의 맹수인 호랑이를 만나면 어떻게 될까 하는 치기어린 생각을 종종 하기도 했다. 사실상 김신망도 온갖 짐승들을 다 잡아 봤지만, 호랑이에 대해서는 자신감이 없었다. 호랑이는 쉽게 생각 할 수 없는 사나운 영물이기 때문이다. 결국 그는 호랑이와 운명적 인 대결을 벌이지 않으면 안될 날이 오고야 말았다.

어느 날 김신망이 마을 '의회재'에 갔다가 돌아오는 길에 평소처럼 허리에 차고 있던 술병을 모두 비우고 불콰하게 술에 취해 나무 그늘 아래서 낮잠을 자고 있었다. 한참 세상 모르게 자고 있던 그가 잠에서 깬 것은 코끝이 가렵다는 생각이 들면서부터이다. 거대한 호랑이가 김신망의 다리 위에 배를 깔고 누워 꼬리를 그의 얼굴에다 흔들어대고 있었던 것이다.

그는 호랑이가 자신의 몸에 엎드려 있다는 사실을 알고 깜짝 놀랐으나 침착하게 마음을 가라앉히고 계속 자는 척했다. 보통 사람들 같으면 놀라서 기절하거나 허겁지겁 도망치다가 호랑이에게 잡아먹혔을 것이다. 하지만 장사답게 강심장을 가진 김신망은 두려움을 떨쳐 버리고 조용히 기회를 기다렸다.

마침내 그는 호랑이가 다른 쪽을 보고 있는 틈을 타 옆에 차고 있던 전대롱의 명주끈을 풀어 기습적으로 호랑이의 불알을 묶어 잡아챘다. 순식간에 급소가 묶인 호랑이는 힘을 한번 제대로 못 쓰고 쓰러졌다. 이때를 놓칠세라 김신망이 오히려 비호처럼 달려들어 호랑이의 마지막 숨통을 끊어 버렸다.

그는 자랑스럽게 사지가 뻗은 호랑이를 끌어다가 김해김씨 선산의 느티나무에 묶어 걸어 놓았다. 바로 이 느티나무가 지금의 용암 마을회관 앞에 있는 호랑이나무라는 것이다.

그 후 호랑이를 때려잡았다는 소문은 순식간에 퍼졌고 사람들은 그를 가리켜 '범첨지(호옹)'라고 부르기 시작했다. 이때부터 범첨지 김신망은 자신의 호를 '호옹(虎翁)'이라고 했으며, 이 호는 그가 죽은 후 김해김씨 족보에도 올랐다.

이 호랑이나무는 김신망의 부모인 김기홍과 인천이씨 무덤 옆에 있었는데 김신망은 호환(虎患)을 우려한 듯 이곳 선산에 묻히지 않고 용당골 소설등에 묻혔다. 또한 호랑이나무가 있는 김신망 부모의 묘지는 상석과 비석 등이 없는데, 이에 대해 후손들은 돌을 얹으면 안 된다는 풍수지리설에 따른 것이라고 했으나, 사실은 호환을 예방하기 위한 것인지도 모른다는 이야기가 있다.

이 호랑이나무는 역사적인 고사나 전설이 있는 보배로운 나무로 인정돼 1982년 11월 20일 진양군의 보목으로 지정된 후 마을주민들에 의해 마을 보호수로 관리되고 있다. 수령은 2백50여 년 정도 된다고 하지만 둘레는 2.4m, 높이는 14m밖에 안 돼 너무 왜소하다. 과학적으로 따져보면 이 나무는 지금보다 훨씬 더 크고 우람해야 할 고목이어야 하지 않는가.

이에 대해 주민들은 이 나무가 호환을 받아 성장을 멈췄기 때문이라고 이야기하고 있으나 쉽게 이해하기 힘든 설명이다. 단지 일설에 의하면 김신망이 호랑이를 끌어다 묶은 나무는 원래 거대한 고목이었는데 호환으로 몇 년 못가 죽고 그 자리에는 새로운 나무가 자라기 시작했다는 것이다. 사람들은 이 나무를 가리켜 죽은 호랑이의 넋이 환생한 것이라고 보고 있다.

그런데 1996년 이 호랑이나무가 갑자기 시드는 고사현상을 보였다. 그 원인을 놓고 주민들은 호랑이가 죽은 지 수백 년이나 지난 지금에 와서 웬 호환이냐고 의견이 분분했으나, 결국 나무 밑을 둘러싼 시멘트에 원인이 있다고 보고 이를 제거하자 다시 소생했다. 호랑이가 한반도에서 멸종된 지금 호환은 전설같은 이야기지만 이 호랑이나무가 옛날에 있었던 호환의 흔적을 말해주고 있다.

42. 일신여고보(一新女高普)

일제 때 민족사학이 세운 진주여고의 전신

▲ 1928년 완공된 진주 사립 일신여고보 본관의 우람한 모습.
〈사진출전 : 일신60년사〉

일제 때 진주사람들이 민족적인 염원을 담아 설립한 '사립 진주 일신여자고등보통학교(私立 晉州一新女子高等普通學校)'는 당시 지역의 민족사학을 대표하는 교육기관이었다. 일신여고보는 지금 있는 진주여고의 전신이며 설립 당시 사립 중등학교로서 서부 경남 지역의 유일한 여자 고등교육기관으로 역할 했다.

원래 이 일신여고보는 남자고보였어야 했다. 당시 진주군 지수면 만석꾼 허준이 3·1민족해방운동의 영향을 받아 교육만이 조선 민족의 살길이라고 생각하고 함안에 있는 7백 석짜리 토지를 교육사업비로 대거 기부하기로 결정하면서 지역의 남자중등학교 설립운동이 시작됐기 때문이다. (이러한 인연으로 허준의 후손들은 해방 후에도 진주여고에 대해 교사와 강당을 신축하는 등 지원을 아끼지 않았다.)

따라서 남자고보를 세우기 위해 진주에 민족교육재단법인인 '일신재단'이 발족된 것이다. 이에 다른 지역유지들도 토지와 재산을 희사하는 데 호응해 진주의 민족사학운동은 순조롭게 진행됐다.

그런데 일제는 민족자본으로 만들어지는 남자중등학교가 항일운동의 교육장으로 나타날 가능성이 많다고 보고 일신재단의 중등학교 설립을 여자 학급에 국한한다고 일방적인 조치를 취하고 말았다. 결국 일신재단은 울며 겨자 먹기식으로 막대한 토지와 자본금을 일제에 빼앗기고 온갖 우여곡절 끝에 나머지 재산으로 1925년 4월 25일 여자중등학교를 개교했는데, 이것이 바로 일신여고보인 것이다. 어쨌든 일신재단은 진주에 교육환경을 마련하는 데 기여했다.

한편 일신여고보 설립조건으로 일제가 재단측으로부터 빼앗은 토지와 자본금은 식민지 통치교육기관인 공립 남자 중등학교 설립비용으로 사용됐는데, 지금 있는 진주고의 전신인 진주고보가 바로 그 비용으로 설립된 학교이다.

이처럼 일신재단은 일제의 방해공작으로 당초의 학교 터(지금의 상봉동 987번지 진주고자리)를 진주고보에 내주고 대신에 일본군 진주수비대가 주둔하고 있다가 철수한 옛 대한제국군 주둔지인 진영대자리(지금의 평안동 195번지 옛 금성초교자리)를 우선 임대해 여자학교건물을 세우게 됐다. (나중에 이곳은 교지로 매입함)

그러나 일신여고보는 비록 원래 목적대로 남자중등학교로 개교하지 못했으나 진주의 교육선각자들은 민족교육의 의지를 담아 온 심혈을 다 기울여 학교건물을 건축했다. 즉 1928년 완공된 일신여고보의 본관 건물은 일본식이 아닌 서양식 건물양식으로 만들었고, 건축기술자도 일본인이 아닌 중국인을 고용해 썼다.

특히 교실 건축에 쓰인 목재도 우리나라 것만 썼는데, 이 나무들은 멀리 백두산과 압록강변에서 가져온 나무라는 것이다. 게다가 지조와 절개의 뜻을 나타내는 민족의지의 상징으로서 이들 나무를 모두 사각재로 만들어 건축목재로 사용했다고 한다.

그리고 1929년 동래일신여학교에 재직하고 있던 백남훈을 제2대 교장으로 영입해 학교발전의 기틀을 마련했다. 진보적인 생각을 갖고 있던 백 교장은 그가 부임하던 해 11월에 일어난 광주학생운동으로 진주에서도 학생운동이 일어나자 교문을 열어젖혀 일신여고보생들의 가두진출을 막지 않았다. (백남훈은 해방 후 자유당 집권 시절 민주당 최고위원을 지냈다.) 그 후 재단 내의 분규로 잠시 시끄러웠지만 일신여고보는 착실히 발전을 거듭했다.

하지만 일제는 1937년 중일전쟁을 일으킨 후 황민화교육을 강화하기 위해 민족사학인 일신여고보를 공립으로 강제합병 후 1940년 4월 30일 공립진주고등여학교로 전환시켜 버렸다. (이 대가로 진주에 사범학교가 다시 설립되게 된 것이라는 말이 있다.) 공립학교로 되기 직전에 사용된 진주여고보의 교명은 사립봉산고녀였는데, 이때 10년이나 근속한 백남훈은 이 학교에서 쫓겨났고 그 대신에 일제가 보낸 일본인이 교장으로 학교에 들어와 앉았다. 그리고 일본인 여학생도 입학시켜 한일 공학제로 내선일체를 실시하기 시작했다. 이렇게 빼앗긴 민족사학은 건물만 남은 채 영원히 돌아오지 않았고, 수십 년 후에는 그 본관건물도 허망하게 사라져 갔다.

해방 직전인 1945년 3월 29일에 학교가 현재의 진주여고자리로 이전되는 바람에 민족사학의 염원을 담고 있던 2층 본관의 붉은 벽돌 건물은 그해 3월 개교한 금정국민학교가 교실로 사용하기 시작하면서 불행은 시작됐다. 해방 후 한국전쟁 와중에서도 살아남아 90년대 중반까지도 계속 금성초등학교(일제 때 금정국교의 후신) 교실로 사용돼 온 일신여고보 본관이었다. 그러나 어느 날 어처구니없는 일로 사라졌다.

1995년 금성초교가 초전동으로 이전되기로 발표되자 시민단체에서는 이 유서 깊은 본관 건물을 진주교육유산으로 남겨야 한다며 교육청의 매각 방침을 반대했으나, 결국 서울의 한 백화점업자에게 팔리고 말았다. 그러자 진주시민들은 범시민대책위원회를 만들어 민족사학이 세운 역사적인 일신여고보 본관을 절대로 철거해서는 안 된다고 결사반대했다.

그런데 건물이 매각된 그해 11월 24일에 의문의 화재(경찰서와 소방서에 의하면 불량청소년의 불장난으로 인한 화재로 추정되었으나 범인을 잡지 못했음)가 발생해 결국 그 건물은 완전히 철거되고 말았다. 진주의 귀중한 역사문화유산이 사라지는 순간이었다.

43. 옥봉리 예배당(玉峰里 禮拜堂)

초기 진주기독교 선교의 전진기지

▲ 함석지붕으로 바뀐 초가집예배당의 1910년대 옥봉리 예배당의 모습.
(뒤에 보이는 산이 비봉산이다.) 〈사진출전 : 진주교회80년사〉

'이때 사회와 국가는 캄々훈 그믐밤 갓고 쏘훈 질셔가 업는 고로 심히 문란호고 그 위퇴홈은 맛치 어린 ᄋ히를 쯔거온 화덕가에 둔 것 곳흔지라 이러홈으로 일반 민심은 ᄉ도행젼 一〇六 곳흔 욕망이 잇셧고 연락에 취훈 탕ᄌ들은 쥬사쳥루에 방황 골몰호야 가산을 탕진호니 챵긔가 만흠으로 파리의 수효를 비교하며 부교 샤치홈은 녜이 음란훈 고린도셩이라 할 수 잇고 샤신 우샹슝ᄇㅣ훈 악습은 성행되여 아덴성에 지지 아니 ᄒ더라.' (1930년 4월 30일 작성된 진주면 옥봉리 예수교 장로회연혁사에 나오는 기독교 선교초기의 진주실정을 원문 그대로 발췌했음)

[이때 사회와 국가는 캄캄한 그믐밤 같고 또한 질서가 없는 고로 심히 문란하고 그 위태함은 마치 어린 아이를 뜨거운 화덕가에 둔 것 같은지라. 이러함으로 일반 민심은 사도행전 106장 같은 욕망이 있었고 연락(宴樂)[쾌락]에 취한 탕자들은 주사청루(酒邪靑樓)에 방황 골몰하여 가산을 탕진하니 창기(娼妓)가 많으므로 파리의 수효를 비교하며 부교(富驕, 갖고 있는 재산을 믿고 부리는 교만)와 사치(奢侈, 분수에 지나친 돈 씀씀이를 보임)함은 제2의 음란한 고린도성이라 할 수 있고, 사신(邪神)과 우상숭배한 악습은 성행되어 아덴성에 지지 않는다고 한다.]

구한말 진주에 있던 '옥봉리예배당(玉峰里禮拜堂)'은 호주선교사들이 개신교 전도의 출발지로 삼은 최초의 근대식 기독교회 건물일 뿐만 아니라 진주기독교의 역사가 시작되는 지역복음전파의 산실이었다.

1905년 9월 29일 당시 영국의 식민지였던 호주 빅토리아장로교회 소속의 선교사인 커를(한자명 거열휴·진주배돈병원 설립자) 의사가 조선인 기독교인 김성애(남)와 함께 진주에 도착해 초가집에서 예배를 보면서 본격적으로 선교활동이 시작됐다. 앞서 원문에서 언급한 바와 같이 그들의 눈에 비친 선교초기의 진주는 욕망과 탕자 그리고 창녀들이 우글대는 음란한 고린도성이었고 우상숭배가 만연한 아덴성이었다. (우리문화와 풍토를 무시한 종교제국주의적인 시각이 다분한 표현이라면 필자의 생각이 너무 지나친 것일까.)

그래서 이들은 고린도성 같은 진주성에 도착하자마자 11월 5일부터 북문 안에 있던 성내4동의 초가집을 구입해 예배처소와 임시사택으로 사용한 후 1906년 10월 성밖 대안면 2동에다 8칸짜리 초가집을 건립해 '야소교(예수교) 예배당'으로 사용했다. (이 초가집 예배당은 나중에 지붕개량을 해 함석지붕으로 바뀌었다.)

이곳이 바로 '음란함과 사악함이 깃든' 고린도성과 아덴성과 같은 진주성을 기독교의 성지로 만들려는 전진기지로 역할을 했던 옥봉리교회였다. 하지만 호주선교사의 우리 역사문화를 무시한 맹목적인 선교활동은 시행착오를 겪을 수밖에 없었다. 즉, 1909년에는 일반신도들이 백정과 같이 예배를 볼 수 없다고 반발하기도 했던 것이다. (물론 나중에는 선교사의 주선으로 양측이 화해해 동석예배를 보았다.)

그러다가 1913년 7월 호주선교회가 이 초가집예배당을 남자학교(광림학교)로 사용할 계획을 세우자 이곳은 새 예배당이 건립될 때까지만 예배당 장소로 사용됐다.

따라서 교인들은 1915년 6월부터 신축예배당 건축비 모금운동에 들어가 7월 13일까지 7백69원25전을 마련하는 한편 50평 규모의 내실을 갖춘 1층 건물로 초가집도 벽돌교회 건물도 아닌 '목재반 양제식'으로 신축예배당을 건립키로 했다.

그런데 교인들은 포교 규정에 따라 조선총독부에 신축예배당에 대한 건축인가원을 이미 오래전에 제출했으나, 계속 인가가 나오지 않자 선교사 알렌(한자명 안란애) 목사를 진주성안에 있던 경남도청에 대한 교섭위원으로 선정해 일제에게 조속한 건축인가를 촉구하고 나섰다.

결국 건축인가를 받아 이듬해인 1916년 4월 20일부터 건축공사에 들어갔는데 터 고르기를 할 때는 교인집마다 한 사람씩 나와 부역을 하기도 했다. 이 공사는 모두 1천2백 원의 건축비가 들어갔는데 대구출신의 도목수인 최동환이 시공해 6월 2일 완공했다. 당시 신축예배당의 주소지가 진주읍(당시 행정단위가 아닌 큰고을을 뜻함) 옥봉리(현 봉래동 113-1번지)였기 때문에 '옥봉리교회'라고 불렀다.

준공 이튿날인 6월 3일 오후 3시에는 수많은 교인들이 모여서 대대적인 헌당식을 열었다. 옥봉리예배당 회장인 알렌 목사의 안내로 모여든 내빈과 교인들은 모두 7백여 명이나 돼 예배당 안팎이 입추의 여지가 없을 정도로 인산인해를 이루었다.

이날 헌당식은 알렌 목사의 헌당기도와 박영숙 장로의 교회와 예배당에 대한 내력보고가 있었으며, 찬양대의 헌당가 합창 등이 있었다.

이처럼 새 예배당이 문을 열자 교인들은 그동안 예배당으로 사용해 오던 초가집에서 나와 6월 14일부터 새로 건립한 옥봉리예배당에서 예배를 보기 시작했다. 특히 옥봉리예배당이 문을 열면서 조선인 목사가 교역자로 목회활동을 하기 시작했는데 1918년 11월 11일에는 진주 최초로 박성애 장로가 목사로 취임해 알렌 목사와 함께 목회활동에 들어갔다.

그런데 옥봉리예배당이 예배당의 간판을 달고 있는 중에 일어난 가장 큰 사건이 있었는데, 바로 1919년 3·1민족해방운동이었다. 이 3·1운동이 일어나자 옥봉리예배당에 다니는 기독교인들이 대거 시위에 참여한 것이다. 특히 선교사가 운영하는 광림학교 교사이며 독실한 기독교 신자인 한규상은 기독교인과 광림학교 악대부가 시위에 앞장서도록 했고, 그 결과 그는 일제로부터 징역 1년을 언도받았다.

이와 관련해 일제의 경북경찰부가 작성한 비밀문건에는 "3월 18일 진주시위를 계기로 야소교예배당에서 알리는 정오의 종소리와 함께 일제히 조선독립만세를 연호했다"라고 나와 있다. (이때 타종한 종이 현재 진주교회에 보존되어 아직도 종탑에 걸려있다.)

이후 김이제 목사와 김약신 목사가 호주선교사와 함께 옥봉리예배당을 이끌며 점차 선교회로부터 벗어나 자립해 나갔다. 그만큼 진주기독교가 성장한 것이다. 이를 보여주듯 옥봉리예배당은 1924년 9월에 진주면 중성동에 기도소를 설립했으며 1926년 1월에는 '남성교회'라고 이름지었다. 바로 이 남성교회는 지금의 성남·성북·동산교회의 모체가 됐다.

그러나 날로 확장되는 교세와 교인들을 수용하기에는 옥봉리예배당의 규모는 작을 수밖에 없었다. 1926년 12월부터 다시 예배당을 건축하기로 논의한 후 마침내 1933년 1월 붉은 벽돌로 만든 2층 규모의 근대식 교회건물을 지금의 봉래동 37번지 자리에 완공했다. (이 붉은 벽돌교회 건물도 지난 1997년 철거되고 그 자리에 새 모습의 거대한 진주교회가 지금과 같이 다시 들어섰다.)

그리고 그동안 예배당의 명칭으로 사용해 온 '옥봉리교회'를 '조선 야소교장로회 진주교회'로 바꾸면서 옥봉리예배당은 초기 기독교 역사의 한 면을 톡톡히 장식하고 일선에서 물러났다. (나중에 이 진주교회는 불명예스럽게도 당회장을 지낸 김영환 목사의 주도로 일제 말 신사참배를 수용하고 친일협력에 나서게 되었는데, 교회 역사상 가장 큰 오점이 되었다.)

아무튼 지금 봉래동에 있는 대한 예수교 장로회 진주교회가 바로 옥봉리교회의 직계후신이 된다. (엄밀한 의미에서 진주에 복음의 씨앗을 뿌린 호주선교회와는 봉래동 진주교회보다 평안동 진주교회가 더 가깝다고 한다.)

44. 진주성벽 석각문(晉州城壁 石刻文)

진주성 축성담당 동원인력을 표시한 성돌

▲ 조선 숙종 6년에 표시된 진주성 공북문 앞 성벽의 석각문 모습이다.
〈사진출전 : 진주금석문총람〉

남강변에 진주성이 축성된 후 진주지역 백성들은 오랜 세월 동안 성곽보수와 개축공사에 시달려 왔다. 이러한 흔적을 진주성벽 곳곳에 남아 있는 성돌의 '석각문(石刻文)'을 통해 확인할 수 있다.

고려 말 때 진주지역을 노략질하는 왜구를 방어하기 위해 진주 고을 사람들은 이곳 남강변의 옛 성터에다가 흙을 새로 쌓아 토성을 만들었다. 그러나 비바람에 오래가지 못하고 무너지는 경우가 많았다.

그래서 그때마다 돌로 무너진 곳을 보수하고는 했는데, 어느 날 왜구들이 돌로 개축하는 진주성을 공격해 공사 중인 진주성을 함락하기도 했다.

결국 1379년 고려 우왕 5년에 진주목사 김중광은 왜구가 더 이상 진주성을 넘보지 못하도록 백성들 중 힘센 장정을 수백 명씩 뽑아 성벽 석축공사를 실시해 둘레가 8백 보(1보는 5척) 가량 되는 석성을 완성시켰다. 그 후 진주성은 수시로 개축돼 조선후기에 이르면 내·외성을 합해 모두 1만 2천2백60척 규모로 유지돼 왔다.

하지만 조선건국 초에도 성곽개축은 계속됐다. 그래서 전쟁이 없는 오랜 일상생활에 젖어 있던 백성들은 성벽수축의 노역을 꺼려 지금과같이 태평한 시대에 성을 쌓는 것은 당치도 않은 일이라고 불만스럽게 생각했다.

당시 진주지역의 인구가 지금처럼 많지 않고 적은 데다 성을 쌓을 만한 장정들의 노동력도 적었기 때문에 성벽 쌓는 작업에는 남녀노소를 불문하고 거의 모든 백성이 동원됐다고 해도 지나친 말은 아니다. (물론 부녀자나 노약자가 동원되었다는 말은 아니다.)

따라서 진주성 증·개축은 성 안팎 주민뿐만 아니라 서부경남 지역의 백성들이 모두 동원되다시피 했다. 사실상 농사일도 원활하게 하기 어려웠다. 그러므로 백성들의 노역이 얼마나 힘들고 고달팠던가를 짐작할 수 있다.

특히 임진왜란 때 진주성이 왜군에게 함락되면서 크게 파괴됐는데, 이 성벽을 다시 축조하기 위해 전쟁으로 피폐해진 백성들을 쉴 새 없이 불러냈다. 이들은 성곽축조뿐만 아니라 이미 온갖 잡역에 시달리고 있었기 때문에 고혈이 다 빠지고 겨우 목숨만 붙어 있는 상태였다.

그래서 진주성 개축공사장에서 공역을 면제받기 위한 뇌물수수가 횡행했고 공역자의 탈출마저 속출했다. 이를 막기 위해 관에서는 할당된 공사구역을 반드시 완성하도록 동원 인원을 확정해 성곽수축 작업을 감시했다. 이 표시가 바로 성돌의 석각문이다. 이 석각문에서 성쌓기 부역의 고단함과 백성들이 짊어진 노동의 무게가 느껴진다.

이러한 진주성 개축의 동원인원과 할당구역을 표시한 석곽문은 현재 진주성에 두 곳이 남아있는데, 그중 하나는 1680년, 숙종 6년에 산청을 비롯해 사천·곤양·하동·단성·함양에서 동원돼 공사에 부역한 사람들의 인원과 공사담당구역이 표시된 성돌을 들 수 있다.

거기에는 '강희 19년 산음 마병중초 사천 곤양 하동 단성 함양 6관 1초'라는 표식이 성돌에 새겨져 있다. 이때 '강희'는 청나라 왕 '성조'의 연호로서 당시 조선에서는 연대를 표시할 때 청국의 연호를 썼다. (조선의 비자주적인 모습의 한 실례이다. 차라리 경신년이라고 간지를 썼으면 얼마나 보기 좋았을까.)

이 성돌의 해석에 대해 오림 김상조 씨는 1984년 12월 9일자 〈경남신문〉에서 "산음마병중초(山陰 馬兵中哨)란 산음은 산청의 고호(옛 이름)이며, 마병은 훈련도감에 속한 기병의 이름인데, 쉽게 말하면 지금의 육군에 해당된다. 여기에서의 마병은 산음병마절제사(현감·현령·군수 등의 수령이 당연직으로 겸하고 있음) 관하의 병력을 뜻하며, 중초(中哨)란 '백인 1대를 중심하여' 라는 뜻"이라고 밝혔다. 초(哨)는 고대 우리나라의 군대편제의 하나로 1초는 약 1백11명을 말한다.

그래서 김상조 씨는 "그러면 쉽사리 한 고을에서 백인 1대의 병력이 동원되어 축성했음을 알겠으며, 이 산음군을 중심으로 해서 6관(六官), 곧 6고을이 1초(一哨)씩을 담당했다는 뜻이니, 진주성의 예속고을이 18개 고을이니 이런 명문은 두 곳에서 더 발견되어야 할 것"이라고 주장했다.

다시 말하면 이 석각문은 숙종 때 진주성을 수축하면서 산청을 비롯한 6개 고을에서 장정 1백 명씩 모두 6백 명이 동원돼 축성을 담당했다는 것을 말해 주고 있다. 그러나 이러한 인력동원은 숙종 때만 있을 리가 없기 때문에 조선시대 내내 얼마나 많은 백성이 진주성 수축작업에 동원됐는지 짐작조차 할 수 없을 정도일 것이다.

현재 이 성돌 석각문은 진주성 공북문 매표소 앞 관광안내판 뒤에 있는 성벽의 아래쪽 성돌에 새겨져 있다. 또 다른 하나는 창렬사 서쪽 성벽에 새겨져 있다.

이 밖에도 많은 축성 석각문이 공사감독자의 이름이나 할당구역, 동원인원 또는 준공 내용 등을 성돌에 새겨 표시했다고 전해지고 있으나, 현재 진주성에는 그 구체적인 표식이 더 이상 나오지 않고 있다.

이는 일제 때의 성벽철거와 한국전쟁 때의 폭격피해로 대부분의 성돌이 파괴된데다 그 이후 새로운 도시계획 사업 등으로 석각된 성돌이 거의 사라졌기 때문으로 보인다. 다만 현재 진주성의 성돌도 옛것이 아닌 70년대 성지정화사업 때 다시 암석을 깎아 만든 성돌로 옛 모양대로 성벽을 대신하고 있을 뿐이다.

45. 시공관(市公館)

▲ 1958년 진주시 공관으로 건립됐다가 1969년 민간 영화업자에게 넘어간 시공관의 모습.
〈사진출전 : 시세일밤〉

진주시가 영화업자와 함께 유료 영화관으로 운영해 온 '시공관(市公館)'이 완전히 일반인 소유로 넘어가게 된 것은 시공관의 탈세사건이 드러나면서부터이다.

1969년 4월 진주세무서는 시공관이 영화사와 짜고 입장세 등에서 거액을 탈세해 왔다는 혐의를 잡고 세무사찰에 들어감으로써,

시공관은 결국 간판을 내리고 민간업자에게 넘어가고 말았다.

원래 시공관은 글자 그대로 진주시의 공관으로 사용하기 위해 50년대에 건립한 행정기관의 건물이었다. 한국전쟁 때 진주시청 등이 불타고 없는 등 마땅한 행정공관과 장소가 없었던 시는 부족한 청사와 늘어나는 행정수요를 해소하고자 1958년 본성동에 대규모 강당용 공관을 세웠는데, 이곳에서는 각종 회의와 강연 등이 개최됐다. 특히 개천예술제 기간에 시공관의 역할은 대단히 커 이곳에서 수많은 연극과 음악 그리고 갖가지 무용공연 등이 이루어졌다.

그러나 1960년대에 들어와 각종 행정건물이 복구돼 시공관이 더 이상 청사나 공관으로 이용되지 않자, 시는 민간 영화업자와 함께 손을 잡고 시공관을 극장으로 사용하기 시작했다. 1950년대 진주중학교와 진주사범학교를 다닌 허만길(전 문교부 국어과 편수관) 씨는 학창시절의 추억에서 영화관에 대한 기억을 빼놓을 수 없다고 생각한다. 그는 "내가 중학교 재학 중일 때 영화관으로는 진주극장과 용사회관(진주성 북쪽)이 있었고, 그 뒤에 국보극장과 시공관이 차례로 생겼다"고 회고했다.

시공관은 영화상영을 시작하면서 신문에 광고까지 내는 등 다른 극장 못지않게 관람객 유치에 열을 올렸다. 1963년 3월 초에 신문에 광고된 시공관의 영화는 황해와 엄앵란이 주연한 '싸우는 사자들'인데, 입장료가 낮에는 5원이고, 밤에는 10원이라고 나와 있어 이채로움을 띤다. 이른바 '조조할인'을 말한다. 지금은 영화관람료가 낮과 밤이라고 다르지 않고 무조건 동일하기 때문이다.

이처럼 시공관은 진주극장 등 다른 시중 극장보다 영화관람료가 비교적 싼데다가 외화(외국영화)보다 방화(한국영화)를 많이 상영했기 때문에 진주지역 각급 학교의 단체관람이 많았다.

1965년 1월에는 시공관에서 일본 여배우 다니 요오코(곡양자)가 주연한 '바람은 몰라'가 상영돼 당시 일본 영화가 엄격히 금지된 상황에서 어떻게 가능한 일이냐는 시민여론이 많았다. 그러나 그 영화는 영국과 일본이 합작한 영화였다.

이처럼 시공관의 영화관람 수입이 늘자 돈에 눈이 먼 업자가 탈세를 하기에 이르렀다. 예컨데 시공관은 1960년 9월 7일 상영한 영화제목 '제멋대로'처럼 그동안 영화관 운영을 제멋대로 하다가 결국 탈을 내고 말았다.

시공관의 전성기인 1965년 5월부터 1966년 4월까지 시공관은 1년 동안 영화를 상영하면서 거래 영화사들과 결탁해 관객이 입장권을 살 때 입장권에 포함된 입장세는 물론 각종 모금에서 갹출된 금액까지 탈세하는 등 총수입액에서 상당한 거액을 탈세해 왔다는 사실이 뒤늦게 세무당국에 포착된 것이다.

이 같은 사실은 1969년 4월 진주세무서가 시공관에 대한 세무사찰을 대대적으로 벌이면서 드러났다. 세무사찰이 여론화되기 직전 그전 경영자는 부도를 내고 도주했으며, 진주시도 3월 1일부터 경영자를 경질하는 등 자구책 마련에 나섰으나 시공관의 몰락을 막을 수는 없었다.

결국 시공관은 진주시와 민간업자가 지분문제로 내분을 겪은 끝에 개관날짜를 계속 미루다 세무사찰까지 받는 등 혼란을 겪다가 끝내 시공관 간판을 내리고 말았다. 그리고 민간에 매각되어 그해 4월 25일 '제일극장'이란 간판을 올리고 '미워도 다시 한번'을 상영함으로써 완전히 민간영화관으로 탈바꿈했다.

그 후 시공관의 이름은 완전히 사라졌으며, 시공관 때 유지돼 왔던 진주시의 극장 임대사업은 시공관의 매각으로 끝났고, 시유재산 목록에서도 완전히 지워졌다. 한때 촉석문에서 북장대까지 진주성벽을 따라 형성된 영화관 거리는 제일극장(시공관의 후신)을 시작으로 중앙극장(용사회관의 후신) 등으로 이어졌다. (물론 진주시내에는 진주극장과 동명극장 등이 있었고, 남강 건너에는 강남극장과 푸른극장 등 다른 곳에도 영화관이 많이 있었다.) 그렇게 성황을 누렸으나 지금은 진주성벽에 붙어 있던 이들 극장은 다 사라지고 없다. (필자는 제일극장이 철거되어 사라지기 직전 1990년대 후반에 마지막으로 보았던 영화가 '잉글리쉬 페이션트'였음이 기억난다.)

그런데 그 시공관이 나중에 진주성 정화사업지구에 해당돼 시는 그동안의 땅값 상승으로 수십억 원대에 이르는 엄청난 재산가치를 지니게 된 시공관(즉 제일극장)을 영업권 보상은 물론 막대한 토지 및 건물매입비를 지불하고 다시 사들이지 않으면 안 되게 됐다. 결국 다시 진주시가 사들인 시공관은 철거되었고 그 앞 일대는 진주대첩광장 조성사업이 진행되고 있다. 현재 시공관 자리는 진주성을 찾는 관광객들이 이용할 수 있도록 공용화장실이 지어져 있다.

46. 신북문 옹성(新北門 甕城)

왜군의 집중공격으로 무너진 이중성벽

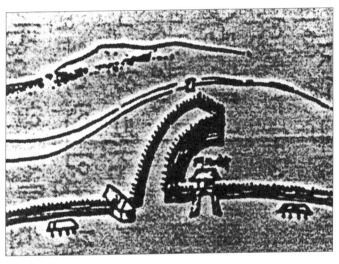

▲ 경상우병영지도의 진주성 신북문 옹성의 모습.
〈사진출전 : 경상우병영지도〉

철옹성 같은 진주성의 '신북문 옹성(新北門 甕城)'이 무너진 것은 왜군의 집요한 공격과 악천후 때문이었다. (물론 중과부족의 병력차이도 있었다.) 옹성이란 성문이 적의 공격에 노출되는 것을 막고 보호하기 위해 본성에 이어 성문을 에워싸며 성벽이 바깥으로 돌출하도록 성돌을 쌓은 수비용 이중성벽을 말한다. (서울 동대문을 생각하면 이해가 쉬울 것이다.)

그런데 임진왜란 때 시작된 진주성 전투중 2차 전투에서 신북문 옹성이 끝까지 성문보호를 하지 못한 바람에 진주성 함락이라는 비극적 결과를 초래하고 말았다. (물론 옹성 이외에도 성벽 방어기능으로 이용된 대사지가 있었으나 왜군의 매립으로 소용이 없었다.)

이 같은 내용은 조선왕조실록의 『선조실록』에도 잘 나와 있는데, 당시 조정에서 파견한 선전관 유대기가 작성한 장계문(狀啓文)에는 진주성 함락의 전말에 대한 보고내용이 자세하게 실려있다.

'계사년(1593년) 6월 29일 진주성 동문의 북쪽 옹성이 비로 인하여 무너지자 적이 일시에 돌격해 들어오는 것을 아군이 무너진 곳에 큰 대나무를 쌓고 적을 무수히 쏘아 죽이니 적이 또 물러갔습니다. 조금 뒤 신북문 두 번째 격대(隔臺)로 많은 적이 철갑을 입고 고함을 치고 돌진하자 그쪽을 지키던 창의군이 일시에 무너졌습니다. 그러자 적은 사다리를 놓고 성으로 올라와서 칼을 휘두르며 날뛰니 전 부대가 모두 패배하여 드디어 성이 함락되었다고 합니다.'

따라서 지금까지 알려진 바와 같이 진주성 동문옹성이나 서문이 최초로 함락되면서 진주성이 함락됐다는 기록은 바로 잡혀야 할 것이다. 그런데 17세기 중반에 저술된 것으로 추정되는 민순지의 『임진록』에는 서문을 통해 진주성이 함락됐다고 나와 있으나, 필자는 당대에 기록된 정사(조선왕조실록)의 내용을 좇아 신북문 함락설을 주장한다. (또한 사찬 서적인 『진양지』에도 '적이 신북문으로 들어오니 성이 드디어 함락됐다'고 밝혀져 있다.)

원래 진주성에는 문루가 있는 성문이 동서남북으로 4개 밖에 없었으나 '신북문'이라는 새로운 북문이 설치돼 기존 북문은 '구북문'으로 구별됐다. 임진왜란 때 동북쪽 방향의 신북문은 동문과 함께 공방전이 가장 치열했던 취약지점 중의 하나였다.

신북문은 다른 성문처럼 성문 앞에 옹성을 갖추었는데, 1592년 임진왜란이 일어났던 그해 10월의 제1차 진주성 전투 당시 비록 진주목사 김시민이 전사했지만, 신북문 옹성은 옹성으로서 제 기능을 충분히 발휘해 왜군을 격퇴하고 진주성을 방어하는 데 큰 역할을 했다.

그러나 이듬해 6월에 있었던 제2차 진주성 전투 때는 귀갑차(지금의 장갑차와 비슷한 공성병기)를 동원한 왜군의 집중공격과 장대비가 내리는 악천후로 인해 신북문이 함락되면서 진주성이 왜군의 손아귀에 넘어가는 비극적인 장소로 전락됐다.

당시 조선에 출병한 왜군들은 일본의 관백 도요토미(풍신수길)의 특명('성안에 한 명도 남기지 말고 모두 도살하라'라는 특별명령)에 따라 1년 전의 패배에 대한 설욕을 하고자 가토(가등청정)와 고시니(소서행장) 등 호전적인 맹장들로 구성된 악명을 떨친 왜장들을 앞세워 엄청난 대부대를 편성했다. 왜군은 1593년 6월 진주성을 포위하고 총공격에 나섰는데, 이들은 지난해 진주성 전투의 패배원인을 동문 옹성 공략의 실패에 있다고 보고 이번에는 동문 옹성뿐만 아니라 신북문 옹성에 대해서도 집중공격지로 삼았다.

따라서 그동안 수차례의 전투동안 왜군의 집중공격을 받고 허약해진 신북문 옹성은 6월 29일 쏟아진 폭우와 거듭되는 왜군의 집요한 공격으로 인해 성곽을 정비하고 전열을 가다듬을 틈도 없이 함락되고 말았다.

처음에 동문 북쪽 성벽이 폭우로 지반이 약해지면서 붕괴되자 비상사태에 돌입한 조선군이 무너진 곳에 대나무를 쌓는 등 임시 방어 성벽을 긴급히 만드는 동안 왜군은 그 틈을 타 그동안 연일 집중공격을 퍼부었던 신북문을 향해 개미떼처럼 밀고 들어왔다. 그동안 신북문을 줄기차게 방어했던 창의군이 안타깝게도 끝까지 왜군의 공세를 감당하지 못하고 결국 신북문을 내주고 말았다. (창의군은 창의사 김천일의 의병부대이며, 김천일도 이곳에서 지휘했을 것으로 보이는데, 성이 함락되자 그는 촉석루로 이동해서 아들과 함께 남강에 투신자살했다.)

결국 왜군은 신북문을 통해 물밀듯이 성안으로 돌입해 결사항전하던 7만 민·관·군을 모조리 학살하고 불을 질러 진주성을 완전히 초토화시켰다. (그 대학살 속에서도 겨우 목숨을 건진 생존자들은 모두 포로가 되어 일본으로 끌려갔다.)

그 후 전쟁이 끝나자 진주성은 패배의 교훈을 삼아 내·외성으로 분리한 성벽을 예전보다 더욱 견고하게 수축하고 취약지 중의 하나였던 동문 옹성을 없애는 대신 신북문 옹성을 견고하게 쌓았다.

1755년, 영조 33년 당시 진주성안에 있었던 경상우도 병마절도영의 옹성은 신북문을 비롯해 구북문과 남문 옹성 등 3개소로 나타난다. 이때의 신북문 옹성은 반원형의 규모인데 옹성의 주위를 발로써 계산하면 25장이고, 자로써 계산하면 2백50척이며, 보로써 계산하면 50보이다. 또한 높이를 발로써 계산하면 2발5척인 것으로 당시 기록에는 밝혀져 있다.

이 신북문 옹성이 언제 사라졌는지 정확히 알 수는 없으나 조선 말께로 추정되고 있다. 18세기 말에 제작된 진주성도(현재 국립진주박물관에 소장돼 있음)에는 신북문 옹성이 없기 때문이다. 신북문 옹성이 있었던 자리로는 현재의 중안동 진주경찰서 옆 진주소방서(현재는 소방서가 상대동 경남서부세관 옆으로 이전함) 부근인 것으로 추정되고 있다. 또 진주성 동문이 있었던 곳은 정확하지 않지만 대략 장대동 어린이놀이터 일대로 추정된다.

47. 너우니(廣灘津)

진주 동학농민군의 봉기장소

▲ 1920년대 초 남강의 너우니 모습. (진주 동학농민군이 봉기한 장소이다.)
〈사진출전 : 지리풍속〉

'국가의 안위는 국민의 생사에 있고 국민의 생사는 국가의 안위
에 있는데, 어찌 국가를 보호하고 국민을 편안케 할 방도가 없어서
야 되겠는가'(진주 동학농민군의 통문에서)

1894년 10월 6일 1천여 명의 진주지역 백성들이 너우니에 구름

처럼 모여들었다. 바로 일제의 침략에 대항한 진주 동학농민군의 엄청난 봉기가 지금의 평거동 너우니에서 시작된 것이다. 진주동학농민군의 지도부는 너우니 봉기에 앞서 9월 30일 진주백성들에게 통문한 '진주초차괘방(晉州初次掛榜)'을 통해 너우니에서 총궐기할 것을 촉구했다.

초차괘방은 민중봉기를 촉구하는 동학농민군의 통문으로 일종의 농민군 동원령 같은 것으로 볼 수 있다. 이 통문에 따르면 '우리 진주민들은 모두 이산(離散)된 지경에 놓여 있으나 특별히 구제할 방도가 없으니 어떻게 존재할 수가 있겠습니까!'라고 성토한 뒤 10월 6일 오전에 진주목 73개면 각리마다 13명씩 일제히 평거면 너우니에서 모이자고 진주민중들에게 통보했다.

이렇게 하여 너우니에 모인 백성들은 죽창을 든 1천여 명의 농민군부대로 변신해 그 여세를 몰아 진주로 진격한 끝에 진주성을 순식간에 점령해 버렸다. 진주의 갑오농민전쟁이 시작된 것이다.

당시 반외세 구국의 기치를 들고 너우니에서 봉기한 동학농민군은 진주성을 향해 진격하는 동안 많은 백성들의 동참과 절대적인 환영을 받았다. 이들 농민군을 막는 자는 아무도 없었으며, 심지어 진주성을 지키고 있던 진주병사 민준호(종2품 무관)도 농민군의 의로운 뜻을 받들어 오히려 진주영장(3품 무관)을 보내 이들을 정중히 맞이했다. 이미 친일정권 김홍집 내각에 의해 우병영이 3개월 전(7월 15일)에 폐지됐지만, 진주의 마지막 병마절도사 민준호는 끝까지 우병영을 지키고 있었다. (우병영이 폐지될 무렵 민준호 외에도 2명의 병사가 더 기록돼 있으나 곧이은 진주관찰부 설치로 인해 별다른 행적이 보이지 않는다. 아마도 이 두 명은 실제로 부임하지 않고 문서상으로만 임명된 병사로 보인다.)

아무튼 민준호는 농민군이 병영(진주성) 앞에 이르자 자신이 직접 부하 30여 명을 이끌고 출영해 이들을 성안으로 안내한 후 성대한 잔치판을 벌여 대접했다. 민준호는 진주농민항쟁(진주민란을 말함) 때의 우병사 백낙신처럼 썩은 벼슬아치는 아니었던 셈이다.

그 당시 너우니에서 있었던 동학농민군의 봉기와 진주성에서 있었던 조선 민·관·군의 잔치판을 숨죽여 지켜보던 주조선 일본공사관은 "진주병사 민준호가 오히려 그들의 기세를 도와 오늘의 화근을 초래했다"고 비판하고 오직 일본군만이 이 사태를 직접 해결할 수밖에 없다면서 부산항 중로병참사령부로 하여금 일본군을 진주에 파병해 농민군을 모두 토벌토록 명령했다. (당시 일본은 청나라가 고종의 요청으로 동학농민군을 토벌하기 위해 조선에 청국군을 파병하자 자신들도 일본군을 조선에 파병한 상황이었다.)

결국 민준호는 동학농민군의 봉기가 진압된 후 병사에서 해임됐으며, 그 이후의 행적은 전혀 전해지지 않는다. (물론 우병영 자체가 폐지된 상태였으므로 실질적인 후임 병사는 없었고, 그 대신에 관제개편으로 진주관찰사가 부임해 왔다.) 단지 『고종실록』(일제가 편찬한 것이어서 신빙성에 의문이 가는 실록이다)에 기록된 민준호는 '헛되이 어리석고 무서운 생각을 품고서 비류들을 후대했으며, 하동에서 급박함을 고하는데도 하나의 군졸도 보내지 않았으니 잡아다가 문초하여 중한 죄를 내리리라'고 나와 있을 뿐이다.

아무튼 진주성을 점령한 동학농민군은 근대식 무기로 중무장한 일본군 병력을 맞아 진주성에서 전투를 벌이기에는 불리하다고 느껴 진주성을 점령한 지 4일만인 11일 곤양의 금오산으로 후퇴해 장기전에 들어갔다.

결국 너우니에서 봉기한 진주의 동학농민군은 자신들을 집요하게 추격해 온 일본군과 수십 차례의 접전을 벌인 끝에 고성산성에서 마지막 혈전을 벌이고 산화함으로써 모든 전투력을 상실했다. 그러나 그 후에도 너우니 봉기는 완전히 사그라지지 않고 항일의병투쟁으로 계속 이어졌음은 물론이다. (실제로 이듬해에는 노응규의 의병부대가 봉기해 진주성을 점령했던 것이다.)

진주 동학농민군의 봉기장소인 '너우니'는 '광탄진(廣灘津)'의 우리말이다. 당시 농민군의 통문이나 일본공사관에 기록된 너우니는 모두 광탄진으로 표기되어 있으며, 동학농민전쟁이 끝난 후 광무개혁 때 만들어진 1898년도의 경남관찰부 지도(진주군 지도)와 동학 농민군과 의병을 토벌하던 일본군의 군사비밀지도(1899년 작성)에도 너우니는 광탄진으로 나와 있다.

한편 조선시대에 발간된 『진양지』에는 광탄진을 남강 본류가 시작하는 장소로 보고 있다. 덕유산에서 발원한 남천수와 지리산에서 발원한 덕천수가 각기 따로 진주로 흘러들어 오면서 너우니에서 합쳐지는데, 두 물줄기가 합쳐진 곳을 광탄이라고 했으며, 여기에서부터 남강 본류가 시작된다고 밝히고 있다. 또한 너우니 상류에 놓인 다리를 '광탄교'라고 기록하고 있어 너우니가 옛 문헌에는 모두 '광탄'이란 이름으로 표기돼 있음을 알게 해준다.

▲ 남강댐이 들어서기 전의 너우니 모습으로 광활한 모래밭이 형성돼 있었다.
〈사진출전 : 사진으로 본 진주〉

광탄진은 글자 그대로 '넓은 여울이 있는 나루'라는 뜻으로 보통 너우니라고 불렀다. 이 너우니는 경호강과 덕천강이 빠른 물살로 합류되는 남강의 상류지점에 있었기 때문에 그 일대는 백사장 같은 자갈밭과 굵은 모래지대를 형성했다.

그래서 흰모래가 평평하게 퍼진 덕분에 조선시대부터 너우니는 군사훈련장소로도 이용돼 이곳 광탄진 모래사장에 있는 '청천교장'에서는 해마다 춘추로 군사훈련과 열병식이 열리기도 했다.

특히 홍수가 지면 너우니는 급류가 흘러 유일한 자갈길로 만들어진 잠수교를 덮었고, 그 때문에 귀곡리와 대평지역의 뱃길 통행을 어렵게 만들었다. 잠수교를 건너지 못한 사람들이나 학생들이 먼길을 돌아가던지 나룻배를 이용해야만 했다.

그래서 1969년 완공된 남강댐은 이러한 불편을 덜게 해주었지만, 동학농민군이 봉기한 너우니를 영원히 진양호 밑에 수장시키고 말았다. 바로 남강댐 안쪽 자리가 너우니 자리였기 때문이다. 지금은 남강댐 보강공사로 새로운 보강댐이 들어서 너우니를 흔적을 더욱 찾기란 어렵다. 특히 바깥쪽 댐 아래쪽 평야는 새로운 시가지가 개발되어 수많은 고층아파트가 즐비하게 들어서 예전의 흔적이란 더욱 찾아보기 힘들 정도로 상전벽해를 이루었다.

48. 추새미(秋井)

진주시내에서 가장 오래된 우물

▲ 진주시 평안동에 있다가 1997년 매각된 추새미의 모습.
〈사진제공 : 진주신문사〉

'추새미'는 90년대 말까지도 진주시내 도심지역에 유일하게 남아 있었던 진주의 대표적인 우물이었으나 지금은 없다.

1997년 4월 진주시는 추새미가 있던 평안동 68번지 잡종지 12

평을 매각한다는 입찰공고를 냄으로써 몇 차례의 유찰을 거듭한 끝에 이 우물은 일반인에게 넘어가 버렸다.

그런데 추새미가 일반인 소유로 넘어가자 수백 년 동안(이곳 토박이 고령자의 말로는 수천 년이라고 주장) 조상대대로 이 우물을 마셔왔던 평안동민들은 진주시내의 마지막 전통우물이 사라졌다고 반발하며 예전에 없어졌던 공덕비를 우물 앞에 다시 세우는 등 추새미 보존운동을 벌였다.

추새미는 조선시대부터 있었던 추수(秋收)마을의 샘물이다. 일제 초 진주군 진주면 평안리의 한 자연마을에 불과했던 추수마을은 해방될 때까지만 해도 마을 식수원인 추새미를 중심으로 전통적인 농촌마을의 공동체를 이루고 있었다.

하지만 추수마을이 있었던 평안리 일대에는 조선 말과 일제 초에 있었던 재판소(후에 법원과 검찰지청으로 바뀜)와 진주군청(후에 진양군청으로 바뀜)이 있었고, 또한 추수마을에는 '농청(農廳)'이라는 농민단체의 건물도 있었다. 따라서 추수마을은 자연촌락치고는 제법 큰 마을이었고 일제시기를 거쳐 해방 이후까지 구도심지 역할을 했던 마을 중의 하나로 자리 잡고 있었다.

따라서 추수마을은 이러한 관청이 위치한 덕분에 진주지역의 자연마을 중에서도 대단위 마을을 이루고 있었으므로 마을의 유일한 식수원인 추새미의 이용도도 높아질 수밖에 없었다. 사실상 일제 때 일본인들은 주로 진주성내에 거주하고 있었거나 남강 건너 진주역이 있던 강남동 일대에 살고 있었는데, 이들은 진주성 수도전의 수돗물을 이용하거나 남강에서 취수한 물을 모은 집수장에서 공급한 물을 통해 식수문제를 해결했다.

그러나 대부분의 조선인 마을에는 공동우물이 있어 지하수를 길어 식수로 이용했다. 실례로 일제 때는 지금의 평안동민뿐만 아니라 인근 봉래동민도 추새미를 이용했으며, 특히 추새미가 진주고등보통학교 진입로에 위치하고 있는 관계로 진주고보생들이 등하굣길에 갈증해소를 하는 휴게장소로도 애용됐다.

하지만 일본인들은 추새미의 물바가지를 거들떠보지도 않았다. 그들은 어떤 물을 마셨을까. 조선인을 비위생적인 사람들이라고 비웃던 일본인들은 진주성내를 비롯해 일부 지역에 상수도시설을 하고 이 수돗물을 이용했다. 그래서 마을의 유일한 공동식수원인 추새미는 오랫동안 이곳에 살고 있는 조선인들만 주로 이용해 왔다.

그런데 그동안 별일 없이 이곳 주민들의 생명수로 역할 해왔던 추새미에 중대한 일이 벌어졌다. 50년대 말 추새미는 새로운 운명을 맞게 된 것이다.

진주시가 1950년 한국전쟁으로 초토화된 시가지를 복구하면서 새로운 도시계획을 세웠는데, 시는 새도시를 건설하면서 법원 옆 주택가 도로상에 있던 추새미가 도시계획에 장애가 된다며 사용을 중지시키고 폐정해 철거하기로 조치한 것이다.

이 같은 사실이 알려지자 평안동의 한용관·박종렬·김광철 등의 주민들이 벌떼처럼 일어나 "추새미는 평안동민은 물론 인근 동민들까지도 식수로 사용하는 우물"이라고 주장하며 "더욱더 상수도시설이 미비하고 불충분한 때에 식수와 화재 소방수원을 확보하기 위해서라도 반드시 우물을 존속시켜야 한다"라고 추새미 철거를 결사반대했다.

결국 주민들은 진주시와 협의를 한 끝에 추새미 부지를 환지받아 1959년 폐정된 추새미를 현재의 장소에 새로 굴정하고 과거의 전통우물인 추새미를 되찾는 데 성공했다. 이때 주민들은 추새미를 지키는 데 주도적인 역할을 했던 인사를 기리는 시혜불망비와 신정기념비를 우물 앞에 세웠다. 그래서 추새미 앞에는 공덕비가 두 개나 놓이게 되었다.

하지만 90년대 초 누군가에 의해 1개가 몰래 철거됐다고 하는데, 이 공덕비는 다시 세워졌다. 1997년 추새미 매각을 반대한 주민들이 사라진 옛 비석의 탁본을 구해와 이것을 토대로 없어진 공덕비를 다시 복원해 놓았다. 바로 '신정기념비(新井記念碑)'를 말하는 것이다.

아무튼 새로 굴정된 추새미는 해마다 백중날(음력 7월 15일)이 되면 동민들이 샘치기(준설) 작업을 하고 동민의 안녕을 기원하는 추새미제를 올렸다. 추새미제 풍습은 70년대 초까지도 계속 이어졌으나 남강댐 건설로 수원지가 확보되어 각 가정에 수돗물이 공급되고 추새미 일대의 도시화가 더욱 진행되면서 추새미제도 사라졌다. 하지만 그 무렵까지도 추수마을은 수돗물을 제대로 공급받지 못한 일부 주민들이 추새미를 계속 이용했다. 단지 가정집 중에서는 일부가 지하수용 개인관정을 뚫어 지하수를 퍼올리는 물펌프를 통해 식수를 이용하고 있었다.

이처럼 추새미는 일제 때 조선인들의 요긴한 식수원이었으며, 해방 후에도 새로운 수원을 개발해 추새미의 명맥을 이어가며 주민들의 식수원으로 이용되었다. 하지만 60~70년대 도시화로 인해 자연마을의 모습이 거의 사라지고 평안동이 시내 중심가로 바뀌었으며, 수돗물이 이 일대에 공급되면서 우물은 유명무실해졌다. 더구나 추새미 일대에 무분별하게 지하수를 퍼올리는 바람에 물도 점차 줄기 시작했고, 수질도 나빠지지 시작했다. 결국 지하수 오염이 더 심해져 식수로 사용할 수 없게 되자 추새미 폐정이야기가 나왔다.

그리고 흉물로 방치되던 추새미는 진주시에 의해 일반인에게 매각돼 마지막 남은 진주시의 전통우물은 이제 더 이상 진주시내에서 찾아볼 길이 없게 됐다. 결국 방치되어 있던 추새미는 미관을 해치고 지하수를 오염시킨다는 민원 등이 발생한다는 이유로 없애버리자는 진주시의 계획안이 나왔고, 일반에게 매각되었다. 천덕꾸러기 신세로 전락된 추새미는 마침내 2000년 3월 27일 철거되면서 오랫동안 지역민의 생명수로 역할했던 소임을 끝내고 땅에 묻힘으로써 영원한 안식에 들어갔다. (단지 진주시는 추새미를 없앤 대신에 진주성 안의 우물을 찾아 2013년 발굴해 복원해 놓았다.)

49. 광문학원(光文學院)

문산중·진양고의 모태가 된 학교 재단법인

▲ 1952년 5월 1일 진양군 문산면에서 개교한 문산중·진양고 현판식 모습으로
   왼쪽에서 네 번째가 정재화이다. 〈사진제공 : 김주아〉

해방 후 진양군 농촌지역에 불어닥친 중등교육기관 설립운동은
문산면에서 창립된 재단법인 광문학원(光文學院)으로 나타났다.

일제 때 지역에 있었던 모든 중등교육기관은 진주 시가지에 집
중돼 있었던 까닭에 진주주변의 진양군 학생들은 원거리 통학이나
자취 또는 하숙을 하지 않을 수 없었다. 게다가 해방 후 좌우익 대
립으로 사상적인 혼란과 분열을 거듭하던 당시 상황 아래서는 농

촌학생들의 중등학교 진학이 그만큼 힘들었고, 설령 진학했다고 해도 안정적으로 면학하기가 힘들었다.

따라서 진양군에서 가장 큰 집단촌락을 이루고 있었던 문산면에서는 농촌에 중등교육기관을 설립하자고 뜻있는 교육사업가와 지역유지들이 중학교설립운동을 벌였다.

1947년 당시 경남경찰청장으로 재직하고 있던 박명제(그는 문산출신이다)가 농촌 지역의 사학설립에 대한 관심을 표명했는데, 이를 계기로 지역유지인 홍두표·강재호·김복식·김삼룡·정재화 등의 유력자들도 대거 참여해 해방 3주년이 되던 1948년 8월 15일에 마침내 문산면에서 광문학원 문산중학교 기성회를 창립했다. 광문학원 재단설립 기금으로 지역유지 김복식이 9백만 환을 선뜻 출자한 것을 비롯해 정재화 등 지역유지들도 뜻을 모아 앞을 다투어 기금을 희사했다.

이에 따라 1949년 3월 20일 재단법인 광문학원 문산중학교가 진양군 최초의 중등학교로 설립인가를 받았으며, 이듬해인 1950년 4월 15일 6학급으로 문산면 삼곡리에서 개교했다. (나중에 문산중은 문산의 남산에 있는 진양고 옆으로 옮겼다.)

신설 문산중학교는 개교하자마자 위기에 봉착했는데, 1950년 한국전쟁 때 진주를 점령한 인민군이 마산을 공략하기 위해 진격하면서 7월 31일 문산이 함락되었기 때문이다. 이때 문산중학교가 인민군 주둔지로 징발되었고 학생들은 뿔뿔이 흩어졌다. 이윽고 미군의 반격으로 진주가 수복될 때 문산중학교도 정상화되어 피난갔던 교사와 학생들이 복귀해 수업을 정상화하고 학생들은 향학열을 계속 이어갔다. 이듬해인 1951년 7월에는 제1회 졸업식이 열리고 졸업생 97명이 배출되었는데, 이렇게 1회 졸업생들이 배출되었지만, 막상 진학할 고등학교가 없었다.

그래서 지역주민들은 광문학원이 중학교 하나로만 운영하기에는 학생교육에 있어 부족한 점이 많다고 들고 고등학교도 설립해야 된다고 생각을 모으기 시작했다. 물론 문산중학교와 별도로 광문학원은 고등기술학교를 운영하고 있었으나, 이 학교가 농림과와 축산과로 구성된 농업계열 실업학교였기 때문에 인문계열 고등학교도 설립해야 한다고 생각했다.

그래서 1952년 3월 10일 인문계 고등학교 설립추진을 위한 각 면의 지역유지와 인사들로 구성된 연석회의가 개최됐으며, 이틀 후인 13일에 문산면민대회를 통해 문산면 소유재산 기증결의대회를 열고 '진양고' 설립운동에 박차를 가했다.

이어 그해 3월 15일에는 교육당국에 대망의 진양고등학교 설립인가를 신청했고, 5월 1일에는 문산중학교에서 문산고등기술학교의 발전적 해체를 선언하고 문산중학교 내에서 진양고등학교 분교를 개교했다. 그리고 5월 27일에는 3학급의 진양고가 공식인가를 받았다. 당시 광문학원 이사였던 김삼룡의 숨은 활약이 있었고, 학교 설립에 관한 실무적인 절차는 경남도 학무과장으로 재직했던 강재호의 역할이 컸다고 전해진다.

광문학원 설립자 겸 초대이사장은 김복식이며, 초대 교장은 김성봉이다. 문산중과 진양고의 교장은 모두 한 사람이 겸직해 맡았는데, 1952년부터 1983년까지 30여 년 동안 재임했던 일곱 명의 교장은 모두 중·고 교장을 겸직했다. 이는 같은 경우는 당시 재단에 속한 사립 중고교의 일반적인 형태이기도 했다.

처음에는 먼저 개교한 문산중에 진양고가 더부살이로 시작했지만 이후 진양고등학교의 신축교사가 완공되면서 진양고가 교실과 운동장을 갖추고 정상화되자 1966년 문산중이 진양고 내로 교사를 이전해 중고등학교가 함께 있게 되었다.

그러다가 1980년대부터는 문산중과 진양고의 운영과 교장겸직이 완전히 분리되고, 경영상 어려움을 겪던 광문학원이 문산중과 진양고를 국가에 헌납함으로써 사립학교에서 공립학교로 전환됐다. 이후 1986년 3월 1일 새학기부터 문산중이 공립중학교로 설립 변경 인가되었고, 진양고도 광문학원에서 분리돼 공립으로 전환되었다.

초창기에는 광문학원에 우수한 인재들이 많이 입학했으나, 입시 열풍이 거세지면서 문산중 졸업생들 중 우수한 학생들이 진양고에 지원하지 않고 대부분 진주시내 고등학교로 진학하는 바람에 진양고는 우수한 신입생 유치에 어려움을 겪었다. 그 대신에 진주에서 인문계 고교입시에 떨어지거나 합격이 불확실한 시내 중학생들이 진양고로 들어오는 역순환현상도 일어났다. 인문계 고교진학시험인 연합고사 때도 마찬가지였다. 그래서 '공부 못하는 학생들만 모인다'고 당연히 학교 이미지가 좋지 않았으나 공립화 이후 교육환경이 나아지면서 이런 역순환은 해소돼 현재 발전을 거듭하고 있다. 특히 2012년 문산 가까이로 진주역이 이전되고 문산일대에 혁신도시까지 들어서며 발전을 거듭해, 현재 문산중과 진양고가 미래의 교육시설로 도약하고 있다.

개교 당시 진양고를 나온 졸업생으로는 진주산업대 총장을 지냈던 이유근 교수 등이 있으며, 필자가 경상대를 다닐 당시 학보사 기자를 지낸 동기생들이 진양고 졸업생이란 소리도 들었던 적이 있다.

50. 전기가설기념비(電氣架設記念碑)
내동면에 있는 지역 유일의 전깃불 가설기념비

▲ 1973년 진주시 내동면 대동마을 주민들이 세운 전깃불 가설 기념비.
(처음 위치에서 이설되기 전의 모습.) 〈사진제공 : 진주신문사〉

진주시 내동면 신율리에 있는 '대동전화사업기념비(大洞電化
事業記念碑)'는 진주지역에서 전기가설을 기념해 1973년 세운 진
주의 유일한 전깃불가설기념비이다. 물론 기념비의 제목만 보면
'한전'(한국전력공사)에서 세운 것으로 보일 수도 있지만, 이 비석
은 엄연히 주민들이 세운 전깃불가설기념비이다.

오죽했으면 마을주민들이 전깃불이 켜진 날을 기념해 이런 기념비를 다 세웠을까 하는 생각이 들 정도이다. 눈먼 사람이 눈을 뜰 때의 기분처럼 암흑의 세상에서 광명의 세상으로 나온 듯한 느낌이지 않았을까. 이때의 벅찬 감격을 우리는 대동마을의 전깃불가설 기념비문에서 찾을 수 있다.

'자자손손 맥맥히 지켜 온 고장, 어둡고 괴로워도 내 고장 내 마을이기에 자랑스러이 힘 모아 지켜 온 보람있어, 보라 이제 여기 새 마을이 이룩되도다. 밝은 세상 밝게 살고자 전깃불을 밝히었다. 이는 힘모아 함께 살자는 우리의 의지가 결실된 보람이니, 여기 돌을 세워 이를 길이 기념코자 하니 후인은 이 뜻을 받들어 길이 이 마을을 지키고 갈고 닦으라.'

진주의 전깃불역사는 일제강점기부터 시작된다. 1919년 진주에서는 50마력의 발전소가 설치돼 30kW, 8백1개 전등을 밝혔는데 이때 일반 민가에서는 대부분 5촉짜리 전등을 밝혔다. 그 후 대동마을에 전기가 처음 들어온 것은 70년대 초반의 일로써 일제 때 진주시내의 일부 일본인 주택이나 관공서에 전깃불이 밝혀진 지 거의 반세기가 지난 뒤인 1973년 농촌 전화사업 때의 일이다. 이때 '전화사업'이란 전기화 사업을 줄여서 말하는 것이다. 농촌전화사업의 주된 목적은 불을 밝히는 조명시설설치에 있었다. 즉 전등달아주기사업이다.

당시 진양군은 물론 진주시내 이외의 농촌 마을들은 해방 후에도 오랫동안 전깃불을 구경할 수 없었고, 시내에 나가야만 겨우 전깃불을 구경할 수 있는 형편이었다. 그러다가 박정희 대통령이 농촌근대화 사업의 일환으로 60년대 중반부터 전국적으로 전기가설 사업을 대대적으로 추진해 마침내 역사 이래 암흑천지에 살았던 대동마을도 전깃불을 구경할 수 있게 된 것이다.

이러한 측면에서 대동마을의 전기가설은 비록 한참이나 늦었지만, 최초로 불을 발견한 인간의 환희처럼 가슴 벅차고 경이로운 일이 아닐 수 없었다. 이때 가설된 대동마을의 송전방식은 2백20V였다. 이미 다른 도시와 마찬가지로 진주시내는 일제 때 가설해 놓은 1백V의 송전방식(사실상 1백V의 전압이 송전도중에 적지 않게 누전돼 가정에 도착한 전압은 겨우 60~70V에 불과했음)이 정착되고 있었으나, 대동마을처럼 농촌전화사업 때 가설된 농촌주택의 전기는 모두 2백20V였다. 그것은 앞으로 전기수요가 늘어날 것이라는 점을 미리 예상한 선견지명에 따른 것이었다.

그러나 당시 도시에 설치된 전기가 거의 1백V였기 때문에 2백20V용 전기제품은 별로 없어 농가의 전기사용에는 불편이 많았다. 그래서 농촌에 가설된 새로운 송전방식에 따라 정부는 2백20V용 전구나 가전제품을 만들도록 조치했고 과도기적인 형태로 모든 전기제품을 만들 때는 1백V와 2백20V를 겸용하도록 하는 한편 농가에 공급된 2백20V의 전기를 도시처럼 1백V로 내리는 변압기를 무료로 제공하기도 했다. 다시 말하면 전구는 2백20V로 쓰고 라디오나 선풍기는 1백V짜리로 쓸 수 있도록 조치한 것이었다. 과부하의 전류가 한꺼번에 흐르면 두꺼비집의 퓨즈가 타서 끊어지는 일도 있었기 때문이다.

1973년 6월 3일 대동마을 주민들은 이 기쁨을 영원히 잊지 않고자 그날의 환희를 전기가설기념비에 새겨 마을회관 앞에 세웠다. (지금은 마을회관이 이전되고 빈터에 기념비만 서 있다가 그것도 1998년 기존 위치보다 뒤로 이설됐다.)

대동마을에 전기가 들어오자 이를 너무나 자랑스럽게 생각한 동네 아이들은 밤마다 전깃불 아래에 모여 앉아 이야기꽃을 피웠다. 아이들은 전구를 발명한 에디슨 이야기로 밤이 새는 줄도 몰랐으며, 며칠 동안이나 전깃불을 계속 켜 두었다가 부모에게 호되게 야단을 맞는 일도 많았다. 지금은 전깃불을 아주 흔하게 생각하고 있지만, 과거에는 전기가 끊어지는 단전도 심심찮게 발생해 갑자기 암흑천지로 변하는 일도 종종 일어났기 때문에 전기를 매우 귀하게 여기며 아껴 썼다.

또한 대동마을에 전기가 들어오자 동네 어른들은 어른들대로 기뻐하여 전기 가설기념 잔치를 연일 집집마다 벌였다고 한다. 그래서 매일 밤마다 불콰하게 술에 취해 있지 않은 사람이 거의 없었다는 후문도 전해진다.

무엇보다 학구열에 불타는 시골 우등생에게는 전깃불이 구세주와 같았다. 사실상 호롱불과 등잔불을 기억하지 못하는 요즘 세대들은 선뜻 그 뜻을 이해하지 못할 것이다. 당시 시골 학구파들은 밤새도록 책을 읽거나 공부를 하고 싶어도 할 수가 없었다. 등잔불의 그을음 때문에 코끝이 까맣게 변해 버리기도 하고 눈자위가 기름기 때문에 부어오르기 일쑤였기 때문이다. 바람에 흔들리는 호롱불 밑에서 책을 보다가 눈이 충혈되는 것은 일상적인 일이었다. 결국 '형설지공'이라는 고사성어도 따지고 보면 어둠에 대항하는 인간의 소박한 몸짓에서 나왔다고 볼 수 있다.

그러나 대동마을의 전기가설기념비가 과연 지금처럼 전기의 혜택을 무진장 안고 사는 현대인들에게 그 고마움을 얼마나 전해 줄지 의문이다. 그렇지만 혹시 사고로 정전되는 경우가 있을 때 비로소 어둠 속에서 전깃불의 고마움과 유용성을 느낄 것이다. 나아가 이 기념비를 볼 때마다 그때의 감격도 조금이나마 느껴 볼 수 있지 않을까 생각해 본다.

한편 과거에 농촌전화사업을 추진할 때는 농가에서 2백20V를 1백V로 내리는 변압기를 구입해야 했는데, 전기사용량이 급증한 현재에는 거꾸로 도시사람들이 1백V를 2백20V로 올리는 변압기를 사는 시대로 변했으며 지금 새로 가설되는 전기는 모두 2백20V용이라는 사실을 생각해 볼 때 실로 격세지감을 느끼지 않을 수 없는 대목이다. 심지어 지금은 전기차가 상용화될 정도로 이제 전기는 흔하게 사용할 수 있는 우리 사회의 없어서는 안되는 필수 에너지가 되었다.

51. 진주농대 구본관(晉州農大 舊本館)

국립 경상대의 요람이자 산실

▲ 진주농대 구본관은 1957년 완공돼 20여 년간 경상대의 심장부로 역할해 왔다.
〈사진출전 : 경상대학교40년사〉

현 경상국립대학교 의과대학이 있는 칠암캠퍼스 안에는 한때 대학역사를 말해주는 유서깊은 건물이 있었다. 그 건물은 '진주농대 구본관(晉州農大 舊本館)'을 말한다. 이 건물은 20여 년 동안 경상대학교의 요람이 되었을 뿐만 아니라 경상대 탄생의 산실로도 역할해 온 전통있는 건물이었으나 지금은 사라지고 없다.

1948년 경남도립 진주농과대학(2년제)으로 개교한 진주농대는 1953년에 4년제 정규 국립대학으로 승격했으나, 여전히 진주농림고등학교(과거에 경남과기대의 전신이나 이 과기대가 경상대에 통합되어 현재 경상국립대가 되었음)에서 더부살이 하는 신세를 면치 못하고 있어 농대생들이 농고생들에게 눈칫밥을 얻어먹으며 공부할 수밖에 없었다.

게다가 농고생들이 농고의 농대승격과 학교 흡수에 따른 농고폐교를 우려해 농고 안에 있던 농대를 배척하는 운동마저 벌여 초창기 진주농대는 제대로 면학할 분위기가 아니었다.

그래서 당시 황운성 학장(초대~3대)은 농대를 농고에서 빼내 다른 곳으로 이전키로 계획하고 칠암동 92번지(현 경상대 의대와 대학병원 자리)에다 농대 신축공사를 시작했다. 이때 최초로 완공된 건물이 구본관 건물이며, 착공 이후 3차례씩이나 단계적으로 공사를 거친 끝에 마침내 그 전통 어린 모습을 드러냈다.

1955년 3월 10일 제1차 공사를 끝내고 완공된 농대 본관건물은 현관과 6개 강의실을 갖춘 2층 크기의 건물이었다. 본관은 건물중앙부분이 먼저 1차로 완공됐고, 이듬해 12월 말에는 현관 서쪽부분이 완공돼 2차 공사가 끝났다. 그리고 그다음 해인 1957년에는 여름방학을 이용해 동쪽부분의 계단강의실을 완공함으로써 농대 본관은 칠암캠퍼스의 대표적인 건물로 자리 잡았다.

이 건물은 현 의과대학 본부 건물의 북쪽에 위치했는데, 1955년부터 1962년까지 대학본부와 교수연구실로도 사용됐다. 또한 본부가 들어선 중앙부분을 중심으로 연결된 양쪽건물과 2층건물에는 주로 강의실과 실험실이 들어섰다.

그런데 5·16쿠데타 이후 군사정권이 진주농대가 신축 계획키로 추진하고 있는 대강당을 사치스러운 건물이라고 건축예산을 크게 삭감하는 바람에 진주농대는 사업계획을 바꿔 강당 대신에 새로운 대학본부 건물(제2본관)을 지었다. 이에 따라 기존 본관은 '제1본관' 또는 '구본관'으로 부르기 시작했다.

따라서 주로 구본관이라고 불린 건물은 그 속에 있었던 대학본부가 다른 신축건물로 이전됐지만, 여전히 진주농대의 심장과 같은 중심건물이었다. 또한 구본관은 대학인의 목소리가 집약된 공공집회나 반정부 시위의 장소로도 활용됐다.

실례로 구본관 앞 중앙잔디밭에서는 각종 비판적인 대학인의 목소리가 모아지기도 했는데, 4·19혁명 때는 일제 말 진양군수를 지낸 친일혐의가 있는 황운성 학장(1948년~1960년 재임)을 퇴진시키려는 운동이 벌어진 것(그는 결국 이 때문에 학장을 사임하고 말았다)을 비롯해 1967년에는 박정희 정권에 대항한 6·8부정선거 규탄대회와 학원 정상화 성토대회 등의 각종시국 집회가 열렸다.

또 1975년 4월 서슬 퍼런 유신독재 치하임에도 경상대의 뜻있는 학우들은 유신헌법 철폐를 외치며 뜨거운 함성을 쏟아냈다. 그때 구본관 앞 중앙잔디밭에 모인 학생들은 '유신철폐'의 구호를 외치고, 곧 서로를 어깨동무하며 스크럼을 짜고 학내 시위에 나섰다. 이처럼 구본관은 유신독재에 항거하는 민주화운동의 현장을 지켜본 역사의 증인이었다.

그러나 구본관은 목조건물이기 때문에 영구적인 건물이 못돼 해가 갈수록 낡아져 70년대 초 형성해 학장은 구본관을 유지시키기 위해 1차 개축공사까지 착수했으나, 결국 1977년 8월 윤태규 학장 때 완전히 철거하고 말았다. 1977년 10월 3일자 〈경상대학보〉는 구본관 철거를 다음과 같이 아쉬워하고 있다.

'진정 파괴는 건설의 전초전일까. 칠암벌의 29개 성상을 지켜보아 왔던 구본관 건물이 헐리고 있다. 정든 2층 골마루 복도며 정든 사람끼리 모여 같이 얘기하던 계단강의실도 허물어뜨려야 한다.' (기사원문 인용)

여기서 말한 '29개 성상'이란 구본관의 건물연령(22년)을 말하는 것이 아니라 당시까지의 경상대 나이(29년)를 말하는 것이다. 그만큼 칠암캠퍼스 구본관은 경상대의 산 역사이며, 대학을 받드는 기둥 같은 중심건물이었던 것이다. 현재 이 구본관이 철거된 자리에는 의과대 본관을 둘러싼 수목만이 울창하게 자라고 있다. 또 구본관 앞에 있었던 경상대의 상징이던 '개척탑'도 가좌캠퍼스로 옮겨져 대학진입로와 중앙도서관 사이에 세워져 있다.

52. 우다리(雨橋)

콘크리트로 만든 가화천의 징검다리

▲ 진주시 내동면 가화천의 우다리는 원래 돌 징검다리였으나 홍수로 잘 떠내려가자 콘크리트 징검다리로 바뀌었다. 그러나 1987년 태풍피해로 12번째 징검돌이 유실돼 이빨 빠진 모습처럼 보이고 있다. 〈사진제공 : 진주신문사〉

진주시 내동면 유수리 가화천에 있는 정동마을의 '우(雨)다리'는 비만 오면 떠내려간다는 뜻을 담고 있는데, 가장 원시적이면서도 가장 현대적인 징검다리의 모습을 하고 있다. 바로 콘크리트로 만든 징검다리이기 때문이다.

사람들이 생각하는 보통의 징검다리는 개울 같은 데에 적당한 크기의 돌덩이를 놓아 그것을 딛고 건널 수 있게 만든 다리를 말한다. 이러한 징검다리는 현재 지역에서 모두 사라졌다고 봐야 할 상태이다. 웬만하면 작은 하천에 놓는 소규모의 다리라고 해도 모두 콘크리트 교량으로 놓기 때문이다.

그런데 우다리는 징검다리 형태이지만 콘크리트로 만들어졌다는 점에서 이채로움을 보여주고 있다. 원래 전통적인 징검다리는 개울가에 있는 돌을 띄엄띄엄 놓아 사람들이 물에 빠지지 않고 다닐 수 있게 한 것으로, 인류 역사상 헤아릴 수 없을 만큼 많이 설치돼 온 다리형태이다. 즉, 징검다리는 각종 다리의 시초라고 할 수 있다. 이 징검다리가 세월이 지나면서 원시적인 다리형태를 벗어나 보다리나 구름다리 등의 돌다리 교량형식으로 발전했고, 근·현대에 들어서는 시멘트가 건축재료로 널리 사용되면서 대부분의 다리가 콘크리트 교량으로 바뀌게 되었던 것이다. 이런 점에서 볼 때 우다리는 순수한 징검다리도 아니고, 콘크리트 교량도 아닌 일종의 변형된 형태의 과도기적인 다리인 셈이다.

우다리가 콘크리트 징검다리로 된 것은 남강댐으로 인한 방수로에 그 이유가 있다. 이곳에는 남강댐의 방수로로 이용되는 가화천이 흐르고 있는데, 남강댐이 생기기 전에는 우다리도 일반적인 징검다리 형태에 불과했을 것이다. 그런데 댐완공과 함께 가화천이 방수로로 사용되면서 우다리는 남강댐 만수위 때마다 사천만으로 방류되는 엄청난 양의 물을 견디지 못하고 징검다리가 대부분 급류에 휩쓸려 떠내려가는 일이 잦았다.

물의 힘은 무서울 만큼 크고 셌다. 태풍이나 폭우로 불어난 물살은 커다란 바위도 굴리는 등 크고 작은 바위를 모조리 휩쓸어 하류로 떠내려 보냈다. 심지어 거대한 물살과 급류는 콘크리트다리의 교각도 떠내려 보내고 석축으로 쌓은 견고한 제방이나 둑도 무너뜨릴 정도로 괴력을 보여주었다.

그래서 이곳에 사는 주민들은 풍수해 때마다 떠내려가는 징검돌을 매번 다시 놓는 것에 지쳐 기발한 생각을 해냈다. '궁하면 통한다'는 말처럼 정동마을 주민들과 우다리 건너 우거동 주민들은 급류에도 떠내려가지 않는 간편한 다리를 고민한 끝에 콘크리트로 만든 징검돌을 가화천에 놓는다는 생각을 했다. 그들은 콘크리트 징검돌을 만들기 위해 일정한 크기의 나무격자에 시멘트와 자갈·모래를 물과 배합해 잘 섞어 굳혔다. 이렇게 가화천을 건널 수 있는 만큼 만든 콘크리트 징검돌을 여러 사람이 힘을 모아 하천으로 옮겨 징검다리를 완성했다.

1979년 정동마을 주민들은 13개의 콘크리트 징검돌을 만들어 우다리가 있었던 징검다리 자리에다 설치하고, 우거동쪽 첫째 징검돌에는 '정동 79.11.10'이란 건립 연월일을 표시했으며, 둘째 징검돌에는 '우다리'라는 이름을 새겼다. 또한 주민들은 물살이 빠른 가화천 가운데에 있는 징검돌을 택해 어떤 폭풍이나 폭우에도 끄떡하지 않는 징검다리가 되라는 뜻에서 일곱 번 째돌에 '풍우(風雨)'라는 글자도 함께 새겼다. 그리고 주민들은 자신들이 만들어놓은 새로운 징검다리를 바라보며 매우 흡족한 표정으로 만족감을 표시했다. 그래서 우다리를 본떠 다른 곳에도 징검다리가 놓여졌다.

그러나 사람 일은 매사에 모두 뜻대로 되지 않는 듯 보란 듯이 몇 년 후 기대를 저버렸다. 물의 힘이 얼마나 강한지 보여준 것이다. 그동안 몇 번의 태풍이 지나갔지만 콘크리트 우다리는 끄떡도 하지 않고 멀쩡하게 버텨주었기 때문에 주민들은 이제 안심해도 되겠다고 생각했다. 하지만 주민들의 기대와는 달리 이 콘크리트 징검다리도 1987년 진주지역을 휩쓴 태풍 셀마는 이겨내지 못했다. 그때 가화천에 댐물이 방류될 때 우다리의 12번째 징검돌이 그만 유실돼 버렸던 것이다. 그 때문에 우다리는 마치 이빨 빠진 모습을 보였다.

주민들은 한 숨을 내쉬었다. 온갖 방법을 다 쓴다고 해도 백약이 무효란 생각이 들어 징검다리의 운명을 거스를 수 없다고 생각하고 더 이상 징검돌을 놓는 부역을 하지 않기로 했다. 이후 우다리는 다시 수리되지 않은 채 그대로 사용되었다. 그래서 사람들은 평소 보폭으로 우다리를 건너다가 징검돌이 빠진 부분에서는 힘껏 건너뛰며 징검다리를 건너다녔다.

이 우다리는 가화천 건너편에 있는 우거동 주민뿐만 아니라 학산암의 불자들과 낚시꾼들이 소중하게 이용하고 있는 다리임은 분명하지만 더 이상 새로 놓여지지 않았다. 하지만 크게 불편함이 없는 듯 사람들은 있는 그대로 이 징검다리를 이용했고, 한동안 가화천에서 공룡화석을 찾는 외부 학술탐사반원들도 심심찮게 이용했다. 그러나 언제부터인지 우다리는 보이지 않게 되었는데, 아마도 예전에 놓았던 콘크리트 징검돌이 하나둘씩 풍수해 때마다 혹은 댐물 방류 때마다 떠내려갔을 것이라고 추정된다.

53. 관지리 서낭당(觀旨里 城隍堂)

사라지는 돌무더기 민중신앙물

▲ 진주시 명석면 관지리 일대의 마을 서낭당은 원래 6개소였으나, 나중에 1개소만 남았다가 이마저 겨우 흔적만 있다. 〈사진제공 : 진주신문사〉

　우리나라 고유의 서낭당이 없어져 가고 있다. (아니, 거의 없다고 봐야 할 것이다.) 요즘 신세대들은 이제 돌무더기 따위에 빌지 않는다. 그렇다고 해서 서낭당에 빌어왔던 우리 조상들의 민중 신앙심마저도 모두 사라졌다고 볼 수 없으며, 우리들의 마음속 기도까지도 외래종교에 다 빼앗겨 완전히 사라졌다고 볼 수는 없다. 그것은 우리 민족의 뿌리 깊은 토속신앙의 한 원형이고 은연중에 남아 있는 우리의 정서이기 때문이다.

진주시 명석면 관지리의 '돌무더기 서낭당'은 민중신앙물로서 가장 순수한 형태를 갖고 있는데, 진주지역에 남아 있는 동신제의 대상물 중 가장 원형에 가까운 선돌형 돌무더기의 모습을 잘 보여주고 있다고 할 것이다.

돌무더기나 돌탑 등은 마을 입구나 길가에 위치해 있으면서 정자나무 등의 수목과 더불어 마을의 수호신으로 받들어져 왔으며, 동신제를 통해 오랫동안 민중신앙의 대상물로 존재해 왔다. 이를 흔히 서낭당이라 부른다. (서낭당은 짚북데기 같은 당집에서부터 돌무더기에 이르기까지 다양한 종류가 있으며, 서낭당은 성황당(城隍堂)의 우리나라 말이다.)

관지리 관지마을 북쪽에는 울창한 대밭과 수백 년이 된 제방의 고목이 어우러져 개울을 따라 길게 나무굴을 이루고 있는데, 그 숲 끝에는 이 마을의 수호신인 돌무더기 서낭당이 자리 잡고 있다. 관지마을의 역사만큼이나 이곳 서낭당의 역사도 길겠지만, 문명의 이기에 짓눌린 듯 서낭당의 존재가치는 이제 한갓 미신처럼 치부돼 그 빛이 점점 바래져 가고 있다.

한때 이 돌무더기 앞에서 수많은 사람들이 손을 모으며 무언가를 갈망하며 기원했다. 이렇듯 서낭당에는 대대손손 숱한 사연들이 스며 있다. 이곳에는 아이를 갖지 못하는 종손 며느리의 간절한 소망을 비롯해 기약 없이 길을 떠난 남편을 생각하는 아낙네의 한숨과 아들을 전쟁터에 보낸 어머니의 무사기원, 님의 사랑을 손꼽아 기다리는 여인의 눈물, 평생을 고질병으로 고통받는 늙은 부모의 쾌유를 비는 자식들의 염원 등이 구구절절하게 배어 있다.

원래 관지리 일대의 돌무더기 서낭당은 크고 작은 형태로 마을 주변에 모두 6개소의 서낭당이 있었다고 했으나, 일제시대 전후로 방치되기 시작해 오늘날에는 대부분 사라지고 단지 관지마을 숲 뒤의 동구 밖에만 겨우 1개소가 남아 있다.

특히 1962년 명석면이 물난리로 내부촌 곳곳이 잠길 때 관지리가 온통 유실되면서 돌무더기 서낭당도 대부분 파괴되었는데, 그나마 남아 있던 것도 70년대 새마을운동이 시작되면서 서낭당이 미신타파의 대상으로 전락하여 급속히 사라지게 됐다.

무엇보다 명석면 물난리 직후인 그해 11월 중순께 면내에서 가장 피해가 극심했던 관지리를 직접 방문한 박정희 대장(당시 5. 16 쿠데타로 국가재건최고회의 의장으로 있을 때임)이 수해현장을 시찰하면서 철저한 복구를 지시했던 관계로 이 일대는 과거와는 완전히 딴판으로(좋은 말로 하면 농촌 근대화 실현) 달라졌다. 그래서 수해뿐만 아니라 연이어 시작된 대대적인 마을복구사업으로 그 많던 예전의 서낭당이 대부분 사라질 수밖에 없는 이유가 됐던 것이다.

그러나 풀뿌리처럼 생명력을 이어가는 민중신앙답게 돌무더기 서낭당 1개소는 간신히 살아남아 다시 마을주민들의 공동체 화합 행사로 나타나 그 질긴 생명력을 잘 보여주고 있다. 관지리 서낭당은 매년 섣달그믐날 자정에 치뤄지는 동신제 행사를 지금(1998년 현재)도 계속하고 있어 비록 순수하지는 않지만, 일단 그 명맥을 그런대로 이어가고 있다고 볼 수 있다.

처음에는 엄격한 금기생활을 거쳤던 주민만이 동신제의 제관이 될 수 있었으나, 지금은 동신제의 엄숙함이 변질되고 서낭당의 신성함도 크게 떨어진 듯 아무도 제관을 자청해 나서지 않고 있다.

그래서 주민들은 예전과 같이 새 우물을 파서 목욕을 하는 등 일단의 금기생활을 하지 않아도 제관이 될 수 있도록 하고, 각 반별로 돌아가면서 제관을 맡기 시작했다. 또한 동신제에 쓰이는 그릇도 반드시 새 그릇으로 하지 않고, 오히려 현대의 소비추세에 맞게 은박지 등의 일회용 용기를 사용하고 있다. 이외에도 돌무더기 앞에 놓는 제물도 간단하게 차리는 등 옛날과 같은 정성은 많이 줄어든 게 사실이다.

결국 동신제가 마을의 재앙과 질병을 방지하고 풍요를 기원하는 제사에서 마을의 화합과 결속을 다지는 축제의 장 또는 친목의 장으로 변화됐다. 그래서 예전과 같이 돌무더기 서낭당 앞에서 주민들이 두 손으로 빌며 치성을 드리는 본래의 모습은 이제 거의 찾아볼 수 없다.

이제 이곳 젊은이들은 서낭당의 돌무더기에다 소원을 빌지 않는다. 하지만 서낭당에 비는 우리의 기도까지도 완전히 사라졌다고 볼 수 없다. 그러기엔 이 세상이 너무나 각박하고 단순하지 않기 때문이다.

현재(1998년) 관지마을 숲 뒤 길섶에 있는 돌무더기 서낭당은 옛 모습을 점차 잃어가고 있지만, 돌무더기의 선돌에 묶인 새끼줄과 선돌 주위에 꽂힌 대나무가 아직도 이곳이 신성한 곳임을 깨닫게 해준다. 하지만 이농현상과 세월의 무게를 이기지 못한 듯 이

제 더 이상 동신제를 올리는 서낭당의 모습을 찾아보기 힘들게 되었고, 겨우 마을 언저리 한켠에만 그 흔적이 남아 스산하게 바람을 맞고 있다. 다음은 명석면 출신의 언론인이자 수필가인 하종갑이 1991년에 쓴 「잃어버린 고향」에서 발췌한 글이다.

'해거름 때. 솔밭 사이로 이어진 산길을 굽이 돌아 성황당이 있는 고갯마루에서 아픈 다리를 쉬며 바라본 마을. 때마침 저녁연기가 피어오르고 산자락에서부터 어둠이 깔려 마을 전체가 한 폭의 담채화를 보는 듯한 풍경에서 고향을 기억한다. (중략) 삭막해진 고향. 예스러움을 찾아볼 수 없는 옛집. 가슴 깊이 차곡차곡 쌓인 고향의 추억이 현실과 멀어질수록 향수병은 깊어만 간다. 잃어버린 고향을 영원히 찾을 수 없는 현실때문에 더욱 그렇다.'

54. 〈경남일보〉 사옥(慶南日報 社屋)

보기 드문 한옥 신문사 건물

▲ 1950년대 초부터 1970년대 초까지 있었던 진주시 본성동에 위치한
경남일보사 한옥사옥의 모습. 〈사진출전 : 경남일보〉

8·15해방 후 우리나라에 있었던 신문사 사옥 중 70년대 초까지
현대식 건물이 아닌 한옥사옥(韓屋社屋)을 갖고 있던 신문사는
〈경남일보〉밖에 없었다.

해방 직후 경남지역 언론계는 진보적 민주주의 노선을 지지하는
진주의 〈진주시보〉와 부산의 〈민주중보〉 등 좌파지가 민의를 대변

하고 있었다. 특히 1945년 10월 진주연합출판사(진주합동인쇄주식회사로 추정됨)에서 발간된 조선공산당 경남도당 기관지인 〈미래의 길(前路)〉은 대중들에게도 널리 읽힌 언론매체였다. 해방정국의 정세는 인민위원회 활동 등으로 좌익세력이 대중적 지지를 받고 있었다. 그러나 친일파 등용을 용인한 미군정의 반공정책으로 반공을 표방한 우익세력이 점차 득세하면서 이들을 대변하는 신문도 나타나기 시작했다.

따라서 반공·보수 우익지도 속속 창간되기 시작했는데, 진주에서 창간된 〈경남일보〉도 그중 하나였다. 해방정국 당시 진주에서는 〈미래의 길〉을 비롯해 〈진주시보〉·〈봉화〉·〈경제시보〉·〈영남일보〉·〈민중신보〉 등이 발행되었으나 모두 폐간되었다. 단지 진주에서 반공과 우익세력을 대변해 미군정 이후까지 살아남은 신문은 오로지 〈경남일보〉밖에 없었다.

당초 〈경남일보〉는 1909년 진주에서 〈황성신문〉의 '시일야방성대곡'으로 유명한 위암 장지연 등이 참여해 만든 전국 최초의 지방신문이었으나 친일논조를 유지해 한일합병 이후까지도 살아남은 유일한 조선어지방지가 되고 말았다. 하지만 1910년대 중반께 경영난으로 폐간되어 명백이 끊어졌다.

그런데 해방 후 1946년 3월 1일 진주의 자본가 허만채, 일제 순사부장 출신 문해술, 인쇄업자 김천수 등이 1914년~1915년께 폐간된 〈경남일보〉의 뒤를 잇는다는 명목으로 〈경남일보〉를 '중창간'했다. (사실 중창간이란 말은 〈경남일보〉 사사에서 말한 것이고, 해방 후 발행된 첫 신문에는 창간이라고 표방했다. 창간을 중창간으로 바꾼 것이다.) 초대 사장은 허만채였는데, 일제 때 경남도회 의원을 지내며 일제에 협력하는 시국광고 등을 신문에 게재하거나 중국전선의 일본군을 위문하고 돌아오는 등 친일행위를 저질렀던 자였다.

이때 〈경남일보〉가 발행지로 허가받은 장소가 바로 지금의 본성동 184번지 일대(옛 성수장 자리, 현재는 가구점이 들어서 있다)이며, 당시 사옥으로 사용된 건물은 1층 규모의 한옥이었다. 〈경남일보〉는 이곳에서 일제 때 설립됐던 진주합동인쇄주식회사의 활판 인쇄시설을 이용해 신문을 2천여 부가량 발행했다.

〈경남일보〉를 이끈 초창기 사장 중에는 진주경찰서 순사부장을 지내다가 해방 후 적산공장을 경영하던 중 신문사 사장을 맡은 문해술이 있었다. 그는 초대 사장 허만채와 더불어 진주 우익세력의 대표적 인물로 독립촉성국민회 진주지부장과 한민당 진주지부원 등을 지냈다. 또한 1947년 6월부터 1952년 9월까지 제2대 〈경남일보〉 사장을 지냈다. 1948년 그가 〈경남일보〉 사장을 지내던 중 제헌국회의원이 되기 위해 5·10총선에 나서자 당시 〈경남일보〉 주필이던 설창수는 "국민회·상공회의소·경남일보로 대표되는 진주 민족진영의 초창기 선구자"라고 추켜세웠다. (하지만 문해술이 일제 경찰로서 순사부장을 지낸 것을 기억하는 유권자들은 그를 제헌국회의원으로 뽑지 않고 낙선시켰다.)

그런데 〈경남일보〉는 1950년 한국전쟁으로 사옥과 인쇄시설 모두가 소실되면서 신문발행이 전면 중단됐다. 그러다가 1951년 4월 일반인쇄소를 인수해 본문활자 6호로 겨우 신문을 찍어냈으며, 신문체제는 5호 타블로이드판으로 격일제로 신문을 발행했다. 이후 전쟁이 끝나자(휴전을 말함) 〈경남일보〉는 한옥사옥을 재건하고 신문발행을 정상화시켰으나, 1953년 테러로 인해 신문사 인쇄시설이 파괴되는 바람에 1주일간 휴간하는 등 우여곡절을 겪었다.

그러다가 1961년 5·16군사쿠데타로 〈경남일보〉는 또다시 신문발행을 중단해야 할 위기에 몰렸다. 군사정권은 윤전기가 없는 신문사는 시설기준미달이라는 이유로 폐간시키려고 했다. 군사정권은 언론을 통제하기 위해 이런 구실을 붙여 언론사 재정비를 서둘렀던 것이다. 이에 〈경남일보〉는 황급히 대동공업사에서 우리나라 최초로 국산 윤전기를 만들어 한옥사옥에 설치함으로써 신문사 합병위기를 간신히 넘겼다.

한편 1956년 12월에는 〈경남일보〉가 인쇄출판업을 시작해 경일공무국이란 이름으로 출판등록을 했으며, 1968년에는 일본제 세이겐 윤전기를 도입해 인쇄시설을 확충했다.

한때 〈경남일보〉 한옥사옥에는 '똔또돈…'이라는 무선통신 소리가 끊이지 않았는데, 이는 합동통신의 모르스 통신기의 수신소리이며, 1974년 텔레타이프로 통신기가 대체될 때까지 이 소리는 수십 년간 계속되었다. 이와 관련해 이 모르스부호를 매일 듣다가 신문사 통신담당자가 청력을 상실했다는 이야기도 전해진다.

한옥사옥이 수명을 다하게 된 것은 현재의 LG그룹 창업주인 구인회 회장이 〈경남일보〉의 주식을 대량 사들이고 실소유자가 되면서부터이다. 구인회 회장은 신문사업에 본격적으로 뛰어들어 낡고 비좁은 〈경남일보〉의 한옥사옥을 헐고 그 자리에 현대식 신사옥을 건립했다. 1971년 3월 1일 이른바 '중창간기념일'에 맞춰 대지 1백 80평의 한옥사옥자리에 콘크리트 3층 건물이 준공됨으로써 당시 전국적으로 유일하게 남아 있던 한옥신문사 사옥은 자취를 감추었다. 그러나 구인회는 신문사업에서 손을 떼고 말았는데, 그러자 윤양병원을 운영하고 있던 의사 김윤양 원장이 신문사 주식을 인수해 경영권을 넘겨받았다.

그러나 구인회가 건립했던 신사옥도 신문사 용도로 오래 쓰지 못했다. 10년도 못가 간판을 내렸던 것이다. 1980년 전두환 군사정권에 의해 언론통폐합 조치로 〈경남일보〉가 마산의 〈경남매일〉과 통폐합되고, 새롭게 〈경남신문〉이 탄생하면서 용도 폐기되고 말았다. 말이 통폐합이지 사실상 〈경남일보〉가 〈경남매일〉에 합병되는 수순을 밟았다. 실례로 통폐합된 신문사 사옥이 진주가 아닌 창원에 위치해 있었다는 사실이 그것을 반증한다. 또 〈경남일보〉에서 일하던 기자와 인쇄국 직원들이 마산으로 옮겨가 출근했는데, 그 때마다 더부살이하는 설움과 눈칫밥을 얻어먹는 느낌을 받았다고 한다.

그 후 8년 동안 진주는 발행 신문이 하나도 없는 언론 공백상태로 있다가 민주화이행기에 접어들고 지방화시대가 부활되면서 〈경남일보〉를 복간하자는 움직임이 일어나기 시작했다. (물론 이때 시민주주로 만드는 〈진주신문〉 창간 준비도 진행되고 있었다.)

아무튼 복간 준비는 폐간 당시 사장이었던 김윤양 박사가 운영하던 김윤양병원 건물에서 시작했다. 그러나 상평동에 다시 새 사옥을 건립함으로써 옛 한옥사옥 자리에 있었던 본성동 구사옥 건물로 돌아가지 못했다. 결국 1989년 11월 25일 복간해 현대식 신문사옥에서 '〈신경남일보〉'라는 제호로 신문을 발행했다.

그런데 복간 당시 신문제호가 〈경남신문〉과 유사하다는 이유 때문에 〈경남일보〉로 허가가 나지 않아 기존 제호에다 '신(新)' 자를 덧붙이는 바람에 〈신경남일보〉가 되었다. 그러다가 원래의 제호를 되찾아 〈신경남일보〉의 신자를 떼버리고 〈경남일보〉로 제호로 다시 변경해 현재 〈경남일보〉로 신문을 계속 발행하고 있다.

55. 죽본조(竹本組)

진주의 대표적인 적산기업

▲ 일제 때 진주부 일출정에 있었던 합자회사 죽본조의 1940년 초 모습.
〈사진출전 : 진주대관〉

해방 후 우리나라에 남아 있던 일제의 재산이나 일본인 소유의 재산을 '적산(敵産)'이라고 부르는데, 당시 일본인이 남기고 간 적산 가운데 진주의 대표적인 적산으로 합자회사 '죽본조(竹本組)'를 들 수 있다. 사람들은 당시 죽본조를 보통 일본말로 '다케모도구미'라고 불렀다.

죽본조는 진주 최초의 전문적 건설토목업체로서 일본인 공사업자 다케모도(죽원) 일가에 의해 처음 설립된 가족기업이었다. 이 죽본조의 중심인물로는 다케모도 구마지(죽원웅차)가 있었다. 다케모도는 호주 선교사가 세운 배돈병원을 건축하기 위해 국권상실 전인 1908년 진주에 처음 발을 내디뎠던 일본인 토목공사업자였다. 따라서 죽본조는 1908년 다케모도가 진주에서 설립된 합자회사로, 1945년 일제가 패망할 때까지 다케모도와 그 아들 등이 가족기업으로 운영하면서 대형 건설토목업체로 키웠다.

1916년 다케모도는 동생을 죽본조에 끌어들여 족벌체제로 사업을 운영하는 한편 자신의 일족들을 동원해 건설토목 이외에도 여러 가지 분야에 손을 대고 사업을 문어발식으로 확장했다. 1924년에는 1주일에 백미 1천 가마를 생산할 수 있는 대규모 정미공장을 함양에 설립했으며, 1936년에는 진주정미소를 사들여 정미공장 경영뿐만 아니라 정미업까지도 손을 댔다.

게다가 그는 1926년에 받은 화물자동차 영업허가를 통해 23대나 되는 트럭을 보유하고 운행하는 화물운수업자가 되어 운수업에도 뛰어들었다. 1940년에는 이를 발판으로 경남육운주식회사 취제역사장(대표이사)이 됐다.

그렇듯 성장을 거듭하던 다케모도의 개인사업은 자신의 직계일족이 대거 참여하면서 죽본조 기업의 족벌화를 더욱 확대시켰다. 그는 비대해 가는 죽본조를 계열사별로 조직해 정미업체와 토지경영사업체로 각각 분리해 설립·운영했다. 그리고 그의 자식들에도 사업을 맡겨 두 아들을 경영에 참여시켰는데, 아들들은 죽본조의 정미부와 토지경영부를 맡아 회사 지배인으로 활동했다.

▲ 죽본조는 건설토목업을 주력으로 했으나 사업을 확장해 화물운수업에도 뛰어들었다.
(사진은 죽본조 화물자동차 격납고 앞을 지나는 화물차량의 행렬 모습이다.)
〈사진출전 : 사진으로 본 진주〉

　이처럼 다양한 분야의 사업을 했지만 죽본조의 주력사업은 토목
건설이었으므로 토목공사업체로 이름이 더 났으며, 죽본조의 본사
는 진주에 있었다. 죽본조는 당시 진주의 시가지 구획정리사업 뿐
만 아니라 상하수도 설치, 나불천 개수, 대사지 매립공사, 진주경
찰서 신축 등을 했으며, 나아가 거창교 같은 철근교각에 대한 설
계·건설까지 도맡아 했다. 또 죽본조는 사천 두량저수지 축조공사
도 맡아 진행했는데, 공사가 끝나자 세운 준공비에 '청부인(請負
人)[시공업자] 죽본조 현장주임 초야홍(草野弘)'이란 공사책임자
의 이름을 새겨 놓았다.

이처럼 죽본조는 진주뿐만 아니라 서부경남의 크고 작은 공사도 손을 대는 등 죽본조가 만들지 않는 게 없을 정도로 거의 모든 공사를 독점했다. 그 때문에 1940년 초 죽본조의 공사청부금액은 1백 수십만 원이 넘었다. 당시 경남도내 토목건축 청부업계에 있어서 죽본조는 단연 수위를 차지하고 있었다.

이러한 성장의 배경에는 죽본조의 대표였던 다케모도가 발휘하는 인맥과 로비력이 크게 작용했으며, 또 두 부자(父子)가 경영권을 장악하고 있었기 때문에 기업이 가족중심으로 경영을 강화할 수 있었던 점도 작용했다.

그러나 날로 성장을 거듭하던 죽본조도 해방으로 적산기업이 되고 말았다. 1945년 9월 초 다케모도와 일본인들이 죽본조에서 쫓겨 나간 후 회사는 조선인 종업원들에 의해 장악되었다. 이곳 일출정(지금의 동성동)에 있던 회사의 종업원들은 회사관리자치위원회를 조직하고 죽본조의 운영을 정상화시켰다.

이들은 1945년 10월 4일 자치위원회의 인사말을 통해 "이번에 조선인 종업원이 대동단결해 죽본조관리위원회를 조직하고 새로 발족하는 건국 토건사업에 전심전력을 다하겠다"고 밝혔다. 그러나 4일 후인 8일 진주시내에 미군이 진주했다. 미군은 즉시 적산접수에 착수해 죽본조를 미군이 내정한 관리인으로 바꿔 버렸다.

결국 죽본조는 미군을 등에 업은 모리배들의 농간 속에 종업원들의 관리위원회가 부정되고, 미군정과 결탁한 자본가에게 불하된 끝에 1946년부터는 '조흥토건사'라는 이름으로 바뀌고 경남도내 학교 증개축공사를 도급받아 공사를 하다가 사라졌다. 이후 죽본조의 후신이 된 조흥토건주식회사는 1949년 정부로부터 남강댐 건설공사를 수주받아 공사에 들어갔으나 한국전쟁으로 중단하고 말았다.

그런데 일제강점기를 살았던 촌로들 중에는 죽본조가 경남도내에 건설한 각종 다리 등을 가리켜 "왜놈들은 밉지만 다케모도구미(죽본조)가 다리 하나는 아주 튼튼하게 잘 지었다"고 이야기를 했는데 갑자기 "조선놈들은 부실하게 만들어 뭐든지 걸핏하면 다 무너진다"고 비난했다. 이런 민족비하적인 말을 듣고 무슨 말을 해야 할까. 일제의 토목업자가 다리건설을 잘했던 것은 열악한 노동조건과 저임금으로 조선인노동자를 부려먹으며 공사에 들어가는 원가를 줄었던 것에도 그 이유가 있었지 않았을까.

56. 진주중계탑(晉州中繼塔)

진주성에서 등대처럼 반짝이던 불빛

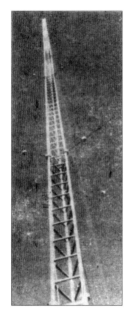

▲ 1962년 진주성에 세워진 방송 안테나의 모습.
〈사진출전 : 경남도지〉

'진주중계탑(晉州中繼塔)'의 불빛이 켜지면 하루일과에 분주했던 시민들의 귀가하는 발걸음이 빨라지고 상가에는 이들을 붙잡는 불빛들이 하나둘씩 켜진다.

그러나 이따금씩 들려오던 자동차의 경적소리마저 완전히 끊긴 어둠에 잠기면 늦은 밤까지 문을 연 상가들도 철시하고 오직 진주의 밤하늘에는 진주성에 우뚝 선 진주중계탑의 불빛만이 빛났다.

1980년대 초만 해도 야간통행금지시간이 있었다. 이른바 '통금' 시간(밤 11시부터 새벽 4시)이 다가오면 술을 마시던 주객들도 남은 술을 얼른 입에 털어놓고 바삐 움직여 집으로 향했다. 통금시간을 어기면 무조건 경찰서 유치장이나 파출소 신세를 져야 했기 때문이다. 그때 통금단속을 피해 가던 사람들은 진주의 밤하늘에 반짝거리던 진주중계탑의 불빛을 보며 귀가를 서둘렀다고 한다. (1982년 1월부터 통행금지조치가 전면 해제되었다.)

아무튼 중계탑 꼭대기에서 주기적으로 빛나던 이 불빛은 마치 등대의 불빛과도 같았고 모두가 잠든 밤에 홀로 변함없이 빛나는 불빛이라 하여 '진주의 파수꾼' 또는 '진주의 불침번'이라는 별명을 얻었다.

그러나 시민들은 이 중계탑의 불빛을 가리켜 통칭 '반짝이 불'이라 불렀다. 이는 중계탑의 불빛이 밤마다 반짝거리며 빛났기 때문이다. 아마도 이 불빛은 야간 비행하는 비행기나 헬기가 높다란 중계탑 안테나와 충돌하지 않도록 신호하는 경고등으로 설치됐는지도 모른다.

그러나 진주중계탑의 등장은 진주에 정상적인 방송이 시작됐음을 의미했다. 1962년 12월 23일 진주방송중계소(지금의 진주KBS 전신)가 진주성안 현 임진대첩계사순의단 자리에 개소하면서 진주중계탑의 라디오방송 전파 송출은 시작됐기 때문이다.

이에 앞서 같은 해 9월 2일에 진주신사 터에서 있었던 진주중계소 기공식에는 당시 박정희 군정당국의 공보부 차관이었던 언론인 출신 최세경(부산일보사 사장출신으로 후에 공화당 국회의원을 지냄)이 직접 참석해 많은 진주시민들이 보는 가운데 중계소 건립을 위한 첫 삽을 떴다.

당시 1㎾에 불과한 미미한 출력으로 방송을 하기 시작했지만, 그때까지 방송의 혜택을 거의 받지 못했던 진주시민들은 진주중계소와 중계탑의 출현을 경이적인 일로 받아들였다.

진주중계탑은 진주방송의 역사에 새로운 장을 열었을 뿐만 아니라 하늘을 찌를 듯이 높이 솟은 안테나 철탑으로 인해 진주사람들의 기개를 상징하는 명물로도 인식되었다.

특히 밤마다 중계탑 꼭대기에서 빛나던 불빛은 일에 지쳐 집에 돌아가는 사람들과 늦은 밤까지 공부에 열중하던 학생들의 마음에 희망과도 같은 등불이 되어 빛났다. 진주를 찾은 어느 외지인이 남긴 글에서도 이러한 점을 충분히 느끼게 해준다.

'진주를 처음 방문한 사람들은 차를 타고 달리다가 진주의 밤하늘에 인공위성처럼 치솟은 거대한 안테나를 본 적이 있을 것이다. 바다의 의연한 등대처럼 도시의 한끝에서 산꼭대기를 넘어 반짝이는 철탑은 나에게 진주사람들의 드높은 기상과 정신이 무엇인지를 느끼게 해준다.'

물론 이러한 중계탑은 어느 도시에서나 볼 수 있는 흔한 방송 안테나 탑일 수 있었다. 하지만 이 외지인은 진주사람들의 기개와 정신을 하늘을 찌를 듯이 높이 솟아 있는 이 중계탑에 비유한 것이다.

이렇듯 진주중계탑은 1962년 건립된 후 하루도 빠지지 않고, 시민들의 귀와 눈이 되어 밤마다 희망처럼 빛났으나, 1978년 KBS진주방송국이 신안동으로 이전될 때 철거돼 다시는 진주성에서 그 추억어린 반짝이 불을 볼 수가 없게 됐다. (단지 지금은 망진산에 진주KBS의 중계소가 설치돼 있다.) 다음은 진주문화원 부설 진주향토사연구소 김범수 소장이 이야기한 '반짝이 불'에 대한 회고이다.

'1962년 12월 23일에는 촉석공원에 부산방송국 진주중계소가 개소되었다. 이 중계소의 방송실은 학생들의 시청각 교육에 따른 견학장소로 인기를 끌었고, 또 이곳에는 하늘을 찌를 듯한 안테나가 세워져 이 꼭대기에 달린 반짝이 불은 이 고장의 등대역할을 하는 등 진주의 명물이 되기도 했는데, 이 중계소는 14년 후인 1976년 4월 1일에 KBS진주방송국으로 승격되고, 1978년 12월 2일에는 신안동 신축청사로 옮겨지면서 사라졌다.'

57. 진주 인민재판장(晉州 人民裁判場)

인민군에 점령된 진주에서 벌어진 보복살인극의 현장

▲ 한국전쟁 때 인민재판이 열렸던 진주여중(5년제)의 50년대 교문의 모습이다.
〈사진출전 : 일신60년사〉

　　1950년 7월 31일 마침내 인민군 6사단이 진주에 들어왔다. 그리고 진주사회를 공포에 떨게 한(특히 우익인사) 이른바 '인민재판(人民裁判)'이 시작됐다. 인민재판에 의한 즉결처분 제도는 북한 당국이 민중의 증오심을 유발해 단결력을 제고한다는 취지에서 공개적으로 행해졌으나, 민중들에게는 오히려 공포감과 불안감만 야기시켜 민심의 이반을 가져온 결과를 초래했다.

인민군의 진주점령기인 8월 11일 오후 7시 30분께 상봉동에 있었던 5년제 진주여자중학교(지금의 진주여고를 말함)의 운동장에서는 시민 2백여 명이 지켜보는 가운데 말로만 듣던 인민재판이 열렸다. 이날 주심은 진양군 빨치산부대장 김종우가 맡았으며, 인민재판에 회부된 반동혐의자는 진주시 치안대에 체포된 박동현 등 2명과 빨치산에 체포된 5명 등 모두 7명이었다. 재판결과 박동현 등은 무죄로 석방됐으나, 4명은 총살형이 내려져 빨치산과 보도연맹 유가족들에 의해 즉결처분됐다. 그 후 인민재판은 학교나 동네광장 등 공개된 장소에서 쉴새없이 개최됐는데, 8월 중순께에는 진주중학교에서도 인민재판이 열려 시민 3명이 본보기로 총살됐다는 소문이 나돌아 진주지역사회는 완전히 공포의 도가니에 빠져 있었다.

또한 진주구세군교회의 노영수 사관은 미처 피난가지 못한 신자들을 돌보다가 말티고개에서 인민군에게 체포된 뒤 인민재판에 회부돼 부역을 거부했다는 이유로 '반동악질 종교분자'라는 죄명으로 1950년 9월 5일 총살당했다.

인민재판은 한국전쟁 당시 북한당국의 경찰조직인 내무서의 지휘 아래 친일파·악질자본가·우익테러분자·남한정부 관료 등 정치적 숙청의 대상자들을 공개적으로 응징하는 것이었다. 이들을 체포한 조직은 지역단위에서 현지 좌익인사들로 구성되었던 치안대 혹은 자위대 또는 빨치산이라고 불리는 자위경찰조직이었다. 인민재판은 바로 이들을 통해 처단하도록 한 즉결처분 제도였다.

지역자위대 구성원의 대다수는 해방정국 당시 변혁운동을 하다가 미군정과 우익세력의 탄압을 받고 남한정부 수립 후 어쩔 수 없는 보신책으로 전향해 이른바 '이승만 대통령과 대한민국에 충성을 다 하겠다'는 맹세와 함께 '국민보도연맹'에 가입한 좌익경력의 소유자들이었다. 1950년 6월 25일 한국전쟁이 시작되자 국군의 대량학살에서 살아남은 이들 보도연맹원들은 남한 경찰 및 관료들에 대한 적개심이 누구보다도 컸기 때문에 이들 자위조직을 동원해 벌인 인민재판은 폭력적인 양상을 띨 수밖에 없었다.

즉, 사상교화를 이유로 보도연맹에 일방적으로 가입된 좌익인사들은 전쟁이 일어나자 모조리 체포된 후 학살되어 살아남은 자와 유가족들은 깊은 원한에 사무치지 않을 수 없었다. 이들은 우익세력과 경찰에게 체포되어 감금돼 있다가 국군이나 군경이 후퇴하면서 인적이 드문 산이나 고개 등지로 끌려가 비공개적으로 대량학살당했던 것이다.

보도연맹원에 대한 처형은 전시상황하에서 불법적으로 급하게 이뤄졌기 때문에 기록조차 남아있지 않는 관계로 구체적인 인명피해를 알 수 없으나 진주의 경우 문산면 갈촌리 고개에서 대량 학살됐고(문산읍에서 거주하다 1997년 작고한 김봉옥 진술), 명석면 관지리 신촌 뒷산에서도 대량학살됐다(명석면 관지리에 거주하는 하계윤 씨 진술)는 이야기가 전해진다.

또한 진주시가지가 인민군에 함락되기 직전 진주형무소에 수감된 좌익재소자들이 2천여 명이나 학살됐다는 북한측의 엄청난 이야기(《해방일보》 1950년 9월 3일자 보도)도 전해지고 있다.

단지 남한측의 기록에는 대검찰청의 좌익사건기록이 있는데, 이에 의하면 진주보도연맹원에 대한 학살이 단편적인 내용으로만 확인되고 있을 뿐이다. 1950년 8월 29일 평거지구 자위대는 평거동 '한청' 단장이었던 강익수와 평거동 '민보단' 단장이었던 강황수를 보도연맹원 학살사건과 관련해 인민군 유격대에 고발했다. 대검찰청 기록에 따르면, 이들 우익인사들은 경찰에 협력해 보도연맹 가입자 강낙중·최춘개·문진옥·최명식·강순섭·최팔십 등을 체포하도록 함으로써 이중 문진옥과 강순섭을 학살당하게 만들었다는 것이다.

그래서 대량학살을 피해 용케도 살아남은 보도연맹원들과 학살의 피해를 당한 그 유가족들은 깊은 원한을 갖고 인민군이 진주를 점령하자 보복을 시작했던 것이다. 그런데 지역단위의 숙청대상자는 고급관료나 경찰간부라기 보다는 이들을 탄압하는데 앞장섰던 하급경찰과 공무원들이 많았다. 사실상 그들이 정작 숙청해야 할 대상자들은 대부분 점령지역을 탈출해 버렸거나 숨어버렸기 때문이다. 게다가 이들 반동분자에 대한 색출에는 인민위원회나 민청 등 사회단체까지도 가세해 보복은 꼬리에 꼬리를 물고 일어났다.

당 위원장이나 인민위원장이 숙청대상자 명단을 작성해 각 지역 자위대에 넘기면 인민위원과 치안대원들은 가택이나 은신처를 수색해 해당자를 체포했고, 체포된 이들은 내무서로 넘겨져 구금됐다. 1950년 8월 20일 이현남동 치안대장 정상식의 주도로 마을 공설 타작마당에서 인민재판이 열렸는데, 체포된 구장(지금의 이장) 강우별남과 이현남동 주민 정봉권은 국군과 경찰의 앞잡이라는 혐의로 재판에 회부돼 강우별남은 악질반동으로 지목된 끝에 사형이 선고됐고, 정봉권은 극형에 처한다는 판결이 내려졌다. 이 자리에 있었던 인민재판 판결문은 그날 즉시 진주시 내무서로 전달됐다.

이들에 대한 처리는 공식적으로 인민재판을 통해 행해졌고, 처형이 결정되면 그 자리에서 즉결처분됐으나, 내무서에 인계될 경우 나중에 처형되기도 했다. 그러나 비공식적으로 자위조직에 의해 그 자리에서 즉결처분된 경우도 많았다. 8월초 판문북동 치안대의 경우 부상을 입은 경찰 1명과 낙오된 미군 병사 1명을 찾아내 이현북동과 판문북동 경계지점에 있는 '두고개'로 끌고 가 그대로 총살시켰다.

원래 북한 내무성은 공식적으로 내무서원들에게 "인권유린과 구타·고문 등의 비인간적인 악행을 금지해야 한다"고 교육했으나, 구체적인 양형기준이 마련되지 않아 대부분 반동행위에 대한 판정은 내무서 하위조직인 동·면·리 자위대원이 알아서 판단할 수밖에 없었다. 그래서 이들은 하급경찰이나 관료에 대해 형성된 직접적인 원한관계로 인해 자의적 판단에 따라 감정적인 보복을 자행했던 것이다.

한국전쟁 당시 노획된 북한문서에 따르면 '반동분자들이 제멋대로 좌익들에게 복수했다고 해서 이쪽에서도 그들을 마음대로 보복처형해서는 안된다'고 강조하고 있다. 즉 '북조선당국이 합법적으로 숙청계획을 수행할 수 있도록 해야 한다'고 고위 당간부회의에서 명령을 내릴 정도로 즉결처분은 심각했다.

더구나 북에서는 전세가 역전될 경우를 예상해 1950년 9월 20일께 '유엔군 상륙 시 지주(支柱)가 되는 모든 요소를 제거하라'는 내용의 지시를 내린 사실이 있었던 데다 유엔군의 인천상륙작전 성공으로 전세마저 불리하게 돌아가자 각 지방에서는 수감자 및 체포된 우익인사들에 대해 무자비한 대량학살을 벌이기 시작했던 것이다. 그래서 이현남동 인민재판에서 사형과 극형을 선고받았던 강우별남과 정봉권은 인민재판을 받은 지 한달 후 인민군이 진주를 포기하고 후퇴할 때 함양군 지곡면 대황산에 끌려가 총살당했던 것이다. (정봉권의 경우 머리에 실탄을 맞았으나, 구사일생으로 살아남았다.)

이러한 보복학살로 억울한 희생자가 속출할 수밖에 없었으며, 그것은 북한이 남한의 점령기간동안 남긴 가장 큰 비극의 하나로 지목됐다. 또한 진주가 재탈환된 뒤부터는 피해를 당한 우익인사들이 인민재판을 열었던 좌익세력과 인민군 부역자들을 다시 체포해 경찰과 특무대에 넘기는 등 보복의 악순환(이들은 군사재판을 통해 대부분 사형됐다)이 계속됐다. 이러한 동족상잔은 이데올로기의 광기가 낳은 민족최대의 비극이며, 슬픈 상처가 아닐 수 없고, 지금도 레드컴플렉스에 사로잡힌 반공의 역사적 유제(遺制)로 계속 남아 아직도 국민통합을 저해하는 요인으로 작용하고 있다.

58. 진주조면공장(晉州繰綿工場)

여공의 애환이 서린 일제 때의 씨아공장

▲ 1925년 진주군 진주면사무소 시절, 강남동에 건립된 솜 공장의 모습.
(진주조면공장의 전경 중 하나이다.) 〈사진출전 : 진주대관〉

'진주조면공장(晉州繰綿工場)'의 출현은 전통적인 직조방법인 길쌈으로 무명옷감을 만들어 온 진주지역 목화 가내 수작업의 몰락을 의미했다. 일본인 자본가 시미즈 사타로(청수좌태랑)가 한일합병 후 1913년 7월에 세운 진주조면공장은 당시 영세성을 면치 못하는 조선인 목화산업을 즉각 파탄시키고, 진주에서 최대 규모를 자랑하는 면화산업체로 자리 잡았다.

원래 목화는 면화라고도 하는데 고려 말 문익점이 원나라에서 씨앗을 가져다가 산청에다 시배지를 만듦으로써, 우리나라 의복사에 무명길쌈의 새로운 역사를 창조한 옷감 원료가 됐다. 이 목화로 우리 조상들은 일일이 솜을 만들어 무명옷을 짜 입었다. 거의 모든 의복을 무명으로 조달해 왔다고 해도 과언은 아니었다. 실례로 진주조면공장이 설립되기 전만 해도 집집마다 아낙네들과 처녀들이 부르는 길쌈노래가 하루도 끊이지 않았다는 점을 볼 때 얼마나 길쌈이 흔했는지 짐작이 간다. 그러나 목화씨를 빼거나 솜을 트는 기계를 설치한 근대식 조면공장이 진주에 들어선 후 조면은 대량생산되기 시작했다. 당연히 길쌈이 쇠퇴하기 시작한 것은 물론이다. 진주조면공장은 값싼 원료와 풍부한 조선인의 노동력을 바탕으로 막강한 자본과 일제의 지원에 힘입어 진주는 물론 경남도내에서도 굴지의 조면공장으로 성장했다.

조면공장을 경영하는 시미즈는 경남도평의원(지금의 경남도의원에 해당)이란 감투를 쓰고 일제의 보호아래 진주사람들에게 독점적으로 조면을 매수해 판매함으로써 많은 부를 축적했다. 그런데 1924년 1월 초 '청수면화 부정매수사건'이 발생해 시미즈의 교활한 사기수법이 드러났다. 시미즈는 면화를 팔러오는 조선인들을 속이기 위해 면화의 무게를 측정하는 저울추에 납을 넣어 수년간 부당이득을 얻어 오다가 도량형 검사 때 이 같은 사실이 들통났던 것이다. 상도덕의 금도를 넘은 부도덕한 행위였다. 진주지역의 피해농민들은 즉각 "악마 시미즈를 박멸하라!"고 외치며 일제히 분기하기 시작했다. 아울러 시미즈는 정미업을 하면서도 이 같은 부정행위를 거듭해 저질렀다. '악마 시미즈'란 소리가 그냥 나온 말이 아닌 것이다.

이에 진주노동공제회 등 진주 11개 사회단체의 결의로 대규모적인 시민대회가 열려 악덕상인 시미즈를 추방할 것을 결의하는 등 진주민중의 시미즈를 타도하자는 목소리는 지역사회 전체를 뒤흔들었다. 그러나 시미즈는 추방되기는커녕 일제의 비호 아래 더욱 면화산업기반을 확고히 다졌는데, 1925년에는 대정정(지금의 강남동)에 대규모 조면공장을 건립해 진주민중들이 벌인 자신에 대한 규탄운동을 비웃기나 하는 듯 당시 공장 이전확장자금을 8만 원이나 투입해 사업을 확장했던 것이다. 그리고 10년 후에는 다시 2만5천 원을 들여 공장을 증설하는 등 진주조면공장을 진주최대의 산업체로 키웠다.

진주조면공장은 공장건물과 창고만 해도 1천 평이 넘었고, 공장시설로는 원동기인 삼릉전동기가 2대, 수압식 하조기가 1대, 롤러식 조면기가 63대, 솜옷쁘나 1대, 씨앗옷쁘나 1대가 설치돼 있는 등 진주 최대의 기간산업이었다. 이를 증명이나 하듯이 당시 조면공장에서 일하고 있던 조선인 여자 직공들이 무려 1백50명이나 됐고, 일본인 사무원을 비롯한 조선인 사무원과 기술자들까지 포함할 경우 진주조면공장은 대단위 인력의 산업체였음이 분명했다.

그러나 조면공장에서 일하는 여공들은 열악한 노동조건에서 저임금에 시달렸다. 꽃다운 나이에 장시간 중노동으로 가냘픈 얼굴은 노랗게 변해갔으나, 병이 들면 무조건 공장 기숙사에서 쫓겨나기 때문에 불쌍한 우리 조선인 여공들은 몸이 아파도 아프다고 표현조차 할 수 없었다. 여성들의 일자리가 거의 없었던 당시 상황으로 볼 때 무조건 노동력을 착취당하면서도 일자리에 연연하지 않을 수 없었던 것이다.

특히 진주조면공장은 목화의 씨아(목화씨를 빼는 기구)로 씨를 빼내는 솜공장이었기 때문에 여공들은 먼지 때문에 호흡기 질환과 충혈로 눈병환자가 많았다. 여공들은 목화에서 실을 뽑아 원사를 만드는 방적·방직공정을 통해 나온 옷감 재료들로 원단을 만든다. 일본여인들이 입는 화려한 기모노의 원단도 바로 이런 작업을 거쳐 만들어지게 된다. 이처럼 화려한 옷감 뒤에는 얼마나 많은 여공들의 땀과 눈물이 스며들어있는지 모른다.

이를 지켜본 진주의 한 시인은 '언니의 노래'라는 시를 신문에 발표했다가 일제의 검열에 걸려 삭제당했다. 시인 손길상은 진주에 거주하며 '새힘사'의 동인으로 활동하며 시를 썼는데, 〈중외일보〉 1930년 1월 28일자에 발표한 시 '언니의 노래'가 여공의 애환과 빈궁을 노래하고 계급의식을 도발한 것으로 지목돼 게재금지를 당했다. 다음은 총독부의 경무국 도서과에서 압수한 '언니의 노래' 시 전문이다.

'뛰- 뛰 공장에 고동소리가 / 아침 해도 돋기 전 들려서 오면 / 나는 혼자 공장에 달려갑니다 // 저력 때에 시계가 일곱 시 치면 / 온종일 공장에 일을 하고서 / 동무들과 모여서 집에 옵니다. // 일년 동안 이렇게 공장 안에서 / 하루 날도 안 쉬고 일을 하여도 / 배부

르게 한 번도 못 먹어봤네 // 공장 감독 오늘도 나가라 하데 / 우리
보다 값싸게 주어서라도 / 일 시킬 일꾼들 많이 있다고'

이처럼 진주조면공장은 열악한 노동조건과 자본가에 유리한 특
혜조건으로 조면을 대량 생산해 일본 본토수출은 물론 국내 방적
공장에도 조면을 대량 팔아 오며 막대한 부를 축적해 왔다.

한편 일제는 중일전쟁과 태평양전쟁을 일으키면서 일반 농가에
서 재배하는 모든 목화를 공출하기 시작했다. 당연히 조면공장은
목화공출 창고로 역할했다. 일제의 목화공출은 겨우 명맥만 유지하
던 우리의 전통적인 길쌈을 지역에서 완전히 사라지게 만들었다.

따라서 해방 후 시미즈가 쫓겨나고 진주조면공장은 조선인에 의
해 접수되어 청수합자회사 관리위원회가 활동하게 되자 지역민들
은 진주조면공장에서 수탈해 간 목화를 다시 돌려 달라고 요구하
기 시작했다. 그래서 진주조면공장은 일제 때 공출받은 목화 재고
품 약 10만 근을 진주부와 진양군 등 서부경남지역 귀환동포와 극
빈자에게 1근에 10원씩의 저렴한 가격으로 배급했다. 하지만 헐벗
은 지역민들의 의복 수요를 모두 만족시켜 주지 못했다. 이때 생산
한 직물은 대부분 생필품인 의복을 만들기 위한 것들이었다.

결국 1946년 조면공장의 조선인 대표자 김한수는 미군정 당국
의 지시에 따라 당시 공장에 보관돼 있던 목화 45만 근을 모든 일
반인들에게 배급키로 결정했다. 하지만 진주조면공장은 한국전쟁
때 입은 폭격 피해와 목화산업의 몰락으로 더 이상 유지되지 못하
고 지금은 그 명맥조차 남아 있지 않다.

59. 충노비(忠奴碑)

충성스런 노비의 정려비

▲ 진주시 진성면에 있는 노비 최의남의 정려비는 숙종 13년(1687년)에 하사된
충노문에 근거해 헌종 11년(1845년)에 세워졌다. 〈사진제공 : 진주신문사〉

전국에 흩어진 수많은 정려비 가운데 진주시 진성면에 있는 '충
노비(忠奴碑)'는 노비의 정려비라는 점에서 여느 정려비와 확연히
구분된다.

진성면 동산리 용고미 마을 앞에는 전국 어디에서도 찾아보기

힘든 충노비가 있다. 이 충노비는 충성과 효성을 다한 노비를 기려 국가가 내린 정려비이며, 노비주인댁 문중에서는 해마다 그를 위한 제사를 지내고 있다.

충노비가 있는 용고미 마을은 용이 꼬리를 돌아보는 형상을 한 곳이라 해서 붙여진 이름인데, 함양박씨 문중이 최초로 자리 잡아 이 마을을 형성했다. 충노비는 바로 이 마을의 대성가문이던 함양 박씨 박의달의 종 이야기이다.

조선 숙종 때 용고미의 향반 박의달에게는 절대적으로 주인에게 복종하는 충성스런 노비가 있었다. 그 노비의 이름은 최의남인데 주인을 섬기는 정성이 부모를 섬기는 것 못지않아 매우 충성스런 종으로 소문이 자자했다. 박의달이 일찍 죽자 그는 주인의 어린 아들을 업고 다니며 대를 이어 충성을 다했다.

그는 1년 내내 어린 주인의 발에 흙이 묻지 않을 정도로 매일 업고 다니며, 죽은 상전의 충실한 종이며 그림자로서 온갖 충성을 다 바치다가 죽었다.

이 같은 최의남의 지극한 주인 섬기기가 일거수일투족까지 알려지자 박씨 문중에서는 모든 노비의 모범으로 삼기 위해 조정에 정려비를 내려줄 것을 간청했다. 이 사실을 전해 들은 조정에서는 숙종 13년인 1687년 박씨 문중에게 충노문을 하사하여 수많은 노비가 최의남을 본받도록 했다.

그런데 최의남이 살아있을 때 그에게는 늙은 노모가 있었는데, 상전의 어린아들을 매일같이 업고 다니다 보니 정작 자신의 늙은 모친을 돌볼 겨를이 없었다. 그래서 그는 자신이 주인을 섬기는 것처럼 아내가 열심히 시어머니를 봉양하지 못한다고 화를 내고, 자신의 처를 아홉 번이나 집에서 내쫓기도 했다는 것이다. 최의남은 죽은 상전의 어린 아들을 돌본다고 자신의 노모를 못 돌본 것을 자책한 것은 아닐까. 그래서 애꿎은 아내에게 분풀이한 것은 아닐까.

이처럼 엄격한 신분제 사회에서 최의남이 보여준 충효는 당시의 미덕처럼 인정받았으나, 착취당하는 노비들의 불행한 삶에 과연 얼마나 많은 희망을 줬을지 의문이다. 오히려 최의남과 충노비로 인해 더 많은 노비들이 노동력을 착취당하며 살았는지도 모른다.

단지 박씨 문중에서는 최의남이 죽자 그의 충효를 기리고 계속 노비들의 모범으로 삼고자 했다. 그래서 헌종 11년인 1845년 11월 '충노효자 최의남지려(忠奴孝子 崔義男之閭)'라는 정려문을 만들었고, 그 후 임신년 11월에는 충노비를 세웠다.

또한 박씨 문중 후손들은 최의남이 죽은 후 충노비 정려문을 세우고 자기집 주인을 위해 충성을 다 바친 노비의 정성에 보답하는 뜻으로 매년 음력 10월 20일에 그의 제사를 지냈다. 이렇게 주인 집에서 종의 제사까지 지낸다는 사실은 매우 특이한 일이 아닐 수 없다.

1932년 진주의 '연계재(蓮桂齋) 향의(鄕議)'에서는 『진양속지』를 편찬하면서 진성면의 충노비 이야기를 실었다. 다음은 그 전문을 번역한 것이다.

'최의남은 동산리 박씨 집의 사노(私奴)였다. 그의 주인이 일찍 죽고 남은 재산이 없었다. 다만 한 고아만 있었으나 최의남은 주인

집의 제사를 받들어 향불을 끊이지 않게 했고, 또한 아이를 등에 업고 다니며 배움을 성취하게 했다. 숙종조에 이런 일이 알려지자 충노(忠奴)로써 정려(旌閭)가 명령되었다.'

또 박씨 문중에서 만들어 정려문에 걸어 둔 기문에는 아직도 최의남의 충성이 찬양되고 있다. 하지만 종이나 노비가 사라진 지금에 있어 과연 그 글이 어떤 의미를 주고 있는지 궁금하기만 하다. 주인집이 정려문에 걸어놓은 기문에는 이렇게 적혀 있다.

'의남은 우리집 옛 종이다. 충과 효는 비록 대인 군자라고 해도 하나같이 이루기 어려운 것이다. 하물며 너같이 천한 종이 능히 그 두 가지나 이루었구나.'

60. 한빛공민학교(한빛公民學校)

한국전쟁 직후 시내에 설치된 초가집 배움터

▲ 1956년 진주시 동성동에 있었던 한빛공민학교의 초가집 교실의 모습.
〈사진제공 : 김창문〉

'저마다의 가슴에 꽃망울 하나 내일은 동트리라 꽃도 피리라 사랑스민 한빛들에 땀이 고이어 우리들의 그날이 다가오리라.'

1956년 3월 3일 진주시 동성동에 있던 초라한 초가집에서는 '진주한빛공민학교'의 제1회 졸업식이 조촐하게 열리고 있었다. 한국전쟁기의 불우한 처지에서 역경을 딛고 배움의 의지를 불태웠던 1회 졸업생들은 졸업식이 끝나면서 교가 소리가 들려오자 어느덧 눈가에는 이슬이 맺히고 교가를 부르는 이들의 목소리도 목이 메기 시작했다.

'공민학교(公民學校)'는 지금의 초등학교인 당시의 국민학교와는 사뭇 다르다. 공민학교는 초등교육을 받지 못하고 만 12세의 취학연령을 넘긴 아동 또는 청소년들에게 공민생활에 필요한 보통교육과 공민적 사회교육을 실시하기 위해 50~60년대에 많이 설치됐던 비정규 교육기관을 말한다. 주로 야학 등을 통해 일반 초·중학교 교재를 학습했으며, 3년 과정으로 독지가의 후원과 교사들의 자원봉사로 운영되었다.

큰 희망이란 뜻을 이름에 품고 있는 진주한빛공민학교도 마찬가지였다. 진주의 뜻있는 젊은이들은 한국전쟁으로 초토화된 시가지를 배회하는 수많은 어린이와 청소년들을 모아 1953년 4월 '한빛학원'이라는 배움의 장을 마련하면서 한빛야학은 시작됐다.

당시 미도양화점 대표 김창문(후에 태정민속박물관 설립해 관장을 지냄)과 진주농림고등학교 교사 리명길(후에 경상대 교수, 진주문화원장을 지냄, 1994년 작고)이 주축이 된 의리구락부(일명 미래구락부)가 남성동에 있던 김 관장의 아랫방에서 시내 구두닦이 소년들을 모아 가르치면서 한빛공민학교의 역사가 시작됐다. 아마도 김 관장이 한빛야학을 시작할 수 있었던 것은 자신이 어린 시절에 다녔던 일제 때의 진주 제3야학교가 중요한 계기가 됐던 것으로 보인다. (사실상 그의 유일한 학력은 제3야학교 졸업이 전부이다.)

그런데 야학이 시작됐다는 소문이 퍼지면서 배움의 기회를 갈망하던 수많은 불우청소년들이 벌떼처럼 한빛야학으로 몰려들었다. 한국전쟁으로 피폐해지고 보릿고개의 어려움 속에서도 미취학 아동이나 청소년들의 배움에 대한 열망은 대단했다.

결국 김 관장이 사재를 털어 지금의 동성동 농협중앙회 진주시지부 자리에다 5칸의 초가집 교실(나중에 함석지붕으로 바뀜)을 지어 한빛공민학교를 설립함으로써 본격적인 야학이 이뤄지게 됐다. 그가 직접 교장을 맡아 야학을 운영했다고 한다.

이와 관련해 리명길의 동생 리영달(치과의사) 진주문화사랑모임회장은 "한빛학교는 원래 작고한 리명길 형님하고 내가 시작한 것인데, 야학운영자금이 없어 김창문 선생을 교장으로 모셨던 것뿐이다. 사실상 옛 윤양병원 뒤에 있었던 가교사도 우리 형제가 지은 것으로 당연히 설립자는 리명길 박사임을 알아야 한다"고 강조했다.

하지만 누가 되었든 한빛야학은 배움을 갈망하던 이들에게 한 줄기 빛이 되어주었다. 그래서 '한빛'이란 이름을 붙였는지도 모른다. 어쨌든 진주에 야학이 설립되자 많은 고등학교 학생들이 교사로 참여해 야학생들을 가르쳤다. 진주농고를 비롯한 진주사범·진주고·진주여고 재학생들이 하교 후 밤마다 한빛공민학교의 자원교사로 봉사했으며, 한빛야학생들도 적극적으로 수업에 임했다. 한빛야학은 1959년까지 제4회 졸업생을 배출하는 등 해가 갈수록 성황을 이루었다. 한빛야학은 한빛공민학교 혹은 한빛학원으로 널리 알려지며 진주지역에서 모르는 사람이 없을 정도로 유명해졌다.

이런 와중에 한빛야학이 불우학생들을 모두 수용하지 못하자 50년대 말까지 새로운 야학들이 많이 생겨났다. 1959년 1월 30일까지 설립된 진주지역 공민학교는 모두 7개교, 49개 학급이었는데 1천4백78명이 거쳐 갔다. 그런데 이중에는 여학생이 1천여 명이나 됐다. 이는 무엇을 말하는가. 그만큼 당시 어려웠던 교육 사정은 여성들이 정규교육을 받는데 불리한 처지임을 웅변하고 있는 것은 아니었을까. 어쨌든 실로 야학에서 공부하는 이들의 숫자가 날이 갈수록 어마어마하게 늘어났던 것이다. 당시 정규학교에 다니지 못하면 모두 야학으로 몰려들었다고 해도 과언이 아니었다.

　그러나 한빛공민학교는 60년대에 들어와 성남교회 '밤학교(야학교)'와 양분되면서 분열돼 1965년 이후 어느 순간부터 지역 야학계에서 한빛이란 이름은 사라졌다. 단지 한빛공민학교의 전성기 때인 1955년 진주시의회 의장 문해술이 한빛학원 원장 김창문 관장에게 시민을 대표해 수여한 감사장을 보면 당시의 시민반응이 어떠했는지 짐작할 수 있다.

　'불우한 처지에 헤매고 있는 불취학 소년 소녀들의 제2세 국민교육에 전 심혈을 경주한 기(旣) 공적이 다대함을 높이 찬양코 금후(今後) 가일층 공민교육 발전을 격려하는 뜻으로…'

61. 원계리 손경례 고택(元溪里 孫景禮 古宅)

백의종군하던 이순신 장군의 통제사 재임명지

▲진주시 수곡면 원계리에 있는 손경례 고택은 1597년 8월 3일 백의종군하던 이순신이 삼도수군통제사 임명장을 받은 곳이다. 〈사진제공 : 진주신문사〉

'전선(군함)이라곤 다만 열척이었다. 전라우수사 김억추를 불러 병선을 거두어 모으게 하고, 또 여러 장수들에게 분부하여 전선을 거북선으로 꾸며서 군세를 돋구도록 하라고 하고, 또 우리들이 임금의 명령을 같이 받들었으니 의리상 같이 죽는 것이 마땅하다. 그런데 사태가 여기까지 이르렀는데, 한번 죽음으로써 나라에 보답하

는 것이 무엇이 그리 아까울소냐! 오직 죽음이 있을 뿐이다고 굳게 약속했다.'(이순신의 행록에서)

임진왜란 당시 임금인 선조에 의해 반역죄로 투옥됐다가 간신히 사면된 충무공 이순신은 백의종군(白衣從軍) 하던 중 진주목 운곡(지금의 수곡면)에 있는 '손경례(孫景禮)의 집'에서 지금의 해군 참모총장에 해당되는 삼도수군 통제사 직책을 재임명받게 됐다. 이에 따라 이와 같은 비장한 말을 남기고 마지막 애국심과 투혼을 불태울 수 있었다. (그는 복직된 그해 11월 노량해전에서 전사했다.)

이순신이 삼도수군통제사에 다시 발령한다는 임명장을 전달받았던 곳은 직장공 손경례의 집이며, 이 집은 현재 수곡면 원계리 318번지에 있는 후손 손창수 씨의 집을 말한다.

이순신은 임진왜란 당시 조선수군의 맹장으로 활약하던 중 1597년 3월 무책임한 군주였던 선조의 오해와 미움을 받고, 왜군의 비밀공작 그리고 조선 간신배의 모략 등으로 관직을 박탈당하고 투옥됐다. 그리고 그는 모진 고문 끝에 죽어가게 되었으나, 유성룡과 정탁 등의 구명운동에 힘입어 겨우 사형을 면하고 특사로 풀려나 무관의 제왕으로 백의종군할 수 있었다.

그가 삼도수군통제사가 되어 다시 피비린내가 나는 전선으로 향한 것은 정유재란으로 조선수군이 전멸을 당하자 수군을 재건할 사람은 이순신밖에 없다는 조정의 판단에 따른 것이었는지도 모른다. 그렇지만, 정작 그가 군인으로서 죽음을 맞이할 곳은 더러운 정치판이 아니라 확실한 조국애를 보여줄 수 있는 전쟁터라고 생각했을 것이다.

이순신에 대한 통제사 복직명령은 1597년 7월 22일 이루어졌으나(정확한 임명날짜는 7월 23일자로 이루어짐) 이 사실을 모르고 있던 그는 27일 원계리 손경례의 집에 도착해 그의 호의로 5일 동안 머물면서 그의 집 앞에 있던 일명 진배미에서 군사를 점검했다. 또한 진주목사를 비롯한 소촌찰방(음관 6품의 문산지역 벼슬아치)과 남해현령 등의 지방수령들과 만나 전략을 논의하고 있었다.

손경례의 집에서 머무는 동안 진배미에서 실시한 군사훈련은 참으로 한심했던 것 같다. 정유년(1597년) 7월 29일자의 『난중일기』를 보면 비가 오락가락하는 중에도 이순신은 원계리 냇가로 나가 군사를 점검하고 말을 달렸다. 그런데 권율 장군이 보낸 병력을 보니 하나같이 형편없는 무장상태를 보이고 있어 앞으로 왜적과 맞서 싸워야 할 일이 한탄스러웠는지도 모른다. 권율이 보낸 병사들은 모두 말(馬)이 없고 활과 화살도 없는 아무짝에도 쓸모없는 오합지졸들이나 다름없었기 때문이다. 이런 와중에 다음과 같이 통제사 복직명령서가 그에게 도착했다.

'아! 국가가 의지하여 보장받은 것은 오직 수군뿐이었건만 하늘이 아직도 화내림을 후회하지 않은지 흉적의 칼날이 다시 번뜩여 마침내 삼도의 대군을 한 싸움에 다 없애버렸도다. … 오로지 경[이순신을 말함]은 일찍이 발탁되어 수사(水使)로 임명하던 날부터 이름이 드러나고 … 이제 특별히 복권하고 복상 중에 뽑아내어 백의

종군으로부터 충청·전라·경상 등 삼도의 수군통제사로 제수하노라.' (선조의 복직명령서 중에서)

　선조의 복직명령서의 내용은 명확했다. 이순신이 투옥된 후 삼도수군통제사였던 원균이 칠천량해전에서 대패해 이순신이 만들어놓았던 조선수군을 거의 다 잃고 말았다는 사실과 이를 감당하고 전멸한 조선수군을 재건할 적임자는 이순신밖에 없다는 사실을 보여주고 있다. 그리고 그 점은 틀리지 않았다. 이순신은 명량해전 때 고작 12척의 배로 수백 배나 되는 일본의 거대한 함대를 물리치는 기적같은 대승전을 이룩해 세계해전사상 유례가 없는 역사를 썼기 때문이다.

　이렇게 복직명령이 내려진 지 2주일 만에 선조의 교유서(벼슬아치가 부임할 때 임금이 내리는 명령서)를 들고 말을 타고 달려온 선전관 양호가 그에게 삼도수군통제사 재임명장을 전달한 것이다. 선조의 임명장을 받아든 이순신은 즉시 발길을 돌려 그를 기다리고 있던 바다로 돌아갔다. 마침내 조선수군의 최고사령관으로 복귀했던 것이다. 그가 쓴 정유년(1597년) 8월 3일자 『난중일기』에는 이때의 일을 다음과 같이 적고 있다.

　'맑다. 이른 아침에 선전관 양호가 교유서를 가지고 왔다. 그것이 곧 겸 삼도수군통제사의 임명이다. 숙배(임금이 계신 곳을 향해 고개를 숙이고 손을 내려 공손히 하는 절)를 한 뒤에 다만 받들어 받았다는 서장을 써서 봉하고, 곧 떠났다.'

이순신이 통제사 재임명장을 받기까지 5일 동안 자신의 집에 머물게 한 손경례는 문무 겸비한 선비로서 이순신의 인물됨을 일찍이 알아보고 직책없는 일개 백성으로 백의종군하는 그에게 온갖 정성을 다해 편의를 제공했다.

그 후 이곳은 손경례의 후손들과 밀양손씨 문중에 의해 이순신이 통제사로 재임명된 유서 깊은 장소로 보존돼 오다가 수백 년이 흐르면서 당시의 가옥이 바뀌고 주변이 변해 이충무공 사적지가 점차 잊히게 됐다.

이에 따라 손씨 문중에서는 60년대부터 정부에 이충무공의 사적비를 건립토록 거듭 탄원했다. 그 결과 1975년 12월 당시 문화공보부는 손씨 문중의 도움을 받아 이순신이 손경례의 집에 머물면서 군사를 점검했던 원계리 진배미에 '이충무공 군사훈련유적비'를 건립했다. 또한 유숙지인 손경례의 집터에는 후손들에 의해 '충무공 이순신 장군 삼도수군통제사 재수임사적지'라는 기념비가 세워졌다.

이와 관련해 노산 이은상은 "충무공이 삼도수군통제사의 재임명 교서와 유서를 받은 곳이라 그 집터야말로 역사적인 기념지가 아닐 수 없다"고 손경례 집터의 의미를 밝히고 있다. 그러나 손경례의 직계후손이며 진주 경해여중에서 국사를 가르쳤던 손율 교사의 생각은 다르다.

그는 이충무공의 진배미기념비와 손경례의 고택에 세운 사적비가 권위주의시대에 진행된 이순신 우상화의 한 예라고 보고 있다. 손 교사는 "이 기념비와 사적비가 이순신 바로 세우기 차원이 아닌 당시 이순신 만들기 작업의 일환으로 건립된 것"이라고 보았다. 설령 그렇다고 하더라도 이순신은 절체절명의 순간에 나라를 구한 공로를 인정받아야 할 인물이란 점은 분명하고, 그럴만한 가치를 충분히 가지고 있는 인물이란 점도 이론의 여지가 없다.

62. 원전자동차부(原田自動車部)

지리산 노선을 개척한 일제 때의 운수업체

▲ 1940년 초 진주부 금정에 있던 원전자동차부 진주본점의 모습.
〈사진출전 : 진주대관〉

'조선 8경의 하나로 손꼽히는 남쪽의 금강산인 지리산을 보려면 진주의 원전자동차부(原田自動車部)를 이용하라'는 말이 있다. 교통수단이 발달하지 않았던 당시 최고의 관광유람은 금강산을 구경하는 것이었다. 물론 원전자동차부에서 멀리 금강산까지 운행할 유람노선을 확보한 것은 아니었지만 조선 남부에서 가장 높은 지리산 노선까지 개척한 것을 두고 이런 말이 나온 것으로 볼 수 있다.

일제 때 원전자동차부는 진주를 중심으로 중서부경남 각지에 수 많은 정기노선을 개척했는데, 지리산 방면도 정기노선을 개척하면 서 지리산 등반과 유람하는 데 큰 발판을 마련했다는 평가를 받는 다. 원전자동차부가 개척해 정기운행한 지리산 방면 노선은 진주~ 원지~산청~함양~지리산 노선이 있고, 또 하나는 진주~덕산~석 남~지리산 노선이 있었다.

이들 지리산 노선이 확보됨에 따라 지리산을 오르고 싶어했던 등산인과 이를 보고 싶어했던 풍류객들이 자연스럽게 지리산을 찾 는 경우가 많아졌다. 또한 학생들도 방학 때가 되면 전국 도처에서 지리산을 찾아와 민족의 영산을 바라보며 식민지에 신음하는 우리 민족의 현실을 자각하고 돌아가기도 했다.

이처럼 지리산 등반의 대중화(물론 지금처럼 국립공원 휴식년제 를 실시할 정도로 사람들이 많이 오지 않았지만)를 가능하게 했던 원전자동차부의 대표 하라다(원전롱장)가 누구인지 알아보자. 그 는 일본인 운수업자로서 일제 때 진주에 있던 자동차 운송·운수업 자 중에서도 가장 구두쇠같은 업자로 소문이 자자했다.

일본 산구현 산구시 태생인 하라다는 일찍이 자동차 운전기술을 터득해 식민지가 된 조선에서 자동차사업으로 한밑천 크게 잡아 보겠다며 조선에 건너왔다. 처음에는 조선총독부 등에서 직접 운 전수로 일했는데, 어느 정도 경력이 붙자 남조선 지방에서 혼자 자 동차사업을 해보겠다며 1920년대 초 진주로 내려왔다.

그는 1922년 3월, 진주~산청 간 정기노선 37㎞를 매수한 것을 시작으로, 이듬해 9월에는 진주~합천 간 노선 57km를 손에 넣는 등 뛰어난 사업수완을 발휘해 의령·함양·삼가 등 중서부경남 일대의 교통로를 확보해 경남 굴지의 운수업자로 자리 잡았다.

게다가 많은 사람이 가보고 싶어 하던 지리산 정기노선도 개척함으로써 그의 이름이 붙은 원전자동차부의 명성은 전국적으로 퍼져나갔다.

그러나 이러한 명성의 이면에는 하라다의 자본에 대한 탐욕과 운수노동자에 대한 가혹한 착취가 밑바탕에 깔려 있었다. 1929년 11월 4일자 〈조선일보〉는 하라다가 떼돈을 번 것은 운전수를 착취해서 그런 것이라고 밝힐 정도였다. 그래서 더 이상 참을 수 없었던 원전자동차부 운전수들은 이때부터 급료인상과 대우개선을 요구하며 동맹파업을 벌이기도 하고, 때때로 요구조건을 관철시키기도 했다.

'원전(原田)은 척수(隻手)로 조선에 건너와서 각지로 단니면서 운전수의 직업으로 불과 수백원의 돈을 저축한 것을 긔본으로 삼아 지금의 영업을 개시한지 십년 내외에 십오만원의 거액을 모은 바 여차한 거금을 저축하기까지에는 그알에서 노력을 파는 운전수들에게 어쩌한 대우를 햇스리라는 것은 밀우어 알 수 잇슬 것' (이상 기사원문 인용)

그러나 하라다의 착취행태는 그 후에도 교묘한 방법으로 계속되는 가운데 사업만은 더욱 번창해 1930년대 후반에 이르면 진주의 금정(지금의 평안동)에 있는 원전자동차부의 본점뿐만 아니라 의령에도 영업소를 둘 정도로 발전했다. 결국 하라다의 파행적인 임금지급과 일본인 사무장의 횡포로 마침내 그 밑에서 일하는 조선인 운수노동자들의 불만이 다시 폭발하기 시작했다.

1937년 11월 그동안 불만이 쌓여 있던 진주본점의 원전자동차부 운전수 37명과 의령영업소 운전수 등 모두 3백6명의 종업원들은 일제히 총궐기해 사장인 하라다에게 요구사항 10개 조를 제시하며, 이를 받아 줄 것을 요구했다.

이들 노동자들이 제기한 10개 조는 그동안 하라다가 운전수의 급료를 정기적으로 지급하지 않은 데다 상여금도 없이 갖은 방법으로 착취했다고 들고, 무엇보다 일본인 가토(가등) 사무장의 차별대우와 횡포를 견딜 수 없다면서 사무장을 즉각 퇴진시킬 것을 요구했다.

이에 놀란 하라다는 겁을 집어먹고 병을 핑계로 대며 집에 몰려온 노동자와의 면담을 회피했다. 그는 요구사항에 대한 답변을 차일피일 미루다가 진주경찰서를 개입시켜 앞으로의 약속을 믿어달라고 노동자를 설득하고 겨우 해결을 보았다. 그러나 하라다는 사람들을 기만했다. 그는 당초의 요구조건을 끝까지 이행하지 않았다고 한다.

그러다가 태평양전쟁이 터지고 석유공급이 감소하면서 하라다의 자동차사업은 사양길로 접어들기 시작했다. 그는 연료가 부족해지자 목탄차로 개조해 자동차사업을 계속하며 운수사업을 이끌어갔으나, 결국 해방과 함께 문을 닫지 않을 수 없었다. 원전자동차부의 폐업은 경영상의 문제라기보다 해방이란 정치적인 변동이 가장 큰 결정적인 원인이었을 것이다.

비록 원전자동차부를 경영한 하라다는 악질적인 사업가였을지 몰라도 자동차가 귀한 시절에 자동차부는 학생들이 지리산을 등반하거나 여행할 수 있게 해주었던 추억의 장소였고, 자동차를 모는 운전수는 학생들에게 선망의 대상이 되기도 했다. (하지만 지금은 자가용이 흔하고, 자동차 모는 직업을 그렇게 선호하지 않는다.) 또한 자동차부에서 차를 타고 돈을 벌러 도시로 떠난 누나를 마냥 기다리던 어린 동생의 눈에는 원전자동차부가 '영원한 유년의 자동차부'로 기억에 남아 있을지도 모른다.

63. 하륜 묘(河崙 墓)

이성계의 아들 이방원을 용좌에 앉힌 일등공신의 무덤

▲ 진주시 미천면에 있는 왕릉같은 하륜의 묘.
〈사진제공 : 진주신문사〉

한때 여론에 의하면 허주(김윤환 국회의원의 아호)가 우리나라 정치판 구도의 산파역할을 자임하며, 노태우와 김영삼을 연달아 대통령으로 만드는데 핵심적인 역할을 수행한 인물이라고 알려졌다. (물론 일명 '킹메이커'라는 허주도 이회창 후보를 대통령으로 만드는 데는 실패해 야당의원으로 전락한 신세가 됐고, 우리나라는 정치사상 처음으로 야당후보인 김대중이 대통령에 당선됐다.)

만약 허주처럼 대통령을 만드는 사람이 있었다면 조선 초에는 왕을 만든 '하륜(河崙)'이 있었다. 하륜은 조선개국 당시에 한갓 이무기에 불과했던 이방원(조선 태조 이성계의 다섯째 아들)을 조선 3대 국왕으로 승천시켜 용좌에 앉힌 최고 일등공신이었다. 바로 그하륜이 진주에서 왕릉같은 봉분에 묻혀 있다.

1997년 한해 동안 우리나라는 15대 대선의 열기로 들끓으면서 이방원을 왕으로 만드는 하륜의 지략도 함께 돋보였다. 그것은 이 무렵 국민적인 관심과 인기를 더했던 KBS방송의 텔레비전 프로그램인 역사대하드라마 '용의 눈물(월탄 박종화 원작의 '양녕대군')'의 영향이 크다. (물론 사극작가가 박종화의 소설을 토대로 드라마 대본을 썼지만, 조선왕조실록 번역본에 기초한 것이 더 심도 있게 역사적 구성과 인물캐릭터를 만들어 냈다고 생각한다.)

이 TV프로를 적절하게 잘 이용한 정치인이 있었는데, 바로 진주 출신의 하순봉 의원이다. 그는 진주지역구를 가진 중진 국회의원인데, 하 의원의 15대 의정보고서에다 하륜에 대해 언급하며 이렇게 밝혔다.

'용의 눈물에 나오는 태종 이방원 시대의 명재상 하륜 대감이 집안 선조예요. 제가 20대손이죠. 하륜 대감은 왕의 서슬이 시퍼런 상황에서도 왕의 미움을 받는 신하에게 문병을 갔던 여유와 인간미를 가졌죠. 그래서 반대파로부터도 존경받았던 인물입니다. 그런 정치인이 되는 게 꿈이죠.'

하륜이란 사람이 어떤 인물이었길래 하 의원이 '그런 정치인이 되는 게 꿈'일 정도로 닮고 싶어 했을까. 그에 대해 알아보자. 하륜은 고려 충목왕 3년(1347년) 진주의 토호세력인 진양하씨 문중에서 태어나 조선 태종 때(1416년) 세상을 뜬 조선 초 최대의 권세가로 알려진 인물이다.

나이 어린 소년시절, 촉석루에 올라와 야망을 키우곤 했던 하륜(나중에 그는 촉석루기를 썼다)은 일찍부터 벼슬길에 올랐으나 입바른 소리를 왕에게 했다가 좌천되거나 유배되었다. 그는 공민왕 때 왕실을 장악한 신돈의 비행을 통박하다가 좌천됐고, 우왕 때는 최영의 중국 요동 공격을 정면 반대했다가 유배를 당했다.

그러나 왕을 꿈꾸는 이방원을 만나면서 의기투합해 이방원의 아버지 이성계를 도와 조선건국에 앞장섰으며, 조선개국 후에는 계룡산으로 옮기려던 도읍지 천도를 반대해 오늘날의 서울인 한양으로 조선의 수도를 옮기는데 적지 않게 영향력을 행사했다.

이후 이방원을 주군으로 모시고 충성을 다 바친 하륜은 야심가 이방원이 일으킨 태조 7년의 제1차 왕자의 난(세자와 이복동생, 그리고 정도전을 살해함)과 정종 2년에 일어난 제2차 왕자의 난(친형을 유배시키고, 박포를 사형시킴)을 성공적으로 수행해 그를 조선의 제3대 국왕으로 등극하게 만들었다.

태종으로 왕위에 오른 이방원은 자신의 핵심 참모이며, 오른팔이었던 하륜을 좌명 1등공신에 임명한 것을 비롯해 태종 9년에는 영의정부사를, 12년에는 좌의정을 거쳐 16년 하륜이 70세로 연로함을 이유로 자청해 관직을 사임할 때까지 그의 공을 잊지 않고 당대 최고의 권세가로 중용했다.

특이한 점은 하륜이 요직에 있을 때 기생제도를 폐지하는 것을 반대한 일이 있었다고 한다. 태종은 기생제도의 폐해로 백성들의 지탄과 원성이 높아지자 1410년 왕명으로 한양의 기생을 제외한 지방기생들을 모두 없애도록 신하들에게 논의하게 했다. 이에 군신들이 모두 찬성했으나 하륜만이 끝까지 반대해 기생폐지론은 더 이상 진척되지 못하고 중지되었다. 하륜이 기생제도폐지를 반대한 이유에 대해 밝힌 내용은 알려지지 않았다.

아무튼 이 일은 태종의 일거수일투족과 한 마디에 목숨이 왔다갔다하는 당시의 두려운 분위기 속에서도 하륜이 제 할 말은 다 했다는 것은 그의 강단과 위상이 어떠한지를 잘 보여준다고 할 것이다.

그러나 태종의 명을 거스르는 자는 아무리 측근이고 공신이라고 해도 무사하기가 어려웠다. 예컨대 하륜과 함께 혁혁한 전공을 세우며 이방원의 원팔이 됐던 이숙번은 끝내 숙청당하고 말았다. (이숙번은 유배까지 가지는 않았지만, 태종의 신임을 완전히 얻지 못하고 내쳐졌다.) 하지만 하륜은 야심을 버렸기 때문에 천수를 다 누렸던 것으로 보인다. 그는 벼슬을 버리고 낙향해 있다가 태종의 명으로 태조 이성계의 묘소를 둘러보고 오다가 숨을 거두었고, 그의 시신은 진주에 묻혔다.

하륜이 벼슬을 사임할 당시 태종이 보여준 정은 단순한 군신관계가 아니었다. 하륜의 행장에 따르면, '정승으로서 늙음을 고하고 물러가려 하니 태종 임금께서 만류했으나 한사코 듣지 않고 떠나가므로 태종께서 친히 제천정까지 나가 떠나는 그를 전송하는데, 술에 취하자 임금이 노래를 지어 그에게 주고 또 손수 교서를 써서 진주의 전세백결을 하사해 영세토록 전하게 하니 그는 절하며 이를 받아 물러갔다'고 밝혀 놓고 있다. 무시무시하고 포악하기로 유명한 태종이 이렇게까지 늙은 신하를 예우한 이유는 무엇일까. 아마도 하륜이 없었으면 자신이 결코 용포를 걸치지 못했고 용상을 차지하지도 못했을 것이라고 생각했는지 모른다.

이처럼 의기있고 야심없는 인품탓인지 텔레비전 방영 이후 하륜의 묘소를 찾는 사람들의 발길도 예전보다 많이 늘었다. 그러나 텔레비전에 묘사된 것과는 달리 역사기록에는 하륜이 반드시 긍정적으로만 묘사되고 있지는 않다. 조선왕조실록에서는 태종의 셋째 아들로서 왕위에 오른 세종이 하륜을 평가한 말은 알려진 것과는 정반대로 기록되어 있다. '그는 청렴결백하지도 못했고 일처리도 애매모호했다. 언젠가는 패가망신하리라 생각했는데 태종이 끝까지 보호해 주었다'고 기록하고 있기 때문이다.

어쨌든 하륜의 묘소는 진주시 미천면 오방리 산 166-45번지에 있는데, 조선조 팔각형 고분으로 학술적 가치도 높아 1977년 경남도 기념물 제41호로 지정됐다. 하륜의 묘소가 왕릉같이 으리으리하다보니 도굴꾼들의 표적이 되기도 했으며, 지금도 도굴꾼이 부셔 놓은 석등이 묘소 앞에 금이 간 채 남아 있다.

이곳에는 하륜을 비롯한 그의 부모와 조부모 묘소 등 진양하씨의 3대 묘소가 한 곳에 자리 잡고 있어 고려 말에서 조선 초기의 무덤양식을 한눈에 알아볼 수 있으며, 특히 당시 권세가 하륜의 묘가 팔각형의 독특한 모양을 갖추고 있어 조선 초기 묘제연구에도 좋은 사료가 되고 있다.

64. 알렌 묘(安蘭藹 墓)

평거공동묘지에 있었던 진주 최초의 서양인 묘

▲ 산청군 덕산으로 이장되기 전 진주시 평거동에 있을 당시의 알렌의 묘(오른쪽 무덤).
〈사진출전 : 진주교회80년사〉

오스트레일리아 사람(호주인) '알렌(Allen)'은 진주에 묻힌 최초의 서양인이며, 그의 무덤은 진주에 만들어진 최초의 서양인 무덤이다.

죽어서도 조선사람이 되고자 했던 알렌은 자신의 삶을 다 바쳐 일궈 놓은 기독교의 텃밭에서 기독교 복음전파를 염원하듯 육신의 뼈를 진주에 묻음으로써 영원히 진주사람이 되고자 했다. 1930년 현 진주교회의 전신인 옥봉리교회의 김정수 장로는 머나먼 이국땅에서 세상을 떠난 알렌 목사에 대해 이렇게 평했다.

'안란애(알렌의 한자식 이름) 씨는 특별히 고상한 지조로 독신생활을 하며 전일생을 순결하게 주님사업에 희생하니 그 위대한 성격을 칭송 아니할 이 없더라.' (옥봉리 예수교 장로교연혁사에서)

알렌이 생전에 듣지도 보지도 못한 낯선 땅을 찾아 우리나라에 온 것은 1913년의 일이다. 기독교 선교를 위해 일제 식민지가 된 조선 땅에 도착한 그는 진주에서 우리나라 말을 배우며 낯선 풍토에 적응하면서 선교활동을 시작했다.

이때부터 그는 호주인 알렌이 아니라 조선인 안란애(安蘭藹)가 되고자 노력했다. 본래 목사였던 관계로 진주사람들은 그를 안 목사라고 불렀다. 1915년 9월 알렌은 진주군 옥봉리 예배당의 제2대 당회장이 됐다. 최초로 진주에 기독교 복음의 씨앗을 뿌렸던 호주선교사 커를의 뒤를 이어 진주기독교인들의 정신적 지도자가 된 것이다.

당회장으로 취임한 그는 그동안 초가집에서 예배를 보던 옥봉리교회를 1916년 현대식으로 신축한 뒤 새 교회 건물로 이전해 진주기독교의 역사에 새 장을 열었다. 그해 6월 3일 오후 3시에 있었던 헌당식에서 알렌은 수백 명의 교인이 모인 가운데 헌당기도를 올리며 이를 축복했다.

또한 그는 진주 최초로 조선인 목사가 된 박성애를 도와 옥봉리 교회가 조선인 교역자에 의해 스스로 일어설 수 있도록 1918년부터 목사 일을 그와 함께 보았으며, 당회를 부활시키고 중성동에 남성교회를 세움으로써 이 교회는 오늘날의 성남·성북·동산교회의 모체가 되었다.

무엇보다 알렌은 자신에게 할당된 복음적인 사명 이외에도 호주선교회가 운영하는 광림학교 교장을 역임했으며, 음악에도 조예가 깊어 당시 우리나라에서 쉽게 접하기 힘들었던 서양음악을 직접 연주해 진주사람들에게 들려주기도 했다.

그러나 알렌은 광림학교 운영과 관련해 진주사람들에게 좋지 못한 인상을 남기기도 했다. 1923년 1월 28일자 〈동아일보〉는 알렌이 여학생을 감금하고 여교사를 파면했다는 엄청난 보도를 하자 알렌은 즉각 성명서를 발표해 이를 적극적으로 해명했다.

그 후 알렌은 또다시 구설수에 올랐는데, 광림학교 학생들을 퇴학시킨 일 때문이었다. 광림학교 여자부 학생들은 알렌이 새로 임명한 교사에 대해 수업을 거부하고 학교를 떠난 옛 교사에게만 수업을 받겠다고 하자, 알렌은 화가 나 학생들을 선동했다는 이유로 6명의 주동학생들을 퇴학과 정학을 시키는 등 중징계를 내렸다. 그런데 문제는 여기서 끝나지 않고 이 조치가 광림학교 남학생들까지도 흥분시켜 결국 동맹휴교 사태까지 몰고 왔는데, 알렌은 더욱 강경하게 나와 관용 대신에 일벌백계로 일관함으로써 동맹휴교에 주동적으로 참여한 남녀학생 40여 명을 모두 퇴학과 정학을 시키는 등 교장재임 중 가장 커다란 오점을 남기기도 했다.

어쨌든 평생을 독신으로 살며 선교와 교육사업에 몸 바친 알렌은 1925년 예배당 찬양대를 조직한 것을 끝으로 1927년 진주를 떠나 마산에 있는 미션스쿨 호신학교(리알중등학교) 교장으로 부임했다. 그러나 진주를 못 잊은 그는 갑자기 병이 들어 1932년 7월 마산에서 숨을 거두고 말았다. 심장 발작으로 소천했다고 한다.

비록 알렌은 마산에서 세상을 떠났으나 그가 그토록 아끼고 사랑하던 진주에 묻혔다. 진주시 평거동 공동묘지에 묻힘으로써 알렌은 자신이 사랑했던 진주사람들과 나란히 누워 영면했던 것이다. 무덤의 비석은 서양식이었으나 봉분은 우리나라식대로 했으며, 그의 묘소 주위에는 진주에서 사망한 다른 호주선교사 가족들의 묘가 몇 개 더 들어섬으로써 이곳은 호주선교사 묘지로 조성됐다.

그런데 그가 묻힌 지 60여 성상이 흐른 1990년대에 들어서면서 이곳에는 평거택지개발이 본격화됐다. 이에 따라 평거동 공동묘지가 철거되기 시작하면서 수십 년 동안 잠들어 있던 알렌의 영혼을 깨웠다. 진주교회 조헌국 장로에 따르면, 결국 알렌의 묘소는 현재 마산 진동 공원묘지에 이장하여 한국에서 순직한 다른 선교사들과 함께 안장되어 있다고 한다.

현재 평거동에 있던 알렌의 무덤자리 일대에는 공동묘지를 없애고 들어선 러브호텔만이 즐비해 이곳 주민들과 마찰을 빚고 있어 한평생 향락을 경계하며 선교와 교육에만 전념했던 그가 지금 살아있다면 어떤 생각을 하고 있을지 궁금할 뿐이다.

65. 진주감옥(晉州監獄)

조선 때 평안동에 있었던 재래식 감옥

▲ 지금의 진주시 평안동에 있었던 조선시대의 진주감옥으로 둥근 옥담이 둘러쳐져 있다.
〈사진출전 : 진주성도〉

'진주감옥(晉州監獄)'의 원래 이름은 진주형옥 또는 주옥(州獄)이었다. 형벌을 받는 죄인들을 가두어 놓는 곳이라는 뜻이다. 조선시대 각 목·군·현에는 지방수령이 관리하는 지방감옥으로서 형옥을 두었다. 이 형옥은 오늘날의 교도소와 같은 죄인 구금시설이었다.

조선 때 있었던 진주목 형옥은 진주성이 아닌 성 바깥의 궁남리에 있었는데, 임진왜란 후 우병사 최염이 증축한 것이다. 궁남리는 당시 열원교라는 다리의 동쪽에 있었던 8개의 동네를 말하는데 임진왜란 후 대안리에 합쳐졌다가 지금은 진주시 대안동·평안동 등으로 지명이 바뀐 평안광장 일대를 일컫는다.

예로부터 이 일대에는 진주 큰장이 섰다. 그래서 지금의 대안동에서 중앙시장 입구 사이를 '큰옥 소재지'라고 불렀다. 이곳에서는 진주장이 설 때면 때때로 참혹한 공개처형식이 열렸다. 감옥 안에서도 죄인을 처형하기도 했지만, 그것은 능지처참형이나 효수형보다 한 단계 낮은 목매달아 죽이는 교수형이었다. 반면에 사지를 찢어 죽이는 능지처참형이나 목을 베어 죽이는 효수형 등의 극형은 감옥이 아닌 진주장터나 진주성문 앞 또는 남강백사장 같은 공개된 장소에, 임시로 설치된 처형장에서 집행되었다. 이런 끔찍한 사형집행을 공개리에 하는 것은 나라가 백성들에게 반역자 같은 대역죄인의 말로가 어떤 것이라는 걸 보여주기 위해서였다.

진주감옥의 모습은 현재 국립 진주박물관에 걸려 있는 1700년대에 제작된 진주성도에서 어렴풋하게 짐작할 수 있다. 이 지도를 보면 진주감옥은 우리나라 재래식 감옥의 특징을 잘 보여주고 있다. 지금의 교도소나 과거의 형무소 같이 높다란 담벼락에 각지고 무시무시하게 생각되는 군사요새 같은 모습이 아니라 일반 민가같은 느낌을 주는 네모나지 않고 둥근 모습의 원옥이었다.

이는 옥을 둥글게 만듦으로써 담의 각도가 꺾이는 구석마다 지키지 않고 옥지기나 옥리들이 옥담 출입구만 지키면 됐기 때문이다. 대개 원옥의 지름은 약 30m 정도이고, 옥담의 높이는 한길, 폭은 3자 정도로 알려졌다. 옥담 안에는 옥사가 있었고, 형구를 차지 않은 죄인들은 그 원옥 안에서 자유롭게 다닐 수 있었다고 한다.

그러나 죄의 경중에 따라서는 칼을 비롯한 수갑·마름쇠·족쇄 (발에 채우는 쇠사슬)·항쇄(목에 씌우는 칼) 등의 형구를 목에 씌우거나 손발에 채웠다는 것이다. 또한 이들 죄인들을 감시하는 지금의 간수와 같은 옥리들은 원옥 밖의 초가집에 거주하며 이들을 감시하고 관리했다.

진주감옥은 감옥이 생긴 이후 가장 크게 죄인들로 붐비던 때가 있었는데 바로 진주농민항쟁 때이다. 1862년 철종조 임술년에 진주에서 일어난 조선시대 최초의 농민항쟁(민란)은 진주성이 함락되는 등 엄청난 소요사태를 불러일으켰는데, 이 소용돌이가 어느 정도 잠잠해진 뒤 사후처리를 하는 과정에서 수많은 죄인들이 생겨났던 것이다.

당시 반역과 살인 등의 중대한 범죄를 다스리는 일과 관련해 기록된 다음과 같은 내용에서도 그 사실을 알 수 있다.

'임술년 민란 때 옥사(獄事)가 만연되어 수삼 년 동안에 수사(收司)[규찰하여 적발함]된 자가 심히 많았도다.' (『진양지』에서 원문 발췌·번역)

이처럼 오랫동안 진주의 재래식 감옥으로서 교도소 역할을 해오던 진주목 형옥이 갑오경장 이후부터는 새롭게 변신하기 시작했다. 1898년 발표된 신감옥 규칙에 의해 진주성 선화당에서 집무하고 있던 경남관찰도의 수장이던 경남관찰사가 경남의 모든 감옥을 관리하게 되었던 것이다.

그러나 감옥사무가 너무 방대해 다시 칙령 제82호에 의해 각 지방에 감옥서를 설치토록 했는데, 결국 새로 설치된 지방감옥서는 종래의 재래식 옥사를 그대로 사용토록 했다.

한편 진주감옥사무가 일본인의 손아귀에 들어가기 전까지 기존의 재래식 감옥은 죄인의 목을 매달아 죽이는 교수형 집행장소로도 사용됐다. 원래 우리나라의 전통적인 감옥 안에는 교수형 집행건물인 '염라당'이 있었다고 한다. 그러나 진주감옥 안에도 이러한 부속건물인 염라당이 있었는지 알 수 없지만, 일제 때 기록된 문헌에 따르면 이 감옥자리에도 교수형 집행장이 있었다는 사실을 보여주고 있다.

『진주대관』에 따르면 구한말 당시 진주군 대안면 유곽거리(창녀촌 골목)의 들목 옆에는 교수형 집행장이 있었는데, 그곳은 높은 흙담이 둘러쳐져 있고 그 안에서 사형이 집행됐다는 것이다. 바로 옛 진주감옥을 말한다고 볼 수 있다.

그러나 일제의 사법권 박탈로 감옥사무가 일제 통감부로 완전히 넘어가자 진주감옥은 재래식 감옥만으로 일제에 저항하는 의병이나 항일운동가를 모두 구금하기 어렵다고 보고 새로운 감옥이 신축될 때까지 진주성안에 있는 진주경찰서 또는 경남경찰부의 유치장을 진주감옥으로 우선 사용하기 시작했다. 따라서 진주감옥은 1907년 일제의 사법권 침탈이 있기 전까지 관찰사의 관리 아래 군수가 감옥사무를 맡아봤다. 그래서 당시 진주감옥을 '군아감옥', 즉

군청감옥이라고도 불렀던 것이다.

이후 일제에 의해 사법권이 장악된 후부터는 진주경찰서장이 감옥사무를 맡아 보았으며, 1908년 5월 칙령 제33호로 감옥관인 전옥(典獄)에 일본인 마쓰무라(송촌정기)가 진주감옥장으로 임명되었다. 전옥으로 부임한 마쓰무라는 진주성에 있던 경찰서 한 곳을 임시사무소로 하고 감옥도 거기의 유치장을 빌려서 임시로 사용했다. 그 후 그해 10월에 진주감옥은 다시 진주재판소 앞의 옛 감옥 자리로 이전해 부산감옥 진주분감이 됐다가 1914년 현대식 감옥건물이 신축되자 상봉리로 또다시 이전했다. 그리고 1923년 5월 총독부령에 따라 감옥이란 이름을 바꾸어 부산형무소 진주지소가 되면서 감옥이란 말조차 더 이상 쓰지 않게 됐다.

66. 삭실범종 발굴지(土谷梵鐘 發掘址)

고려 초의 동종이 발견된 수곡면 사곡리 폐사지

▲ 진양군 수곡면에서 출토돼 진주 삼선암에 소장된 삭실범종.
〈사진출전 : 진주의 뿌리〉

스님은 떠나고 절은 폐허가 됐다. 그러나 중생을 구제하던 삭실 옛 절의 종소리는 천년이 지난 지금도 변함이 없이 낭랑하게 울린다.

'삭실범종'은 진주시 수곡면 사곡리 삭실마을 뒷산 텃밭에서 발

굴되었기 때문에 '사곡범종(土谷梵鍾)'이라고도 부른다. 삭실범종
이 발견된 것은 로마시대의 이탈리아 폼페이 유적이 발견된 것처
럼 아주 우연한 일에서 비롯됐다.

1951년 당시 진양군 수곡면 사곡리 삭실마을 근처에 있는 옛 절
터에서 이 마을의 대성가문인 진양하씨의 한 가난한 농부가 밭을
갈다가 천여 년 동안 땅속에 잠들어 있던 삭실범종을 발견하면서
이 종은 세상에 알려졌다.

발굴된 범종은 엿장수의 손을 거쳐 진주 삼선암에 보관되었는데
다시 대아고로 옮겨졌다가 또다시 삼선암에 옮겨져 현재는 이곳에
서 계속 보관되고 있다.

삭실범종을 발굴하게 된 경위는 다음과 같다. 1951년 당시 사곡
마을의 한 농부가 가세가 기울고 매우 곤궁하여 가난에 굶주리고
있었다. 그는 농사지을 땅을 찾아봤지만 웬만한 땅이라도 다 주인
이 있고 소작인들이 있었다.

사실상 한국전쟁 중이어서 그런지 식량난이 극심해 밭 한 뙈기
라도 더 부쳐 먹으려는 소작인들이 너무 많은 데다 경작할 만한 공
한지나 빈터는 이미 다른 사람들이 모두 경작하고 있어 결국 농사
를 포기할 지경에 이르렀다.

그래서 그는 아무도 쳐다보지 않는 폐사지로 눈길을 돌렸다. 단
지 폐허가 돼 쓸모없는 땅으로 버려진 옛 삭실의 절터만이 그가 농
사를 지을 수 있는 유일한 땅이었던 셈이다. 폐사지는 옛 절에서
나오는 부산물이 많아 농사짓기에 부적합한 땅이었다.

결국 그는 남들이 거들떠보지도 않은 절터를 밭으로 일구기 시

작했다. 파손된 기왓장을 일일이 옮기고 돌을 치우고 하면서 한참 동안 일을 하고 있었는데, 문득 땅속에서 아기 울음소리 같은 기이한 소리가 들려와 곡괭이질을 멈추었다.

이상하게 생각한 농부는 소리가 들리는 그곳을 조심스럽게 파보았더니 대나무 모양의 음통이 보이고, 또다시 더 파 내려가니 용이 여의주를 물고 있는 용뉴가 보였다. 그는 좀 더 열심히 파보았다. 마침내 고려 초기의 삭실범종이 나왔다. 높이 64㎝, 구경 37.5㎝인 고려 초의 청동범종이었다.

얼마 동안이나 땅속의 어둠에 갇혀 있었는지 모르지만, 태양에 드러난 삭실범종의 모습은 예사롭지 않았다. 그러나 배고픈 식솔들이 떠오른 농부는 이 종을 돈 몇 푼 받고 그만 엿장수에게 팔아버리고 말았다. (지금은 신고하지 않고 이렇게 했다가는 문화재관리법 위반으로 당장 처벌받게 된다.)

발견되자마자 엿장수의 손수레에 실려 간 범종은 자칫 잘못하다가는 고물상에 팔려 구리로 녹여질지도 모르는 위급한 상황이었다. 이러한 소식을 전해 들은 진주 삼선암의 신도들이 급히 쌀 한 섬을 구해가 엿장수에게 주고 종을 가져옴으로써 삭실범종을 간신히 찾아올 수가 있었다.

그러나 수곡면에 거주하는 현지 주민의 말은 다르다. 사곡리 삭실의 하명복 노인의 말에 따르면, 1950년 삭실사람 하판진이 삭실에서 조금 떨어진 '소현(서작골)'에서 고려시대 동종을 발견했다고 한다. 그의 말에 의하면 하판진은 밭을 갈다가 종을 발견한 것이 아니라 소현의 산등성이에 있던 중산골에서 나무를 하던 중 어느 나무뿌리를 캐다가 땅속에서 종을 발견했다고 말했다. 땅속에서 들려오는 소리에 갑자기 머리가 맑아지는 느낌이 들어 조심히 땅을 파보니 범종이 나왔다는 것이다.

그리고 그 종이 삼선암으로 간 것은 엿장수에게 팔아서 그렇게 된 것이 아니고 '6·25전쟁' 직전에 보도연맹원사건으로 명석면에서 학살당한 가족을 하판진일가에서 찾아내 시체를 운구하다가 명석면 오미리 회병실의 어느 암자에서 잠시 시체를 내려놓고 명복을 비는 불공을 올렸는데, 그때 도와준 그 암자의 보살이 너무 고마워 그녀에게 삭실범종을 준 것이 지금의 삼선암에 보관하게 된 종이라고 밝혔다. 당시 회병실의 암자 이름도 삼선암이었는데, 그 후 이 종은 진주시내의 상봉서동 삼선암으로 옮겨지게 된 것이라고 말했다.

도대체 누구 이야기가 옳은 것인지 알 수 없다. 전자의 이야기는 1951년이라 하고, 후자는 1950년이라고 하는 등 시기부터 다르다. 하지만 분명한 것은 삭실범종이 수곡에서 출토되어 명석으로 갔다가 현재 진주에 소재하고 있다는 점이다. 아무튼 삭실범종은 그 후 1960년 불교미술사학자 황수영 박사가 고려 초기의 중요한 범종으로 평가해 고고미술지에 발표함으로써 전국적으로 알려졌고, 1972년에는 경상남도 유형문화재 제55호로 지정됐다.

그런데 삭실범종이 전국적으로 알려지면서 삭실범종을 보기 위해 종을 보관하고 있는 상봉서동 878번지에 있는 삼선암을 찾는 사람들이 많아졌다. 더구나 삭실범종을 훔치려는 문화재털이범들도 눈독을 들여 한때 이 종은 사기꾼의 농간으로 도난당한 일도 있었다.

따라서 이곳 삼선암 주지스님은 진주시의 허가를 받지 않은 방문자에게는 삭실범종을 절대로 보여주지 않고 있다고 한다. 실례로 범종연구가이며, 한국기계학회 회장인 염영하 서울대 교수가 삭실범종을 실사하러 왔는데, 삼선암에서 퇴짜를 받고 돌아갔다가 다시 시청의 소개로 겨우 범종을 볼 수 있었다는 이야기도 있다.

현재 삭실범종은 비록 삭실에서 출토됐지만 보관장소가 삼선암이기 때문에 '삼선암 고려동종'으로 더 많이 알려져 있다.

67. 진주좌(晉州座)

백정해방의 기수 형평사 창립을 선포한 장소

▲ 1923년 형평사 창립축하식이 열었을 당시의 진주좌 모습(복원도).
〈사진제공 : 경상국립대박물관〉

　1923년 5월 13일 지금의 진주극장 자리에 있었던 당시 '진주좌 (晉州座)'에서 열린 형평사 창립축하식은 형평운동을 전국적으로 알리는 계기가 됐으며, 형평사는 1935년 일단 해체('대동사'란 친 일단체로 변질)되기까지 무려 13년 동안이나 백정계급(소·돼지 등의 도살업 종사자) 해방운동을 벌여 수백 년 이상 철폐되지 못했 던 신분차별의 악습을 없애는 데 결정적인 역할을 했다. (이후 알 려진 바에 따르면 형평사는 대동사로 이름만 바꾸어 계속 활동하 다가 다시 형평사로 복귀했으나 끝까지 살아남지 못하고 1940년 초 유야무야 자취를 감췄다고 한다.)

이날 형평사 창립축하식이 열린 진주좌는 천장이 높은 1층(외양은 1층이지만 내부는 2층이다)으로 된 일본식 목조 극장건물로 당시 진주에서 촉석루만큼이나 규모가 큰 단일건물이었다. 2023년 경상국립대박물관은 '형평운동 100주년 기념특별전'에서 진주좌 복원도를 전시했다. 이 복원도에 나타난 진주좌의 모습은 약 200평 규모의 우진간식 지붕을 가진 2층 목조건물로 내부는 당시 극장의 일반적 형태와 같이 난간구조를 갖추고 있었다고 고증했다. 영사막과 무대가 설치된 1층은 480석 규모로 설계된 것으로 추정된다.

진주좌는 지금의 대안동 제2간선도로변에 있는 진주우체국의 동쪽(옛 영좌의 동쪽)에 위치했다고 전해진다. (한국전쟁 후 전면적인 도시구획정리로 인해 구도심 지번이나 위치를 확인하는 것은 매우 어려운 형편이다.) 영좌(榮座)는 진주좌가 생기기 전인 1914년 6월부터 1917년 10월 사이에 대사지 매립지 위에 건립돼 있었던 진주 최초의 근대식 극장이다. 1917년 영좌가 폐관된 후 1922년 11월 새로운 극장이 개관해 1936년 2월까지 운영했는데, 그것이 바로 '진주좌'이다. 이 진주좌는 500명 이상을 수용할 수 있는 규모로 당시로서는 매우 놀라운 대단위 극장시설이었다.

그러면 형평사 창립축하식 이야기를 하기 전에 진주좌에서 상영된 영화와 무대에 올려진 공연, 그리고 이곳에서 개최된 수많은 행사에 대해 잠깐 소개하고자 한다.

1922년 11월 11일 준공된 진주좌 낙성식에는 많은 관민·유지들이 초대돼 성대하게 거행됐다. 이곳에는 당시 '활동사진'이라고 불린 무성영화가 입담이 걸직한 변사의 설명으로 상영됐다. 진주좌가 존속한 기간동안 이곳에서 상영된 영화는 대부분 무성영화였다. 우리나라 초창기의 영화를 개척한 무성영화의 거장 춘사 나운규의 영화도 진주좌에서 상영됐다. 그는 우리나라 영화사상 불멸의 걸작 '아리랑(원작·각본·주연)'을 만든 한국영화사의 신화적인 인물이다. 나운규가 진주를 직접 방문한 것은 그의 나이 27세 때인 1928년 2월의 일인데 그가 중심이 된 '영화순업대(映畵巡業隊)'가 진주좌를 찾았을 때였다.

이때 나운규는 2월 24일부터 26일까지 3일 동안 진주에 머물면서 자신이 만든 조선영화 '잘 있거라(1927년작)'와 '옥녀(1928년작)' 그리고 서양무성영화 3~4편을 상영했는데, 3일 동안 진주좌는 나운규의 영화를 보려는 관객들로 대만원을 이루었다. 진주좌에서 상영된 '잘 있거라'는 나운규가 아리랑으로 명성을 얻은 뒤 1927년 독자적으로 설립한 '나운규프로덕션'에서 그가 일당백으로 만든 첫 작품(원작·각색·감독·주연까지 맡음)이었다. 이 작품은 가난에 허덕이는 도시빈민과 그들을 괴롭히는 악덕 고리대금업자 그리고 빈민들을 돕는 정의의 사나이(나운규)가 등장하는 활극조의 멜로영화였다.

진주좌는 원래 진주가 국권상실 후 마땅한 공연장소가 없는 도청소재지라는 점을 착안한 일본인에 의해 대안동에 지어졌다. 그후 진주좌는 1930년대 초 대사지의 매립으로 대안동 일대가 신시가지로 조성되면서 헐릴 때까지 수많은 영화상영과 공연, 강연회 그리고 각종 사회단체의 집회장소로 이용되었다.

처음 진주좌는 벽돌로 만든 현대식 영화관인 진주극장이 들어서기 전까지만 해도 지역유일의 문화공연 장소였음은 분명하다. 때로는 일제의 감시를 무릅쓰고 이곳에서는 위험한 공연을 하기도 했는데 1924년 8월 23일 진주좌에서 열린 진주소년소녀 가극대회가 그러했다. 이 자리에서는 독창을 비롯해 동화극과 가극 등이 공연되었는데 '무궁화'라는 가극이 무대에 올려지면서 객석(거의 조선인 관객이었음)은 환희의 도가니로 변했다. 식민지 치하에서 일제가 심어놓은 사쿠라(벚꽃)만 보던 많은 조선인 관객들은 이 가극을 보고 감격하며 우뢰와 같은 박수와 갈채를 보냈던 것이다. (당시 공연장에는 반드시 참석했었던 일제 순사가 그때만큼은 딴전을 피웠는지 아니면 잠시 자리를 비웠는지 몰라도 무궁화 가극공연이 중지되지 않고 무사히 끝마쳤으며, 또한 그 일로 관계자가 나중에 처벌받지도 않았다고 한다.)

그러나 진주좌에서 공연이 실시되기로 미리 날짜까지 잡혀 있던 것을 일제가 공연을 불허해 취소된 일도 많았다. 예컨대 1931년 만주에서 수난을 당하는 동포에게 구호품을 보내기 위해 〈동아일보〉 진주지국과 진주 예기권번이 마련한 11월 8~9일 이틀간의 동포구제연주회를 진주경찰서가 금지조치한 것이다. 이에 대해 공연주최측이었던 〈동아일보〉는 11월 12일자 보도에서 기생의 연주회도 금지시키는 일제경찰에게 직설적인 비판을 퍼부었다. 기사에 따르면 일반시민이 '내 동포를 우리 손으로 구하자고 하는데 무엇이 잘못이라고 그와 같이 금지하느냐'고 경찰당국의 무조건적인 탄압에 강도 높은 비판을 가했던 것이다.

이밖에 1930년 1월 13일 진주좌에서는 진주의 모든 사회단체들이 기성동맹대회를 열고 일본인이 경영하는 진주전기회사의 전력사기와 부당요금징수에 대한 문제를 성토하는 등 전기요금 인하운동을 주도하기도 했다. 이처럼 진주좌는 영화상영과 공연장소로 이용됐을 뿐만 아니라 진주 사회운동단체의 집회장소로도 많이 이용되었다.

무엇보다 진주좌에서 있었던 것 중 가장 주목할 만한 일이 있었다. 진주좌가 각종 사회단체의 불꽃 튀는 행사장소로 사용됐다는 점인데, 그 가운데 형평사 창립축하식은 진주좌에서 열린 행사 중 최대의 사건으로 기록되고 있다. 그것은 천대받는 백정들을 해방시키고자 하는 형평운동이 이러한 공공장소에서 벌어졌으니, 이는 진주뿐만 아니라 전국적으로도 큰 충격을 주는 사건이 아닐 수 없었기 때문이다. 바로 여기에서 진주좌의 역사적이고 공간적인 의미를 찾을 수 있다. 비록 조선 말 갑오개혁으로 신분제가 철폐되었다고 하지만 일제시대에 들어와서도 친민 중의 천민인 백정에 대한 차별과 편견이 여전히 남아 있었는데, 형평사는 이를 부수기 시작했던 것이다.

진주좌에서 열린 형평사 창립축하식에는 그동안 숨죽여 살아왔던 수백 명의 백정들이 구름처럼 모여들었고, 이를 주도한 양반자손 강상호가 개회사를 시작함으로써 축하식의 막은 올랐다. 이로 인해 진주좌의 이름은 진주좌가 생긴 지 1년도 안 됐지만, 이미 전국 방방곡곡으로 널리 퍼져나갔다. 국내외적인 관심을 집중시키는 역사적인 행사로 인해 진주좌의 이름은 더욱 빛났다.

▲ 1996년 진주좌 자리에 기념표지석이 세워질 때의 모습. (놀이판 큰들의 축하기념
풍물놀이가 있었고 일본언론에서도 취재해 갔다.) 〈사진제공 : 형평운동기념사업회〉

물론 형평사 창립축하식만 이곳에서 열린 것은 아니다. 1924년
12월에는 진주좌에서 경남도청의 부산 이전을 반대하는 수많은 일
본인과 조선인들의 대규모 합동군중집회가 있었다. 형평사 창립
축하식이 소요사태를 방불케 하는 등 요란하게 개최된 시민대회는
아니었지만, 도청이전 반대집회가 형평사 축하식만큼 전국적인 파
장을 몰고 오지는 않았다. (당시에 형평사 창립축하식보다 도청이
전 반대집회가 더 큰 주목을 끌었는지 몰라도 결과적으로 볼 때 형
평운동은 전국 방방곡곡으로 퍼져나갔고, 도청이전 반대운동은 진
주주변지역에 국한된 실패한 운동이 되고 말았다. 결국 도청은 부
산으로 이전되었기 때문이다.)

아무튼 형평사축하식은 1923년 5월 13일 오후 5시께 진주좌 장내를 뒤흔든 '형평사 만세' 삼창으로 막을 내렸으나, 이후 형평운동은 전국적인 조직으로 확대돼 마침내 우리나라 백정계급을 완전히 사라지게 만든 계기가 됐다.

진주좌는 1930년대 중반 조선인 영화업자 서종숙이 진주극장을 새로 건립하면서 철거되고, 그 자리에 지어진 새 건물의 이름도 '좌(座)'라는 일본식 명칭에서 '극장'이라는 명칭으로 바꾸면서 전문 영화관으로 탈바꿈했다.

비록 진주좌의 모습과 이름은 오래전에 사라졌지만 형평운동의 햇불을 올렸다는 점에서 오늘날에도 그 역사적인 의미는 계속 남아 있다. 그리고 형평사가 창립된지 69년째인 1992년 5월 13일에 진주지역의 인권운동 관계자들이 1923년 이날 진주좌에서 열린 형평사 창립축하식을 기념해 형평운동70주년기념사업회(회장 김장하)를 조직한 것이다. (이후 형평운동70주년기념사업회는 상시적인 형평운동을 위해 형평운동기념사업회로 명칭이 바뀌었다.)

이 기념사업회는 형평사가 공식 선포된 진주좌 자리에다 기념비를 세웠는데 당초 진주극장에서 장소제공 의사를 밝힘에 따라 기념탑을 세우려고 했으나, 진주극장 재건축 관계로 기념비만 세우고 기념탑은 본성동의 진주성 촉석문 앞에 세우게 됐다. 따라서 본성동에 있는 형평운동기념탑과는 달리 이곳의 기념비는 진주좌의 공간적인 의미를 밝혀주는 일종의 표지석이라고 볼 수 있다.

1996년 12월 10일 형평운동기념사업회는 '여기(진주극장, 당시 진주좌)는 1923년 5월 13일에 형평사의 창립축하식이 열린 곳이다'라고 시작되는 '형평사 창립축하식이 열린 곳'이란 제하의 표지석을 진주극장 앞에 세웠다. 이 표지석이 세워지면서 극장 앞을 지나는 시민들과 영화관람객들에게 형평운동의 역사적 의미를 일깨워 주고 형평사가 사라진 오늘날에도 계속 인권개선을 위한 형평운동은 계속되고 있음을 알려주었다.

그러나 이 표지석은 진주극장이 철거되고 다시 새로운 영화관으로 건립돼 '씨네몰'로 간판을 바꾸면서 함께 철거되고 말았다. 한동안 영화관 창고 속에서 방치된 표지석은 형평운동에 대한 무관심으로 인해 사람들의 기억에서조차 점차 사라지는 서글픈 현실을 보여주었다. 그 후 표지석 철거에 대한 시민사회의 여론이 다시 비등해지자 문제의 표지석은 창고에서 나와 영화관 건물 3층 엘리베이터 앞 복도에 다시 설치되었다.

그러다가 2004년 11월 22일 영화관건물을 쇼핑몰건물로 신축하면서 1층 바깥에 건축조형물을 세웠는데, '형평사운동의 기념식이 열렸던 몰에이지1030주식회사가 쇼핑몰건물을 신축하면서 이 운동을 영원히 기리기 위하여 건축조형물에 그 당시의 비문을 옮겨 이 자리를 빛나게 하였다'라고 표지석의 내용을 조형물에 다시 새기게 된 경위를 밝혔다. 하지만 이 조형물도 나름대로 의미가 있지만 원래 기념사업회가 시민사회와 함께 세운 표지석도 다시 그 자리에 돌려놓았어야 함이 마땅하지 않았을까.

68. 대평 반공유적비(大坪 反共遺跡碑)

한국전쟁 때 죽은 우익인사의 추모비

▲ 진주시 대평면 당촌리 사평마을에 있었던 반공유적비.
〈사진제공 : 전갑생〉

한때 진주시 대평면 당촌리 사평마을 입구의 대평경찰지서 앞에
있었던 '반공유적비(反共遺跡碑)'는 해방정국과 한국전쟁 때 진주
지역에 있었던 좌우익의 투쟁사례중 대평면에서 벌어졌던 빨치산
과 우익세력간의 무장투쟁을 말해주는 역사적인 기념비가 아닐 수
없다.

비록 이 반공유적비가 해방정국과 한국전쟁 기간동안 극한적인 이데올로기 투쟁 끝에 좌익세력의 죽음 위에 세워진 우익인사의 추모비이지만, 좋든 나쁘든 자신의 신념을 지키다 목숨을 바친 수많은 지역 좌익인사의 유적비도 될 수 있다.

지금은 남강댐 수몰지역으로 그 운명이 바뀌었지만, 대평면은 '한들' 또는 '벗들'이라고 불리며 옛 진양군 지역 중에서도 가장 비옥한 곳으로 일찍이 이름이 높았다. 이 때문에 일제 당시만 해도 이곳은 지주와 소작인 간의 착취관계가 심한 편이었고 해방 이후 그로 인한 계급갈등과 좌우익 대립도 필연적일 수밖에 없었다.

이 반공유적비에 나타난 김영신은 대평지역 우익세력의 중심인물이었다. 그는 해방정국 당시 독립촉성국민회의 대평면 회장을 맡으며, 이른바 '좌익사냥'에 앞장선 대평지역 우익세력의 간판인사였다. 그 때문에 그는 대평지역 좌익세력들로부터 언젠가는 반드시 처단돼야 할 '인민의 적'인 타도대상 제1호가 됐으며, '악질 반동분자' 중의 반동분자로 지목되고 있었다. 해방 후 미군정과 정부 수립 후 친일경찰 또는 반공 보수주의자들의 비호 아래 활개를 치던 김영신은 한국전쟁으로 오히려 '우익사냥'을 당하게 됐다.

그동안 수세에 몰려 있던 좌익세력들은 인민군이 1950년 8월 진주지역을 점령하자 이번엔 이들이 우익사냥에 나서게 되었다. 남로당원이며 진양군 대평면 자위대원인 윤태석은 두 차례씩이나 김영신의 집을 덮쳐 가택수색을 벌였으나 그는 이미 도망가고 없는 상태였다. 그래서 대신에 좌익세력들은 그의 집을 압류하고 집안에 쌓여 있는 40여 평의 장작더미를 징발해 당시 대평리 옥방마을에 주둔중인 인민군 7사단에 공급했다.

하지만 김영신은 인민군의 패퇴와 미군의 진격으로 진주지역이 군경에 의해 수복되자 복수의 칼날을 갈며 대평면으로 다시 돌아 왔다. 인민군 부역자 색출에 나선 경찰대와 그는 좌익세력에 대해 무자비한 복수를 하기 시작했다. 이에 대응해 이 지역 좌익세력들 도 재빨리 빨치산으로 조직을 전환해 무장투쟁에 본격적으로 나서 기 시작했다.

결국 밀고 밀리는 각축전 속에서 1951년 6월 25일 한국전쟁이 일어난 지 1년째가 되던 날 남로당 대평면 당책 정우영 등 20여 명 의 빨치산 유격대원들은 대평면 상촌리를 기습공격해 그동안 벼르 고 있던 김영신을 마침내 살해하게 됐다. 대검찰청이 작성한 '조선 노동당 경남 진양군당 사건'에 나오는 김영신의 죽음은 다음과 같 이 기록되었다.

'동년(同年) 6월 24일 오후 7시경 대평면 당책(黨責) 정우영, 진 양군당(晉陽郡黨) 총무과장 안권식, 동(同) 선전지도원(宣傳指導 員) 윤태석, 동 강룡한, 진양군당 오르그(조직지도원을 말함) 성명 불상자(姓名不詳者), 동 보위소대(保衛小隊) 부소대장(副小隊長) 송우임, 동 소대원 류춘렬, 동 이인수, 동 윤희섭 등과 피의자 10명 이 대평면국민회 지부장 김영신을 살해할 목적으로 군당을 출발하 여 익일(翌日)인 동년 6월 25일 오전 2시경 대평면 상촌리에 침입 하여 피의자는 동 부락 거주 성명불상자 가(家)에 연초(煙草)를 약 탈하는 동시 전기(前記) 김영신 체포 시(時) 윤태석은 외곽 파수

(把守)에 임(臨)하여 김영신을 체포, 전원 합세하여 납치 도중 동리(里) '못골재'에서 총살하고 전시(前示) 김영신이 소지한 시계 1개를 탈취한 사실이 유(有)하고, ….' (『좌익사건실록』에서 원문 인용)

그리고 이날 있었던 김영신의 죽음을 반공유적비에서는 다음과 같이 새겨놓고 있다.

'공산 괴뢰가 남침한 6·25날, 돌을 맞은 새벽에 조국의 자유와 평화를 지키기 위해 한들벌에서 적과 싸워 산화한 무명용사 김영신….'

이 유적비는 빨치산이 완전히 궤멸되고 반공 이데올로기가 국가통치이념으로 자리 잡기 시작한 1961년 8월에 세워졌다. 바로 5·16쿠데타 직후에 세워진 것으로 승리한 자들은 비문의 표현대로 '김영신이 죽어서 오히려 살아 이긴 그의 영원한 넋을 우리 가슴 속에 길이 새기기 위해 여기 돌 하나를' 세웠는지도 모른다.

하지만 만약 북한이 승리해 사회주의 정권이 들어섰다면 이 자리에는 사회주의 투쟁 속에 목숨을 바친 좌익인사의 추모비가 세워졌을지도 모른다. 결국 이 유적비는 반공 우익인사의 추모비이지만, 그 이면에는 윤태석과 같은 좌익인사의 비극적인 죽음도 함께 새겨져 있다고 볼 수 있다. (작가 전갑생 씨는 이 반공유적비와 관련한 비극을 소설로 쓰기 위해 수몰지역을 취재 및 답사하기도 했다.)

원래 이 비는 중촌리 대평면사무소 앞에 세워져 있었는데 1969년 남강댐 건설에 따른 수몰로 당촌리로 이전되어 다시 건립된 것이다.

그러나 이 냉전시대의 유물이 그동안에는 반공 이데올로기의 상징물로서 계속 존속해 왔지만, 또다시 1999년에 수몰되는 운명을 맞았다. 아직도 이념투쟁과 역사전쟁이 계속되고 있지만, 김영신의 비석에 새겨진 그 가치가 예전처럼 유지될 것인지는 알 수 없는 일이다. (이 비는 현재 대평면 이주단지가 조성된 대평리로 이설됐다고 알려졌다.)

69. 사평정미소(砂坪精米所)

일제 때부터 있었던 대평면 최고의 정미소

▲ 일제 때부터 존속한 진주시 대평면 사평정미소의 웅장한 내부시설 모습도
수몰로 더 이상 볼 수 없게 됐다. 〈사진제공 : 진주신문사〉

1997년 10월 현재 거의 폐허가 된 '사평정미소(砂坪精米所)'는
수몰되기만을 기다리는 초라한 모습으로 퇴락을 면치 못하고 있지
만, 아직도 이곳 건물 안에 남아 있던 내부시설들은 마치 제분기의
동력소리가 지금이라도 쾅음을 내며 움직일 듯 생생한 모습을 보

이고 있었다.

사평정미소는 진주시 대평면 당촌리 사평마을에 있는 대평면에서 가장 오래된 정미소로서 80년대 말까지만 해도 이곳에서는 제분기 등의 정미시설이 가동하는 소리를 들을 수 있었다.

원래 정미소는 낟알이라도 주워 먹으려는 참새들마저 그냥 지나치지 못한다는 우리 고유의 방앗간을 말하는데, 일제 때 그 규모가 확대돼 공장형태로 나타나면서 근현대적인 방앗간인 정미소가 됐다. 물론 전통적인 고유의 방앗간은 개울 옆에 설치된 물레방아로 흐르는 물의 낙차를 이용해 곡물 빻았으나 이런 자연적 동력장치는 정미소가 설치되면서 전기를 사용한 기계적 동력장치로 바뀌었다. 당연히 물레방아를 돌리게 한 수력도 필요없어 정미소는 개울가나 강가가 아닌 사람들이 많이 다니는 저잣거리에 들어서게 되었다.

특히 대평면은 남강가에 위치한 덕분에 기름지고 비옥한 토질에 평야가 발달해 있어 벼농사가 잘 되었다. 그래서 대평면의 고유한 우리말 이름도 '한들'이지 않았던가. 이러한 지리적 이점 때문에 대평면에는 크고 작은 정미소가 많이 들어서 있었다. 가을이면 수확한 곡물을 빻은 정미소의 제분기소리도 요란하게 들려왔다.

그러나 해방 후 오랫동안 전성기를 누리던 정미소에 위기가 닥쳐왔다. 1969년 남강댐 건설로 수많은 농토가 수몰되면서 정미소 이용도 감소해 하나둘씩 사라지기 시작한 것이다. 수많은 곡물을 빻아왔던 정미소도 사양길에 접어들었다. 더구나 90년대 들어서 남강댐 보강공사로 수몰범위가 더욱 넓어져 남아 있던 농토가 거의 다 수몰되게 되었다. 다시 2차 수몰지역으로 나머지 지역도 수몰됨에 따라 대부분의 정미소가 거의 모두 자취를 감추었다.

아무리 수몰된 농토를 대신할 대체농지를 만든다고 해도 예전의 수확량을 기대할 수 없었다. 게다가 이미 소규모 도정기가 농가에 많이 보급되면서 정미소의 기능은 더욱 줄어든데다 이농현상과 농사포기 등으로 정미소 이용농민의 감소가 두드러져 옛날의 영화는 온데간데없이 사라졌다. 단지 정미소는 명절 때의 떡방앗간 신세밖에 못되었는데 그나마 그것마저 못하고 사라지게 됐던 것이다.

그러나 그 와중에도 대평면의 사평정미소는 90년대 전까지만 해도 일제 때부터 시작된 정미업의 명맥을 계속 유지해 온 지역의 몇 개 남지 않은 향수어린 정미소 중의 하나였다. 더구나 이 정미소는 수몰이 임박한 1997년까지도 시설보존 상태가 가장 양호한 정미소였다.

원래 사평정미소는 일제 말 이 마을의 강형수가 처음으로 이곳에 소규모 정미소를 지어 정미업을 시작한 것이 그 시초가 됐다. 해방 후 지금까지 수차례의 증개축을 거치는 동안 사평정미소는 5차례나 주인이 바뀌었으며, 제반환경의 변화로 쇠락을 거듭하다가 90년대에 들어와 수몰지 건물로 보상처리돼 그 수명을 다했다.

그러나 수장되기 전까지 사평정미소의 내부에는 오래전에 사용된 것으로 보이는 곡물의 껍질을 까는 도정시설이나 쌀이나 보리 또는 밀 등의 곡물들을 빻아서 가루로 만드는 시설과 동력전달장치 등의 목조시설물들이 웅장하게 남아 있었다. 금방이라도 거대한 굉음을 울리며 동력전달벨트가 돌아가고 제분기에서 날리는 곡물가루가 떨어질 것만 같았다.

　무엇보다 해방 직후 제작돼 설치된 것으로 보이는 제분기계의 나무문에는 한문의 행서체로 쓴 '회전식 제분기'라는 제품명과 '신농기계제작'이라는 제작사의 이름과 주소지가 붓글씨로 표시돼 있어 이채를 더했다. 유심히 보니 그 신농은 '신농(新農)'이 아니라 '신농(神農)'이었다. 제분기 제작사의 이름에 나타난 후자의 '신농'은 옛날 중국의 전설에 따라 지은 것으로 최초로 사람들에게 농사 짓는 방법을 가르쳐 준 '신농씨(神農氏)'를 말하는 것이다.

　바로 이 신농기계에서 제작된 제분기가 수십 년 동안 사평정미소의 정미기계로 사용되었으나 이제는 더 이상 밀가루가 흩날리는 일은 없을 것이다. 또한 정미소의 요란한 모습이나 제분기의 시끄러운 소요동력 소리도 들을 수는 없을 것이다. 수몰지로 퇴락하는 사평마을과 마을의 지킴이였던 정미소는 이제 아무도 찾는 이가 없이 을씨년스러운 바람을 맞으며 수몰의 역사와 함께 물속으로 사라졌다.

70. 충민사(忠愍祠)

대원군의 서원철폐 때 사라진 김시민 장군의 사당

▲ 서원 철폐령으로 사라진 진주성 충민사는 옛 지도상으로밖에 볼 수 없다. (오른쪽부터 화약고·충민사·창렬사·산성사·서문이 보이고 큰 누각은 서장대이다. 이중 산성사는 지금의 호국사를 말한다.) 〈사진출전 : 경상도 우병영지도〉

조선 말 흥선대원군의 서원철폐령으로 사라진 '충민사(忠愍祠)'가 지역의 뜻있는 사람들의 탄원에도 불구하고 문화재관리국의 거부로 아직까지도 복원되지 않고 있다. (물론 2023년 현재에도 충

민사 복원에 대한 소식은 감감 무소식이다.)

문화재관리국(현 문화재청의 전신)은 1592년 제1차 진주성 전투 때 진주성 방어에 핵심적 역할을 하다가 전사한 당시 진주목사였던 충무공 김시민의 사당인 충민사를 복원할 계획이 없다고 공식 입장을 밝힘으로써 충민사는 옛 문헌 속에서나 볼 수 있는 사당으로 전락하고 말았다. (사후에 김시민도 이순신과 같은 충무공이란 시호를 받았다.)

본디 사당은 조상의 신주를 모셔 놓은 집 또는 신주를 모셔두기 위해 집처럼 만든 사우를 말한다. 충민사는 임진왜란 3대 대첩의 하나인 진주성대첩의 영웅 김시민을 기리는 사당으로 효종 3년인 1652년에 창건해 헌종 8년인 1667년에 조정의 사액을 받은 곳이다. (『진양지』에는 선조 때 사액됐다고 나와 있다.)

'군사를 규합해 적을 물리쳤고 성벽을 가다듬어 방어를 굳게 했고, 미처 첩보(捷報)[즉, 진주대첩의 승전보를 말함]를 못올린 채로 먼저 돌아가셨도다. 사람도 없어지고 일도 버려졌지마는 위대하신 공적은 순결한 충성심으로 빛나온다. 제사로 갚을 때에 예로써 받들었고 특별히 명궁(明宮)을 세우고서 제물과 제주(祭酒)를 공손히 올립니다.' (충민사의 김시민 영전에 바쳐진 상향문에서)

그런데 현재 진주성에는 2차 진주성 전투 때 진주성 함락과 함께 순절한 창의사 김천일 등의 사당인 창렬사만 남아 있고 진주성을 끝까지 지키고 장렬하게 전사한 1차 진주성 전투의 영웅 김시민의 사당은 없다. 이는 충민사가 1864년 고종 1년 때 흥선대원군이 전국적으로 단행한 서원철폐령에 따라 철폐되고, 일제에 의해 그 터마저 매립돼 완전히 사라졌기 때문이다.

『진주목읍지』에 따르면 충민사는 당시 '촉석성'이라고 불린 진주 성안에 있었다. 창렬사와 나란히 세워졌던 충민사는 신문 3칸과 협 문 1칸의 규모로 설치돼 있었던 유서깊은 호국의 사당이었다.

이 충민사는 임진왜란 때 진주성을 방어하고 전사한 김시민 목사 (원래는 진주판관이었음)를 기리기 위해 세워졌는데, 김시민은 사 후에 진주성 대첩의 공로를 인정받아 영의정 상락부원군에 추증되 고 그의 사당이 세워지면서 창렬사와 더불어 진주성에서 2백년 이 상이나 존속해 왔다.

그러나 안타깝게도 충민사는 대원군의 서원 철폐 때 살아남지 못하고 철폐되고 말았다. 기록에 따르면 충민사는 서원 철폐령이 내려진 뒤에도 몇 년간 더 존속하다가 고종 5년 때 완전히 철폐됐 다고 밝혀져 있다. 철폐 당시 충민사에 있던 김시민의 위패는 창렬 사로 옮겨졌으며, 지금도 창렬사에 모셔져 있다.

하지만 충민사 터마저 사라지게 된 결정적인 계기는 일제가 한 일합병으로 국권을 강탈하던 해인 1910년 진주성에 맑은 물을 공 급한다는 명분으로 충민사 자리에다 수돗물 여과지(지금의 물탱 크)를 2개소나 설치하면서 비롯되었다. 일제는 서원철폐 후 간신 히 남아 있던 충민사의 사당문과 기초석 등 마지막 흔적마저 수도 시설을 만든다고 모두 없애 버렸다.

이같은 이유는 충민사 자리가, 사당이 세워지기 전에는 임진왜란 때 봉기대를 세운 지휘본부였다는 이야기가 있었다는 점과 왜적의 함락으로 순절한 영령들의 사당인 창렬사에 비해 충민사는 왜적을 격퇴하고 성을 지킨 김시민의 투혼을 기리는 사당이라는 점 때문에 일제의 훼손이 더 크게 작용하지 않았나 생각된다.

결국 충민사는 영원히 복원조차 할 수 없도록 일제의 수돗물 여과지 장소로 파헤쳐져 완전히 사라졌던 것이다. 심지어 일제 말 경찰은 총독부의 민족말살정책에 부응해 충민사 앞에 세워져 있던 김시민 장군의 전승비를 반시국적인 유물로 간주하고 이를 파괴하려고 했다. 이 전승비는 1619년 광해군 때 왜군을 물리친 김시민의 전공을 석비에 새겨 세운 '진주전성각적비(晋州全城却敵碑)'를 말한다. (다행히 이 비석은 살아남아 다시 진주성에 세워져 현재에 이르고 있다.)

이같이 우리 민족성을 말살할 의도로 충민사 터가 사라졌다고 보고 진주지역의 뜻있는 인사들은 충민사 복원운동을 오랫동안 줄기차게 전개해 왔다. 그러나 1996년 문화재관리국은 진주성에 촉석루 정충단비와 80년대에 세운 임진·계사순의단이 있으므로 충민사를 복원할 계획이 없다고 밝힌데다 진주시마저도 일제 때 설치한 수돗물 여과지 장소가 충민사 자리라고 볼 만한 기록이 없다고 복원여론을 일축했다.

하지만 조선 영조 때의 진주성 우병영지도에 나온 산성사(지금의 호국사)·창렬사·충민사 모습은 충민사의 위치를 가늠해 보는 데 좋은 자료가 되고 있다는 사실을 외면하고 있는 것은 아닌가. 심지어 일제 때 일본인이 발간한 『진주대관』에 창렬사가 진주성 남산정 배수지 서북쪽에 있다고 기록한 점을 볼 때 창렬사와 나란히 위치한 충민사가 배수지로 인해 사라지고 창렬사만이 현재와 같이 호국사 앞으로 옮겨져 왔음을 추측해 볼 수 있다. 복원의지가 있다면 기록은 차고 넘친다.

그동안 충민사 복원운동을 강도 높게 벌여왔던 진주호국선양회에서는 다음과 같은 말로 충민사가 복원되지 않은 현실을 개탄했다.

'진주성 임진년 싸움에 승전의 영혼 / 충렬록 수성기가 말해주듯 사액사당 / 싸움은 섬나라 오랑캐와 국토의 쟁탈인데 / 서원 철폐령으로 없앰은 누구를 위함인가 / 철폐령으로 없어진 서원 / 복원 안된 곳 없건만 / 충민사는 어이하여 복원되지 않는가.'

71. 진주관찰부(晉州觀察府)

경남도보다 1년 앞선 도정기관이며 경남도청의 모태

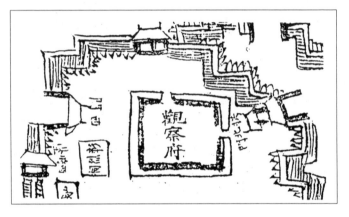

▲ 경남도의 역사는 진주관찰부에서 시작됐다. (진주성에 설치된 관찰부의 모습.)
〈사진출전 : 진주군지도〉

'진주관찰부(晉州觀察府)'가 조선 말 경남도청의 모태가 되었던 초기 경남도정의 최고 행정기관이었다는 사실을 아는 사람은 그리 많지 않다. 이는 진주관찰부가 격동기의 근대사 속에서 고작 1년 2개월 정도밖에 존속하지 않고 단명한 행정기관이었기 때문이다.

그러나 진주관찰부는 지금의 도지사에 해당되는 관찰사가 최초로 부임해 집무를 본 곳이라는 점 때문에 경남도의 역사는 진주관찰부에서 시작됐다고 볼 수 있다.

진주관찰부는 1894년 갑오개혁과 1895년 을미개혁의 결과로 탄생했다. 1895년 음력 5월 26일 고종 32년인 이날 당시 집권세력이었던 개화파 정권은 조선 건국 후 태종 때부터 4백82년간이나 존속해 오던 조선 8도제를 전격 폐지하고 23부제를 실시한다고 공포했다.

이 23부제는 전국을 크게 23개 관찰부로 나눈 새로운 지방행정 제도였다. 바로 23개부 중의 하나로 진주에 관찰부가 설치됐던 것이다. 진주관찰부는 조선시대의 진주목을 계승하는 한편 진주군을 비롯해 중서부경남일대의 새로 개편된 군 21개를 거느렸다. 진주관찰부는 진주군을 비롯해 고성군·진해군·사천군·곤양군·남해군·단성군·산청군·하동군·거창군·안의군·함양군·합천군·초계군·삼가군·의령군·칠원군·함안군·창원군·웅천군·김해군까지 관할 행정구역으로 포함했다.

이에 따라 최후의 진주병사였던 민준호(그는 진주동학농민군에게 우호적이었다는 이유로 해임됐다)가 물러가고 이름뿐인 2명의 후임병사가 더 있었으나 결국 우병영은 폐지되었다. 1895년 진주관찰부 설치가 공포된 3일 후에 진주관찰부의 수령인 관찰사가 임명되고 진주에 부임한 관찰사가 옛 우병사의 집무청이었던 진주성 선화당에서 집무를 보기 시작했다. 이때 진주관찰사로 부임한 벼슬아치는 중추원 의관을 지낸 이재곤이었다.

초대 진주관찰사 이재곤은 조선왕실의 종친(양자로 들어간 그의 친형 이재완이 고종의 사촌이다)으로 승정원 동부(同副) 좌우부승지·궁내부 참의·중추원 의관 등 각종 내외직을 거쳐 진주관찰사

로 임명됐다. 그는 1895년 5월 30일 진주관찰사로 임명되고 주임
관 2등에 서훈됐다. 그가 진주관찰사로 재임하고 있을 때 진주의
절경인 남강변 뒤벼리에 자신의 이름을 새겨 놓기도 했다. 그해 이
재곤은 진주관찰사를 이임하고 공주관찰사와 춘천관찰사를 차례
로 역임했다. 이후 왕실종친답게 출세길을 달려 경북관찰사를 거
쳐 1907년 이완용내각의 학부대신을 지냈는데, 그때 정미7조약을
체결하는 망국적조약에 참여했고, 이로 인해 '정미칠적'이란 친일
반민족행위자가 되었다. (이런 공로로 그는 한일합병 후 일제로부
터 훈1등의 서훈과 자작의 작위를 받았다.)

어쨌든 초창기의 진주관찰사는 수시로 교체되었던 것 같다. 첫
진주관찰사 이재곤 이후 진주관찰사는 정3품 벼슬아치 이성렬이
임명(주임관 2등)되었고, 이어 허진이 뒤를 이었다. 진주관찰사 허
진은 '개국 504년(1895년) 음력 8월 12일' 대군주 폐하(고종을 말
함)에게 상소문을 올렸던 사실이 있는 것도 확인된다. 또한 1896
년 1월 노응규 의병부대가 진주성을 점령했을 때 진주관찰부에서
도망친 관찰사는 조병필이었다. (의병들에게 진주관찰부가 점령될
때 경무관 김세진도 달아났으며, 그 대신에 순검과 주사 등 관원
10여 명이 의병들에게 저항하다가 죽음을 당했다.)

그 후 민영철이 진주부 관찰사로 부임했으나 진주관찰부가 폐지
되고 경남관찰부가 탄생되면서 그는 연이어 초대 경남도 관찰사까
지 재임했다. 민영철은 1896년 5월 25일부터 1899년 8월 24일까
지 진주 및 경남관찰사로 재임했는데, 그 후에는 육군 부장을 비롯
해 군무총장과 철로(철도)총재 등의 요직을 거쳤다.

이처럼 진주성에 관찰부가 설치되자 그동안 진주목을 다스리는 지방행정관으로 역할했던 진주목사는 새로 개편된 지방관인 진주군수로 관직명이 바뀌었고, 기존에 있었던 21개의 다른 지역 군수·현감·현령들도 모두 각 지역의 군수로 이름이 통일되면서 이들은 모두 진주관찰사의 지휘·감독을 받게 됐다. 당시 진주관찰부에 재직했던 관료는 관찰사를 비롯해 참서관·주사·경무관·경무관보·총순 등 행정관료와 경찰관료로 구성돼 있었다.

하지만 진주관찰부가 설치된 후 정세는 명성황후 시해사건을 시작으로 단발령과 아관파천 등으로 인해 정치적 불안이 계속됐고, 이로 인한 의병봉기도 격렬해지면서 진주관찰부가 의병에게 점령되는 등 관찰부의 행정업무를 제대로 수행하지 못할 정도였다.

결국 진주관찰부는 개화파 정권이 무너지면서 전국에 설치됐던 각 관찰부와 함께 폐지됐고 지방제도도 옛날처럼 도제로 되돌아갔다. 단지 복원된 옛 8도제가 일부 지역을 제외하고 남·북도로 나뉘어 13도제로 늘어났을 뿐 조선시대의 기본적인 지방제도는 변함이 없었다. 그렇다고 행정구역이 진주관찰부 이전의 경상도로 환원된 것은 아니고 진주관찰부 대신에 새롭게 경남관찰도가 설치되어 경남관찰사가 주재하는 도청이 진주에 다시 설치된 것이다.

다시 말하면 진주관찰부가 옛 경상도에서 '경상남도'로 바뀌어 지금 쓰고 있는 행정구역 이름으로 등장하게 된 것이다. 즉 경남관찰도가 탄생한 것이다. 이때의 개편은 고종 33년의 일이며, 또한 같은 해인 건양 1년(1896년) 8월 4일 공포한 칙령 제36호에 의해서 이루어졌다. 이 칙령으로 개화파 정권의 관찰부 지방제도와 관제 등은 모두 폐지되고 종전의 경상도를 남북으로 나누어 지금의 '경남'을 만든 것이다. 이때 신설된 경남관찰도는 진주관찰부를 계승하고 행정범위를 경남 전역으로 확대해 2개 부(부산과 마산)와 29개 군(진주군 외 28개군)을 소관했다.

따라서 1996년 8월 4일을 경남탄생 1백주년으로 보는 이유도 거기에 있는 것이며, 이때를 맞춰 초기 경남도청의 건물이었던 선화당을 복원하는 작업을 벌이는 것도 그와 같은 맥락에서 비롯된다.

하지만 진주관찰부가 경남관찰도의 이름을 갖기 전에 사라진 과도기적인 행정기관이었다고 해도 경남도의 역사는 진주관찰부 설치 때인 1895년부터 시작됐다고 보는 것이 타당할 것이다.

72. 상촌나루터(上村津)

진양호에 있었던 우리지역 최후의 나루터

▲ 1997년 주민들과 관광객들이 목선에서 철선으로 바뀐 나룻배를 타고
진주시 대평면 상촌나루터를 떠나고 있다. 〈사진제공 : 박성훈〉

옛날 영화나 텔레비전 사극 드라마에서나 볼 수 있었던 나루터
가 우리 지역에서는 1997년 현재까지도 주요 교통수단으로 이용되
고 있었다. 바로 진주시 대평면 상촌리와 대평리를 잇는 '상촌(上
村)나루터'를 말한다.

상촌나루터는 원래 남강을 가로지르는 나룻배의 선착장이었는데, 지금은 남강댐 건설로 생겨난 진양호 물살을 가로지르는 호수나루터가 되었다. 나아가 자동차문화의 발달로 교량이 도처에 건설되면서 나루터와 사공을 본다는 것은 지금에 있어서는 관광용 이외에는 없다고 봐도 이상하지 않다.

옛날에는 산기슭을 따라 평야로 흐르는 강물을 따라 걷다 보면 주름진 검은 얼굴에 희끗희끗한 백발을 날리며 힘차게 노를 젓던 중노년의 뱃사공을 보는 것이 어렵지 않았다. 그러나 우리 모두 세월을 따라 그만큼 멀리 흘러간 것일까. 근현대화라는 세월 속에 댐이 건설되고 초가집이 없어지고 마을길이 넓어지고, 넓은 강을 가로지른 다리까지 세워짐으로써 그야말로 편리함과 풍요로움이 마치 파도처럼 밀려왔다. 이런 세태에 밀려 한때 한가롭게 강물 위에서 노를 젓던 사공도 나룻배도 나루터도 모두 우리 곁을 떠나고 없다.

하지만 그 세파 속에서도 상촌나루터는 한동안 그 시간매김과 자리보존을 단단히 하고 있었다. 상촌나루터는 남강에 나룻배가 최초로 띄워진 후 지금까지 남강변에 생겼다가 없어진 수많은 나루터 중 우리 지역에서 마지막까지 존속한 최고의 오래된 나루터였다. 하지만 인생사와 같은 원리랄까. 그 나루터도 세월이 흐른 지금은 초라한 수몰지의 이름없는 나루터가 되어 남강댐 보강공사의 완료와 함께 수장되는 운명을 맞고 말았다. 그렇지만 한창기에 상촌나루터는 다른 어떤 교통수단 못지않게 문전성시를 이루며 농산물 집산지 역할을 톡톡히 해냈다.

실례로 상촌나루터는 댐 건설 이전부터 서울의 마포나루터처럼 한때는 교통요지뿐만 아니라 상인들의 거점지가 되어 진주지역에서 거상까지 만들어 낼 정도로, 농업뿐만 아니라 상업에서도 무시할 수 없는 교두보 역할을 해 왔음을 부인할 수 없다.

상촌나루터와 연결되는 대평리 어은마을의 밤밭나루터와 어은의 북서쪽에 있던 한강나루터에는 전성기 때 다량의 벼와 무를 매매·교환하려는 상인들과 농민들로 하루에도 1천6백 명 이상이나 나룻배를 타며 크게 인파가 붐볐다고 한다. 따라서 이곳 나루터에 있는 주막에는 막걸리 한사발을 걸치는 사람들로 늘 북적거렸으며, 상촌나루터만 해도 주막이 3개씩이나 됐다.

그러나 상촌나루터도 시류의 흐름에는 예외가 될 수 없어 1969년 남강댐 수몰로 대평지역의 비옥한 토지가 수몰되고 농작물 생산이 격감하면서 이주하는 수몰민들이 점점 증가해 급격히 쇠락의 길로 들어서지 않을 수 없었다.

비록 상촌나루터를 운행하는 나룻배가 옛날처럼 노를 젓는 목선이 아니고 강 양안을 연결한 쇠줄에 의해 움직이는 현대적 나룻배인 철선으로 바뀌었지만 날로 늘어나는 이농현상에 따라 90년대 후반이 되면 이용자가 고작 하루 평균 30여 명밖에 안 되었다. 그래서 운영비를 행정기관에서 보조받는 등 재정상 어렵게 운영되다가 결국 남강댐 보강공사로 2차 수몰돼 완전히 수명을 다했다.

단지 수몰민들은 수몰지역에 사천 완사와 대평 간의 순환도로가 개통되면서 상촌나루터의 뱃길을 대신하게 됐다고 그나마 다행이라고 아쉬움을 달랬다. (지금은 나룻배가 다니는 뱃길 대신에 수몰로 생긴 거대한 담수호 위를 가로지르는 진수대교가 장관의 모습을 연출하고 있다.)

기억 저편에 수장돼 버릴 상촌나루터를 바라보고 있노라면 실향한다는 것이 그 무엇과도 견줄 수 없는 허허로움이란 사실을 느낄 수 있다. 상촌나루터의 수몰도 결국 대평면 주민들에게는 실향의, 그 어떤 그리움과 대상으로 남아 있었던 것은 아닐까.

수백 년 동안 이별이라는 정한(情恨) 뒤에 무수히 뿌려졌던 눈물 젖은 사연들이 세월과 함께 수몰된 상촌나루터에 묻혀 있다. 이제는 그 나루터마저 추억을 안고 망각의 물결 속에 묻혀버렸으므로 그 아쉬움을 무슨 말로 표현할 수 있을까.

73. 솔모루(大籠寺址)

소롱사 학승과 대롱골 여인의 비련이 깃든 곳

▲ 전설에 묻힌 대롱사와 소롱사 사이에 있었던 솔모루는 이젠 전혀 흔적을 찾아볼 수 없을 정도로 변모해 주택가가 되었다. 〈사진제공 : 진주신문사〉

'부디 과거를 생각하지 말고 / 또한 미래를 원하지도 말라 / 과거는 이미 사라졌고 / 미래는 아직 오지 않았다.' (불교경전에서)

예전이나 지금이나 해는 동쪽에서 떠올라 서산 아래로 사라지는 반복을 거듭하고 있다. 그러나 옛날 대롱골 대롱사와 소롱골 소롱사를 지나던 태양은 한때 '솔모루 그곳'에만 머물고 있었다. 이곳 절 이름을 '대롱'과 '소롱'이라고 한 것은 비봉산에서 날아가는 봉황새를 크고 작은 새장에 잡아 가둔다는 풍수지리적인 뜻에서 붙여진 것 같았다. 그러나 '솔모루'란 소나무가 있는 언덕바지를 말하며 '그곳'은 옛날 대롱사지(大籠寺址)에 있었던 전생에 이루지 못한 어떤 남녀의 쓸쓸한 사랑이 묻혀 있는 곳을 말한다.

진주시 상봉동 하동댁이라고만 밝힌 경주김씨 할머니(인터뷰 당시 82세)가 정말 어렵게 들려준 이 솔모루의 이야기는 너무나도 아름다운 전설이었다. 그 할머니 역시 이 이야기를 50여 년 전에 시어머니로부터 들었다고 한다. 다음은 할머니의 두서없는 이야기를 필자가 소설적인 상상력으로 재구성한 것임을 밝혀 둔다.

옛날 대롱사에는 조용히 바른 생각만을 가지고 그것을 밀고 나가는 인욕정진의 젊은 학승이 있었다. 그는 스승인 노스님처럼 최고의 선승이 되기 위해 대롱사를 나와 소롱사의 한 칸 초가집에서 면벽수도를 하고 있었다.

그는 가끔 소롱사에서 대롱사로 가는 길에 솔모루 그곳에 멈춰서서 여전히 풀리지 않는 화두를 생각하곤 했다. 그는 자신이 승문에 들어오기 전에 중생으로서 탐내고 화내며 어리석게 집착하며 행동했던 마음을 버렸다고 생각했다. 또 속세에서 밝혔던 돈·여자·명예·권력·음식 등에 대한 온갖 미련이나 오래 살고자 하는 이기적인 욕심마저 모두 버렸다고 생각했다.

그러나 도무지 알 수 없는 한가지가 있었으니 그것은 곧 사랑이었다.

가을의 끝자락으로 바람소리가 타박거리던 그런 날이었다. 적나라한 홍감 너머로 잿빛 하늘이 있었던 어느 날 그는 솔모루 그곳에서 너무나 아름다운 한 여인을 만났다. 그녀는 한양에서 인습의 고통에 병들어 피폐해진 모습으로 대롱사 사하촌(後에 대롱골 혹은 대롱골이라고 불림)의 친정에 내려온 '소국'이라는 비밀에 싸인 여인이었다. 기생이었던 소국은 상처받은 자신의 영혼을 다시는 치유할 수 없다는 절망감에 삶을 포기하고 있었다.

그러나 운명은 사랑하기에 너무 늦어 버린 이 젊은 학승과 돌이킬 수 없는 상처를 입은 소국이 다시금 이곳에서 사랑을 하도록 만든 것이었다. 그곳은 그들을 위한 장소였고 태양도 잠시 갈 길을 멈추고 그곳만 내리쬐고 있었다.

학승은 끊임없이 번뇌하면서도 그곳을 중생의 고뇌를 벗는 해탈장으로 생각했고 소국도 그곳만은 세상의 모든 아픔을 잊는 안식처라고 생각했다. 그러나 부처님의 섭리랄까 학승은 끝내 법륜을 저버리지 못했고 소국 또한 광적이고 질긴 애증(愛憎)으로 그를 완벽히 소유하지 못한 것에 몸부림쳤다.

결국 학승은 피눈물을 쏟으며 소국을 자기 인생에서 지웠다. 소국은 이미 마음이 돌아선 그의 장삼(검은 베로써 길이가 길고 품과 소매를 넓게 지은 스님의 웃옷)을 갈기갈기 찢어 놓았다. 하지만 운명은 찢어진 그들을 결코 다시 붙잡지 않았다.

태양이 사라진 어느 날 떠나가는 소국을 바라보던 학승은 수천 년 수만 년이 지난다고 해도 자신은 억천만겁의 세월 동안 솔모루 그곳에서 한 발짝도 움직이지 않고 돌부처가 되겠다고 다짐했다.

혹시 오랜 세월이 지나면 무엇이든 새로 태어나 내세에는 다시 만날 수 있지 않을까 생각하며 훗날을 기약했다. 그러나 그것은 헛된 약속이었다. 이미 그것은 가슴속 깊숙이 박혀버린 한이 된 채 그들에게는 내세가 돌아오지 않았다. 그렇게 그들의 애절한 사랑은 그곳에 묻혀 많은 세월 속에 바람 따라 흘러가 버렸다.

그곳은 조선 초 진주목 서쪽 5리에 있었던 대롱사와 소롱사의 중간지점에 있었던 곳으로 지금의 상봉동 한주맨션 사잇길로 추정되고 있다. 학승이 있었던 소롱사는 어느 날 불에 타 없어졌으며 대롱사는 임진왜란 이후까지도 남아 중건됐으나 어찌된 영문인지 지금까지 이어져 내려오지 못하고 사라졌다.

일설에 의하면 사랑을 잃어버린 학승이 그녀를 기다리다가 미쳐버린 끝에 파계를 당하자 소롱사에 불을 지르고 대롱사 부처님 앞에서 내세에는 반드시 그녀와 함께 살게 해 달라며 죽어갔다는 것이다. 그 후 사람들은 대롱사와 소롱사가 있었던 곳을 '대롱골(대롱골)' 또는 '소롱골(소롱골)'이라고 부르고 있다.

현재 이 일대는 완전히 주택가로 변모했다. 학승과 소국이 사랑을 나눴던 그곳에는 세광공고(현 경진고) 후문 쪽 소나무와 아파트 화단의 감나무만이 자리를 지키고 있다.

어느 주택가 창가에서 흘러나오는 애달픈 선율의 노랫말(양희은의 노래 '사랑-그 쓸쓸함에 대하여')처럼 누구나 사는 동안에 한 번쯤은 잊지 못할 사람을 만나고 잊지 못할 이별도 하는 걸까. 이들의 슬픈 사랑을 되새겨 주는 노랫말이 아닐 수 없다.

'다시 또 누군가를 만나서 사랑을 하게 될 수 있을까 / 그럴 수는 없을 것 같아 / 도무지 알 수 없는 한가지 / 사람을 사랑하게 되는 일 / 참 쓸쓸한 일인 것 같아 / 사랑이 끝나고 난 뒤에는 이 세상도 끝나고 날 위해 빛나던 모든 것도 그 빛을 잃어버려 / 누구나 사는 동안에 한번 / 잊지 못할 사람을 만나고 잊지 못할 이별도 하지 / 도무지 알 수 없는 한가지 / 사람을 사랑한다는 그 일 / 참 쓸쓸한 일인 것 같아'

74. 영남포정사(嶺南布政司)

경상우병영 · 진주관찰부 · 경남관찰도 · 경남도청의 정문

▲ 경남도청 간판을 달고 있을 당시의 영남포정사의 모습.
〈사진출전 : 조선일보〉

'영남포정사(嶺南布政司)'는 진주성에 현존하는 최고의 건물로서 아직도 옛 모습의 원형을 그대로 간직하고 있다. 영남포정사는 원래 조선 때 경상우도 병마절도영의 문루인데, 그 전신이던 문루에 걸린 현판에 쓰여진 이름은 망미루였다. 이 망미루의 현판은 수원유수와 지중추부사를 지냈던 서영보가 글씨를 쓴 것으로 알려졌

다. 다음은 영남포정사의 위용을 보여주는 글이다.

'여기에 올라 아득히 북두성을 보리니 / 진양성 못은 세상 다스림의 쇠사슬 같은 것 / 마치 하늘 위 누각에서 북치고 뿔피리 불듯하고선 / 물러나 진(陣)친 막사에서 승리의 작전계획을 꾀하노라.' (조선 숙종 때의 문장가 신유한이 쓴 '영남포정사' 현판의 글에서)

1618년 광해군 10년 때 진주병사였던 남이흥이 2층 문루로 신축한 것이 지금까지 내려오고 있는 영남포정사의 본 모습이다. 한때 영남포정사가 '대변루'로 잘못 불리기도 했는데 이는 대변루가 진주성 외성에 있었던 옛 동장대의 이름임을 모르고 하는 소리이다.

영남포정사는 진주목시대에는 진주성 내성의 관문이기도 했지만 1895년 진주관찰부가 설치될 때에는 영남의 정사를 선포하고 알리는 행정중심지임을 뜻하는 말로 '영남포정사'라는 현판을 내건 진주관찰부의 관문이 되었다.

그러나 이듬해인 1896년 진주관찰부가 경남관찰도로 바뀌자 영남포정사는 경남 도청인 선화당의 정문으로 사용되었다. 그 후 국권상실이 되었어도 영남포정사는 일제에 의해 계속 도청 정문으로 사용되다가 1925년 도청소재지가 부산으로 옮겨지자 그 용도를 다했다.

이처럼 도청 정문으로서 수명을 다한 영남포정사는 급속히 위용을 잃고 수십 년간 방치된 끝에 퇴락을 면치 못했다. 이에 경남도는 초기 경남도청의 옛 모습을 유일하게 간직하고 있는 영남포정사를 보존하기 위해 1983년 도문화재자료 제3호로 지정하고 문루를 새롭게 단장했다.

영남포정사의 바로 앞에는 조선 때 세운 하마비가 서 있는데 포정사 문을 통과할 때마다 수령급 이하는 무조건 말에서 모두 내려야 한다는 것을 경고하고 있다. 하마비는 향교나 사당 앞에도 있었는데 출입자가 말에서 내려 조신하게 행동해야 함을 알리는 경고 표식이다.

일제 때는 포정사의 1층 기둥에 '경상남도청'이라는 세로형 문패가 커다랗게 걸려 있기도 했다. 만약 영남포정사가 지금까지 남아 있지 않았다면 경남도청의 산실이었던 선화당의 위치를 찾기란 쉽지 않았을 것이다. 이는 영남포정사가 1996년 경남탄생 1백주년을 맞아 진주성에 있었던 관찰사 집무실인 선화당 터를 발굴하는데 중요한 기준점이 되었기 때문이다.

그런데 일제 때 진주에서 부산으로 옮겨간 경남도청이 80년대 초에 다시 경남으로 돌아올 때 진주가 아닌 신도시 창원으로 옮겨 갔는데, 영남포정사도 같이 창원으로 옮겨가는 기이한 현상이 발생했다. 물론 현재 진주성에 있는 영남포정사 문루가 통째로 뜯겨서 이전돼 창원에 다시 복원된 것은 아니다. 즉 진주성에 있던 영남포정사와 똑같이 모방한 문루가 새로 옮겨진 창원의 도청 앞에 새롭게 세워진 것이다.

경남도는 1983년 7월 1일 경남도청이 부산에서 창원으로 이전됨에 따라 이젠 창원이 경남 도정의 중심지임을 알리고 경남도민과 창원시민에게 새로운 긍지를 심어주기 위해 옛날 경남관찰사가

주재하던 경남관찰도 청사의 관문도 창원에 복원한 것이다. 오래
전에 경남도청의 정문이었던 진주의 영남포정사를 창원에 옮겨온
것과 똑같은 크기와 모양으로 이름까지 똑같게 하여 창원의 경남
도청 앞 용지공원에 새로 건립했던 것이다.

도청을 두 번이나 외지에 빼앗긴 진주지역민들로서는 기분이 좋
을 리가 없었다. 이는 12·12쿠데타로 권력을 장악한 전두환의 국
보위(국가보위입법회의)가 1981년 경남의 도청소재지를 진주가
아닌 창원으로 정한다고 의결하면서 1983년 경남도청이 부산에서
창원시로 이전되고 창원시가 경남지역발전의 중심지역이 됐기 때
문이다.

이에 따라 도청복원운동이 좌절됐던 진주지역민들은 영남포정
사의 창원건립에 대해 "도정(道政) 역사가 없는 창원을 역사적인
도시로 만들기 위해 순 어거지로 꾸민 한심한 작태"라고 반발했다.

그래서 그런지 경남도는 창원에 '새 영남포정사'를 세우는 대신
에 이러한 반발을 무마하기 위해 진주에 있는 이른바 '헌 영남포정
사'를 1983년 7월 문화재 자료 제3호로 긴급히 지정하는 촌극을
벌였다고 전해진다.

75. 삼중정백화점(三中井百貨店)

한일합병 전부터 시작된 진주 최초의 백화점

▲ 지금의 진주시 대안동에 있었던 삼중정 백화점의 1940년 초 모습.

〈사진출전 : 진주대관〉

'삼중정백화점(三中井百貨店)'은 진주 최초의 백화점일 뿐만
아니라 조선·일본·중국을 석권한 미나카이(삼중정) 백화점회사
의 모태이다. 삼중정백화점의 역사는 삼중정상점(그 전신은 삼중
정오복점)으로부터 출발한다.

일제시대 조선직물업계의 원조로서 진주 이외의 주요 도시에도 점포를 개설해 문어발식 확장을 거듭하던 삼중정상점이 구멍가게에서 벗어나 마침내 거대한 백화점 왕국을 건설한 것은 일본제국주의의 식민지 확장으로 얻은 광범위한 소비시장 덕분이다.

이러한 시대적 요구에 충실하게 부응한 삼중정상점은 1933년 상점 조직을 백화점 조직으로 개편해 삼중정 백화점시대를 열었다. 그해 삼중정 백화점은 중국 신경(일제의 괴뢰국가이던 만주국의 수도였으나 지금은 장춘으로 이름이 바뀌었다)에 진출해 새롭게 '동아삼중정' 시대를 열며 만주와 중국방면의 상권에 도전했다.

나아가 1935년에는 이들 주요 점포와 만주지역의 봉천을 더해 삼공상회를 설립함으로써 동아삼중정시대를 넘어 이른바 '삼공시대'를 열었다. 이와 같이 날로 성장하는 사업의 확장배경에는 1930년대에 일제가 일으킨 만주사변과 중일전쟁으로 일본군의 점령지 확대에 따른 상권진출에도 영향이 있었다.

1940년 당시 조선·일본·중국에 있던 이 3개의 사업체가 개설한 지점이 30여 개소에 이르고 있고, 여기에 종업원만도 2천7백여 명이나 종사하고 있다고 하니 그 위세를 짐작하고도 남는다. 이러한 백화점 신화를 낳게 한 삼중정상점은 그 발상지가 바로 진주였다는 사실이 놀랍다.

왜냐하면 삼중정상점의 창시자는 일본인 사업가 니시무라(서촌구차랑)였는데 그가 일찍부터 진주에 진출해 사업을 했기 때문이다. 그는 한일합방 전부터 진주에 들어와 상품시장 조사를 하며 직물점이야말로 가장 장래가 촉망되는 사업이라고 보았다. 니시무라는 동업자와 함께 진주에서 사업을 시작했는데, 뛰어난 사업수완을 발휘한 것이 성공의 요인이 되어 조선 전역은 물론 일본과 중국까지 사업을 확대해 가며 거대한 백화점왕국을 건설할 수 있었다. 한마디로 진주에서 시작한 직물판매업이 거대한 국제적 백화점사업을 이룩한 시초가 됐던 것이다. 그 과정을 좀 더 살펴보자.

1905년 니시무라는 대구에서 잡화상을 하는 나카에(중강승차랑)와 동업해 1906년 지금의 대안동 거리에다 삼중정백화점의 전신인 삼중정오복점을 개업했다. 이때 사용한 삼중정의 이름은 당시 합자한 사람들인 잡화상 나카에 형제와 일본인 사업가 오쿠이(오정삼) 등의 이름에서 따온 것이다. 진주에 현대식 백화점이 문을 열자 진주사람들의 눈이 휘둥그레질 수밖에 없었다. 물론 지금과 같은 규모 있고 화려한 백화점과는 비교할 수 없겠지만, 기존에 보던 상점과는 확연히 달랐다. 진주 삼중정백과점은 주로 오복과 양복 등 직물을 팔았지만 그밖에 여러 가지 잡화도 함께 구비하고 있었다.

이와 같이 진주에서 시작된 삼중정의 백화점사업은 1911년 경성에 진출한 뒤 원산·부산·평양·목포·함흥·흥남·군산·광주·대전·청진 등 국내 주요 도시로 급속히 확대됐고, 일본 교토(경도)를 비롯해 도쿄(동경)·오사카(대판) 그리고 중국 신경을 비롯해 봉천·북경까지 3개 대륙에 걸쳐 광범위한 점포망을 형성하며 빠르게 뻗어나갔다.

삼중정백화점의 본점은 경성에 있었고 본사는 교토에, 본부는 일본 자하현 신기군 남오개장촌에 있었다. 삼중정 본부가 일본 자하현에 있었던 것은 이곳에 있는 강주(江洲)가 바로 니시무라의 동업자인 백화점 사장 나카에의 고향이었기 때문이다. 조선에는 경성에 본점을 두고 부산과 진주에도 지점을 두고 백화점을 열고 있었다.

특이한 점은 이들 백화점 조직이 일사불란한 명령체계와 통제를 위해 군대조직을 모방했다는 것이고, 철저히 지역 연고주의를 고수했다는 것이다. 당시 삼중정은 식민지 확보전쟁에 광분하고 있던 일제 군국주의를 본떠 사장은 물론 모든 종업원을 일본 육군의 계급에 따라 서열화시켜 통제했다. 또한 대부분의 점원이나 직원들도 사장의 고향출신들만 골라 백화점에 채용해 충성을 유도했다. 이에 따라 '주식회사 삼중정 백화점 진주지점'의 지점장은 마루하시(환교중차랑)라는 사람인데 백화점에서 부여한 그의 계급은 상업전사 대좌(대령)였다.

삼중정백화점의 주된 업목은 '직물백화'인데 진주지역의 포목상과 직물상·잡화상 중에서 가장 규모가 크고 품목이 다양했다. 특히 이들 제품들은 대개 고급스러웠기 때문에 가난한 조선인들에게는 그림의 떡일 수밖에 없었다. 주로 일본여인들이 오복을 구입해 기모노를 맞춰 입었고, 돈푼깨나 있는 조선인 지주나 일본인 남자들은 양복을 구입해 옷을 맞춰 입었다.

당시 삼중정 진주백화점은 일개 백화점 지점에 불과했지만 삼중정 진주지점의 자본규모는 진주 상공업체중 남선전기 진주영업소 다음으로 가장 컸다. 1927년 진주의 민간자본으로 허순구가 세운 문성당을 진주 최초의 백화점으로 보기도 하지만 굴지의 백화점이던 삼중정과는 비교하기가 어렵다.

이렇게 나날이 번창하던 삼중정백화점은 1940년대에 들어서면서 전시체제로 돌입하고 통제경제가 실시되면서 소비문화가 위축되어 백화점 소비도 크게 줄어들게 되었다. 결국 제국주의에 기생하며 성장한 삼중정의 신화는 끝까지 살아남지 못했다. 1945년 해방과 함께 제국주의의 몰락과 그 운명을 같이 했기 때문이다. 적산으로 압류된 삼중정백화점 건물은 1949년부터 1950년 사이에 진양군청으로 사용됐으나 한국전쟁통에 파괴되면서 사라졌다.

한편 해방 후 삼중정백화점과는 아무런 연관성이 없으나 진주에도 백화점이 문을 열었다. 그러나 몇 차례 백화점이 진주시내에 들어섰지만 부침을 거듭했다. 1990년대 초 인사동에 영남백화점이 들어섰지만 부도로 망한 적이 있었고, 근래에는 평안동 옛 금성초교 자리에 진주백화점이 들어설 계획이었으나 공사업체의 부도로 사업이 중단되었다. 그러다가 결국 평안동 그 자리에 갤러리아백화점이 들어섰는데, 이 백화점은 현재까지 그런대로 영업을 잘하고 있다.

76. 진영대(鎭營隊)

진주 주둔 대한제국군 1개 중대의 병영

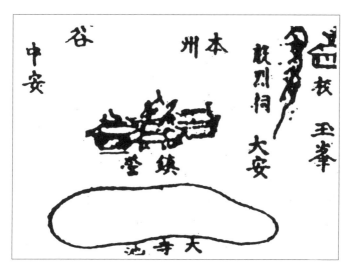

▲ 구한국 진위대 1개 중대가 주둔한 진영의 모습(순조 때의 그림).
〈사진출전 : 진주목지도〉

'진영대(鎭營隊)'는 군대해산의 비극이 서린 곳이다. 진영대가 1907년 일본군에 의해 해산되기 전까지 진영은 대한제국군 진주 지방부대가 주둔하던 군사주둔지였고, 그 이전에는 조선시대에 진주목 수비부대였던 속오군(束伍軍)이 주둔하던 진지였다.

조선 때 진주성이 경상우병영의 근거지였다면 진주성 밖에 있

는 진영은 진주목을 지키는 진주영장(무관 3품)의 군사진지(이른
바 진주진영)였던 것이다. 진영은 대사지 위쪽에 있었는데, 진영
의 모습은 영조 때와 순조 때의 지도에 표시된 그림에도 잘 나와
있다. 조선후기에 진영은 우병영 아래에 두었던 토포영으로도 사
용되었다.

1896년 1월 초 의병장 노응규가 명성황후 시해사건과 단발령을
계기로 함양 안의에서 봉기해 진주성과 진영을 점령했는데, 노응
규는 우병영(즉 새로 개편·설치된 진주관찰부)에다 '진주의진(晉
州義陣)'을 설치하고, 진영에다가는 '본주의진(本州義陣)'을 설치
했다. 진영에 설치된 본주의병장은 진주의 유림 정한용이 맡았으
나, 의병해산 후 노응규를 옥에 가두었던 일 때문에 그는 유림들에
게 배신자라는 낙인이 찍혔다.

아무튼 진주에 병영이 폐지되기 몇 해 전까지만 해도 이 우병영
에는 진주성을 수성하는 중군(中軍) 등이 있었고, 진영에는 진주
목을 방어하는 속오군(평상시에는 군포를 군역대신에 바치고 유
사시에만 소집되는 일종의 예비군)이 있었다. 그러나 1894년 갑오
개혁 이후 신식군대로 군제가 개편되면서 진주성 안팎에는 별다른
상비군이 주둔하지 않고 단지 진주관찰사 아래 있던 경무관 휘하
의 순검들만이 노응규부대를 막다가 성을 내주고 말았다. (노응규
부대가 진주성을 점령하는 과정에서 순검 2명 등 관원 10여 명이
의병들에게 저항하다가 살해됐을 뿐이다.)

이에 따라 조선정부에서는 대대장 이겸제가 지휘하는 친위대 제
5대대를 진주로 파견했다. 중앙에서 파견된 친위대(이른바 경군)

는 참령 이겸제가 이끄는 친위대 병력 5백 명뿐만 아니라, 대구주둔 진위대 병력 2백 명까지 총동원해 진주로 출동했다. 이는 지방부대인 진위대 병력만으로는 의병항쟁을 막기 힘들다고 보았기 때문에 경군을 직접 출동시키고 진위대병력도 동원한 것이다. 여기서 친위대는 중앙군, 즉 경군을 말하고 진위대는 지방군을 말한다.

경군이 진주성과 진영을 점령한 것은 노응규가 진주를 점령한지 3개월이 지난 4월 말의 일이었다. (이때 노응규는 경군과 싸우지 않고 진주의진과 본주의진을 자진해산한 후의 일이었기 때문에 진주에 온 경군은 진주성에 무혈입성했다. 노응규부대는 의병부대를 해산하기 전에 김해까지 진격해 일본군과 전투를 벌이기도 했지만 자진해산으로 의병전쟁은 더 이상 확대되지 않았다.)

이 사건 이후 중앙정부에서는 경남지방을 방어할 지방군대를 설치할 것을 고려하게 되었는데, 마땅한 장소를 찾지 못해 1899년 경남지방대를 진주와 가까운 고성군에 설치했다. 그러다가 1900년 7월 지방대를 다시 진위대란 이름으로 바꾸고, 병영을 지금의 통영에 위치한 진남군(鎭南郡)으로 옮겼다가 다시 1902년 1월 9일 진주군으로 옮겨와 진주진위대를 설치했다.

이때 진주에 설치된 진위대는 러시아식 훈련과 교육을 받은 신식군대로서 대구주둔 제3연대 소속의 제2대대였다. 이 진위대가 진영에 주둔했던 관계로 바로 진주진위대를 '진영대'라고 부르게 됐던 것이다.

그러나 1904년 일제의 러일전쟁 승리로 조선에서의 통감부 통치가 실시되자 대한제국 한병의 군대규모가 대거 축소되면서 진영대는 대대단위에서 중대단위로 축소되었고, 2백여 명의 진위보병 1개 중대정도만 진영자리에 머물고 있었다. 당시 진영대의 조직을 보면 중대장인 정위(지금의 대위 계급)를 비롯해 부위·참위·특무 정교·정교·부참교 등 장교와 하사관이 20명이고, 상등병·일등 졸·이등졸 등 사병이 1백86명이었다.

그러나 1907년 군대해산령으로 진위대도 해산할 당시 진주에 있던 진위대 병력은 더 줄어있었다. 이들 병력은 진위제3대대 대구 본부 소속의 진주분견소란 이름으로 주둔하고 있었는데, 모두 29 명에 불과했다고 한다. 그 나머지 경남의 진위대 병력도 진남에 정 위 이하 하사·졸이 1백1명이 있었고, 울산에 부위 이하 하사·졸이 21명이 있었다고 하는 등 여러 곳에 분산되어 있었다. 따라서 군대 해산시 진주의 진영대가 힘을 쓰지 못하고 무기력하고 해산된 이 유를 짐작하게 한다.

어쨌든 1907년 7월 말 마침내 진주에도 군대해산령이 내려졌 다. 이에 따라 진위대 진주분견소를 비롯한 경남북에 주둔하고 있 던 6개 진위대 분견소와 대구의 진위3대대 본부도 해산해야 하는 운명에 처했다. 일본군은 이들 진위대 병력을 모두 해산시키고자 출동했는데, 진주에 출동한 일본군의 지휘관은 보병대위 가메이 (구정좌일랑)였다.

이같은 소식을 접한 진위대 진주분견소, 즉 진영대는 일본군이 출동하고 있다는 소리를 듣고 무장해제를 거부한채 완전 무장상태 로 전 병사를 진영대에 집합시켜 놓고 있었다. 당시 진주진영대장 은 경(慶)씨 성을 가진 장교였는데, 계급은 육군정위였다. (정위는

3품으로 중대장 직책이다.) 경 정위와 병사들은 진영대에서 일전을 불사할 각오였으나 적은 병력에 불과해 승산이 없음을 깨닫고 무기력해질 수밖에 없었다. 그들은 매일 술을 마시며 이 지경에 이른 나라의 현실에 울분을 터뜨리며 땅을 치고 통곡했다.

이미 한성에서는 군대해산을 거부해 일본군과 치열한 전투를 벌인 시위대(시위제1연대 제1대대 박승환 대대장의 자결로 일어난 구한국군의 봉기)의 소문이 진주에도 전해졌고, 이로 인해 진영대의 분위기는 반전해 더욱 분기감이 높아졌다. 정신을 차린 진주의 구한국군 사이에서는 무장봉기를 일으켜 의병전쟁에 나서야 한다는 목소리가 점점 더 높아졌다. 이런 분위기를 감지한 진주거주 일본인들은 불안해하며 진영대의 기세가 한성처럼 폭동을 일으킬 상황이라고 보고 자경대를 조직하는 등 대비했고, 일제 통감부의 수족이 된 진주경무서와 경남경무부도 전 병력을 동원해 비상경계 태세에 돌입했다.

이처럼 진영대가 군대해산령이 내려졌는데도 계속 무장해제를 거부하자 일제는 마산주둔 일본군 병력중 1개 소대를 진주에 출동시켜 진주의 경찰병력과 함께 무장해제를 시도하게 되었다. (이 자리에는 경남관찰사 김사묵도 일제 간부와 함께 진영대를 해산시킬 묘책을 궁리하고 있었다.) 그러나 아무리 경찰병력이 지원한다고 해도 일본군 1개 소대 병력으로 진영대의 성난 진위대 병력을 해산하기엔 역부족이었다. 그래서 일본군은 즉각 작전에 돌입하지 못하고 진영대를 포위한 채 고심만 거듭하고 있었다.

바로 이때 진영대를 해산하는데 앞장선 자가 있었으니 그는 일본인도 아닌 조선인이었던 경찰 최지환이었다. 그 당시 그는 진주 경무서 순검(지금의 진주경찰서 순경에 해당)으로 일본군이나 관찰사도 감히 두려워 엄두를 내지 못한 일을 스스로 자청하고 진영대 영문으로 혼자 걸어 들어갔다. 결국 그는 진영대 중대장이었던 경 정위를 일본군 주둔지로 유인해 감금하는 데 성공함으로써 남은 병사의 무장봉기를 막을 수 있었다.

이때 진주우편국도 한 역할을 했는데, 진주우편국은 군대해산을 명령하는 군부대신의 전보를 진영대 경 정위에게 보여줘 이들의 항전의지를 꺾게 만들었다. 진영대는 군부의 최고 명령권자인 군부대신의 해산명령을 따르지 않을 수 없었다. 결국 진영대는 봉기계획을 세워 탄약분배까지 하는 등 무장투쟁을 준비했으나 끝내 봉기하지 못하고 강제해산을 당했다. 이렇게 진주의 마지막 대한제국 군대는 총 한번 쏴보지 못하고 허무하게 역사의 뒤안길로 사라졌다.

이때 진주의 군대해산을 손쉽게 이루어 내도록 유도한 장본인이 조선인이었다는 사실이 서글플 뿐이다. 이 공로로 그는 국권상실 직후인 1912년 일제로부터 한일합병 병합기념장을 받았으며, 그 후로도 계속 승승장구 출세해 경부와 경시를 거쳐 군수와 참여관(지금의 부지사에 해당)을 역임하고 퇴관했다. 나중에는 조선총독부의 중추원 참의까지 지내는 등 진주지역 최대의 친일파로 이름을 떨쳤다. 해방 이후 서울에서 발간된 『반민자 죄상기』에는 진영대 해산에 앞장선 최지환에 대해 이렇게 말하고 있다.

'합병 당시 최지환은 진영대 정위라는 사람을 기생을 시켜 매수하여 무기고의 열쇠를 훔치어 한병(韓兵)의 무장을 해제함으로써 인민의 봉기를 억압한 반역자이다.'

진영대가 해산된 후 이 자리는 일본군 임시조선파견대 보병 제2연대의 1개 중대가 진주했으며, 이곳 땅은 일본 육군 경리부 소유가 됐다. 일제에 의해 국권이 상실된 후 1912년 현재 진영대에 주둔한 일본군 수비대는 일본군 보병 제45연대 소속의 수비대였다.

그러다가 진영대에 주둔한 일본군 수비대가 철수하고 비어 있자 그 자리는 학교가 들어섰다. 1928년 사립일신여고보가 그 일대를 사들여 개교했다. 이후 진영대 터는 일제 말 일신여고보의 후신이던 공립진주고녀(진주고등여학교)가 비봉산 밑으로 이전하자 1945년에는 금정국교(금성초교의 전신)가 들어서는 등 오랫동안 학교부지로 사용되었다.

하지만 해방 후 금성초교로 사용되던 학교부지를, 금성초교가 초전동으로 이전되자 진주교육청은 기다렸다는 듯이 민간업체에 팔아버리고 말았다. 유서깊은 일신여고보 건물이 있던 학교부지를 백화점업체에 매각했던 것이다. 1996년부터 그곳은 진주백화점 부지가 조성돼 공사에 들어갔다가 업체의 부도로 우여곡절을 겪었다. 그러다가 진영대 자리는 결국 백화점이 건립되어 현재 갤러리아백화점이 영업하고 있으며, 진영대가 있었던 일부 부지는 주차장으로 사용되고 있다.

77. 노루목(獐項)

일제 때 도로 개설로 절단된 명석면의 고개

▲ 4차선 도로 확포장공사 전의 1996년도 노루목 모습.
〈사진제공 : 진주신문사〉

진주시 명석면 우수리 우수마을 회관이 있는 산자락으로 난 진주~산청 간 국도를 이곳 노인들과 주민들은 '노루목' 또는 '노루미'라고 부르고 있다. 노루목은 명석면 행정구역상 우수리와 용산리를 잇는 고갯길에 위치했다.

이곳을 노루목이라고 부르는 까닭은 이 산자락을 넘어가는 고개가 노루 모가지처럼 생겼다는 뜻에서 연유한다. 그래서 옛 문헌에는 '노루 장'자와 '목 항'자를 써서 노루목을 '장항(獐項)'이라고 표기했다.

사실상 노루목은 우수마을 회관에 가까워 우수리 노루목이라고도 부르지만 용산리 노루목으로 더 잘 알려져 있다. 이는 옛 지리지에 '용산아래 노루목 위에는 큰 명지(좋은 땅)가 있어 삼정승(3명의 정승)·팔판서(8명의 판서)가 나올 자리'라고 기록하고 있기 때문이다.

그러나 노루목을 노루미라고도 부르는 것은 노루가 많이 사는 산이란 뜻도 있었으나 고갯길이 나면서 모가지가 잘린 산길은 노루 대가리처럼 고갯길이 노루꼬리마냥 볼품없이 돼 버렸기 때문이다. 그래서 노루미의 '미'자에 꼬리 미(尾)자를 쓴 것도 그런 이유라고 한다. 어쨌든 노루 목이 끊어졌든 노루 꼬리가 되었든 간에 노루목이 절단돼 노루미가 되어버린 것은 일제 때 일어난 일이다.

조선 때 진주에서 한양으로 올라가는 길이기도 했던 진주와 산청 간의 오솔길을 자동차가 다닐 수 있는 도로로 확장하기 위해 일제는 노루목을 절단했다. 수많은 인부들을 동원해 산기슭의 흙은 퍼날라 도로를 개설했다. 사실 일제가 노루목에 손을 대기 전만 해도 이곳은 야생 노루들이 뛰어놀던 한적한 산고갯길에 불과했다.

일설에 의하면 이 노루들은 이곳에 묻힌 죽은 이의 영혼이 환생한 영물들이라고 했다. 원래 이곳 노루목에는 고대 가야인이 묻힌 고분들이 즐비하게 있어 후세 사람들은 노루목의 가야고분을 우수리 고분군이라고 불렀다.

게다가 세월이 흐르면서 노루목에는 시대에 따라 다양한 무덤이 많이 생겨나 이곳이 조상대대로 명당자리였음을 확인시켜 주고 있다. 노루목을 파낼 때 상석이나 망두석 등 묘지석물이 많이 나왔다고 한다. 조선시대에는 이곳이 김해김씨 문중의 무덤자리로 조성돼 종중의 선산이 있었다.

이처럼 무덤자리로서 죽은 이의 영혼이 조용히 머물던 이곳에 어느 날 일제의 도로 굴착공사가 시작됐다. 일제는 노루목의 고개가 완만하기 때문에 아예 고갯길을 송두리째 파내고 신작로를 내기로 했다.

이같은 일제의 도로공사를 지켜보던 우수리와 용산리 주민들은 불길한 예감을 감추지 못하고 있었는데, 그것은 곧이어 적중하고 말았다. 멀쩡한 산을 깎아 도로를 개설하더니 결국 피를 보고야 말았다. 노루목을 파내던 공사 인부가 갑자기 굴착 장비를 내던지며 비명을 지르기 시작했다. 깊숙이 파헤쳐진 노루목 한가운데서 시뻘건 피가 콸콸 쏟아져 나오고 있었다.

이 소식을 들은 주민들은 "일제가 노루목의 신성함을 무시한 채 신작로를 낸다고 조선인들을 강제동원해 막무가내로 모가지를 끊어놓으니 결국 피를 보고야 말았다"고 두려워하며 "이젠 이곳에서 나올 인물도 수명을 다했다"고 한탄했다.

이처럼 노루목의 신작로 공사장에서 벌건 피가 나왔다고 전해지며 민심이 흉흉해지고 조선인 공사인부들이 겁을 먹고 작업을 거부하는 등 공사를 반대할 조짐마저 보이자 일제는 진상조사에 착수했다. 진상조사 결과 일제는 노루목에서 나온 것은 피가 아니고 진한 황토물이었다고 주민들에게 발표했다. 그러나 주민들은 일제의 발표내용을 더 이상 믿지 않았고 노루목에서 나온 것은 황토물이 아니라 진짜 핏물이었다고 믿었다.

아무튼 일제는 노루목 굴착공사를 계속해서 모가지 부분을 완전히 도려내고 차량 1대가 겨우 다닐 정도의 신작로를 완성시켰다. 그 후 노루목에는 예전에 흔히 볼 수 있었던 야생 노루들이 흔적도 없이 자취를 감추었고 지금까지 우리 고장이나 우리나라를 빛낸 큰 인물도 나오지 않고 있다.

단지 노루목 도로는 계속 넓어져 해방 후 2차선으로 확장됐다가 이 국도 3호선이 나날이 증가하는 교통량으로 사고가 빈발하자 1997년부터는 아예 4차선으로 확장했다. 결국 노루목의 나머지 산언덕마저 모두 깎아내 이젠 옛 고갯길의 흔적은 조금도 남김없이 모두 사라졌다. (지금은 이곳이 예전에 고갯길이었다는 사실이 믿기지 않을 정도로 산등성이가 절개되고 평평해져 일반도로와 전혀 다를 바가 없다.)

한편 진주~산청 간 국도 4차선 확장공사 때 노루머리 부분에 해당되는 산기슭에서 대량의 가야고분군이 발견되었으나 대부분 일제 때 도굴된 고분들인 것으로 확인됐다. 현재 노루목에는 도로를 건너가다가 돌진하는 차량에 부딪혀 죽은 애꿎은 야생동물만 피해를 보고 있는데, 죽은 동물의 사체는 노루가 아닌 고라니들이었다.

78. 진주농공은행(晉州農工銀行)

대한제국 정부가 만든 진주 최초의 근대식 금융기관

▲ 1914년 무렵 지금의 동성동에 있던 진주농공은행의 모습.
〈사진출전 : 개정증보 진주안내〉

'진주농공은행(晉州農工銀行)'은 대한제국시대에 진주지역 최초로 설립된 근대식 금융기관이다. 진주농공은행은 1906년 3월 공포된 농공은행 설치조례에 따라 그해 7월 한성·평양·대구 등 전국에 설립된 8개 은행 중의 하나로 출발했다.

당시 이 은행은 자본금 10만 원으로 창설됐는데, 정부 출자 이외에 일반인들로부터 1주에 50원씩 하는 주식을 공모했다. 그러나 희망자가 거의 없어 진주지역민들에게 별다른 호응을 얻지 못했다.

이에 진주농공은행 창립위원인 일본인 '다니구치(곡구)' 경남도청 재무고문관이 진주군청의 민병성 군수를 찾아가 그를 설득시켜 겨우 은행창립을 할 수 있었다고 한다. (당시는 일제의 고문정치시기였던 관계로 경남도청에 일본인 고문관이 배치되어 있었다.) 이렇게 창립된 진주농공은행은 진주지역의 양반과 지주, 상공인들을 대상으로 부동산 등을 담보하고 대출을 실시했다.

처음 위치했던 영업장소는 진주성안 세무서 거리의 남강 벼랑 위에 있었으며, 초대 은행장으로 김기제가 취임했다. 그러나 농공은행의 경영권은 일제 통감부가 장악하고 있었는데, 진주의 경우에는 일본인 감리관 요네야마(미산희원태)가 실무를 담당하고 있었다.

이 당시 진주지역에는 은행다운 은행이 없었던 관계로 고리대금업이 성행해 한달에 보통 5~6푼의 높은 이자를 주지 않고는 대금업자에게 돈을 빌릴 수가 없는 형편이었다. 따라서 근대식 금융기관인 진주농공은행의 출현은 다양한 금융시책과 신용성 확보로 진주지역민들의 대출욕구를 자극하는 계기가 됐다.

실례로 진주농공은행은 대출과 예금 등을 유인하기 위해 당시 서민들 사이에서 유통되던 상평통보 등 조선의 엽전을 시중가치보다 더 인상해 준다거나 신용있는 상인들에게는 무이자로 대부해 주겠다고 선전하는 등 여러 가지 유인책과 술책을 부리기도 했다. 여신은 대출을 말하고 수신을 예금을 말하는데, 쉽게 말해 은행이

하는 일이란 결국 남의 돈으로 중간에서 돈을 빌려주고 이자를 받는 것이다. 한마디로 빚을 권하는 일이었던 것이다. 만약 빚을 못 갚으면 담보로 잡힌 가옥이나 농토를 합법적으로 은행에 빼앗기는 것이었다.

이처럼 농공은행의 술책에 말리던 진주지역의 순박한 중소 지주들과 농민들은 이자 계산도 미숙하고 근대적 금융기관 이용방법도 서툴러서 결과적으로 담보물이나 토지 등을 빼앗기는 사례가 허다했다. 결국 농공은행의 행태도 고리대금업자의 행태나 다를 바가 없었다.

1908년 8월 진주농공은행은 대한제국 정부의 명령(물론 일제 통감부의 명령이겠지만)에 따라 대구농공은행과 합병해 주식회사 경상농공은행으로 바뀌었는데, 대구에 본점이 설치되자 진주는 지점이 되었다. (하지만 사람들은 여전히 진주농공은행이라고 불렀다.) 그리고 경상농공은행 진주지점이 된 진주농공은행은 대한제국이 망하자 완전히 일본인의 손아귀로 넘어갔는데, 즉각 은행 관계자들은 신문에 광고를 내고 정기예금과 당좌예금을 하면 높은 이자를 주겠다고 선전하기 시작했다.

진주농공은행은 처음 개설될 때는 진주성내에 위치해 있었으나 1910년 국권상실이 되던 해에 서양식 건물을 지어 진주성 밖으로 영업장소를 옮겼는데, 지금의 동성동 부근이다.

당시 진주농공은행의 광고를 실었던 〈경남일보〉 1911년 12월 5일자 신문에는 '은행 일반의 사무를 규정대로 하고 있지만, 부득이한 사정이 있는 고객은 지배인을 직접 만나면 해결할 수 있다'는 식으로 선전했고, '농공업 전문 기사와 기수를 고용해 농공업 일체에 관한 감정의뢰를 받고 있다'고 담보대출할 것을 권유했다.

한편 진주농공은행장인 은행지배인이 새로 부임하거나 떠날 때는 은행의 도움을 받은 지역유지들이 일종의 전별금과 기념잔을 선물했다. 예컨대 1913년 9월 마산농공은행장 하라다(원전)가 진주농공은행장으로 전임하게 되어 마산을 떠나게 되자, 마산유지들이 진주로 부임하는 그를 위해 의연금을 거둬주고 은행기념배 1쌍까지 선물했다고 한다. (이때 기념배는 무엇인가를 기념하는 술잔을 말한다.)

이윽고 1914년 5월 새로 공포된 총독부의 법령에 의해 일제의 금융지배가 더욱 강화되었다. 이 농공은행은 국고뿐만 아니라 진주성에 있던 경남도금고 사무까지 취급하는 등 독점적인 금융기관이 되었으며, 일본인 자본가를 살찌우는 금융기관으로 발전해 나갔다.

그러나 돈을 빌려주고 받은 신용에 따른 '여수신'의 증가와 함께 금융사고도 빈발해 마침내 1918년 총독부의 합병방침으로 전국의 모든 농공은행이 해체되자 진주농공은행도 해체돼 진주식산은행으로 다시 설립됐다. 바로 조선식산은행 진주지점을 말하고 있으며, 이 식산은행은 그 후 관치금융기관의 대명사가 되어 일제의 식민지 경영자금의 아성으로 이름을 떨치게 된다.

79. 진주사직단(晉州社稷壇)

조선 때 진주의 풍년과 안녕을 기원하던 제단

▲ 조선시대 진주성 병풍 지도에 보이는 진주사직단의 모습.
〈사진출전 : 진주성 병풍 지도〉

'진주사직단(晉州社稷壇)'은 진주의 수령이 국왕을 대신해 자신이 다스리는 지역의 농사가 풍요롭게 잘 되기를 기원하며 국가적인 제사를 올리던 장소를 말한다. 보통 '사직'은 조선시대의 '종묘'라는 말과 함께 국가 또는 나라를 나타내는 말로 사용됐다. 조선을 가리켜 '오백년 종묘사직(五百年 宗廟社稷)'이라는 말로 표현했던 것도 바로 그 때문이다.

조선의 수도였던 한양에는 임금이 직접 제사를 올리는 사직단과 이를 관장하는 사직서가 있었다. 또한 지방에도 관아의 서쪽 높은 곳에 사직단이 설치돼 있었으며, 해마다 이곳에서 각 지방수령들이 왕을 대신해 제사를 올리며 국가의 평안과 풍년을 빌었다.

'사직단'의 뜻을 풀이하면 '사'는 토지신을 말하고, '직'은 곡물신을 뜻하며, '단'은 토지신과 곡물신에게 제사를 올리는 곳을 가리킨다. 본래 단을 세우는 것은 일상적인 것과 높이를 달리하여 구별하고자 함이고, 그 단을 네모의 형태로 지어 사직단을 만들었다. 이는 '천원지방(天圓地方)', 다시 말해 하늘은 둥글고 땅은 네모나다는 고대 천지의 이미지를 형상화했기 때문인데, 옛날에는 지구의 중력도 몰랐고 모든 땅이 평평하다고 믿었기 때문이다.

일반적으로 사직단은 뜰 한 가운데에 동서로 '사'와 '직'이라는 2개의 단을 나란히 꾸며 주위를 토담으로 둘러싸 잡인(천민)이나 잡것(짐승)들이 침범하지 못하도록 했고, 1단 높이의 장대석 기단 위에 정문을 세워 이곳이 성스러운 곳임을 표시했다.

따라서 사직단의 동쪽에 있는 사단에서 땅을 주관하는 토지신에게 제사를 드렸고, 서쪽에 있는 직단에서 오곡을 주관하는 곡물신에게 제사를 드렸다. 진주의 사직단을 '사단'이라고 말하는 것도 이 때문이다. 이를 보여주듯 조선시대의 진주목 지도에는 사직단을 사단으로 표시해 놓고 있다. 그러나 1800년대 말 경남관찰부 진주군 지도에는 사단을 다시 본래의 이름인 사직단으로 표시해 놓고 있다.

진주사직단은 조선 건국 후 각 지방마다 사직단이 설치될 때 함께 설치되었으며, 지금의 상봉동 일대에 있었던 대롱사(대롱골)와 소롱사(소롱골)의 사찰 사이에 있었던 것으로 추정되고 있다.

하지만 사직단은 물론 대롱사와 소롱사도 현재 모두 남아 있지 않은 관계로 진주사직단의 정확한 위치를 가늠하는 데 많은 어려움을 주고 있다. 단지 『진양지』와 『동국여지승람』에 진주사직단의 위치가 간략하게 언급돼 있어 이를 통해 그 위치를 대략 추정해 볼 수 있다.

이들 문헌에 따르면 진주사직단은 진주 서쪽 5리(봉곡리) 쯤에 있었는데 대롱사 위쪽에 있었다고 나와 있다. 또한 이 책에는 소롱사가 사직단의 남쪽에 있었다고도 밝혀져 있는데, 그 때문에 진주사직단은 과거 대롱사와 소롱사 중간쯤인 예전의 진주간호보건전문대학이나 세광공업고등학교, 혹은 화인아파트 중 한 곳에 위치했을 것으로 보인다. 이 때문에 진주간전(현재의 진주보건대)은 교가에 사직단을 뜻하는 '사단'이란 가사를 넣어 노래를 부르고 있다.

이 사직단 관리는 국가적인 제사였던 만큼 매우 엄격했는데 사직단에는 입직관원이 배치돼 있어 세심한 관리가 이루어졌다. 진주사직단은 그동안 사직단 관리가 부실했다는 입직관원의 보고에 따라 영조 때 진주목사 이광박이 사직단을 다시 고쳐 짓기도 했다.

진주사직단의 규모는 토담 안에 있는 사단과 직단 2개를 비롯해 사와 직의 위패가 모셔진 3칸 건물인 사직당으로 구성되어 있었던 것으로 추정되고 있다. 이곳의 제사는 봄과 가을 등의 정기 제례일에 있었고, 별도로 가뭄이 심하거나 풍년을 기원할 때는 기우제와 기곡제 등도 지냈다.

진주사직단에서 제사가 있을 때마다 들어간 물품내용(봄과 가을을 합친 것)을 보면 진주사직제의 규모와 내용을 어느 정도 짐작할 수 있다. 1895년, 즉 고종 32년 정월을 기준으로 해서 누룩이 6원, 대추가 6되, 소금이 6되, 황촉(큰초)이 3쌍, 축문을 쓰는 종이가 1장, 작은 황필(붓)이 두 자루, 송묵(먹물용 묵)이 2개, 목향(향불용 향)이 2양, 조을소(條乙所)가 10파(把), 세승(細繩)[가는줄]이 20파, 대피지(큰종이)가 5장, 땔감나무가 6단, 동거(同炬)가 2자루, 작은 횃불이 6자루라고 하며, 이러한 물품이 소요된다고 진주사직제에 사용된 물품의 내역이 밝혀져 있다.

그런데 5백 년을 이어오던 종묘사직이 일제의 침략으로 순식간에 끊어지면서 사직단도 훼손되기 시작했다. 대표적으로 서울의 사직단과 광주의 사직단은 훼손 또는 철거되고 일본인의 도시공원으로 개조되었다. 반면에 진주의 사직단은 공원으로도 만들어지지 못하고 그냥 세월 속에 묻혀져 사라졌다.

해방 후 서울과 광주에서는 사직단을 복원했지만, 아직도 일제가 만들어놓은 '사직공원'의 신세를 면치 못하고 있다. 이에 비해 진주사직단은 완전히 일제 식민지 정책에 따라 역사의 저편으로 사라져버렸다고 하지만 사직공원으로도 만들지 못하고 복원할 시도조차 하지 않았다.

사실 국권이 상실되자 전국의 모든 사직단처럼 진주사직단도 파괴를 면치 못했는데, 일제의 조직적 파괴가 있었다기보다는 사직단을 관리하던 입직관원이 사라지자, 나라가 망해버린 터라 민간에서 너도나도 마음대로 석물들을 들고 가 자기집 담장이나 집수리에 사용했던 이유가 더 크다. 진주의 경우도 마찬가지여서 사직단이 있었던 주변 촌락의 담벼락에는 사직단의 석물로 추정되는 돌이 박혀 있기도 했다. 어쨌든 진주사직단은 서울이나 광주처럼 사직공원으로도 개조되지도 못하고 완전히 파괴되는 바람에 흔적은커녕 그 위치조차 전혀 찾아볼 수 없게 되었다.

80. 용호정원(龍湖庭園)

우리나라 100대 정원의 하나인 무산십이봉 정원

▲ 보수되기 전에 촬영한 80년대 말 진주시 명석면에 소재한 용호정원의 모습.
〈사진제공 : 김영호〉

정원을 꾸미는 경우 지형의 오묘한 변화를 얻기 위해 흔히 가산
(假山)이 꾸며진다. 가산이란 흙이나 돌을 쌓아 올려 산의 형상을
꾸며 놓은 것으로서, 이른바 조산(造山)이라고도 한다. 정원의 운
치를 추구하고 자연의 미를 찾기 위한 것인 만큼 가산을 꾸미기 위
해서는 반드시 으뜸가는 명산을 근거로 하여 그것을 상징한 산을

축소한 형태여야 한다. 이러한 점에서 우리 조상들이 가장 널리 가산의 기본으로 삼은 것이 있었는데, 바로 '무산십이봉(巫山12峰)'이었던 것이다.

여러 곳에 무산십이봉을 바탕으로 만들었다고 전해지는 정원이 있으나, 원래의 상태가 그런대로 고스란히 보존되어 있는 곳은 우리나라에서는 진주와 산청 간 국도변에 위치한 '용호정원(龍湖庭苑)'밖에 없다. (물론 용호정원이 멀쩡한 것은 조성된 지가 100년 정도 밖에 안 된 이유도 있을 것이다.) 용호정원이 가산으로 바탕을 삼은 무산십이봉은 중국 사천성의 동쪽에 있는 명산인 좌산의 수봉이다.

진주시 명석면 용산리에 있는 조비마을의 야트막한 동산 아래에 자리 잡은 밀양박씨의 으리으리한 골기와집의 솟을 대문을 나서면 집앞 들판에 무산십이봉이 둘러싼 연못이 아름답게 펼쳐져 있다. 이 무산십이봉은 청제 충정공 박심문의 18대손인 참봉 박헌경(용호정원의 현 소유자 박우희 씨의 조부)이 1922년 선대부 가선공의 선영 밑에 묘각을 중건하기 위해 풍수지리설에 따라 지형을 만드는 과정에서 조성된 것이라고 한다.

박참봉은 무산십이봉을 만들면서 땅이 꺼진 자리에 물을 끌어들여 용호지란 연못을 만들고, 그 한가운데에 용호정이란 정자를 짓는 한편 연못을 둘러싼 무산십이봉에는 갖가지 꽃나무를 심어 아름답고도 운치있는 정원을 조성해 놓았다.

이 정원을 '용호정원'이라고 이름붙인 것은 용산에 만들어진 연못에 꾸며진 정원이기 때문이다. (사실 이곳은 용산리와 우수리의 접경지역에 위치해 있다.) 더구나 용호정원에 조성된 무산십이봉이 마치 용산에 누워있던 용이 뛰어올라 하늘로 날아가는 형상을 하고 있기 때문에 용이 승천한 연못(湖)이란 뜻도 이름에 담고 있다.

그러나 이 정원이 만들어진 궁극적인 이유는 풍수지리설보다 기근과 수해 때문이다. 당시 일제 치하의 진주사람들의 생활은 궁핍 속에 허덕였으며, 거듭되는 수해와 가뭄으로 생겨난 기근이 수많은 이재민을 낳게 하였다. 특히 1929년 6월 28일 밤 폭우로 동네를 지나던 나불천의 제방이 터지면서 용산리는 순식간에 물바다가 됐다. 용산리 가구 40호 중 절반이 넘는 24호가 물에 떠내려가고 4명의 주민이 물에 빠져 죽는 등 마을이 생긴 이래 가장 큰 수해피해와 이재민을 낳았다.

이때 평거면(당시 용산리는 명석면이 아니었다)의 거부였던 박참봉은 이재민에게 집과 땅을 나눠주는 한편 자신의 돈 수만금을 풀어 지게로 흙을 지어 나르게 함으로써 바로 이 무산십이봉을 조성했다. 이렇게 하여 용호지와 용호정이 조성되었으며, 서쪽 산간에는 용산사란 절도 지어졌다.

따라서 용호정원 조성사업은 과거에 빈민을 구제하기 위한 것과 같이 60~70년대에 실시한 취로사업과 IMF로 인한 실직자를 구제하기 위해 실시한 90년대 말의 공공근로사업과 그 성격을 같이 한다고 볼 수 있다.

이와 같이 용산리 25-2번지외 11필지에 대해 실시한 용호정원 조성사업으로 용호지의 내수면적은 6백 평에 이르고, 무산십이봉으로 줄지어 이룩된 제방면적도 3백 평에 이르는 상당한 토목 공사가 이뤄졌다. 비록 봉우리의 높이는 5m 안팎이어서 크지 않지만, 고분과 같은 외모를 가지고 있으며, 물 한 가운데에 세워진 용호정은 팔모정각의 형태로 지어졌다. 용호정 지붕에는 일제의 탄압을 의식하지 않은 듯 과감히 태극무늬를 새긴 기와를 얹었는데 지금도 그것을 볼 수 있다. 무산십이봉에서 정자까지는 용호지에 띄운 작은 통배를 타고 드나들었다고 한다.

용호정원은 사시사철 그 아름다운 모습을 잘 보여주고 있는데, 여름철에는 그윽한 연꽃 향기가 가득하다. 특히 봄에는 만물이 생동하는 기운을 이곳에서 직접 느낄 수가 있다. 짙어가는 녹음 속에 따사로운 햇볕에 빛나는 화사한 꽃들과 잔잔한 연못 위에 떠다니는 듯한 용호정 그리고 바람이 불 때마다 물 위에 비친 무산십이봉이 승천하는 용처럼 꿈틀대고 있어 봄을 맞는 용호정원은 신선이 사는 것 같은 비경을 보여준다.

그래서 용호정원은 진주지역에 있는 시인묵객들이 모여 시회(詩會)의 연회장으로 사용됐고, 더러는 한량들의 유희장소로도 이용됐다. 한때 용호정원의 정취에 흠뻑 빠진 어느 기생과 한량이 용호정을 돌며 술병을 들고 뱃놀이를 하다가 그만 유희의 정도가 지나쳐 물에 빠졌다는 이야기도 있다. (용호지의 수심은 사람이 익사할 정도로 깊지 않은 게 다행이다.)

그런데 용호정원은 무산십이봉과 용호정 지붕에 풀이 우거지는 등 수십 년간 볼품없이 방치되다가 1987년 내무부(지금의 행정안전부의 전신으로 당시 장관은 70년대 초 진주시장이었던 이상희였다)가 한국을 대표하는 100대 명원(名苑)으로 용호정원을 선정하면서 외부에 알려지지 시작했다. 이때 선정된 한국의 100대 명원은 진주지역에서 진주성과 용호정원 2개소밖에 없었다. 진주성이야 풍광이 너무 절경이어서 당연했지만 용호정원은 새로운 사실이었다. 바로 이 용호정원을 선정함으로써 이름없던 용호정원의 진가가 비로소 세상에 제대로 알려졌다.

이어 1990년 12월 20일에는 경남도가 용호정원을 도문화재자료 제176호로 지정하자 당시 용호정원 관리 지자체인 진양군이 용호정의 낡고 부서진 기와를 바꾸고 단청을 새로 칠하는 등 용호정원을 새롭게 개수해 예전의 모습을 다시 찾았다. 또한 박헌경의 손자 박우희 씨가 할아버지의 공덕비 등을 모아 용호정원 앞 비석군에 가지런하게 함께 세워 놓으면서 정원도 새롭게 단장되었다.

81. 나불부락 표지석(羅佛部落 標識石)

최후의 일본식 마을용어 표지석

▲ 1998년 7월 30일 석공이 마을 표지석에서 부락이란 명칭을 정으로 쪼아내고
그 자리에 마을을 새기고 있다. 〈사진제공 : 김경현〉

'나불부락(羅佛部落)'의 이름이 '나불마을'로 바뀌면서 1998년
7월 30일 마침내 사라졌다. 이로써 진주지역에서 최후까지 유일하
게 남아 있었던 것으로 알려진 마을 표지석의 '부락'이란 이름은 완
전히 자취를 감췄다. 일제로부터 해방이 된 지 53년 만의 일이며,

일본식 말투를 고치자는 국어순화운동이 시작된 지 22년 만의 일이다.

일제 식민지의 유산중에서도 가장 폐해가 큰 것을 말이라고 보는 것은 나불부락의 사례나 초등학교의 일제식 이름인 국민학교의 사례를 볼 때 그렇다. 일반적인 용어도 아닌 이들 명칭조차 그 이름을 바꾸기까지 반세기나 걸릴 정도로 고치기가 힘들었다. (이는 우리 민족성의 문제보다도 정치사회적인 모순구조 때문에 일제잔재 청산작업이 조직적으로 이뤄지지 못했던 것에 기인한다. 또한 이 글을 쓰는 필자 역시 일본어투의 용어를 알게 모르게 자주 써왔음을 알고 크게 부끄러움을 느낀다.)

무엇보다도 부락은 일본식 말이라는 점을 넘어 일제의 조선인을 경멸하는 아주 불순한 의미를 담고 있어 이미 오래전에 없어져야 할 식민지시대의 유산이었다. 부락은 일본 봉건시대에 우리나라의 백정 같은 최하층 천민들이 집단적으로 격리돼 모여 사는 게토(과거 유럽의 유태인 격리지구)같은 거주지를 지칭했다. 일본에서는 부락을 사람들이 모여 사는 마을로 보지 않고 도살꾼 같은 백정 또는 문둥이들이나 사는 나환자촌처럼 취급하며 차별해 왔던 것이다.

이러한 부락이란 말이 마을이란 뜻으로 우리나라에 자리 잡게 된 것은 일제 때의 일이다. 일제 때 조선총독부의 촉탁으로 우리나라에 건너온 일본인 어용학자들은 한결같이 우리나라의 마을을 가리켜 부락이라고 지칭했다. 이들은 부락이 일본에서는 어떤 뜻으로 사용되는지 분명히 알고 있음에도 불구하고 구태여 부락만을 사용해 조선인을 멸시했다. 이들이 마을이란 용어를 부락으로 써 온 것은 무엇을 의미하는지 보나마나 뻔한 것이었다. 조선의 어떤 마을도 인간 대우를 받을 수 없는 천민들이 사는 천민집단거주지란 것이다. 백정처럼 특정한 천민신분을 가진 사람들의 거주지만 가리키는 것이 아니라 조선인 전체를 천민들의 주거지로 매도한 것이다.

현재 우리나라에서는 나환자촌도 여느 마을과 똑같을 뿐만 아니라 사이좋은 이웃으로 잘 지내고 있으며, 백정계급도 1920년대에 진주에서 시작된 형평운동으로 사라진 지 이미 오래다. 그러나 지금도 일본에서는 이러한 유제가 계속 남아 일본내의 2등 국민인 부락민에 대한 해방운동이 아직도 벌어지고 있다.

이러한 연유를 갖고 있는 부락이 나불마을에 공개적인 마을이름으로 등장하게 된 것은 1982년부터이다. 나불마을에 면사무소가 가까이 있고, 경찰지서와 농협·학교 등도 들어서 있는 데다 진주~산청 간 국도 3호선이 지나는 등 나불마을이 명석면의 중심지가 되자 이곳 지역유지들은 그해 9월 1일 다른 마을과 비교도 되지 않을 만큼 거대한 마을표지석을 국도(이 국도는 4차선 확포장으로 마을을 우회하게 돼 지금은 옛 도로만 남아 있다)가 지나는 나불삼거리에 세웠다.

이미 새마을운동의 영향으로 부락을 마을로 대부분 바꾸어 사용하는 추세임에도 불구하고, 이곳 사람들은 나불부락이라고 큼직하게 새긴 일제식 마을이름 표지석을 3단 높이로 자랑스럽게 세워 놓았던 것이다. (나불부락처럼 마을표지석은 아니지만 부락을 교통

거리 표시로 쓴 곳도 있다. 금곡면소재지에 있었던 '여기서부터 석계부락 입구까지 40㎞'라는 교통표시판은 나불부락 표시석보다 훨씬 더 오랫동안 남아 있었다.)

그런데 1976년부터 시작된 국어순화운동이 확대되고 1991년 12월부터는 국무총리 훈령으로 행정용어 바르게 쓰기에 관한 규정이 전 관공서에 적용돼 일본식 말투의 용어가 점차 우리말로 바뀌면서 나불부락 표지석은 본격적으로 눈총을 받기 시작했다.

더구나 80년대 말부터 90년대 초까지 진양군이 군내 16개면 자연마을에 대해 마을이름 표지석을 물갈이 또는 대대적으로 다시 설치하면서 명석면 관지리 '신촌부락' 등 부락표지석의 이름을 모두 마을로 통일(나불마을만 제외됨)했다. 또 해방 50주년을 맞아 문민정부가 역사 바로 세우기 작업의 본보기로 조선총독부의 건물(해방 후 미군정청과 정부의 중앙청으로 사용됨)을 철거하면서 전국의 일본식 지명이나 이름을 모두 고치도록 했다. (국민학교가 초등학교로 바뀌게 된 것도 바로 이때의 일이다.) 이에 경남도는 진주지역 주민들이 일본식 이름이거나 마을정서에 맞지 않는다고 개명신청한 9개의 지명을 고쳤다.

이러한 때에 소설가 정동주 작가는 해방 50주년을 맞아 1995년 8월 21일자 〈진주신문〉에 발표한 논단에서 부락이라는 개념을 정의하기를 "동네와 마을마다 이어져 내려온 고유의 신앙과 습속들을 모조리 금지시키고 죽이기 위해 만든 말인 미신(迷信)이라는 것과 함께 우리 민족을 철저하게 압살시키기 위해 등장한 고도의 식민지 지배전술의 핵심"으로 보고 당장에 철폐해야 할 것을 주장하기도 했다.

아무튼 이런 와중에 명석삼거리 교통신호대 설치에 따른 확장 공사를 계기로 1997년 초 나불부락 표지석이 철거된 적이 있었다. (사실은 삼거리 검문소 뒤에 뽑힌 채 잠시 방치되고 있었음.) 사람들은 부락석의 철거가 일제식 명칭변경에 따른 것으로 생각했으나, 1년 뒤 다시 세워지자 어찌 된 영문인지 몰라 어리둥절해 했다.

결국 나불부락 표지석은 이곳을 지나는 진주시민들과 의식있는 주민들로부터 시대착오적인 것이라고 지탄을 받은 끝에, 이를 보다 못한 면새마을 지도자가 석공을 불러 표지석의 부락을 파내고 다시 그 자리에 마을을 새겨 넣음으로써 마침내 종지부를 찍고 말았다. 이로써 진주지역의 마을표지석에 마지막까지 남아 있었던 부락명칭은 공식적으로 완전히 사라진 셈이 됐다.

그러나 명석면 내부촌의 산간마을인 계원리 홍지마을은 나불부락석이 마을로 바뀐 후에도 한참동안 '홍지부락'이라고 새겨놓고 있었다. 새마을운동이 일어나기 전에 세운 것으로 보이는 홍지마을 표지석은 자연석에다가 한자로 '홍지부락(洪旨 部落)'이란 마을 이름을 선명히 새겨두고 있었으나 한적한 시골마을인 관계로 그동안 외지인들의 눈에 잘 띄지 않았다.

그런데 어떤 사람은 부락이란 명칭이 일제 때부터 쓴 말이 아니라 그보다 훨씬 오래전인 조선 초부터 마을이란 뜻으로 써왔다고 주장하고 있다. 그래서 너무 민감하게 생각하는 것이 아니냐는 지적을 하기도 했다. 물론 옳은 소리이다. 하지만 일제는 지난날 식민지 통치 때 우리 겨레를 일본민족으로 개조하기 위해 우리말을 없애 버리고자 혈안이 됐다는 점을 기억해 볼 필요가 있다. (1943년부터 시작된 '일본어 상용'을 강요한 것이 바로 그것이다.) 우리말은 우리 겨레의 정신을 담는 그릇이고, 그 내용물일 수 있기 때문이다.

만약 우리가 일제 식민지로 전락하지 않고 그들에게 일본에 있는 부락민처럼 학대받을 기회조차 없었다면 부락을 쓰든, 마을을 쓰든, 촌락을 쓰든, 동네를 쓰든, 그 무엇을 쓰든 상관없는 일이다. 자주독립국가를 그대로 계속 유지해 왔다면 이들의 주장처럼 부락을 마을명칭으로 해도 모양새는 안 좋은 한자어지만 괜찮을지도 모른다.

그러나 부락은 일제시대를 겪고 난 이상 앞으로 절대로 써서는 안 되는 말이 되고 말았다. 우리 겨레가 일본의 그 부락민처럼 노골적인 차별과 멸시를 당해 왔기 때문이다. 말이란 흔히 그 시대정신을 민감하게 반영하는 거울이라고 일컬어진다. 따라서 정신의 온갖 수단이 언어 속에 녹아있다는 점을 염두할 때 우리말을 지키기 위한 부단한 노력이 필요한 것은 명백하다.

82. 가화천 백악기 지층(佳花川 白堊紀 地層)

한반도에서 처음 발견된 공룡이빨화석 발견지

▲ 중생대 백악기 공룡화석의 보고인 진주시 내동면 가화천에는 아직도 고생물 화석이
발견되고 있다. 〈사진제공 : 김경현〉

전세계적으로 공룡화석이 발굴되기 시작하고 공룡시대 자연사
박물관이 만들어지게 된 계기는 1822년 영국에서 발견된 한 개의
기묘한 이빨화석에서 비롯됐다. 바로 초식공룡 이구아노돈의 이빨
이었다. 그렇다면 우리나라도 1997년 진주에서 발견된 한 개의 기
묘한 이빨화석에서 공룡화석 발굴과 연구는 본격적으로 시작됐다

고 봐야 할 것이다.

그리고 미국에 쥐라기 공원이 있다면, (미국 허리우드 영화감독 스필버그가 만든 영화 '쥐라기 공원'의 영향이 크다.) 우리 진주에는 백악기 공원이 있다. 바로 공룡이빨화석이 발견된 진주시 내동면 유수리 '가화천 백악기 지층(佳花川 白堊紀 地層)'이 그곳이다. (백악기는 중생대 쥐라기에 이어 나타난 지질시대를 말한다.)

인류가 지구상에 출현하기도 전인 아주 먼 옛날 진주는 공룡들의 천지였고 세상이었다. 중생대의 거대한 호숫가 일부분으로 자리 잡고 있었던 진주는 백악기에 번성했던 초식공룡과 육식공룡들의 낙원이었다. 그리고 이들이 멸종된 후 1억2천여 만 년이라는 장구한 세월이 흐르면서 한반도와 진주를 지배했던 공룡시대의 주인공들은 가화천에 묻힌 채 딱딱한 석회질의 화석이 됐다.

이들이 묻힌 백악기 지층에서 떨어져 나온 정체불명의 암석 하나가 1997년 5월 17일, 가화천 경전선 철도의 철교지점으로부터 상류 1km 떨어진 하천바닥에 굴러다니던 중 경북대의 고생물화석 산지답사팀에 의해 발견됐다. 그것은 백악기 앞 지질시대에 있었던 쥐라기시대의 살육자로 잘 알려진 알로사우루스(Allosaurus)과의 대형 육식공룡의 이빨화석이었다. 이 화석은 가로 35.9mm, 세로 20.4mm, 두께 8.7mm로 지금까지 한반도에서 파편형태로 발견된 여느 공룡이빨 화석과는 전혀 달랐다. 이것은 거의 완전에 가까운 구체적인 형태를 갖추고 있는 이빨이었을 뿐만 아니라 크기도 지금까지 발견된 다른 어떤 이빨화석보다 가장 커 한반도에서 발견된 최초의 공룡이빨화석으로 기록됐다. 이 살육자의 이빨은 견고하고 날카로웠으며, 이빨 한쪽에는 톱니자국이 있어 마치 고기를 자르는 예리한 칼날과도 같았다.

북아메리카에서 발견된 알로사우루스 화석을 종합해 보면 가화천에서 발견된, 이 흉악하고도 난폭한 이빨을 가진 주인공의 실체를 어느 정도 짐작할 수 있다. 알로사우루스는 몸길이가 10~12m 몸무게는 2톤 이상으로 버스만 한 몸통을 가졌으며, 특히 대가리의 크기만도 90㎝가 넘는 살육자로서 강한 턱과 무시무시한 이빨이 발달해 있었다. 이처럼 두개골이 크고 이빨이 발달해 있는 것은 살육할 때 팔보다 이빨을 더 많이 사용했기 때문으로 보이며, 이 때문에 이들은 쥐라기를 주름잡는 대표적인 육식공룡으로 잘 알려져 있다.

따라서 영화 '쥐라기 공원'에서는 공포의 대명사로 불리는 '티라노사우루스'가 대형 육식공룡으로 등장하지만, 영화적인 흥미와 상업적인 흥행을 위해 스필버그가 장난을 친 것이다. 사실상 티라노사우루스는 백악기에만 등장하는 가장 유명한 육식공룡으로 쥐라기의 공룡은 아니었기 때문이다. 하지만 그 야수적인 모습으로 관객의 시선을 끌기 위해 영화에서는 지질시대를 바꿔 버려 영화제목을 쥐라기 공원이라고 붙인 것이다.

그렇다면 이른바 쥐라기의 왕자라고 하는 알로사우루스의 이빨 화석이 가화천의 백악기 지층에서 나타난 것을 어떻게 설명해야 할까. 이는 가화천의 지질시대가, 정확히 말하면 쥐라기 말기와 맞물려 있는 백악기 전기에 해당되기 때문이다.

따라서 쥐라기 지층 이외에 백악기 지층에 발견된 가화천 알로사우루스과의 이빨화석은 전세계적으로도 아주 드문 일로서 공룡의 이동경로와 공룡시대의 지리연구에도 상당히 중요한 자료가 된다.

한편 공룡이빨화석이 발견되기 5년 전인 1992년에도 이곳에서는 공룡 발자국과 배설물(공룡똥), 초식공룡의 발톱화석 등이 발견된 바 있다. 이와 관련해 〈경남일보〉의 최창민 기자는 그때 내동면 삼계리 가화천에서 공룡분(糞)[똥]화석이 발견됐다는 정보를 접하고 매우 황당해 한 적이 있었다. 여담이지만 그때 그가 받은 느낌은 이렇다.

'공룡분이라니, 똥을 말하는 게 아닌가. 그것이 어떻게 화석으로 남을 수 있을까. 설령 남았다 해도 그것이 똥인지 된장인지 어떻게 알 수 있을까. 반신반의하며 (가화천을) 찾아갔지만 문외한인 내겐 아무것도 보이지 않았다.'

그로부터 몇 년 후 또 그곳에서 공룡이빨이 발견됐다는 보도가 있었다. 그러자 최 기자는 다시 코웃음이 나왔다고 한다. 그는 "배설물이 안되니까 이빨?"이라고 생각하고, 대구에 가서 공룡화석을 탐사해온 경북대 양승영 교수를 만나 그가 보여준 공룡이빨화석을 자세히 살펴보았다. 최 기자는 일부이지만 1억 년 전 공룡의 실체를 확인하고, 속된 표현으로 '눈알이 튀어나오는 느낌'을 받았다고 한다. 백문이 불여일견이라 할까. 비로소 공룡똥 화석을 인정한 셈이다.

이밖에 이곳 가화천 백악기 지층에서는 그동안 용각류의 지골을 비롯해 발가락뼈와 새끼공룡의 좌골화석 등 1백50여 점의 각종 공룡화석 파편이 발견되는 등 공룡화석층을 이루고 있는 데다 나무 그루터기와 숯화석 등도 발견되었다. 이처럼 가화천은 공룡시대의 고토양층을 이루고 있어 한반도의 자연사와 지질사를 연구하는데 상당히 귀중한 보물창고로 역할하고 있다.

이에 따라 문화재관리국에서는 1997년 12월 30일 가화천 일대 26만 8천5백75㎡를 천연기념물 제390호로 지정했다. 그러나 이곳에는 1969년부터 남강댐 방수로가 설치돼 있고, 가화천을 따라 흐르게 돼 있는 관계로 편마암으로 이루어진 백악기 지질층이 댐물을 방류할 때마다 유실되고 있어 그동안 얼마나 많은 공룡화석들이 사천만을 통해 바다로 떠내려갔는지 알 수 없다.

또한 대체방수로를 만들어 이곳으로부터 댐물을 우회시키지 않는 한 앞으로 얼마나 더 많은 화석들이 떠내려갈지도 알 수 없는 일이다. 특히 태풍이 불 때 내린 폭풍우가 가화천 바닥을 휩쓸고 지나가면 얼마나 급속한 풍화와 마모가 진행될 것인지도 알 수 없다.

83. 천릿길 진주(千里길 晉州)

진주 관문에 설치된 진주를 상징하는 말

▲ 진주 석류공원 앞 도로 변에 있었던 철거되기 전의 '천릿길 진주' 입간판 모습.
〈사진출전 : 진주〉

'굽이쳐 넘치는 강물은 성 아래로 흘러가고 / 우거진 숲과 대나무가 강바닥을 둘러섰네 / 서쪽바람은 마음깊이 사무치는 듯 사당에 남아있고 / 우리나라 남쪽의 번화함은 한 누각에 있었구나 / 천리길 산을 넘고 물을 건너와 옛 님을 만나 뵈으니 / 삼년간의 나그네 길에 새로운 시름이 인다 / 벼슬아치와 백성들은 태평시절을 함께 알고 즐기는데 / 다행히도 머리 식히려고 이 놀이에 힘쓰는구나 / 뛰어난 곳에 집이 없으면 쉬지 말라 일렀는데 / 어쩌다 또 이처럼 이 성에 머물고 있을까 / 오히려 이날까지도 남강물은 그대로 있건 만은 / 천추에 흐느낀 한은 흘러도 다함이 없네.' (정현석의 국역한 시 '촉석루'에서, 조선 고종 때)

'진주(晉州)라 천리(千里)길을 내 어이 왔든가 / 촉석루(矗石樓) 엔 달빛만이 나무 기둥을 얼사안고 / 아- 타향사리 심사를 위로할 줄 모르누나 / 진주라 천리길을 내 어이 왔든가 / 연자방아 돌고 돌 아 세월은 흘러가고 인생(人生)은 오락가락 / 청춘(靑春)도 늙엇드 라 늙어 가는 이 청춘에 젊어 가는 추억 / 아- 손을 잡고 헤여지든 그 사람 그 사람은 간 곳이 업구나 / 진주라 천리길을 내 어이 왔든 가 / 남강(南江)가에 외로히 피리 소리를 들을 적에 / 아- 모래알을 만지며 옛 노래를 불러 본다.' (이가실 작사, 이운정 작곡, 이규남 노래의 원문가사, '진주(晉州)라 천리(千里)길'에서, 1941년)

'반겨줄 님이라서 찾아 왔건만 / 발길을 돌려야 할 사랑이었네 / 상처진 가슴 안고 울고 갈 길을 / 어히해 내가 왔나 진주는 천리길 / 사랑에 버림받은 서러움 속에 / 오로지 그 사람의 행복을 빌며 / 모두가 운명인 걸 원망을 하랴 / 청춘에 슬픈 노래 진주는 천리길' (천봉 작사, 한복남 작곡, 황금심 노래의 '진주는 천리길' 영화주제 가, 1958년)

'진주라 천리길을 고향 찾아 달려온 이를 맞는 남강은 이제 시 인 변영로가 '논개'라는 시에서 "아, 강낭콩 꽃보다도 더 푸른 물결

위에 / 양귀비 꽃보다 더 붉은 그 마음 흘러라"고 읊었던 강이 아니다. 상류에 막은 댐으로 물줄기가 가늘어지고 그래서 뒤집힌 배의 밑창같이 바닥이 드러난 진주의 남강은 이렇게 변신하여 이 곳을 고향이라 하여 찾아온 이를 배신함으로써 "내 어이 왔던가"라는 한탄을 불러일으킨다. 그러나 경상남도의 도청이 부산으로 옮겨간 1925년 전까지만 하더라도 이 강과 함께 진주 땅은 가멸었으며, 서울에서 진주까지의 머나먼 천리길은 진주를 바로 경상남도의 중심지로 만들어 주는 자랑스러운 길이기도 했다.' (뿌리 깊은 나무의 「한국의 재발견」 가운데 '진주시'에서, 1983년)

'「천리길 진주 잘 오셨습니다」라는 입간판이 진주(晉州)를 찾아드는 손님들을 맞이해 준다. 호감이 가는 인사말이다. 이 글귀는 아마도 '진주라 천리길…'이란 대중가요의 가사가 흥얼거려지는 데서 착상된 것 같다. 진주시로는 크게 남북으로 진입할 수 있는데, 도시 경관적인 측면에서 보면 정문은 역시 남쪽에서 들어가는 길이 될 것이다. 남해고속도로의 진주 인터체인지가 그것이다. 그리고 북쪽의 길은 김천(金泉)에서 산청(山淸) 경유 비봉산(飛鳳山, 138m) 서쪽 기슭으로 들어오는 길이다.' (박병주의 「한국의 도시」 가운데 '진주'에서, 1996년)

'나에게 있어 진주는 그리운 고향이 아니다. 진주를 떠올리면 왠지 모르게 움추려지고 낯설어 진다. 초등학교 시절의 그 외로웠던 봄볕 아래서 엄마를 무진장 기다렸던 쓸쓸한 기억만이 머리속을 스쳐가고, 참으로 그리움에 몸을 떨었던 씁쓸한 감정만이 밀물처럼 다가온다. 그 고향이 바뀐 것은 아니다. 여전히 그곳에는 엄마와 오빠가 그리고 앙증스러운 조카, 그리운 사람들…. 그들이 있는 곳인데도 왜 낯선 곳일까. 이십년을 넘게 살아온 곳, 풋풋하고 순수했던 나의 숨결이 꼼지락거렸던 진주. 왜 일까. 십년의 객지 생활속에 결코 버릴 수도, 있을 수도 없었던 아득한 그 이름, 천리길 진주.' (김주란의 산문 '진주 가는 길'에서, 1998년)

예로부터 우리나라를 삼천리 금수강산이라고 했듯이 진주는 천릿길이란 대명사로 널리 알려져 왔다. 그래서 진주시가 진주의 관문인 석류공원 앞 새벼리 도로변에 80년대 초 세웠던 '천릿길 진주 잘 오셨습니다'라고 쓰인 입간판은 고향을 찾는 사람들이나 진주를 찾는 외지인들에게 깊은 인상을 남겨주었다. 그러나 낙후된 도시의 대명사로 인식된다는 것 또는 서울 중심의 사고방식이라는 점 때문에 90년대 중반 철거돼, 특색없는 간판으로 바뀌는 바람에 진주만이 갖고 있었던 향수어린 상징을 영영 잃어버리고 말았다.

그럼에도 불구하고 진주를 찾는 사람들은 아직도 진주를 '천릿길 진주'로 기억하고 있다. 서울대 미대 김병종 교수는 1998년 5월 진주를 찾아와 남긴 '화첩기행'에서 "진주는 과연 천릿길!"이라고 표현했다. 즉, 그의 표현대로 천릿길 진주가 완전히 우리말의 관용어로 한국인의 언어생활 속에 깊이 자리 잡았다는 것을 말해준다. 2007년 여행작가 유성용 작가도 "진주라, 천릿길. 당신도 오래오래 여행생활자"라고 표현한 적이 있었다.

그렇다면 우리나라 사람들의 의식 속에는 진주가 중앙정부와 멀리 떨어진 독자적인 지역으로 인식되고 있는듯하다. 그래서인지 진주에는 독특하고 독자적인 문화가 많이 형성되었다. 이를테면 문화적으로 진주에는 기생문화와 놀이문화가 발달해 진주검무를 비롯해 진주포구락무·진주한량무·진주교방굿거리·진주오광대·진주-삼천포농악 등이 무형문화재로 전승되고 있다.

참고로 『동국여지승람』의 진주목조를 보면 진주에서 단성~거창~김천을 거쳐 서울로 올라가는, 조선시대의 진주와 서울까지의 거리는 천릿길이 안되는 8백66리였다. 그러니까 이때 1리는 약 3백93m였다. 그러나 이 3백93m는 우리나라 거리척도가 아니라 일제가 만든 거리척도이다. 조선시대 내내 사용된 거리척도는 1리당 5백62m였다. 따라서 조선의 척근법으로 계산해본 진주와 서울까지의 거리는 49만2천6백92m가 된다. 하지만 1909년 일제는 일본의 척근법을 도입해 조선의 척근법에 제멋대로 적용해 일제식민지시대부터 1리가 3백93m가 된 것이다. 당시 일본의 10리는 한국의 100리에 버금간다고 했다.

어찌 되었든 진주가 천릿길의 고장으로 사람들에게 각인된 것은 실제의 거리 여부와 상관없이 이미 우리나라 사람들 마음속에 확실하게 자리 잡은 '천릿길'의 정서가 되었기 때문은 아닐까. 이제 진주는 '천리원정(千里遠程)'의 머나먼 거리가 아니라 맹자가 말한 것처럼 먼 길도 마다하지 않고 '불원천리(不遠千里)' 찾아 오는 정겨운 길이 됐다.

84. 예연기념비(藝緣記念碑)

개천예술제에 참가한 제주 오현고를 기리는 비석

▲ 1965년 진주에서 있었던 예연비 제막식 광경.
〈사진출전 : 개천예술제40년사〉

'왕의 때가 가고 만백성의 때가 와서 노래 또한 만백성의 차지가
되고는 우리 겨레 사천여년의 개천정신과 민주건국 첫돌맞이 영남
예술제가 구력 개천절마다 본토 진주에서 모셔지자 그 네번째부터
오현건아 오십명의 취주악대 등이 동향동지와 함께 제군이 되어
오기를 이미 다섯해에 이른다. 푸른 바다 아득한 풍랑을 너머 탐라

의 예술혼이 오현정신을 거쳐 개천정신으로 나아온 역사성의 흐름이 떳떳한 일이면서 가로 놓인 갖가지 어려움을 꺾어 한결같이 이룩하기란 존엄한 일이기에 그에의 존경과 감사와 제진 양주의 예연이 기리 빛나고 꽃피기를 염원하여 작은 정성의 돌을 새겨 세운다.' (제주에 세워진 기념비문 중에서)

제주 오현고에 대한 진주사람들의 애정은 이토록 각별했다. 오죽했으며 예술제가 열리던 때를 '왕의 때가 가고 만백성의 때'가 온 것으로 보았을까. 이렇듯 개천예술제에 대한 애정은 오현고 뿐만 아니라 제주사람들의 마음 역시 그러했다. 모두 개천예술제가 맺어준 인연이다. 그래서 제주에는 이 글 첫 인용문으로 소개한 '제진양주예연기념비(濟晉兩州藝緣記念碑)'가 세워지고, 진주에는 '진제양주예연기념비(晉濟兩州藝緣紀念碑)'가 먼 바다를 사이에 두고 세워졌다. 제주에 세운 기념비(記念碑)는 '뜻깊은 일을 오래도록 기억하기 위한 비석'이란 뜻을 갖고 있고, 진주에 세운 기념비(紀念碑)는 '오래도록 기념할 만한 가치가 있는 비석'이란 뜻을 갖고 있다. 아래의 글은 진주에 세워진 '진제양주예연기념비'의 내용이다.

'멀리 바다 건너의 두 살림터이나 / 촉석루 휘어 감는 남강의 흐름에서 / 또한 한라의 기슭에서 빚어진 / 아름다움을 그리는 넋이의 두줄기는 / 서로 한데 어울려 줄기찬 메아리 되어 / 퍼지나니 여기 그 울림터에 뜻을 모아 / 굳히는 보람을 다짐하고자 바위에 /

새겨 이끼에 쌓이는 날을 기다리다.' (진주에 세워진 기념비문 중 에서)

먼저 소개한 제주의 예연비는 개천예술제 대회장이던 설창수가 짓고 서예가 정명수가 써서 김도한이 잘 다듬어진 비석에 새겨 1958년(단기 4291년) 9월 25일, 오현고등학교 제7주년 개교기념일에 제주시 화북1동에 있는 오현고 음악관 앞에 전국문화단체총연합회 진주시지부가 세웠다. 또한 뒤에 소개한 진주의 예연비는 오현고 교장이 비문을 지어 그로부터 6년 뒤인 1964년 11월 6일 제15회 개천예술제 때 제주 사람들에 의해 세워졌다. 고봉식 교사 (오현고 취주악대 단장)와 진주의 이경순 시인(개천예술제 상임위원)을 비롯한 현오봉·구태회 등 제주와 진주의 관계자들이 지켜보는 가운데, 서제 때 진주공원(옛 일제신사 자리)에서 제막식을 가졌다. 자연석에 새겨진 이 예연비는 현재 진주성내 개천예술탑 옆에 서 있다.

오현고가 제주를 대표해 진주와 인연을 맺은 것은 한국전쟁의 상흔이 아직 채 가시지 않은 1953년 11월 제4회 개천예술제(당시 이름은 영남예술제였음) 때부터이다. 오현고 음악교사이며 취주악대 지휘자인 고봉식 교사는 우리나라 최초의 전국적인 지방예술제가 열리고 있던 진주에서 전국의 모든 문화인들에게 제주도가 더이상 낙후된 섬이 아니라는 이미지를, 음악을 통해 알리고 그 역량을 시험하고자 1964년까지 무려 12차례나 자신이 직접 학생들을 이끌고 빠짐없이 예술제에 참석하는 집념을 보여줬다.

고 교사는 이러한 일념으로 첫해인 제4회 영남예술제 때 37인 조의 악대부와 미술, 문학분야의 참가학생들을 인솔하고 그렇게도 불편했던 수륙교통을 다 견디면서 학교는 물론 제주도에서 맨 처음으로 도밖의 경연대회에 참가한 것이다. 이렇게 등장한 오현고 악대부는 50~60년대 개천예술제를 화려하게 장식하며 수많은 사람들에게 '밴드부 하면 제주도', '고적대 하면 오현고'를 떠올리게 할 만큼 악대부의 대명사가 되었으며, 해군 및 해병군악대나 그 어떤 악대보다도 더한 찬사를 받았다.

제주도에서 배를 타고 망망대해를 건너 다시 기차로 바꿔 타고 고생고생한 끝에 밤이 깊어서야 겨우 진주에 도착한 이들은 파김치 상태, 바로 그것이었으며, 그 모습을 본 사람들은 이들이 앞으로 개천예술제를 주름잡는 전국 최고의 악대부가 될 것이라고는 아무도 상상하지 못했다. 그러나 이튿날 아침 다리미로 칼날같이 줄을 세운 악대의 유니폼으로 말쑥이 갈아입고 정성스럽게 닦아 간직했던 악기로 그동안 피나는 연습으로 준비했던 '경기병(쥬페의 군대행진곡)' 등을 연주하며 당당하게 진주시내를 누비기 시작했다. 이들의 모습은 한마디로 개선장군이나 다름없었다.

이들을 보고 얼마나 감격했던지 예술제의 설창수 대회장은 "내가 고귀한 여러분들이 걸어오는 것을 보고 찬란한 예술의 군대가, 예술의 용사들이 물밀듯이 밀려 나오는 것만 같았습니다"라고 외쳤다. 이들의 진가는 예술제 최고상인 개천예술상으로 나타났고, 특히 수많은 여학생들로부터 아낌없는 사랑을 받았다. (어떤 여학생들은 이들이 진주를 떠날 때 역까지 배웅나와 선물을 주고 이별을 아쉬워 했을 정도였다고 한다.)

이 전설적인 오현고 악대부가 제48회 개천예술제에 참가하기 위해 1998년 10월 8일 진주에 다시 돌아왔다. 오현고가 초창기 개천예술제에서 명성을 떨칠 당시 한 나이 어린 소년으로 예술제에 참가해 음악에 대한 꿈을 키웠던 이상철 씨가 마침내 오현고 음악교사로 성장해 그 전설적인 악대부의 후예들을 이끌고 다시 나타났던 것이다.

많은 진주사람들은 이들을 크게 환영하며 그동안 진주관악단과 진주지역 고교악대가 맡아왔던 예술제 개막식의 주악을 기꺼이 오현고 악대부에 양보했다. 이날 식전공개행사로 시작된 오현고 취주악대의 음악회는 수십 년이 흘렀어도 제주와 진주에 세워진 예연비가 여전히 변함없음을 다시금 확인해준 감동의 현장이었다.

그러나 현재 이 예연기념비는 오가는 사람들이 거의 없는 진주성벽 귀퉁이의 외진 곳에 덩그러니 놓여져 있어 쓸쓸하기만 하다.

85. 남강다목적댐(南江多目的댐)

1998년 폭파시키고 새로 만든 우리나라 다목적댐의 대명사

▲ 1969년 10월 7일 준공 당시 남강다목적댐의 전경.
〈사진출전 : 진주의 어제와 오늘〉

우리나라에서도 손꼽히는 거대한 인공호수인 진양호를 탄생시킨 '구(舊) 남강댐'이 1998년 '신(新) 남강댐'에게 자리를 내주고 해체돼 29년 만에 '고(故) 남강댐'이 되고 말았다.

1969년에 건설된 남강댐은 우리나라에서 건설된 본격적인 '다목적(多目的Dam)'으로 기록되고 있으며, 소양강다목적댐(1973년 춘천에 건설)과 함께 우리나라를 대표하는 다목적댐으로 자리

매김하고 있다. 물론 남강댐보다 먼저 착공한 춘천댐과 섬진강댐이 있지만, 남강댐이나 소양강댐처럼 규모도 크지 않고 다목적댐의 대명사가 되지 못한 관계로 필자는 남강댐을 우리나라 댐 중에서 가장 최초로 건설된 대규모적이고 본격적인 다목적댐으로 보고있다.

다목적댐이란 수력발전을 비롯해 농업용수 공급, 홍수방지, 관광 등 여러 가지 용도를 목적으로 만든 댐이다. 그중에서도 홍수조절과 관광이 차지하는 비중이 적지 않다. 그래서 남강댐에는 '진양호'가, 소양강댐에는 '소양호'라는 관광단지가 조성되게 된 것이다.

남강 유역의 북부인 경남의 서북부지역에는 지리산의 천왕봉 등 높은 산봉우리들이 병풍처럼 장벽을 이루고 있어 산지성 강우와 게릴라성 폭우에다 태풍 때 집중호우까지 동반하는 경우가 많아 남강 연안과 낙동강 하류(남강은 낙동강과 연결돼 있음)가 막대한 수해를 입어왔다.

남강에 댐이 없는 관계로 겪어야 했던 홍수 중 가장 대표적인 사례로 일제 때 일어났던 병자년 대홍수를 들지 않을 수 없다. 1936년 8월 27일과 28일 이틀밤 사이에 남강유역에 쏟아졌던 집중호우는 진주시가지를 완전히 물바다로 만들었으며 수마가 할퀴고 간 상처는 재기가 불가능하다고 일제조차 판단할 정도로 엄청난 피해를 냈다.

남강 건너 망경동에서만 80여 평생을 살았던 토박이 노인들에 따르면 그 당시 망진산에 올라가 바라본 진주는 비봉산 밖에 보이지 않았다고 생생한 기억을 털어놨는데, 그때 진주읍내는 '천지개벽'한 모습이었다고 말했다. 이러한 병자년 대홍수는 남강 하류의 농경지 13만7천㏊와 가옥 7만6천 호를 침수시켰고 5백여 명의 인명피해를 내는 등 재앙적인 홍수피해를 냈다. 이에 따라 남강댐 건설은 일제 때부터 절대적인 지상과제가 되었다.

물론 수천 년 전부터 계속된 남강의 홍수피해는 병자년 대홍수 밖에 없는 건 아니었다. 그래서인지 조선 말 대한제국 정부에서도 이미 남강치수 문제에 관심을 갖고 있었고, 1908년에는 기사를 현지에 파견해 '남강 굴할(堀割)공사' 등을 계획한 적도 있었으나 국권상실로 무산되었다.

그 후 남강댐은 일제가 1920년도에 세운 낙동강 종합개수계획의 일환으로 검토돼 착공시기를 기다리고 있다가 마침내 병자년 대홍수를 계기로 1937년 착공되었다. 이때의 남강댐 공사는 방수로 공사였다. 방수로 공사는 홍수가 발생할 때 홍수량 전부를 남강과 연결된 낙동강에 흘려보내지 않고 남강 상류에서 사천만 바다로 흘려보내기 위한 토목공사였다. 이때 2.5m의 낙차를 이용해 1만5천㎾의 발전도 계획했다.

그러나 일제가 1941년 태평양전쟁을 일으키면서 남강댐공사의 공사장비와 재원을 전쟁물자로 동원하면서 공사가 중단되고 말았다. 해방 당시까지 진행된 방수로의 공정은 70% 정도였다. 물론 해방 후에도 남강댐은 미군정에 의해 공사가 검토되었지만, 공사를 재개하지 못했다. 그러다가 1948년 정부수립 후 ECA치수사업으로 남강댐공사비가 예산으로 책정되어 1949년 다시 공사가 조흥토건사(일제 때의 적산 토목업체인 죽본조의 후신)에 의해 시작되었으나 1950년 한국전쟁의 발발로 또다시 중단되고 말았다.

그러는 동안 남강댐공사는 댐은커녕 방수로조차 제대로 만들지 못했고, 비가 내릴 때마다 남강유역은 범람해 크고 작은 홍수에 시달리는 등 악순환을 계속 되풀이했다. (특히 1959년 9월 태풍 사라호의 엄습은 진주사람들에게 아직도 공포스런 기억으로 남아있는 기록적인 홍수피해를 낳았다.) 이에 1961년 박정희 정권은 이 사업의 중요성을 감안해 남강댐 건설사업을 제1차 경제개발 5개년 계획사업에 포함시켜 다시 1962년 4월 26일 착공했다. 그 결과 공사 7년만인 1969년 10월 7일에 비로소 완공했다. (원래 박정희 군정 당국의 국토건설청은 1966년까지 남강댐을 완공하겠다고 공포했으나 공사기간이 3년이나 더 연장됐다.)

당시 돈으로 62억여 원이라는 엄청난 예산을 총공사비로 쏟아부은 진주 최대의 토목공사답게 남강댐의 완공은 진주지역과 서부경남의 토목 역사에 새로운 이정표를 세웠다. 우선 이 댐의 완성으로 댐 상류지역 2천2백85㎢에 대한 홍수량 모두를 남강으로 흘려보내지 않고 모두 방수로를 통해 사천만의 바다로 방류함으로써 진주지역과 남강 연안일대의 홍수범람을 없애게 되었다. 그와 동시에 낙동강 본류와 합류되는 하류지역의 최대 홍수량을 10% 내외까지 감소시키는 등 부수적인 효과도 얻게 된 것이다.

이 때문에 남강댐과 방수로의 완공은 그동안 남강과 낙동강에 붙여진 '홍수대장'이란 오명을 씻는데 크게 기여했다고 볼 수 있다. 게다가 홍수가 조절됨으로서 남강의 연안농지에 농업 관개용수를 공급하게 됐을 뿐만 아니라 2천3백㏊의 새로운 개간지가 생겨나 연간 8만 석의 미곡증산이 가능하게 됐다. 또한 댐 수문에서 강 수면까지 낙차 40m를 이용한 전기발전을 가능케 해 남강댐 발전소가 전기발전을 할 수 있는 최대 시설용량은 1만2천6백㎾가 됐으며, 이에 따른 연간 발전량은 4만3천㎿/h가 됐다. 모든 것이 경이로웠다.

그러나 이러한 성과의 이면에는 당시 남강댐 공사로 인해 겪어야 했던 수많은 수몰민의 아픔(실향의 아픔이 가장 클 것이고 수몰지 보상을 둘러싼 부정의혹이 두 번째일 것이다)이 있었음을 간과해서는 안된다.

또 한편으로는 적지 않게 자연환경과 문화유산을 파괴한 장본인이라는 불명예를 안기도 했다. 실례로 남강댐이 건설되자 옛날에 그 많던 은어·뱀장어·연어 등의 모천 회귀성 고기들이 댐에 가로막혀 올라가지도 못하게 됐고, 그 바람에 대평지역 등 남강 상류에서는 이들 고기들을 구경조차 하기 힘들게 됐다. (고깃길인 어도가 댐에 없었기 때문이다.) 이에 따라 생태계 변화도 심하게 일어났다.

이와 함께 진양호라는 거대한 인공호수 밑에는 발굴은커녕 조사도 안 된 채 수몰된 수많은 선사시대 유적들이 깔려 있다. (물론 이곳에는 동학농민군의 진주봉기 장소였던 너우니, 즉 광탄진도 수몰돼 있다.)

아무튼 남강댐은 긍정적인 면과 부정적인 면을 공유한 양면성을 갖고 있지만, 외향적으로는 댐이 만든 진양호로 인해 관광지로서 진주의 명물로 존재해 왔다.

하지만 남강댐은 당초 생각했던 기대처럼 완벽하지 못해 시간이 흐를수록 큰비에는 홍수조절이 제대로 안 됨으로써 연례적인 침수피해를 초래했다. 예컨데 1979년 8월 불어닥친 태풍 쥬디는 위력이 대단해 남강댐이 최대한 방류를 억제했음에도 만수위로 인해 부득이 방류함으로써 남강이 범람하고 말았다. 그 이유는 태풍 때마다 상류에서 진양호로 쏟아져 들어온 토사가 엄청나게 쌓여 홍수량을 충분하게 저장할 공간이 부족해졌다는 것이다. 또 진양호가 서부경남은 물론 멀리 부산까지 상수원으로 사용되고 있어 함부로 준설하기도 어려웠다. 그러자 정부는 기존댐보다 더 높은 새로운 댐을 만들어 보강하기로 계획을 굳혔다.

1989년 11월 말 제2의 남강댐인 '남강보강댐'이 진주시 판문동에서 건설공사에 들어가 구남강댐의 홍수위 39.5m보다 더 높은 46m의 댐을 1998년 5월 말 완공해 저수량을 크게 확대했다. (이 때문에 과거 1차 수몰 때 살아남은 수몰민들이 이번 2차 수몰 때는 살아남기 힘들어 소수의 이주단지 주민들을 제외하고 대부분 고향을 등지고 말았다.)

이에 따라 60년대 경제개발계획과 함께 화려하게 등장했던 구남강댐은 신남강댐에게 자리를 내주고 1998년 7월 16일 폭파되면서 해체돼 이제 그 자취를 영원히 감췄다. (물론 댐을 연결한 둑마저 모두 사라진 것은 아니어서 새로 생긴 보강댐 뒤편에 구남강댐의 흔적이 그림자처럼 보인다.)

86. 복도여관(福島旅館)

전설적인 무용가 최승희가 진주공연 때 묵었던 곳

▲ 지금의 진주시 장대동에 있었던 복도여관 앞에 선 최승희의 모습.
〈사진제공 : 김범수〉

한국 근대예술사에 있어 위대한 신화로 기억되고 있는 세계적인 무용가 최승희의 흔적이 진주에도 남아 있다는 사실이 얼마나 소중한지 모른다.

1931년 10월 초 최승희는 진주사람들 앞에서 춤추기 위해 자신의 무용예술연구소 제자들을 이끌고 진주에 도착해 지금의 장대동에 있었던 '복도여관(福島旅館)'에서 여장을 풀었다. 이미 일본 도쿄로 무용유학을 떠났다가 돌아왔던 최승희가 고국에서 전국을 돌며 자신의 창작무용을 선보인 것은 돈이나 명예보다도 조선사람들 앞에서 춤추는 것을 좋아했기 때문이다.

최승희의 진주공연은 9월 1일 경성공연부터 시작돼 수원·대구·마산·김천을 거쳐 마침내 진주에 도착함으로써 이뤄졌다. 진주공연 당시까지만 해도 최승희는 스물한 살의 미혼으로 무용에만 미친 듯이 정열을 불태우고 있을 때였다.

그런 무명(국내에는 이름이 어느 정도 알려졌으나 아직 세계적으로는 알려지지 않았다는 뜻이다)의 무희 최승희가 현대무용이라고는 구경조차 한 일이 없는 진주사람들에게 조선에도 이런 무희가 있다는 사실을 각인시켜 준 것이다. 그녀의 매혹적인 춤사위를 본 많은 진주사람은 감격했다. 이 공연을 본 진주사람 가운데 최승희가 10년 후에는 전세계를 누비며 지구의 반대편 아르헨티나까지 이름을 떨칠 한 세기에 한 사람 나올까 말까 하는 세계적인 무용가가 될 것이라고 예감한 사람이 과연 몇 명이나 되었을까. (실제로 최승희는 1940년 6월 아르헨티나의 수도 부에노스아이레스에서 무용공연을 했다.)

1931년 진주좌(진주극장)에 마련된 것으로 보이는 특설무대에서 화려하면서도 오묘한 춤사위를 선보였던 최승희는 구체적으로 어떤 춤을 진주사람들에게 보여줬는지 알려지지 않았으나 지방순회공연을 시작할 때 경성 단성사에서 맨처음 공연한 프로그램을 보면 어느 정도 짐작할 수 있다. 그때 최승희는 '자유인의 춤'·'인

조인간'·'십자가' 등을 독무했고 '고난의 길'·'폭풍우'·'건설자' 등의 창작무용을 무대에 올려 제자들과 함께 추었다.

그런데 최승희가 진주공연 때 묵었던 복도여관은 당시 진주에 있었던 10여 개의 여관 중에서 가장 시설이 좋은 여관이었다. 복도여관은 조선총독부 철도국으로부터 '어지정(御指定)'된 여관으로 진주부회 의원이며 일문 〈부산일보〉 진주지사장이었던 후쿠시마(복도시)가 경영했다. 여관은 미닫이문을 열면 방이 나오는데, 여름철에는 습기가 없는 깨끗한 다다미방과 겨울철에는 난방화로인 고다쓰를 갖추고 있었으며, 매일 정갈한 일본식 식사와 술이 제공되었다.

복도여관은 철도국 지정여관인 관계로 주로 경성에서 출장 온 고급관리나 자본가 또는 문화예술인들이 진주역에서 출발할 열차를 기다리면서 이곳에서 하룻밤을 묵었다. 진주사람 중에는 진주 대부호 김기태가 경성에 올라갈 때 주로 애용했다고 한다. 김기태는 보성전문학교 재단이사장과 총독자문기관인 중추원에서 참의를 지냈는데, 중추원 회의에 참석하기 위해 경성을 종종 왕래했다. (그의 본가는 진주 내동면에 있었고 진주에도 저택이 있었지만, 주로 경성에 있는 북촌 가회동 저택에 머물렀다.)

복도여관의 주인 후쿠시마는 진주에서 여관업을 하면서 앵정(장대동) 313번지에서 개업한 여관을 '후쿠시마료캉'이라고 자신의 성씨를 간판이름에 붙였는데, 최승희가 이곳을 다녀가자 그는 최승희 같은 세계적인 인물도 자신의 여관에서 숙박했다고 자랑스러워했다. 사실 유명인사와 사진 찍기를 좋아했던 후쿠시마는 나중에 조선총독이 된 고이소(소기국조)와 촉석루에서 함께 찍은 사진도 갖고 있었다. 하지만 당시 최승희의 무용에 깊이 매료된 그는 최승희에게 복도여관에 묵은 것을 평생동안 영광으로 간직하겠다며 사진 한 장만 찍을 수 없겠느냐고 간청했다. 이에 최승희는 친절하게 대해 준 그를 위해 때 이른 모피코트까지 입고 복도여관의 현관 앞에서 화사하게 웃는 얼굴로 멋진 포즈를 취해 주었다.

그 후 후쿠시마는 최승희의 사진을 보물처럼 간직했다가 〈조선시보〉 진주지국장 가쓰다(승전이조)가 1940년 펴낸 『진주대관』의 협찬광고(여기에 실린 광고 중 여관광고는 복도여관이 유일함)에 최승희의 사진을 실었다. 사실상 대부분의 광고가 사업주 얼굴이나 사업체 사진을 싣는 데 반해 후쿠시마의 복도여관은 '복도여관과 최승희'란 사진설명과 함께 여관 앞에 서서 포즈를 취한 최승희의 사진을 실음으로써 당대에 선풍적인 인기를 모았던 세계적인 무용가를 여관선전에 활용했던 것이다. 이 귀중한 사진은 현재 진주신문사에서 영인돼 나온 『진주대관』에는 없다. 그러나 '김범수 소장본'(원본)에는 이 누락된 광고사진이 들어 있어 최승희의 진주공연에 대한 단서를 잡을 수 있었다.

그러나 해방과 함께 모든 것이 사라지고 말았다. 최승희는 전설 속으로 사라졌고 복도여관은 적산가옥으로 분류돼 간판을 내렸다. 최승희는 일제 말 친일공연을 하는 등 부역한 경력 때문에 남한에서 친일파로 지목돼 사람들이 자신의 무용을 더 이상 알아주지 않자 1946년 월북함으로써 좌익 무용가라는 낙인과 함께 남한 무용계에서 사라졌다.

하지만 처음에는 문화인에 대한 우대정책으로 남한의 예술인들을 적극 유치했던 김일성도 점차 문화에 대한 주체사상을 강요하기 시작했다. 1967년 최승희는 그의 무용을 알아줬던 북한에서조차 반혁명분자로 몰려 숙청당하고 그쪽 무용계에서도 완전히 사라졌다. 이에 앞서 그녀의 남편 안막이 남로당계란 이유로 먼저 숙청을 당했다.

이제 최승희는 역설적이게도 남에서도 북에서도 모두 금기시된 비극적인 무용가가 되어 우리들의 희미한 기억 속에서만 자유의 춤을 추게 된 것이다. 즉 전설과 신화 속의 잔상만이 최승희의 한처럼 남아 떠도는 것이다. 부정한 시대와 그 광기가 한 위대한 예술가를 죽인 것은 아닐까. 그녀가 사랑한 것은 오직 춤밖에 없었는데….

이렇게 비극적으로 최승희는 사라졌지만, 그의 예술적인 분신은 남아 1955년 진주에 다시 모습을 드러냈다. 최승희의 수제자이며 그녀의 동서인 김백봉(최승희가 자신의 시동생과 혼인시킨 애제자)이 한국전쟁 때 월남해 제6회 개천예술제에 무용을 선 보인 것이다. (김백봉은 50~60년대 개천예술제에 이바지한 공로로 1990년 개천예술제 40주년을 맞아 재단으로부터 촉석상을 수상했다.)

또한 북한에서도 최승희는 사후에 재평가되었다. 비록 그녀가 북한에서 정치적인 이유로 숙청되었지만, 최승희의 무용예술에 대한 업적은 다시 인정받아 현재는 복권되어 평양 애국열사릉에 묻혀 있다. 묘비에는 '최승희녀사 무용가동맹중앙위원회 위원장 인민배우'라고 새겨져 있다.

87. 진주우편국(晉州郵便局)

구한말에서 일제 때까지 부침을 거듭한 영욕의 우편·통신기관

▲ 근대 진주 우편·통신기관의 요람이며 진주우체국과 한국통신 진주전화국의 전신인
진주우편국의 1910년대 모습. 〈사진출전 : 경남 진주〉

'진주우편국(晉州郵便局)'은 1895년 6월 1일 칙령이 공포돼 농
상공부 산하에 진주우체사가 설치되면서 이듬해 7월 25일 진주 최
초의 근대식 통신기관(우편·전신·전화)으로 진주성안에서 개국
했다. 이어 1902년에는 진주전보사도 설치되고 1909년에는 전화
통화업무도 실시되는 등 진주지역 근대통신사의 요람으로 자리 잡

았다.

그러나 진주우체사는 1905년 통신주권의 박탈과 1910년 국권상실로 숱한 영욕의 세월을 겪을 수밖에 없었다. 이를 날짜별로 살펴보는 것보다 더 좋은 것은 없을 것 같아 연대순으로 정리해 봤다. (1895년부터 1945년까지 중점적으로 정리했다.)

1895. 6. 1. 칙령 제125호로 우체사관제가 제정·공포돼 진주가 우체사 설치위치로 결정되다.

1896. 7. 3. 농상공부령 제5호로 진주우체사 설치명령이 내려지다.

1896. 7. 23. 칙령 제32호로 전보사관제가 제정·공포돼 진주가 전보사 설치구역으로 결정되다.

1896. 7. 25. 진주우체사가 진주성내에서 개국되다.

1896. 8. 5. 칙령 제42호로 우체사관제가 개정돼 진주우체사가 2등우체사로 변경되다.

1897. 6. 25. 진주우체물 9건이 한성우체사로 가는 도중 경기관찰도 수원에서 의병을 만나 탈취당하다.

1898. 11. 24. 진주우체사 체부 이상규가 하동 황토현 주막에서 의병에게 편지를 빼앗기다.

1900. 6. 22. 미설치된 진주전보사가 전보사관제 개정에 따라 통신부 총판 관할로 변경되다.

1900. 7. 25. 진주우체사도 우체사관제 개정에 따라 통신부 총판 관할로 변경되다.

1901. 11. 18. 통신원령 제6호에 의해 진주전보사 설치가 공고되다.

1902. 1. 7. 통신원고시 제1호로 진주~창원간의 전신선로가 개통되고, 진주전보사가 개국되다.

1904. 2. 11. 러일전쟁을 이유로 일본군이 진주전보사를 점령하고 전보사장 최용규를 구금하다.

1905. 3. 30. 일제가 진주 일본우편수취소를 진주군 대안면 1동에 설치하다.

1905. 4. 1. 일제가 대한제국의 통신주권을 박탈한 후, 진주우체사·진주전보사 접수를 시작하다.

1905. 4. 29. 진주의 일본우편국 취급사무가 통상우편·소포우편·우편저금 등으로 실시되다.

1905. 5. 28. 일제에 넘어간 진주우체사와 진주전보사가 마산우편국 진주출장소에 인도되다.

1905. 5. 29. 마산우편국 진주출장소가 진주군 성내면 5동에 설치되고, 우편저금과 일본어 전보가 취급되다. 같은 날 진주임시우체소가 설치되다.

1906. 7. 1. 마산우편국 진주출장소가 통감고시 제38호로 폐지되고 진주우편국이 진주군 성내면 성내동에 설치되는 한편, 진주우편수취소가 진주성외(晉州城外)우편수취소로 개칭되다.

1906. 10. 1. 진주우편국에서 대한제국 국고금 출납사무를 취급하다.

1906. 12. 1. 진주임시우체소가 진주우체소로 개칭되다.

1907. 3. 31. 진주성외우편·전신수취소가 폐지되고 신설된 진주성외우편소가 이를 승계하다.

1907. 4. 1. 진주성외우편소가 진주성 밖 대안1동에 설치되다.

1907. 5. 31. 통감고시 제75호로 진주우체소를 폐지하고 진주우편국에 통합하다. 이해 7월 31일 군대해산 때 진주우편국에서 전보로 군부대신의 해산명령을 진영대 정위에게 알려 진영대를 해산시키다.

1908. 2. 29. 진주우편국의 대한제국 국고금의 출납 및 보관사무를 폐지하다.

1908. 4. 1. 진주~통영간 전신선이 개통되다.

1909. 7. 1. 진주~광주간 시외전화 회선이 개통되고, 진주우편국에서 일본군인·군속에 대한 저금사무를 개시하다.

1909. 9. 1. 진주우편국에서 전화통화사무를 시작하다.

1910. 8. 29. 일제가 한일합병조약을 공포하고, 대한제국을 일제 식민지로 통치하다. 이때부터 진주우편국에 일장기가 내걸리다.

1928. 6. 2. 진주성외우편소를 폐지하고 이를 진주우편국에서 승계하다.

1928. 6. 3. 진주우편국이 진주면 중안동 공회당부지에 새 청사를 신축해 이전하다. (총건평 1백75평)

1928. 8. 1. 신청사에서 진주우편국 신축축하회가 열리다.

1929. 10. 진주우편국에서 조선간이생명보험업무를 개시하다.

1941. 11. 28. 청사협소로 진주우편국이 진주부 영정(대안동)으로 임시이전하다.

1942. 12. 진주우편국을 행정(중안동) 35번지 신축청사로 재이전하다. (이 건물은 한국전쟁 때 불타버림)

1943. 1. 1. 현재 진주부와 진양군 관내에 소재한 우편기관은 우편국 1개소와 우편소 2개소이다.

1945. 8. 15. 일제로부터 해방돼 통신주권을 되찾다.

1946. 5. 1. 미군정 진주우편국이 서무과(공무과)·우편과·전신과·전화과·저축과를 신설하다. 이즈음 진주우편국 공무과 간부의 공금횡령사건이 발생하다.

1948. 8. 15. 대한민국 정부가 수립돼 초대 체신부장관에 윤석구가 취임함으로써 미군정 우편·통신사무로부터 독립하다.

1950. 1. 12. 체신부령 제7호로 진주우편국이 진주우체국으로 개칭돼 그 이름이 현재에 이르다.

1950. 9. 한국전쟁 때 인민군에게 점령된 진주시가지에 대한 미군기의 공습으로 진주우체국 청사가 소실되다.

1956. 9. 21. 이광 체신부 장관이 참석한 가운데 진주우체국 개축 낙성식이 열리다.

1966. 7. 진주우체국에서 우편물반송을 예방하기 위한 '문패달기 운동'을 전개하다.

1966. 8. 20. 진주우체국에서 통신사업으로 진주시내에 개통한 전화회선이 1천9백회선에 이르다.

1988. 12. 29. 현재의 우체국청사를 개축해 준공하다.

1996. 7. 25. 진주우체국 100주년 기념식이 열리다.

2023. 7. 25. 현재 진주우체국 개설 127주년을 맞이하다.

88. 강상호 묘(姜相鎬 墓)

백정을 해방시킨 형평사 창립주역의 무덤

▲ 1998년 묘비도 상석도 없이 초라한 모습으로 잊혀져 가고 있는 새벼리 산기슭의
강상호 무덤. (오른쪽 무덤이며 그 옆은 배우자의 무덤이다.) 〈사진제공 : 김경현〉

'嗚呼 尊敬하옵신 先生任이氏요. 偉大한 功績을 남기시고 永永
히 떠나신 스승이氏요. 自身의 肉體는 비록 우리 故國의 地下로 묻
히어스듸 其 巨役한 功績은 永世에 길이 길이 빛날 끔니다. 도리여
보건데 지나간 事蹟 李朝 封建社會 制度의 淸貧主義 思想下의 社
會에『고기장사, 버들까지의 체이장사』의 先祖는 말할 수 없는 苦

痛의 所謂 白丁이란 階級에서 멸시의 賤待를 바다온 人間으로서
참아 사라나갈 수 없는 가지 各色의 形言할 수 없는 其 事實이였섯
지요. 所謂 兩班階級層에 짓밧피여 아우성 소리를 지러면서 呻吟
하여 오지 안히 하였나요.' (강상호 장례식 때 낭독한 조사의 원문
중 일부)

[오호 존경하옵신 선생님이시여! 위대한 공적을 남기시고 영영
떠나가신 스승이시여! 자신의 육체는 비록 우리 조국의 지하에 묻
히셨으되 그 거역한 공적은 영세에 길이 길이 빛날 것입니다. 돌이
켜 보건대 지나간 사적, 이조 봉건제도의 청빈주의 사상하의 사회
에 '고기장사, 버들가지의 챙이장사'의 선조는 말할 수 없는 고통
의, 소위 백정이란 계급에서 멸시와 천대를 받아온 인간으로서 차
마 살아나갈 수 없는 가지각색의 형언할 수 없는 그 사실이었지요.
소위 양반계급층에 짓밟혀 아우성 소리를 지르면서 신음하며 살아
오지 않았습니까?]

1998년 3월 초 진주 남쪽에서 시내로 들어오는 석류공원 옆 새
벼리의 길섶에는 잡초에 우거진 이름없는 무덤이 하나 있었다. 이
무덤의 주인공은 누구일까. 다름아닌 '백촌 강상호(姜相鎬)의 무
덤'이다. (그의 아호가 백촌이 아닌 '우남'이나 '벽촌'이라고 한 때
알려졌는데, 우남은 이승만 대통령의 아호이고 벽촌은 산간벽촌을
뜻하는 것으로 모두 잘못된 말이다.)

원래 묘지에는 생전에 잘난 사람이건 못난 사람이건 살아있을
당시의 공적이나 이력을 새긴 묘비 하나 정도는 서 있기 마련이다.

그래서 대개의 묘지에는 자기가 죽은 뒤에 후세인들이 자기의 이름만이라도 기억해 주기를 바라는 뜻에서 심지어 없는 이야기도 지어내 실제의 업적처럼 만들어내거나 실제보다 과장된 내용을 새긴 비석이나 상석, 지석을 묘지에 설치하는 경우도 있다. 아무리 공동묘지에 묻힌 무지랭이의 무연고자 무덤이라고 해도 묘주의 이름만은 대개 밝혀져 있다. 그런데 왜 위대한 이 형평운동가의 묘에는 아무 것도 없는 것일까.

수백 년 동안이나, 아니 일제시대 초까지만 해도 우리나라에서 가장 천대받던 백정을 해방시키는데 결정적인 역할을 했던 위대한 인권운동가(더구나 뼈대있는 가문의 후손인), 그의 묘지에는 어찌된 영문인지 그 흔한 이름 석자를 하나 새긴 비석이나 상석이 없다. 그 사실이 의아스럽기만 하다. (비석이나 상석이 없는데 그 대신에 지석이 무덤 속에 있는 건 아닐까) 혹시 백정해방운동에 앞장선 운동가답게 자신의 묘도 이름없는 백정의 무덤처럼 만들어 달라고 유언을 했을까. 아니면 누가 와서 비석을 쓰러뜨리고 상석을 뒤엎어버린 것은 아닐까. 여러 가지 의문이 꼬리에 꼬리를 물고 지나갔다.

아무튼 남강변 차가운 벼랑의 유택에 누워있는 강상호는 한평생 동안 자신이 온몸을 바쳐 이룩했던 형평운동(衡平運動)의 찬란한 금자탑을 보지도 못한 채, 차가운 땅속에 묻혀 있다. 그는 오늘날 진주성 촉석문 앞에 우뚝 서 있는 기념탑을(형평운동기념탑을 말하는데 현재는 칠암동 남강변으로 이전됨) 아는지 모르는지 자신의 묘 앞에는 이름 석자도 남기지 못한 채 그만 모진 풍진의 세월 속에 쓸쓸히 묻혀져 세인들의 기억 속에서 잊히고 말았다.

"오직 先生任만은 其 時代의 속칭 兩班階級임에도 不拘하시고 自己의 身分의 名譽를 抛棄하고 甚지어 自己의 全財産을 喜捨하여 가면서 우리들의 고독한 社會的 地位의 人權解放 階級打破를 爲하야 先鋒에 나서서 오직 自由 人權의 平等을 부르지겨며 우리들의 就學의 開放을 부르지겨며, 우리만이 當하여 오든 五拾萬 同胞를 爲하야 晝夜苦心 鬪爭하여섰지 안습니까. 偉大하십니다. 장하시입니다."(강상호 장례식 때 낭독한 조사의 원문 중 일부)

[오직 선생님만은 그 시대의 속칭 양반계급임에도 불구하시고 자기 신분의 명예를 포기하고 심지어 자기의 전재산을 희사해 가면서 우리들의 고독한 사회적 지위의 인권해방, 계급타파를 위해 선봉에 나서서 오직 자유·인권의 평등을 부르짖으시며, 우리들의 취학의 개방을 부르짖으시며, 우리만이 당해 오던 50만 동포를 위해 주야고심 투쟁을 하시지 않으셨습니까? 위대하십니다! 장하십니다!]

1887년 전통 있는 양반가문의 후예로서 진주의 천석꾼 강재순의 장남으로 태어난 강상호(당시 출생지는 진주면 진주리였고 본적지는 정촌면 가좌리였다)는 보장받은 부와 미래를 모두 버리고 '새(新)백정' 또는 '개(犬)백정'이란 소리를 들어가며 당시 사람대접도 받지 못한 백정들의 편에 섰다. 이미 부친의 뒤를 이어 사립 봉양학교(나중에는 일제에 빼앗겨 공립학교로 바뀌었다)를 운영하는 등 교육운동을 했고, 3·1민족해방운동 때는 만세시위를 주도하다가 징역살이(징역형 1년이 선고되었다고 보도되었으나 그것은 구형된 형량이었고 실제 형량은 6개월이었음)도 했지만, 백정해방운동 만큼 그가 자신의 모든 것을 다 바친 사회운동은 없었다.

1923년 4월 24일 강상호는 대안동 소재 진주청년회관에서 최초로 형평사 발기회를 개최함으로써 역사적인 그의 백정해방운동은 시작되었다. 그는 백정들을 모아 '인간은 저울처럼 평등하다'고(그래서 '형평'이란 말이 나옴) 사람들을 설득시켜 형평사를 조직하고, 백정을 차별하는 사회적 관습 및 제도와 싸우는 한편 전국을 돌며 형평사의 하부조직을 만드는 데 앞장섰다. 이처럼 형평사를 만들고 형평운동을 전개하는데 가장 핵심적인 역할을 한 인물은 단연코 강상호였다.

이리하여 조선형평사는 일제시대를 통틀어 가장 오래 지속한 대표적인 사회운동체(1923년~1940년, 대동사를 거쳐 형평사 해체까지를 말함)가 되었으며, 온갖 차별과 멸시를 받아 온 천민계급을 불평등으로부터 구제해 낸 인권운동의 찬란한 분수령을 만들어 냈다. 형평사를 주도적으로 창립한 강상호는 실로 전국의 수많은 백정으로부터 추앙을 받는 '백정들의 아버지'였다.

그동안 강상호는 헌신적으로 형평운동에 투신하면서 조상대대로 물려받은 수많은 재산과 전답을 사회사업과 사회운동에 바쳤다. 실례로 그는 사회사업에도 많은 돈을 썼는데, 진주의 가난한 동리민들에게 세금 60원씩을 해마다 자신이 대납하는 등 형평운동을 하면서도 불우한 이웃들을 보살폈다. 또 1925년 4월에는 가난한 진주사람들을 모아놓고 그들이 자립할 수 있도록 현금 2백 원을 해당 동리에 기부한 적도 있었다.

그러나 봉건적인 보수주의자들의 반형평운동과 급진적 사회주의자들의 공산주의 형평운동, 그리고 일제의 간섭으로 결성된 형평사의 후신인 대동사의 친일노선 등으로 형평운동의 순수성이 크게 변질되면서 그는 좌절하기 시작했다. 그러나 강상호는 이때 적지 않은 갈등을 겪기도 했지만, 형평운동에 대한 애정만은 변함이 없었고, 그것만이 그의 삶, 그의 전부였다.

이에 대해 형평운동기념사업회 김중섭 총무(경상대 사회학과 교수)는 "형평운동을 헌신적으로 이끈 강상호의 생애는 시대상황 안에서 행동하는 지식인의 전형을 보여준다"고 평가했다.

하지만 한국전쟁으로 진주가 인민군에 점령됐을 때 좌익인사들이 불안에 떠는 진주지역의 민심을 규합하고자 일찍이 사회운동가로 이름이 높았던 강상호를 진주시 인민위원장으로 추대했다. 〈한겨레신문〉은 그가 한국전쟁 때 진주에서 인민위원장을 맡았다고 기술했으나, 대검찰청 기록에 따르면 1950년 8월 29일 현재 진주시 인민위원장을 맡고 있었던 인물은 김인세였다. 따라서 강상호가 무엇인가를 본의 아니게 맡았다면 인민위원장이 아닌 진주시 치안위원이나 위원장을 맡았을지도 모르지만 이 역시 예단하기 어렵다.

아무튼 이 일로 그는 세상을 떠나는 그날까지 공산주의자로 몰려 유무형의 탄압과 멸시를 당할 수밖에 없었다. 강상호는 남은 재산마저 반공세력들에게 다 빼앗기고, 진주에서 쫓겨나 가난에 고통받으며 1957년 11월 12일 일반성면 창촌리에서 늙고 병든 몸을 처가댁 고향에 기댄 채 쓸쓸히 숨을 거두고 말았다. (그는 처가댁이 있는 남산리에서 만년을 보냈으나 죽음은 창촌리에서 맞았다.) 그의 나이 향년 71세 때였다.

비록 강상호가 만년을 고독하게 보냈고 초라하게 최후를 맞았으나, 그의 부음을 듣고 전국에서 수많은 형평사원들(옛 백정들)이 구름같이 몰려왔다. 형평사를 최초로 발기한 5인의 위원 중 이렇게까지 많은 형평사원들이 몰려들어 애도하고 장례를 치른 경우는 없었다. 그의 장례는 생전에 강상호에 대한 형평사원들의 존경과 기억이 어떠했는지를 잘 보여주었다. 그렇게 옛 형평사원들에 의해 장례가 치러졌다. 그의 장례식은 그가 사망한 일반성면이 아닌 강상호의 옛 땅과 집이 있었던 봉곡로터리에서 대대적으로 거행되었다.

'고 백촌 강상호 선생 고별식장'이란 이름 아래 마련돼 전국 최초로 형평장(전국축산기업조합장)이 성대히 치러졌다. 수많은 만장이 봉곡로터리에서부터 장지인 새벼리 석류공원 묘지까지 끝없이 이어졌다. 백정이란 신분적인 차별은 이미 오래전에 사라졌지만, 이들은 '백정의 아버지 강상호'를 잊지 않았던 것이다. 강상호의 무덤은 선산인 새벼리 현 묘소에 조성됐는데, 가난한 후손들 때문에 선산마저 팔려나가면서 형평장 때 세웠던 그의 비석과 상석도 어느 틈엔가 사라지고 말았다고 한다. (상석의 경우 70년대 말까지도 남아있었다고 하나, 장례식 전후 비석이나 상석을 세웠다는 기록이나 사진 및 증언이 없다는 점에 비추어 처음부터 존재하지 않았던 것으로 보인다.)

아무튼 이 특별한 장례식에 대해 〈한겨레신문〉에서는 "그의 장례는 형평장이란 이름으로 아흐레 동안 치러졌고, 그의 상여가 나가는 날 진주시내를 누비며 상여를 따랐던 사람들의 대다수는, 그가 자신의 일생을 통해 가까이 다가서고자 했고 마침내 그 일원이 된 사람들 - 진실로 청백한 사람들, 백정들이었다"라고 묘사했다. 〈한겨레신문〉은 이와 같이 1990년 2월 16일 우리나라 언론출판사상 최초로 강상호에 대해 소개하며 인물평을 게재했다. (형평운동이 아닌 그를 중심으로 쓰인 글은 이것이 처음이다.)

그리고 1999년 3월 20일(토요일) 오후 3시 수십 년 동안 이름 없이 버려졌던 새벼리의 강상호무덤에는 '백촌강상호지묘(栢村姜相鎬之墓)'라는 묘비가 세워지게 됐고, 그에 따른 고유제가 올려졌다. 어느 시민의 성금을 받은 것을 계기로 필자가 지인들과 함께 직접 묘비를 세우고 고유제를 올렸던 것이다. (어느 시민은 자신의 선행을 끝까지 함구할 것을 요청했으나 역사기록차원에서 이제는 밝힌다. 그는 바로 형평운동기념사업회장이며 독지가인 남성당한약방 김장하 선생이다.)

이후 강상호 묘비를 세운 것을 계기로 다시 필자는 강상호선생에 대한 독립유공자 추서작업에 돌입했다. 먼저 선생의 독립운동 공적서를 작성하고 입증자료를 첨부해 국가보훈처(지금의 국가보훈부)에게 독립유공자신청을 했다. 몇 차례의 거부와 보완을 거쳐 보훈처를 상대로 설득을 계속한 끝에 2005년 11월 마침내 대통령 표창을 추서받았다.

'嗚呼 尊敬하옵신 先生任이氏요. 當身의 同志들은 오늘 地下에서 눈물로서 오늘의 當身을 마지할 것이 안읍니까. 嗚呼 無心하게도 떠나신 先生任이氏요. 기리 기리 우리들을 보살펴 주소서. 그리하야 우리의 모임에도 참된 꽃이 동산이 되여 한마음 한뜻으로 참된 同志間의 親睦의 모임체로 만드려 주소서. 嗚呼 先生任이氏요. 슬프으스라. 고히 고히 안영히 잠드려씨요.' (강상호 장례식 때 낭독한 조사의 원문 중 일부. 본문의 3개 인용글은 1957년 영결식 때 옛 형평사원 이복수가 작성해 낭독한 조사에서 각각 발췌한 것임)

[오호! 존경하옵신 선생님이시여. 당신의 동지들은 오늘 지하에서 눈물로써 오늘의 당신을 맞이할 것이 아닙니까. 오호! 무심하게 떠나신 선생님이시여. 길이 길이 우리들을 보살펴 주소서. 그리하여 우리의 모임도 참된 꽃의 동산이 되어 한마음 한뜻으로 동지간의 참된 친목의 모임체가 되게 하소서! 오호! 선생님이시여. 슬프옵니다. 고이 고이 안녕히 잠드옵소서.]

89. 모디기뱃가(七岩津)

50년대까지만 해도 볼 수 있었던 칠암동 나루터

▲ 50년대 초반 진주시 칠암동 모디기뱃가에서 본 남강과 선학산 그리고 뒤벼리.
〈사진제공 : 김도남〉

"하모! 돗골과 한들에서 똥장군이 풍개 가져 왔더라케. 얼른 모디기뱃가로 오이라!"(1998년 현재 77세인 칠암동 토박이 이복남 할머니의 표현)

[그래! 도동(상대동과 하대동)과 한들(상평동일대)에서 거름에 쓸 분뇨를 수거해 가는 농삿꾼이 자두를 가져왔다고 해. 어서 모디

기뱃가로 오너라!]

남강변에서 빨래하던 어느 아지매(아낙네)의 외침에 이 소리를 전해 들은 지금의 진주시 칠암동과 강남동, 멀리는 망경동, 주약동에서, 이른바 '배건너'지역에 사는 주민들이 약속이나 한 듯이 우르르 칠암동 '모디기뱃가'로 몰려들었다. 모디기뱃가로 몰려온 사람들은 주로 아낙네들과 아이들 그리고 동네처녀들이었는데, 이들은 똥장군이 나룻배에 가득 싣고 온 과일을 물물교환으로 얻으려고 보리나 쌀, 땔감나무 등을 들고 온 것이다.

여기서 돗골(예로부터 돼지를 많이 키우는 동네라고 붙여진 이름)은 진양교 건너 지금의 남강지하차도(상대동 옛 법원 앞) 일대의 드넓은 평야지대를 말하며, 한들은 상평교 건너 상평동 일대의 광활한 벌판을 말한다. 또한 똥장군은 돗골과 한들에서 과수원과 채소밭에 똥거름을 주는 농부를 말하며, 풍개는 이곳에서 수확한 자두를 가리키는 진주사투리를 말한다.

남강을 가로질러 칠암동과 상대동 및 상평동을 잇는 진양교가 가설되기 전만 해도 모디기뱃가는 도동지역(상대·하대·상평동)으로 통하는 수상교통의 요지이며 물물교환 장소였다. 모디기뱃가는 지도상 표기로는 '칠암진(七岩津)'이라고 썼지만, 사람들은 이 나루터를 모디기뱃가라고 불렀다.

이곳 나루터의 역사는 남강의 역사와 함께 오랜 세월동안 진주사람들의 삶과 함께해 왔다. 남강에는 그동안 수많은 나루터가 생겨났다가 사라지는 등 부침을 거듭해 왔지만, 촉석루나루터와 호탄동 범골나루터 그리고 칠암동 모디기뱃가가 진주시내를 연결하던 대표적인 나루터였다. 그러나 촉석루나루터는 현재 진주교의 전신인 배다리와 남강다리(일제 때의 진주교)가 가설되면서 1920년대 후반부터 사라지기 시작했고, 범골나루터와 모디기뱃가도 진주교가 가설된 후에도 60년대 말까지 그런대로 명맥을 유지했으나 1969년 남강댐 건설과 1970년 진양교 가설로 완전히 자취를 감췄다. 무엇보다 남강에서 나룻배가 사라진 것은 남강댐 때문이 크다. 남강댐의 건설로 남강의 유량이 급격히 줄어들어 갈수기에는 강바닥이 듬성듬성 드러날 정도였기 때문이다.

이와 관련해 모디기뱃가에 대한 진주농대생들의 기억은 아주 각별했는데, 다음은 진주농대 졸업생 윤정옥 씨의 회고담이다.

'그 당시 나는 지금의 초전동에서 칠암동 캠퍼스까지 10여리를 걸어서 대학에 다녔다. 또 현재 법원 좌측의 진양교가 세워지기 전의 시절이니까 돗골(지금의 도동)에서 나룻배를 타고 칠암동으로 건너가 학교를 다녔는데, 지금 나룻배를 탄다는 것은 낭만으로 생각할 수 있겠지만 등하교 길에 비가 오거나 눈이 오면 배를 타지 못해 발을 동동 굴렀던 일이 생각나기도 한다.'

그런데 칠암동의 나루터를 여느 나루터처럼 나루터라고 부르지 않고 모디기뱃가라고 부르는 것은 이곳이 교통장소라기보다 물자 수송 및 물물교환장소로 더 많이 이용된 선착장이었기 때문으로 풀이된다. 굳이 모디기뱃가를 나루터로 부른다면 '치암이나루터'라고

부를 수도 있었으나, 이곳을 이용했던 주민들은 모디기뱃가ㄴ,
부르길 더 좋아했다. 이 모디기뱃가는 그동안 지도에 누락돼 왔다
가 1997년 5월 건설부에 보고돼 국립지리원의 국가기본도 2만5천
분의 1지도에 '치암이나루터'라는 지명으로 이름이 올라와 있다.

한편 뱃가라고 부르는 나루터는 가좌동 신기마을 북쪽에서 남강
건너 상평동으로 가는 개양나루터(개양뱃가) 등이 있었다. 한편 이
곳 남강에서 움직이는 대부분의 나룻배는 노를 젓기보다는 대나무
같은 긴 '간짓대'를 이용해 배를 움직였다.

모디기뱃가로 나룻배를 몰고 오는 사람들은 주로 도동지역 농부
들인데(농부들 중에는 개인소유 나룻배를 갖고 있었던 사람도 있
었다), 이들은 돗골과 한들에 있는 광활한 평야에다 참외·수박·자
두·복숭아·배·무·배추 등의 과일과 채소 등을 재배했다. 그래서
농부들은 비료가 없거나 넉넉하지 못했던 시절에 두엄더미로 쓸
원료를 구하기 위해 오줌통과 똥통 등의 인분통을 나룻배에 싣고
와 모디기뱃가에서 나룻배로 함께 가져온 작물과 배건너 주민들이
제공한 인분 또는 보리나 쌀 심지어 땔감나무와도 교환해 갔다. 다
시 말하면 그때 도동의 똥장군들은 요즘으로 치면 정화조 청소부
와 같은 역할을 했던 셈이다.

또한 이곳 뱃가에서는 돗골 과실밭(또는 과수원)이나 한들 채소
밭에 일용으로 일을 하러 나가는 사람들이 많이 있었는데, 이들이
날품팔이를 하기 위해 이곳에서 정기적으로 나룻배를 이용했다.
그래서 이들은 정기승선권처럼 한꺼번에 뱃삯을 지불했는데 배건
너에서 수확한 보리나 나락을 사공(나룻배 소유자)에게 1년에 1말

씩 주었다고 한다. 그러나 어쩌다 볼일이 있어 가는 사람들은 사공이 뱃삯을 받지 않는 대신에 인분통을 나룻배로 옮겨줘야 하는 수고를 해야 했기 때문에 그것이 싫어 차라리 동전 몇 푼을 내는 사람도 많았다고 한다. 이런 이유로 나룻배에는 항상 인분냄새가 났다.

그러나 인분 냄새가 진동하던 나룻배도 가끔은 화사한 화장분내를 풍기는 때가 있었다. 예전부터 돗골과 한들에서는 배건너에서 처녀를 데려다가 혼인을 시키거나 도동처녀를 배건너에 시집을 보내는 일이 많았다고 한다. 물론 돈 있는 집안에서는 자동차를 대절하기도 했지만, 서민들은 가마를 이용했는데 먼거리를 갈 수 없어 나룻배로 다시 옮겨 타야 했다. 그래서 처가에서 혼례를 마친 신부가 남강을 건너 시가집에 갈 때도 똥장군을 실어나르던 지저분한 나룻배를 이용할 수밖에 없었다. 하지만 신부는 가마를 탄 채 나룻배로 강을 건넜으므로 그렇게 인분냄새 때문에 고통받지 않았을 것이라고 이곳 사람들은 이야기를 전한다.

이와 같이 도동과 배건너 주민의 삶의 터전이었던 모디기뱃가는 근대화의 상징처럼 보여지는 교량건설과 자동차문화의 발달로 문명화되면서 이제는 흔적도 없이 사라졌고, 다만 사진 속의 잔상만이 전근대적인 기억 속에 갇혀 향수를 불러일으키고 있다.

끝으로 진주시가 1998년 초 모디기뱃가가 있었던 진양교 아래에 남강수중보를 만들고 그 안에다가 관광유람선을 띄운다고 계획을 추진했는데, 혹시 그 옛날 모디기뱃가를 오고 가는 나룻배의 정취를 느낄 수도 있지 않을까 하는 기대감도 있었다. 하지만 현재 유람선이 가끔 남강을 오르내리고 있지만 나룻배라기보다 지붕에 기와를 얹은 형태의 관광용 모터배이므로 과거의 추억어린 나룻배의 운치는 느껴지지 않는다. 그렇지만 진주의 수필가 박재두가 1988년에 쓴 『새파란 남강과 꿈꾸는 대숲』을 보면 남강에 떠 있는 옛 나룻배의 풍경과 정취가 여전히 평화롭고 아름답게 그려지고 있다.

　'남강 물빛의 인상은 지금 호안(護岸)을 정리한 그 모습보다는 평화롭게 두른 푸른 대숲과 새벼리를 들어설 무렵의 새파란 물빛, 거기에 장대(열래라고 한다)를 짚으며 거룻배라도 떠 있으면 그 풍치는 진주의 가장 평화롭고 아름다운 모습으로 투영되어 있다. 세월이 변하고 나이를 먹어가도 어찌하여 태고로운 옛날의 기억이 나의 머리 속에는 안주하고 있는지….'

90. 길야국민학교(吉野國民學校)

일제에 전투기를 헌납한 '요시노'국민학교

▲ 태평양전쟁이 일어난 후 진주길야국민학교 본관에 내걸린
전투기 헌납을 독려하는 친일구호. 〈사진출전 : 진주중안백년청사〉

'따르자 옥쇄용사! 보내자 길야호!(續け玉碎勇士に! 送るぞ吉野
號!)'

일제가 중일전쟁과 태평양전쟁에 광분하고 있을 때 '진주길야국
민학교(晉州吉野國民學校)'에서는, 이와 같이 본관 정면에 큼직
한 페인트로 써서 내건 선명한 친일구호가 연출됐다. 길야국민학
교가 내건 구호에는 이른바 '천황'을 위해 옥처럼 산산이 부서지듯

기꺼이 목숨을 바친다는 황군(일본군)을 본받자는 내용과 길야국민학생들도 이에 보답하기 위해 길야호라는 전투기를 헌납해야 한다는 뜻을 담고 있었다.

1941년 일본왕 쇼와(히로이토)의 칙령에 의해 소학교령이 개정되면서 국민학교령이 선포됐다. 그것은 일제가 '대동아공영권'의 망상을 품고 일본과 조선 등에 실시한 황국신민화 정책으로서 실시한 군국주의 교육체제의 결정판이나 다름없었다. 물론 그 당시의 모든 학교가 그랬겠지만 일제시대동안 진주를 통틀어 봐도 길야국민학교처럼 유난히 친일적인 분위기가 농후했던 학교는 없었다.

우선 학교 이름부터 그렇다. 당초 길야국민학교는 국민학교령이 선포될 때 진주제1공립심상소학교(해방 후 중안초교가 됐으며, 지금은 진주초등학교의 전신이다)에서 국민학교만 붙인 진주제1공립국민학교가 되었다. 그런데 일제가 태평양전쟁을 일으킨(1941년 12월 8일) 이듬해 3월에는 '제1공립'을 아주 왜색적인 이름인 '길야공립'로 바꿔 일제가 패망할 때까지 그것을 교명으로 사용했던 것이다.

이때 사용된 길야는 1932년 진주읍이 하부 행정구역을 17개정으로 나눌 때 지금의 진주초교가 있던 성북동과 인사동 일대에 붙였던 일본식 지명을 말하는데, 길야정이라고 일컫던 곳으로 그 당시는 물론 국민학교령이 선포된 후에도 한동안 진주초교에 길야라는 교명이 붙지 않았다.

그러나 전시체제가 확립되고 파시즘 교육체제가 확산될 무렵 진주초교는 국민학교로 학교명을 바꾼 것도 부족했던지 교명을 아주 일본적으로 바꾸었다. 사실 다른 이름으로 쓸 수 있었는데도 아예 고유한 이름조차 왜색적인 지명으로 바꾸어 버린 것이다. 이 길야라는 이름은 일본의 국화인 사쿠라(벚꽃나무)를 많이 심어 유명해진 일본의 길야산에서 따온 것이며, 당시 조선어말살 정책에서 실시된 '고쿠고(일본어)'상용운동 차원에서 '요시노'라고 불렀다.

이처럼 교명변경을 계기로 요시노국민학교가 된 길야국교의 친일화는 이때부터 두드러지게 나타났다. 대표적으로 일본군 전투기 '길야호'를 헌납하자는 운동이 바로 그것이다. 진주지역의 1개 국민학교에 불과한 길야국교가 자기 학교이름을 붙인 전투기를 헌납하자고 일을 벌인 것은 다름 아닌 다음과 같은 계기에서 비롯됐다.

1941년 일제는 전시체제에 걸맞게 항공에 대한 관심을 높이기 위해 전국 모형비행기 날리기 대회를 개최했다. 이 대회에 출전한 길야국교가 부산진매립지에서 있었던 경남예선을 통과하고 경남 대표로 여의도비행장에서 열린 경성대회까지 출전한 끝에 전국에서 1등을 차지했던 것이다. 그 바람에 길야국교는 당시 조선총독 고이소(소기국조)로부터 총독상까지 받았다.

이 사건을 계기로 길야국교에서는 모형비행기가 아닌 진짜 비행기를 날려 보내자는 어처구니없는 운동이 일어나기 시작했다. 이러한 비상식적인 분위기는 총독상을 받았다는 자기최면과 군중심리에 휩쓸린 광기의 소산이었다. 이를 보여주듯 길야국교에서는 거대한 선동구호가 학교건물 높은 곳에 내걸렸고, 학생들은 오전 수업만 받고 비행기를 헌납할 국방헌금을 모으기 위해 온갖 강제노동과 모금운동에 시달리지 않을 수 없었다. 그것은 당시에 강요

됐던 근로보국대의 노동력 착취보다 더한 일이었는지도 모른다.

사실상 당시 전투기 헌납은 친일의 척도인 양 전국 도처에서 경쟁적으로 일어났지만 엄청난 비용 때문에 당시 진주만해도 지역에서 돈푼깨나 있는 지주들이나 자본가 및 친일인사들이 십시일반으로 기금을 모아 겨우 비행기 1대 정도를 헌납할 수 있을 정도로 돈이 많이 들어갔던 일이었다. (이렇게 붙여진 헌납기 이름은 '진주호'였으며, 그밖에 진주 관련 헌납기로는 울산·진주·통영, 세 곳에서 모은 국방헌금으로 헌납한 일본 육군성 전투기 '애국 제1188호' 등이 있었다.)

그러나 길야호를 보내기 위해 얼마나 많은 국방헌금을 모았는지 몰라도 아무튼 전투기 1대를 구입하는데 보탤 모금액을 헌납했다고 한다. 당시 길야국교에서 이 운동 때문에 고생했던 졸업생들에 따르면 지금 돈으로 12억 원이나 되는 엄청난 비용이 들었다는 등 온갖 소문이 다 났다고 한다. (사실상 당시 학부형들은 공출과 국방헌금 납부 등으로 굶는 일이 허다했으며, 학생들은 월사금도 없어 학교를 중단할 위기에 놓여 있었던 때였다.)

이밖에 길야국교는 황국신민화 교육방침에 따라 각 교실의 정면에는 '거국일치(擧國一致)'·'진충보국(盡忠報國)'·'견인지구(堅忍持久)'라는 친일구호를 내걸어놓고, 아침마다 학생들로 하여금 진주신사에 들려 참배하고 등교토록 했으며, 나중에는 여자 국민학생들을 차출해 정신대로 보내 종군위안부가 되게 하는 등 온갖 친일의 악행을 저질렀다.

그리고 해방이 왔다. 그 오욕의 길야국교는 1946년 6월 미군정 진주부에 의해 이곳의 옛 지명인 중안동(1914년~1932년까지 사용된 행정지명)을 따서 중안국민학교라고 개명했으며, 이 국민학교라는 명칭은 그보다 훨씬 후인 1996년 3월에 와서야 바뀌어 중안초등학교가 되었다. 그러다가 2011년 3월 1일부터 원래 썼던 처음 이름으로 바뀌어 마침내 오늘날의 학교이름인 '진주초등학교'로 다시 태어났다. (진주초등학교의 최초 이름은 1895년 고종의 소학교령에 의해 탄생한 '진주소학교'였다.)

91. 진주면사무소(晉州面事務所)

초가집으로 시작한 진주시청의 요람

▲ 초가집으로 된 1910년대의 진주면사무소 건물 모습.
〈사진출전 : 경상남도안내〉

적절한 표현과 비유일지 모르겠지만 '네 시작은 미약하였으나 네 나중은 심히 창대하리라'는 성경의 말(구약성경 욥기 8장7절)이 있는데, 진주시청이 바로 그러했다. 진주면사무소(晉州面事務所)로 시작해 면행정~읍행정~부행정~시행정~통합시행정으로 커가는 진주시청의 발전하는 모습을 보고, 우리는 이 성경의 구절만큼 적당한 말이 없다는 생각을 하게 된다.

국권상실 후인 1914년 진주군청의 1개 면사무소로 시작한 진주 시청은 1931년 진주읍사무소로 승격하고 1939년에는 다시 진주부 청으로 승격했으며, 해방 후 정부수립 이듬해인 1949년에는 진주 시청이 되었고, 1995년 진양군과 통합해 거대한 시행정기관으로 오늘에 이르고 있다.

그러나 1949년 진주시청이 된 뒤 지금까지 명칭은 변함없이 그 대로 쓰고 있지만 행정력이 미치는 세력판도를 생각할 때 그 내용 은 크게 달라졌다. 가장 큰 변화는 1995년 1월 진양군과의 도농통 합으로, 조선 때의 진주행정구역이었던 진주목이 잃어버렸던 실지 를 회복하는데 그 범위에 근접하는 통합 진주시로 도약했다는 점 일 것이다. (당시 통합된 진주시의 범위는 서울보다도 넓었다.)

하지만 진주시청이 태어난 최초의 모습은 지금 생각하면 아주 보잘것없었고, 면행정이 시작된 청사도 초가집으로 된 면사무소 건물에 불과했다. 한마디로 흔히 말해 초가삼간의 면청사였던 것 이다. 진주면이 설정되기 전만 해도 진주 중심가에는 4개 면이 있 었다. 1914년 3월 1일자로 개편될 당시 진주면의 관할구역은 7개 동이었고, 그전에 있었던 면사무소는 중성동과 대안동 등에 소재 했다가 모두 진주면사무소로 통합되었다.

일제는 원활한 식민통치와 행정력의 효율성을 높이기 위해 대한 제국 시절에 여러 개로 나뉘어 있던 면행정구역을 하나로 묶었다. 이를테면 성내면·중안면·대안면·봉곡면의 4개면을 통폐합해 진 주면으로 만들었던 것이다. 그리고 현재의 본성동 옛 시청사 자리 에 있었던 초가집에 면사무소를 개설했다. 그때 초대 진주면장으로 강원노가 부임함으로써 진주면의 역사는 그렇게 시작됐다. 진주면이 생기면서 기존 4개면의 면행정이 모두 진주면사무소로 합쳐졌다. 당시 진주면의 관할구역에는 내성동·중성동·동성동·대안동·중안동·평안동·비봉동이 포함되어 있었다.

진주면사무소가 개설되자 상부기관인 진주군청은 그동안 군청에서 해 오던 호적사무를 1915년 면장에게 이양하는 등 단계적으로 사무위임을 실시했다. 그러나 아직 진주면장의 권한은 미약할 수밖에 없었다. 일제는 면행정 초기만 하더라도 조선인을 면장으로 앉혀 한일합병 직후 진주사람들이 갖고 있던 국권상실감을 무마하는 등 민심회유책을 쓰기도 했지만 2대 면장 박재화를 끝으로 더 이상 조선인 면장을 임명하지 않았다. 결국 조선인 진주면장은 진주면행정이 끝나는 그날까지 전혀 임명하지 않았던 것이다.

따라서 1917년 10월부터는 일본인이 진주면장으로 임명되어 1931년 4월 진주면사무소가 진주읍사무소로 승격될 때까지 면장직을 모두 일본인이 독식했다. (1914부터 1931년까지 역임한 진주면장 7명 중에 조선인은 초기에 임명된 단 2명뿐이다.) 박재화에 이어 3대면장으로 부임한 모노노베(물부안마)는 조선인 면장이 집무를 보았던 초가집 면사무소에서 벗어나고자 새로운 면사무소 건립을 추진했다. 그는 대안동에 벽돌건물로 면사무소를 신축해 이전함으로써 조선인 면장시절과의 면정을 차별화시켰다.

일본인이 면장직을 독식하게 된 까닭은 1917년 6월 진주면이 기채권(면행정이 공채를 발행할 권한)이 인정된 중요한 '지정면(전남 광주면 등 전국 23개면이 지정면으로 됨)'이 되었기 때문이다. 단지 1920년부터 부면장직을 신설해 조선인으로 하여금 면장 보좌와 면사무보조를 맡도록 했다. (2대 면장을 지냈던 박재화는 진주가 지정면이 되자 다시 면행정에 참여해 부면장을 지냈다.) 이때부터 실시된 면협의회(오늘날 진주시의회의 맹아적인 모습)에 대해서는 조선인도 선출해 면행정의 자문역할이나 맡도록 했는데, 사실 들러리에 불과했다. 이마저도 돈 없는 일반인들은 참여할 수 없게 만들어 일제는 진주사람들을 기만했다. (면협의회원선거에 참여할 수 있는 자격을 당시 매년 5원 이상을 납부할 수 있는 자로 제한했기 때문이다.)

진주면이 지정면으로 선정된 것은 전국의 2천5백17개면(이 당시는 읍이 없었음) 가운데 진주면이 비교적 인구가 많고(1925년도 진주군 인구 12만4천5백여 명 중 진주시가지에 집중된 진주면 인구는 1만 명에서 5만 명 사이로 추산됨), 상공업이 발달하여 재력이 풍부한 도시형태(당시 진주면은 도청소재지였음)를 갖추었다고 인정받았기 때문이다. 그래서 진주면사무소는 지정면에 걸맞게 초가집 면사무소를 버리고 벽돌 건물로 지은 신축청사로 이전하게 됐던 것이다. 그러나 이 건물도 오래 사용하지 못하고 1920년 4대 면장 우에하라(상원삼사랑)가 취임하자 다시 평안동으로 면사무소가 옮겨졌다. 이와같이 이곳저곳을 떠돌아다니던 진주면사무소는 초가집으로 시작해 벽돌청사로 이전했다가 다시 한옥청사로 옮기는 등 여러 곳을 전전했다.

또한 지정면이 된 이듬해 5월에는 인접해 있던 도동면 옥봉리를 비롯해 내동면 천전리와 평거면 상봉리를 모두 진주면에 편입시켜

이에 따른 상담역 등 관공리 4명도 면행정에 추가해 인력을 보강했다.

진주면사무소의 가장 주된 업무는 호적 등·초본을 면민들에게 떼어주는 것이었다. 1920년대 말 진주에는 중등학교 4개소와 초등학교 6~7개소가 있었는데, 신학기가 되면 이들 학교에 진학하거나 취학하려는 학생들을 위해 진주면 소재지에 거주하는 학부형들이 지원학교에 제출할 호적 등을 떼려고 한꺼번에 면사무소에 몰리는 바람에 면사무소는 하루종일 북새통을 이루었다.

1928년 초의 경우 이들이 신청한 호적의 등·초본은 하루 평균 70여 통에 달해 지금같이 전산화가 아닌 수작업으로 일일이 내용을 확인하고 기재해 서류를 만들었던 관계로 담당 면서기가 퇴근도 못 하고 밤을 새워야만 겨우 처리할 수 있었다는 이야기도 전해진다.

한편 진주면장으로 재임했던 일본인 면장 5명 중에서 유일하게 면민들에게 배척을 받았던 면장이 있었다. 그는 가키에(시부실지)라는 일본인이었다. 가키에는 1924년 5대 진주면장으로 부임했으나 때마침 증폭되는 주민들의 도청이전반대운동으로 면행정이 불신을 받은 끝에 면장까지도 배척당해 결국 그는 1년반만에 면장직을 사임하고 말았다. 당시 도청이전반대운동은 일본인뿐만 아니라 조선인상인들까지도 가세했는데, 그는 일본인들로부터도 배척받는 등 사면초가에 놓여 있었다. 그래서 일제는 면민(주로 일본인)들의 인지도가 높은 지역원로 나가하마(장빈삼랑)에게 면민의 융화를 도모하라는 특수한 임무를 맡겨 그를 6대 면장에 임명했다.

▲ 1927년 진주면사무소의 한옥청사 모습.
〈사진출전 : 진농관 진주를 품다〉

아무튼 도청이 부산으로 이전된 후 진주면은 거대한 기둥이 빠져 버린 것과 같이 도시발전이 정체되고 주저앉는 듯한 모습을 보여주었으나 도청이전 때 철도(진주~마산)가 개통되고, 도청이전에 따른 주민무마용 선물로 주어진 교량이 남강에 가설됨으로써 (진주교를 말함) 천전지구(지금의 강남·망경·칠암·주약동 지역으로서 당시 '배건너'라고 불렀음) 개발이 본격화되는 계기가 됐다.

또한 면청사도 도청이전 후 다시 신축됐는데, 그동안 면사무소가 학교조합 건물을 빌려 사용한 까닭에 사무실이 좁고 불편한 점이 많아 7대 면장 가쓰라(계등리장)는 동유재산 일부와 보조금을 이용해 총공사비 1만2천2백34원을 들여 1926년 10월 착공해 청사를 신축함으로써 새로운 면사무소가 이듬해 4월 25일 완공됐다.

하지만 이 건물은 1931년 4월 1일 총독부령 제103호에 의해 진주면이 진주읍으로 승격됨으로써 면청사 용도로는 몇 년 쓰지도 못한 채 면사무소 간판을 내리고 읍사무소가 됐다.

이와 같이 초가집으로 시작한 진주면사무소는 여러 차례의 이전 및 개소 끝에 신축한 면사무소에 안주하는 듯했지만 진주읍사무소가 개소되면서 행정단위가 한 단계 올라갔다. 그렇게 하여 마지막 면장이 된 가쓰라가 초대 읍장으로 다시 부임함으로써 진주면의 역사는 17년 만에 마감하고 새로운 진주읍시대가 열렸다. 그리고 주지하다시피 진주읍은 일제 말 진주부로 승격되었고, 부청사는 본정통(本町通)에 소재했다. 당시 시내에는 본정(본성동)·일출정(동성동)·남산정(남성동)·길야정(성북동)·행정(중안동)·영정(대안동)·앵정(장대동)·옥봉정(옥봉동)·서봉정과 동봉정(봉곡동)·봉산정(상봉동)·금정(평안동)·봉래정(봉래동)·수정정(수정동)·명치정(명경동)·대정정(강남동)·소화정(칠암동)이 있었다.

해방 후 진주부는 진주시가 되었으며, 다시 시군통합으로 외연이 더 커진 오늘날의 통합 진주시가 됐고, 게다가 혁신도시까지 생겼다. 진주부청이 있던 곳은 지금의 본성동 진주청소년수련관 자리를 말한다. 그런데 옛 진주면 소재지였던 시내중심가가 점차 구도심화되면서 행정수요가 감소되자 1997년 시내에 위치한 행정동들이 통폐합되기 시작했다. 옛 진주시청이 있었던 본성동과 인근에 있는 남성동이 성지동으로 통합됐고, 대안동과 장대동은 중앙동, 봉곡동과 중안동은 봉안동, 봉래동과 수정동은 봉수동, 옥봉남동과 옥봉북동은 옥봉동으로 합쳐졌다.

92. 진주장(晉州場)

공개처형하는 장소로 이용된 장터

▲ 사진으로 남아 있는 진주장의 가장 오래된 모습(1912년).
〈사진출전 : 경남 진주〉

1730년, 즉 영조 6년 4월 1일 '진주장(晉州場)'에서는 장날을 맞아 죄인의 목을 치는 사형 집행식이 이곳에 모인 수많은 진주사람들(또는 외지상인들)이 보는 앞에서 거행됐다. 공개처형은 나라의 권위와 임금의 위엄을 세우고 법집행의 엄중함을 보여주고자 많은 사람이 모이는 장소에서 종종 열렸는데, 주로 장터가 이용되었다.

이날 진주장에서 공개처형된 죄인은 역모 혐의로 붙잡혀 온 '거창의 역당'이었다. 그가 무슨 역모를 꾀했는지 구체적으로 알 길은 없지만 1728년 3월에 일어난 무신년(戊申年)의 난(亂)과 관련되었을 것으로 알려졌다. (무신란은 경종의 죽음에 대한 풍문이 직접적인 발단의 원인이 되어 남인과 소론계열이 영조와 노론계열을 제거하려고 했다가 들통나 실패했던 변란이다.) 그런데 그가 체포된 현지에서 처형되지 않고 진주로 압송돼 옥에 갇혀 있다가 장날에 맞춰 진주장에서 목이 베어졌다는 사실은 역모의 말로가 어떠한 것인지를 백성들에게 각인시켜 주기 위한 저의가 숨어 있다고밖에 볼 수 없다.

어쨌든 이런 공개처형이 없더라도 진주장은 좋은 구경거리가 많았다. 경남 각지에서 들어온 농작물과 수산물, 축산물 그리고 온갖 수공예품 등이 널려 있어 보는 것만으로도 즐거웠다. 사실 조선시대의 진주장은 중서부경남에 형성된 장시(場市)중에서 가장 규모가 큰 장답게 많은 생산물이 넘쳐났으며 볼거리도 많았다. (조선 때는 큰 장을 장시 또는 읍장이라고 일컬었다.) 조선 말 진주장시가 열리던 곳은 진주객사와 봉명루 앞쪽의 넓은 터였다. (2층 누각인 봉명루는 진주객사의 정문이다.) 이곳에는 장꾼들뿐만 아니라 광대들도 모여들어 한판 질펀하게 놀았다. (진주에는 진주오광대와 진주-삼천포농악 등이 있었다.) 그래서 장날이면 늘 흥겹고 즐거웠다.

이곳 진주장은 서부경남일대의 농산물뿐 아니라 남해안의 해산물(생선같은 생물도 있었지만 주로 미역이나 간고등어같은 건어물들)도 거래될 정도로 경남(정확히 말하면 경상도 서부)지역의 상업 요충지 중의 하나였다. 이는 진주가 진주목이라는 큰 고을을 이루고 있었던 데다 낙동강 서쪽지역 전체를 방어하는 경상도 우병영이 진주성에 설치된 군사요새였고 한편으로는 교통 중심지로서의 역할 또한 컸기 때문이다. 이런 이유 때문에 진주장이 서는 날에는 평소와 비교도 할 수 없을 정도로 많은 사람들이 진주로 몰려들었다.

그래서 진주장은 정부의 권위와 명령을 전달하는 장소로 이용됐을 뿐만 아니라 백성들의 경각심을 높이기 위한 효과적인 장소, 즉 죄인을 처형하는 장소로도 이용되었던 것이다. 앞서 예를 들었듯이 진주장에서 처형된 죄인들은 일반 잡범같은 형사범들이 아니라 주로 정치적으로 단죄할 필요성이 있는 모역자들이 대부분이었다. 대역죄인의 처형식은 죄질에 따라 사지를 찢어 죽이는 능지처참형을 비롯해 칼로 목을 베는 효수형 등 다양한 방법으로 집행됐는데, 경상우병사가 비변사(지금의 국방부와 비슷한 기관)의 명령에 따라 사형을 집행했다. 대개 처형식이 끝난 후 죄인들의 잘린 머리는 장대에 매달아 사람들이 많이 다니는 진주장이나 진주성문에 한동안 걸어놓았다. (이러한 극형보다 한 단계 낮은 교수형 같은 경우는 진주감옥에서 집행됐다.)

사형이 집행될 때 진주장에서는 우병사가 거느린 무장 군대가 국가의 권위를 과시하듯 살벌한 모습으로 도열하고 그 아래에는 수많은 사람들이 지켜보는 가운데 우병사의 명령에 따라 망나니가 괴기스러운 도살춤을 추면서 죄인의 목을 쳤다. 이는 반역자의 말로가 어떤 것이라는 것을 백성들에게 심어주기 위한 것으로서 관에서는 흥겨운 장날임에도 아랑곳하지 않고 이런 공포스런 분위기를 때때로 연출했다. 진주장에서 죄인의 처형이 많았던 것은 장이서는 대안리에 조선시대의 감옥인 '진주형옥'이 있었던 것도 그 이유가 있었던 것으로 보인다.

이것뿐만이 아니라 진주장은 지방세를 징수하는 세금원 역할도 했다. 진주장에서는 장이 열릴 때마다 관리들이 저잣거리를 돌며 5전씩 상인들에게 일률적으로 장세를 징수하고 다녔는데, 때때로 탐관오리 같은 수령들에 의해 장에서 거둬들인 세금이 착복되거나 아니면 터무니없는 이유로 세금이 과다징수돼 백성들의 원성을 사는 등 폐단도 많이 있었다. 그렇지만 장세를 포기하지 않은 것은 민역(民役)을 대신하는 등 지방관아의 재정에도 적지 않은 도움이 되었기 때문이다. 사실 진주장은 큰 고을에서 생겨난 장이었지만 당시 진주목 관내에는 반성·암정·말문·마동·대야·문암·덕산·북창장 등이 있어 이곳에서도 여러 장이 열렸다. 그렇지만 단연 진주장이 최고·최대 규모를 보였다.

그렇다면 진주장에서 구체적으로 무엇을 팔고 샀는지 거래내용을 들여다보자. 조선시대의 진주장은 '주내장(州內場)' 또는 '읍장(邑場)'이라고도 했으며 지금의 중앙시장 일대인 대안동에 있었다. 다시 말해 진주장은 여느 장시와 같이 모든 생산물이 물물교환됐다. 지금처럼 업종이 분화되지 않고 농어업생산물이 거래물품의 주류를 이루었으며, 주로 집에서 생산한 잉여생산물이 판매됐다.

진주장은 5일 단위로 열리는 5일장으로서 장날은 2일과 7일이었고, 쌀은 물론 면화와 면포같은 면직물을 비롯해 연초와 같은 특용작물과 어염(소금)과 같은 해산물까지 다양한 품목이 거래되고 유통됐다. 그러나 18세기에 들어서면 진주읍에는 정기시장 뿐만 아니라 장날 이외에도 물건을 파는 상점이 생겨나 소규모적이지만 물품매매가 상시적으로 이뤄졌다.

당시 진주장에서는 쌀과 콩(米豆)·가을보리(粦麥)·기름먹인 삼베(脂麻)·차즈기(水蘇)·면포(綿布)·면화(綿花)·모시(苧布)·명주(明紬)·생선과 소금(魚鹽)·종이(紙地)·유기(鍮器)·철물(鐵物)·목물(木物)·토기(土器)·자기(磁器)·담뱃대(煙竹)·자리방석(茵席)·벼루(硯石)·석유황(石硫黃)·밤(栗)·배(梨)·감(柿)·송아지(牛犢) 등 온갖 물품이 다 거래되었다.

진주장이 설 때면 주막에는 엽전꾸러미를 허리춤에 찬 객주(대리판매업자)·거간꾼(중개인)·되거리장사꾼(중매인)·보부상 등 별별 장사꾼과 모처럼 국밥 한 그릇이라도 입에 걸치고 집에 돌아가려는 손님들로 북적거렸으며, 물건을 팔려고 하는 사람이나 물건값을 깎으려고 하는 사람들이 흥정하는 소리, 장을 구경하는 아낙네들과 아이들, 오랜만에 장터에서 만나 시간 가는 줄도 모르고 이야기하는 시집간 딸과 어머니, 노잣돈이 제법 많을 것 같아 한량들을 따라온 기생들, 그리고 어김없이 벌어지는 투전판, 한쪽에서는 광대들의 놀음판, 또 다른 쪽에서는 거지들의 구걸판 등으로 소란스러웠다. 여기에다 먼 길을 걸어와 자신의 생산물과 물물교환하려고 호객하는 소리와 돈 없는 무지랭이들의 흥정하는 소리로 진주장은 하루 종일 북새통을 이루었다.

그러나 장이 파할 무렵 상인은 상인대로 농민은 농민대로 얼큰하게 술에 취해 집에 돌아가기는 마찬가지였다. 만약 이들이 투전판에서 돈을 다 잃어버렸거나 물건값을 기생집에 다 바친 경우가 아니라면 누구든지 집으로 돌아가는 손은 빈손이 아니었을 것이다. 괴나리봇짐에는 물건을 판 노잣돈이 두둑이 들어있거나 눈이 빠지게 기다리는 식솔들에게 줄 엿이나 떡 혹은 아내나 딸에게 줄 노리개 같은 선물 한 꾸러미씩은 반드시 들어 있었을 것이다.

우리가 지금처럼 일주일 단위(월~일)로 살기 시작한 것은 개화기 이후부터 생긴 일이다. 그러나 전통사회에서는 장날 단위로 살았다. 즉 5일이나 7일 단위로 생활했던 것이다. 장날이 바로 일반 사람들의 휴일이었던 것이다. 다른 날에는 열심히 농사일이나 부업을 하고 장날이 다가오면 장에 농산물이나 물건을 파는 동시에 그 돈으로 생필품을 사거나 구경하거나 국밥을 먹는 등 하루를 즐겼던 것이다.

이처럼 진주장은 진주사람들의 삶의 현장이었고 그 역사였다. 그 후 진주장은 상인들의 권익을 위해 1884년 결성된 진주상무회를 중심으로 발달해 오다가 국권이 상실된 후 일제의 시장규칙에 의해 공설시장이 생겨나게 되고, 5일장도 매일장으로 바뀌었다. 또한 시장구역도 대안동 뿐만 아니라 동성동과 옥봉동·수정동 일대까지 확대됐다.

이렇게 일제가 만든 신식 공설시장은 일본인이 들여온 면직류나 공산품 등을 대량유통시키는 통로였고 이윤개념을 통해 경제적으로 지배하는 장소가 됐다. 일제가 진주장에 공설시장을 만들어 민족자본의 텃밭인 전통상권을 흔들었지만, 조선인 상인들의 끈질긴 저항으로 민족시장을 형성하기도 했다. 더구나 진주장은 민족의식이 각성되는 봉기의 장소가 되기도 했다. 예컨대 시장통이 진주 3·1운동의 진원지 중의 하나가 된 것도 그렇다.

이런 점이 있을 것을 마치 염두한 듯 1914년 총독부는 시장규칙을 공포하고 공설시장에 상설 소도매업과 진주장의 재래식 장터를 갈라놓으며 전통시장의 구조를 허물어뜨려 나갔다. 이와 같은 일제의 허가제와 시장통제 때문에 조선 말까지도 위세를 떨치던 보부상이 힘을 잃게 되고 노점상같은 장터 영세상인들도 설 자리를 잃게 된 것이다. 대신에 일본인 상업자본이 시장을 장악하게 됐다.

해방 후 진주공설시장은 현재 쓰고 있는 중앙시장이란 이름으로 바뀌어 오늘에 이르고 있다. 물론 1960년대 큰 화재로 소실되어 초토화됐지만, 상가가 모두 다시 건축되었고, 진주장 이래 전통장을 유지하던 공설시장은 현대식으로 바뀌었다. 이렇게 중앙시장은 서부경남 상권의 중심지로서 멀리 부산에서도 물건을 구입하고 납품하기 위해 소·도매상들이 몰려들었다. 또한 시장이 활성화되면서 많은 먹거리와 식당, 술집 등이 생겨났다. 중앙시장의 명물식당으로 일제 때부터 있었던 천황식당과 해방 후 생겨난 중앙시장 삼각지에 있었던 삼락식당 등은 그 당시 유명한 식당이었다.

특히 술집으로 시장통 골목길에 즐비하게 들어선 닭집을 빼놓을 수 없었다. (필자도 80년대 중·후반 대학생 때 선·후배들과 이곳 닭집에서 백숙을 먹으면서 막걸리를 마시며, 젓가락을 두드리며 노래를 부른 기억이 있다.) 그러나 세월이 흘러 현재는 70~80년대에 풍미하던 닭집과 같은 술집들이 이미 사라진 지 오래되었다. 아직도 중앙시장의 기본 구조는 예전과 비슷하며 여전히 옛 기억을 간직하고 있지만 상권의 변화는 숨길 수 없어보인다. 대형마트와 쇼핑몰의 발달로 전통시장의 분주함과 흥겨움도 과거의 풍경처럼 세월 속에 묻힌 듯이 이젠 적막함마저 감돌고 있다. 진주의 김정희 시인이 중앙시장의 모습을 보고 쓴 「어떤 적멸(寂滅)」의 일부분을 보면 '시장길 모퉁이의 젊은 신기료장수 / 아내가 집 떠난 후 외기러기로 살더니 / 이제는 그도 이승을 떠나 가게 안이 비었습니다'라고 시장통 신기료장수의 깁지 못한 마음을 표현했다.

93. 남인수 묘(南仁樹 墓)

하촌동에 묻힌 가요의 황제 강문수의 무덤

▲ 예술인이라는 표식이 새겨져 있는 남인수 묘와 상석의 모습이다. (진주시 하촌동 소재.)
〈사진제공 : 김경현〉

'운다고 옛사랑이 오리오마는 / 눈물로 달래 보는 구슬픈 이 밤 /
고요히 창을 열고 별빛을 보면 / 그 누가 불어 주나 휘파람 소리~'

진주시 하촌동에는 '예술인 남인수'라고 상석에 새겨진 '남인수
묘(南仁樹 墓)'가 있다. 이 묘 앞에 서면 '애수(哀愁)의 소야곡(小
夜曲)'의 노랫소리와 함께 어디선가 들려오는 휘파람 소리도 귓가

를 스치며 지나가는 것 같다. 그의 이름을 불멸의 것으로 만든 '애수의 소야곡'(이노홍 작사·박시춘 작곡)이 1938년 정월 오케레코드사 신보에 발표됐다. 그 노래를 부른 이의 이름은 불세출의 가수 '남인수'였다. 애수의 소야곡은 놀라운 판매실적을 올렸는데, 음반이 출시되자마자 순식간에 매진돼 여분의 레코드라도 구하려고 전국에서 몰려온 레코드 상인들로 레코드사 일대의 여관은 빈방이 없을 정도로 만원을 이루었다고 한다.

이어 발표된 남인수의 '꼬집힌 풋사랑(조명암 작사·박시춘 작곡)'은 화류계의 덧없는 운명을 노래한 것으로서 이 노래가 인기절정에 있을 무렵 경성에 있던 어느 한 요정의 기생이 님에게 버림받은 자신의 박복한 인생을 슬퍼하며 음독자살한 사건이 일어났다. 그런데 문제는 이 자살한 기생의 머리맡에는 자신의 서글픈 운명을 너무나도 잘 대변한 그의 노래가 담인 '꼬집힌 풋사랑' 음반이 레코드의 태엽이 끊긴 채 얹혀져 있었다는 사실이다. 남인수의 노래가 대중정서에 미친 영향력이 얼마나 큰 것이었던가를 실감케 한 사건이었다.

그 유명한 이름 '남인수(南仁樹)'는 예명이다. 그의 본명은 '강문수'이며 1918년 진주의 하촌동에서 태어나 1962년 하촌동 새미골에 묻혔다. 1926년 진주면 평안동 집에서 초등학교에 다녔는데, 진주공립제2보통학교(지금의 봉래초교)에 입학해 1932년 3월 졸업함으로써 그가 받은 공식교육을 모두 끝냈다.

훗날 그가 가요의 황제로 등극할 것이라고는 아무도 예견하지 못했지만 이미 제2보교 창가수업시간에는 예고돼 있었는지도 모른다. 어린 남인수가 초등학교 6년 동안 수업을 받은 과목은 모두 13개 과목인데, 이중 지금의 음악에 해당되는 창가를 3년 연속 만점을 받는 등 유난히 음악에 대해서만큼은 탁월한 두각을 나타내고 있었다.

소년시절에는 일본으로 건너가 사이다마(기옥)현의 전구공장에서 일했다고 한다. 그러나 타고난 미성(美聲)인데다 노래에 대한 감각이 뛰어났던 그는 마침내 노래만이 자신의 천직임을 깨달았다. 18세 무렵 고향에 돌아와 있던 남인수는 진주에서 혈혈단신으로 상경해 1936년 가수로 데뷔했다.

1936년 데뷔작 '눈물의 해협'을 시작으로 1962년 '무너진 사랑탑'까지 무려 1천여 곡(물론 과장되었지만 너무 많은 노래를 불러 아직까지 확실하게 집계된 통계는 없다)의 노래를 불렀던 남인수는 노래로써 민족의 수난기와 격동기를 대중과 함께 울고 웃으며 살아온 민족의 가수였다. 하지만 그 역시도 일제 말에 가서는 일본군을 위해 노래를 부르지 않을 수 없었다.

남인수는 1936년 2월에 라디오 방송에 출연한 것을 시작으로 오케레코드사 전속가수로 활동하며 일제시기에만 130여 곡을 불렀다고 한다. 주요 작품으로는 그 유명한 '애수의 소야곡'을 비롯해 '꼬집힌 풋사랑', '어머님 안심하소서', '남아일생(男兒一生)' 등이 있는데, 빛과 그림자처럼 친일노래도 불렀다. 남인수는 일제의 전시체제에 부응해 반민족적이고 친일적인 노래도 많이 불렀는데, 그가 부른 친일적인 내용의 군국가요는 '강남(江南)의 나팔수'를 비롯해 '그대와 나', '남쪽의 달밤', '낭자일기(娘子日記)', '병원선',

'이천오백만 감격', '혈서지원(血書志願)' 등이 있다.

이중 '그대와 나'는 1941년에 일본군 조선군보도부가 내선일체와 지원병을 선전·선동하기 위해 제작한 친일영화 '그대와 나'의 주제가였다. 조선인 영화감독 허영이 만든 이 영화는 제1기 지원병으로 입대해 중일전쟁에 참전했다가 전사한 조선인 최초의 지원병 이인석 상등병의 이야기를 모티브로 삼아 제작했다고 한다. 이밖에도 남인수가 부른 군국가요 '이천오백만 감격'과 '혈서지원'은 조선징병제 실시를 축하하는 기념으로 만들어져 조선지원병 실시기념음반에 수록되었다.

남인수는 일제 말 전시상황의 악화로 음반제작이 중단되자 그 이후에는 공연활동에 주력했는데, 각종 가극단과 이동연예대, 악극대 등에 소속되어 친일공연을 했다. 1944년 9월 경성 부민관에서 조선연극문화협회 주최로 열린 '미영격멸(美英擊滅)'[미국과 영국을 쳐부숴 없앰]의 의식을 고취하는 '성난 아세아'란 제하의 공연무대에도 오르는 등 친일공연을 계속했다.

그러나 해방과 한국전쟁 기간에 부른 노래는 민족의 가수라는 타이틀을 갖게 해주었다. 이때 부른 노래는 그 시대가 원했던 민중의 정서를 아낌없이 표현한 수작으로 손꼽히고 있다. 예를 들면 남북분단의 조짐이 차츰 깊어 갈 무렵 불안한 마음이 짙어 갔던 민중들에게 내놓은 '가거라 삼팔선', '달도 하나 해도 하나' 등은 민족통일을 염원하던 노래였다. 또 1953년 한국전쟁의 휴전협정이 체결된 후에는 부산에서 서울로 돌아오는 피난민의 애환을 노래한 '이별의 부산 정거장'을 불러 이산가족과 피난민들의 마음을 위로하고 대변해 주었다. 이런 노래들은 남인수를 민족의 가수라는 명성을 낳게 한 결정적인 요인으로 만들어 주었다.

이처럼 천부적인 목소리로 당대 최고의 가수로서 한 시대를 풍미했던 남인수였지만 일류가수를 지향하는 욕심도 강해 남몰래 성악가를 찾아가 발성법 등을 개인지도 받는 등 가요의 황제라는 찬사의 이면에는 피나는 노력이 숨어 있었음을 간과할 수 없다. 또한 그에게는 '여인수'라고 할 정도로 주위에 여자들이 많았고, '돈인수'라고 할 정도로 돈에 집착했던 불명예스러운 모습도 있었다.

무엇보다 여가수 이난영('목포의 눈물'로 유명함)과 뿌린 연분은 유명하다. 남인수는 한국전쟁 때 남편이 납북돼 홀로 된 그녀를 도와주다가 급기야 애정관계로 발전했다. 이미 남인수에게는 2남2녀의 자식들이 있었지만, 이 두 사람의 관계는 부부 이상의 것이었다. 남인수는 고질적인 지병으로 고생했는데, 결국 이 지병이 악화돼 사망하자 그 어느 누구보다도 구슬프게 통곡했던 사람은 다름아닌 이난영이었다고 한다.

1962년 6월 26일 가수생활내내 그를 끈질기게 괴롭혔던 폐병이 결국 45세로 한창 전성기를 보내는 나이에 그의 생명을 끝장내고 말았다. 서울에서 눈을 감은 남인수는 조계사에서 한국연예협회장으로 영결식이 치러진 뒤 그가 누운 관은 진주의 하촌동 새미골 장지로 향했고, 장송곡 대신에 그의 대표곡 '애수의 소야곡' 멜로디가 연주되었다. 그 후 그를 잊지 못한 후배가수들이 경기도 장흥유원지에 노래비('애수의 소야곡')를 세웠고, 진주의 문화인들도 진양호 유원지에다가 노래비('내 고향 진주')를 세웠다. 또 진주에서는 그를 기념한 남인수가요제가 해마다 열리기도 했다. (지금은 그의 친일행적 때문에 중단되었고, 앞으로도 다시 열리기 어려운 실정으로 보여져 그 귀추가 주목된다.)

이처럼 한 세기에 한번 나올까말까 하는 미성으로 우리나라 근·현대 가요계를 주름(30년대 말~60년대 초)잡았던 가요의 황제 남인수는 노래인생을 시작하면서 떠나온 고향 진주를 정말 '타향살이 설움 속에 세월이 갔소~'라는 노랫말처럼(조명암 작사·박시춘 작곡의 '무정천리'에서) 고향을 잊지 못했다. 폐결핵이 악화되면서 서울과 진주를 오가며 치료와 요양생활을 되풀이했던 그는 결국 죽은 후에야 그토록 애타게 그리워했고 또 그렇게 애타게 불렀던 '내고향 진주(반야월 작사·손석우 작곡)'로 완전히 돌아올 수 있었다.

'삼천리 방방곡곡 아니간 곳 없다마는 / 비봉산 품에 안겨 남강이 흘러가는 / 내 고향 진주만은 진정 못해라 / 유랑천리 십년만에 고향 찾아 왔노라 / 그 이름 부르면서 달려왔노라'

사실 진주가 낳은 예술인들 가운데 가수 남인수는 가장 특출하고 유명한 사람이다. 남인수는 한국 대중음악사에 있어 불세출(不世出), 즉 다시 나오지 않을 뛰어나고 위대한 가수라는 의미로 '가요의 황제'라는 칭호를 받은 가수이다. 남인수는 가요의 황제라고 대중들에게 추앙받을 정도로 많은 노래를 부르고 히트시켰다. 여전히 그가 부른 노래가 얼마나 많은지 도대체 몇백 곡인지 아직도 정확한 수치가 확인되지 않을 정도이다.

천부적인 미성을 가진 남인수를 가리켜 민족의 애환을 노래한 '민족의 가수'라고 하기도 하고, 다른 한편으로는 시류에 편승해 노래를 부른 '속물적 가수', 또 다른 한편으로는 일제에 빌붙어 일제의 군국가요를 부른 '친일가수'라고도 한다. 이와 같이 그에 대한 세간의 평가는 극단적으로 나눠지고 있다. 하지만 분명한 것은 그가 한국 가요의 여명기에 가요사의 역사를 새롭게 써 내려간 위대한 가수로서 남인수만한 가수가 없다는 점은 공통적으로 인정하는 바이다.

94. 진주형무소(晉州刑務所)

해방정국에 넘쳐나던 좌익인사들의 수용소

▲ 좌우익 충돌로 관계자가 모두 진주형무소에 수감됐다가 우익인사만 풀려났다. 석방 기념사진을 찍고 있는 우익인사의 모습(1947년 7월 29일). 〈사진출전 : 대한민국 건국청년운동사〉

　해방 후 1946년 3월 29일 미군정 법무국에 의해 진주형무지소가 부산형무소로부터 독립해 '진주형무소(晉州刑務所)'가 됐다. 그 후 이곳은 해방정국과 한국전쟁 때까지 지역 좌익인사들의 집단 수용시설이나 다름없었다. (진주형무소는 지금의 한주아파트가 들어선 진주시 상봉서동에 있었다.)

처음에는 미군정이 해방 1주년을 맞은 1946년 8·15 때 진주형무소에 복역 중인 일반 재소자 중 수형성적이 좋다고 판단한 재소자 45명을 가출옥시키는 한편, 일제 때부터 허리에 차고 있었던 간수들의 칼도 휴대금지 조치하는 등 일제시대 형무행정을 털어내 구태를 벗어내는 듯했다. 그러나 해방과 함께 텅텅 비어 있었던 진주형무소는 좌우익 대립이 격화되면서 다시 재소자들로 가득 차기 시작했다. 처음에는 일반 형사범들이 주로 감방에 들어왔으나 나중에는 좌익사범들로 넘쳐났다.

1947년 7월 초 진주의 좌익세력(민전·민애청 등)과 우익세력(광청 등)이 경남 사천에서 충돌해 좌익단원 2명이 죽는 사건이 발생했다. 사건현장에 출동한 미군CIC(미군방첩대)와 진주경찰은 좌익인사 7명과 우익인사 5명 등 주동자급 관계자 12명을 체포해 사천경찰서에서 조사를 마친 뒤 미군정 포고령 등의 위반으로 구속해 진주형무소에 수감시켰다. 공교롭게도 이들은 같은 감방에 수용돼 진주형무소에서도 다시 한번 격투를 벌이지 않으면 안 되었다.

그런데 검찰은 좌우익 양측 모두 미군정 포고령 제2호 위반혐의를 똑같이 적용해 놓고서는, 오히려 좌익측이 피해가 더 컸었는데도 불구하고 좌익단원을 살해한 우익측을 모두 무혐의로 석방했다. 그리고 좌익단원들만 일방적으로 기소함으로써 진주 민애청위원장 박삼갑 등 구속자 모두를 최고 징역 7년까지 징역형을 언도(선고)받게 했다. 사실상 재판을 진행했던 판사들은 일제 때의 사법관리 출신들로서 친일혐의로부터 자유로울 수 없었다. 그래서 이들은 자신들과 같은 사람에 대해 친일잔재를 처단하자고 외치며 친일파를 운운하는 좌익세력을 그냥 두고만 볼 수 없었다. (반면에 우익측은 태생적인 한계 때문에 친일문제를 건드릴 수 없었고, 그 대신에 반공만을 광적으로 문제 삼았다.)

진주형무소가 본격적으로 좌익인사들의 집단수용소로 역할하기 시작한 것은 이보다 1년 전인 1946년에 10월 1일 대구에서 촉발된 '10월인민항쟁' 때부터이다. 그 여파는 진주에도 미쳐 10월 4일부터 일어난 진주의 10월인민항쟁은 10월 말까지 수많은 희생자들을 냈다. 많은 항쟁참가자들이 미군 전술부대와 경찰들에게 사살되었고 그 과정에서 좌익세력의 공격을 받아 경찰 역시 적지 않게 희생됐다. 이 폭력적인 사태로 진주지역의 좌익세력은 미군정과 경찰에 의해 거의 싹쓸이 되거나 지하로 암약하게 됐는데, 이때부터 우익세력이 기선을 잡고 본격적으로 활동하기 시작했으며, 반면에 피신하지 못한 좌익인사 대부분은 인민항쟁에 참가한 혐의로 진주형무소에 수감되고 말았다.

진주인민위원장 강대창을 비롯해 많은 좌익인사들이 진주형무소에 수감돼 있다가 군사재판을 받았는데 강대창 등 6명은 사형언도가 내려졌다. (그 후 이들은 진주형무소에서 서울로 이감돼 1948년 종신형으로 감형됐으나 한국전쟁과 동시에 생사가 알려지지 않고 있다. 단지 강대창이 전쟁 전에 옥사했다고만 전해지고 있을 뿐이다.)

이처럼 10월인민항쟁을 계기로 진주의 대표적인 좌익인사들을 모두 사로잡았다고 판단한 미군정은 이 사건으로 복역 중이던 김정숙 등 여자재소자와 단순가담자 22명을 1947년 7월에 석방했다.

그 후 좌익세력을 탄압했던 미군정이 끝나고 1948년 남한정부가 수립되고 친미반공정권이 들어서자 진주형무소는 완전히 좌익사범 집단수용소로 전락했다. 이미 반공을 국시로 삼은 이승만정권과 이해관계가 맞아떨어진 우익세력은 경찰과 더불어 좌익박멸에 혈안이 됐다. 그들은 눈에 거슬리는 어떠한 행위라도, 설령 사소한 행위라고 해도 용납하지 않았다. 진주형무소에는 '코에 걸면 코걸이, 귀에 걸면 귀걸이가 된다'는 식으로 감방에 들어온 수많은 좌익사범들이 넘쳐나고 있었다.

마침내 불법화되고 고립된 좌익세력들은 무장투쟁으로 방향을 바꾸고 진주형무소를 습격하기에 이르렀다. 1949년 10월 26일자 정을 기점으로 진주에 잠입한 지리산 빨치산부대(1백10명)는 27일 오전 1시 40분께 진주형무소를 비롯한 진주시내 주요 관공서와 군부대에 대한 공격을 대대적으로 감행했다. 나중에 이 부대는 남부군 총사령관 이현상의 부대로 알려졌다.

빨치산의 공격이 시작되자 당시 진주사범학교에 주둔하고 있던 해병대(부대장은 훗날 국방부장관을 지낸 김성은 중령이었으며, 주둔병력은 총 5백50명이었음)는 긴박하게 대응했다. 김성은 중령은 "공비들이 예상한 대로 10월 27일 진주를 습격해 해병대의 무기를 탈취하는 동시에 진주형무소를 파괴해 죄인을 석방, 포섭함으로써 그들의 병력을 증강시켜 사실상 진주를 또다시 여·순화(1948년 10월에 일어난 여수·순천 반란사건)하려는 목적으로 습격해 왔다"고 판단했다.

이때 해병대가 빨치산의 제1의 공격 목표가 돼 기습당하고, (해병대원 4명·빨치산 1명 전사) 진주시청과 진양군청 등이 불에 탔으며 진주경찰서가 사수전을 벌이고 있는 가운데 진주형무소는 제2의 공격목표가 돼 빨치산의 집중공격을 받았다.

당시 육한홍 형무소장은 진주경찰서와 해병대도 기습당하고 있는 형편이라 이들로부터 지원을 기대할 수 없어 형무소의 자체 경비병력으로 방어해 나가다가 형무소 후방 민둥산(미군 G-2보고서에 의하면 'Barren hill')[아마 비봉산으로 보임, 당시 땔감이 민가의 주연료였으므로 산에 거의 나무가 없어 민둥산으로 표현한 것 같음]의 아군 대대로부터 81㎜ 박격포에 의한 지원공격에 힘입어 사상자와 탈옥수없이 작은 사무실만 불태운 채 겨우 형무소를 방어할 수 있었다. (빨치산부대는 진주공격에서 대원 2명이 전사했으며, 이날 새벽 4시께 퇴각했다.)

이 공로로 형무소장은 후일 정부로부터 표창을 받았다. 그러나 진주경찰서장은 치안에 대한 책임을 지고 인책을 당했으며 기습당해 반란군으로까지 오인받은 해병대는 제주도에서 4·3항쟁이 일어나자 이를 진압하기 위해 제주도로 서둘러 주둔지를 옮기고 말았다.

그런데 1950년 한국전쟁이 일어나고 그해 7월 말 인민군이 진주를 점령했을 때 진주형무소에 수감된 좌익재소자들이 무더기로 학살됐다는 북한측 신문의 보도가 있었다. (이는 북한측 신문의 과장된 면도 없지 않으나 전혀 사실무근이라고는 할 수 없다.)

'입수된 자료들에 의하면 진주시에서는 인민군이 진주하기 20일 전부터 학살을 시작하여 해방 전날까지에 진주형무소에 수감되였던 애국자 약 2천명을 비롯하여 순진한 여학생들을 포함한 애국적인 시민들 1천5백명 도합 3천5백여명을 갖은 잔악한 방법으로 학살하였으며….' (〈해방일보〉 1950년 9월 3일자 원문기사 인용)

이러한 학살의 소문 속에 진주가 인민군에게 점령되자 형무소를 지키고 있던 형무소장과 간수들은 뿔뿔이 흩어져 달아났으나 진주형무소 교무과장이었던 간수장 김도룡은 미처 진주를 빠져나가지 못하고 집현면 지내리에 숨어 있다가 인민위원회 정치보위부원 조금수에게 체포돼 진주에서 살해됐다. 이들은 대부분 인민재판을 통해 공개적으로 처형되기도 했지만 반항하다가 현장에서 총살되기도 했다.

이처럼 진주형무소는 한국전쟁 때 인민군에 점령돼 반대로 우익인사의 수용소가 되었다. 인민군의 진주점령기간 중에 진주형무소는 반동분자로 지목된 우익인사나 군경의 가족 등이 수감되었기 때문이다.

그러나 국군과 미군의 반격으로 같은 해 9월 말 진주형무소는 군경에 의해 탈환됐고 건물을 수리한 후 다시 형무소로 문을 열었다. 그리고 1961년 형무소란 이름이 교도소로 바뀐 후에도 오랫동안 진주지역의 교정행정기관으로 역할했다. 하지만 정치적인 이유로 투옥된 민주인사들의 복역장소가 되기도 했다. 1970년대 김대중 대통령이 복역했고, 재야인사 문익환 목사도 수감된 적이 있었다. 이처럼 진주형무소는 진주교도소로 이름이 바뀌었지만 오랜 세월을 거치면서 오욕의 역사와 함께 해왔다.

하지만 삼일절이나 광복절, 성탄절 등에 대통령 특별사면으로 교도소 문이 열리고 석방되는 퇴소자들을 맞이하는 가족이나 지인들은 한움큼씩 생두부를 먹여주며 다시는 죄를 짓지 말라고 기원했다. 그 후 1980년대 들어와 날로 도심지가 확장되어 형무소 건물이 혐오시설로 시민들의 눈총을 받게 되자 진주교도소는 1990년 대곡면에 새 감방을 신축해 광석리에 이전했다. 그때까지 옛 진주형무소 감방은 오랜 세월동안 진주교도소 옥사로 사용되었는데, 법무부는 수많은 사연을 간직한 형무소 건물을 근대문화유산으로 역사적 의미를 두지 않고 팔아버렸다. 결국 진주교도소 부지는 민간건축사업자에 매각되고 이내 아파트를 짓기 위해 철거되고 말았다. 현재 그 자리는 한주아파트가 들어서 있다.

95. 경상우병영(慶尙右兵營)

조선 때 낙동강 서쪽 방어를 총괄하던 군사요새

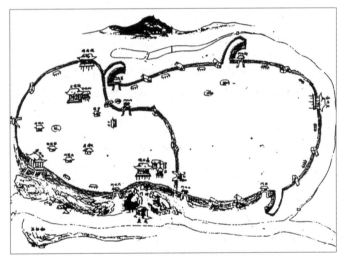

▲ 임진왜란 이후 진주성은 경상도 우병영의 군사주둔지였다.
〈사진출전 : 우병영지도〉

『신증동국여지승람』에는 조선 태종 때 창원에 설치된 경상우도
병마절도영(慶尙右道 兵馬節度營)을 선조 36년에 촉석성(진주
성)으로 옮겼는데, 앞에는 장강(長江)[남강을 말함]이 있어 그곳
을 우병영의 형승지(形勝地)[경치가 매우 아름다운 곳]로 삼았다
고 기록하고 있다. 경상우병영의 모습은 영조 때 완성된 『여지도

서』에 잘 나와있는데 그 당시 진주성내의 여러 시설물들을 살펴볼 수가 있어 내외성 연구에 중요한 사료가 되고 있다.

병영은 병마절도영의 줄임말로서 병마절도사의 군영을 말한다. 따라서 병마는 군병과 군마를 합친 말로서 오늘날의 육군을 말한다. 그러므로 병영은 육군사령부를 뜻하는 말일 것이다. 진주성에 설치된 병영을 '경상우병영(慶尙右兵營)'이라고 한 것은 이곳이 경상우도였기 때문이다. 그런데 지도는 보통 남쪽에서 북쪽으로 보는데, 이럴 경우 진주성은 경상우도가 아닌 좌도가 되어야 하나 한성에 있는 임금이 봤을 때 진주성이 왼쪽이 아닌 오른쪽에 있었기 때문에 우도가 된 것이며, 그래서 병영도 우병영이 된 것이다. (모든 기준은 임금의 눈에서부터 시작된다.)

진주성에 설치된 우병영은 경상우도를 관할하는 육군사령부답게 철저히 군사적인 구조로 배치돼 있었다. 진주성의 내성에는 병마절도사의 집무관아(일명 감영)인 관덕당과 공진당이 있었고 군기고(무기고)와 화약고 그리고 군사가 있는 중영 등이 있었다. 또한 내성에는 군사지휘소로서 남장대(촉석루)를 비롯한 서장대(회룡루)와 북장대(진남루)가 남서북 요소마다 각각 배치돼 있었으며, 내성보다 위치가 낮은 외성에는 취약지마다 옹성을 설치해 유사시에는 구북문을 비롯한 신북문과 남문을 적으로부터 보호하는 한편 외성의 장대로서 동장대(대변루)가 있었다. 그리고 성곽 남쪽에는 남강이, 동북쪽에는 해자로 설치된 대사지가, 서쪽에는 벼랑과 나불천이 진주성을 둘러싸고 있어 우병영은 난공불락의 성곽으로 천혜의 요새나 다름없었다.

원래 조선 전기에는 경상도에 3명의 병마절도사(병사)가 있었는데 그중 하나는 관찰사가 겸임했다. 그리고 낙동강을 기준삼아 경상도를 동서로 나눈 군사구역으로서 좌도와 우도를 설정해 좌병사의 병영은 울산에 두고 우병사의 병영은 창원의 합포(지금의 마산)에 두었다. 그런데 우병영이 있던 합포영이 바닷가에 인접해 있어 왜적에게 종종 분탕질을 당했으므로 병영을 둘만 한 자리가 못 된다고 판단되었다. 그렇기 때문에 병영을 옮기자는 의견이 임진왜란 직후부터 꾸준히 제기됐다. 더구나 진주성은 호남방어의 전략적 중요성도 갖고 있었으므로 임진왜란 때 진주성에는 병영이 없었지만 2차 진주성전투 때 진주성을 사수하기 위해 경상우병사 최경회와 충청병사 황진이 진주성에 들어와 혈전을 벌이다가 순절한 역사도 있었다.

결국 새로운 우병영의 대상지로서 형세가 험하고 강이 감싸돌아 천혜의 방어요새로 손색이 없는 진주의 '촉석성'(진주성의 다른 이름)이 적임지로 거론되었다. 마침내 1602년(선조 35년) 당시 우병사였던 이빈의 장계와 그 이듬해 체찰사 이덕형의 계청에 의해 우병영의 진주이전이 최종 결정됐다. 그리고 우병마절도사(무관 종2품)가 진주목의 목사(문관 정3품)를 겸임해 진주로 파견됨으로써 조정에서는 진주목사를 따로 발령하지 않았다. 그 대신에 우병사를 도와 진주고을의 일을 전담할 판관(종5품의 벼슬)을 두기로 했다. 이에 따라 이수일이 우병사 겸 진주목사로, 즉 진주지역의 총괄 수령으로 부임해 왔다. 이때부터 우병사를 '진주병사'라고 부르게 된 것이다.

그러나 얼마 지나지 않아 '문명의 고장(文明之鄕)'이라고 불렸던 진주에 군인이 와서 고을을 다스리는 것은 문제가 있다는 지적이 나오기 시작했다. 즉 무관인 진주병사가 병무에만 전력했기 때문에 인재가 나오지 않고 풍습을 잘 교화하지 못한다는 것이 그 이유였다. 사실상 진주는 오래전부터 '나라에 인재를 공급하는 창고' 역할을 할 만큼 인물이 많이 배출됐던 고장이고, 남명 조식의 학문을 잇는 유림들이 많은 곳이었다. 그래서 조정에서는 이 문제점을 인식해 1635년(인조 13년)에 병사가 목사를 겸하는 조치를 폐지하고 다시 목사를 파견해 우병영과 진주목의 업무를 분리했다. 그 후 우병영은 그대로 진주성내에 위치하면서 경상우도의 병무중심지와 영남서부의 방어기지로서 조선 말까지 존속했다.

우병영이 다른 병영보다도 으뜸이었다는 것은 정약용의 시에서도 잘 나타난다. 일찍이 실학자로 이름이 높았던 다산 정약용은 진주에 장인(홍화보)과 부친(정재원)이 병사와 목사로 각기 부임하고 있었던 관계로 여러차례 진주를 다녀갔다. 그는 자신과 친하게 지냈던 이격이 우병사가 되어 진주로 떠나게 되자 우병영의 일을 잘 수행하도록 격려하는 뜻에서 '…남쪽 변방의 수많은 진영 가운데 / 웅장하긴 진주가 으뜸이라지…'라는 전송시를 남기기도 했다. 이처럼 우병영이 수많은 진영중에 으뜸이었던 것은 우병영이 경상우도에 소속된 모든 거진을 통솔하는 주진이었던 이유도 있었기 때문이다.

그런데 조선후기의 우병영은 조선 최초의 민란(1862년 2월 14일)을 촉발시켜 전국적으로 확산케 했던 민란의 도화선이라는 불명예를 얻기도 했다. 이는 철종 때 탐관오리로 악명을 떨쳤던 백낙신이 진주병사로 부임해 오면서 비롯된 일이다. 그는 전임지에서 전라좌수사로 있을 때 이미 세금(환포) 착복혐의로 처벌받은 전력을 갖고 있을 정도로 가렴주구(苛斂誅求)를 일삼던 부패관리의 대명사였다. 이러한 그가 자신의 직분인 병무를 내팽개치고 진주에서 무슨 일을 할 것인지는 보나마나 뻔한 일이었다. 그가 재임하고 있던 중에 '진주민란'이라고 일컬어진 조선시대 최초의 조직적이고 대규모적인 농민항쟁이 일어났던 것이다.

당시 진주사람들은 백낙신의 착취와 탐학에 고분고분히 응하며 돈을 뜯기지 않았다. 백낙신과 진주목사를 사로잡아 죄악을 따진 후 농민군은 권력에 빌붙어 일선에서 온갖 착취를 일삼던 아전들을 때려죽이고 그들과 함께 민중을 착취했던 토호세력들을 응징했다. 사로잡힌 상관을 구출해야 할 우후(병사를 보좌하는 종3품의 무관벼슬)는 겁을 집어먹고 도망쳤다. 농민군은 진주성의 우병영을 점령하고 우병영의 이방 일족 등을 죽였다. 이 사건으로 백낙신은 파직돼 유배됐다. (하지만 그도 나중에는 복권됐다고 하니 부패를 일소하지 못한 조선이 망할 수밖에 없는 말기적인 증세는 이미 이때부터 예고됐는지도 모른다.)

그 후 1894년 갑오개혁(갑오경장이라고도 함)으로 성립된 친일 정권 김홍집 내각에 의해 1894년 7월 15일 각도의 병영이 폐지되면서 진주성에 설치된 우병영도 3백여 년 만에 사라지게 됐다. 갑오개혁에 의해 전국의 모든 병영이 폐지되었으므로 이를 가리켜 '병영혁파'라고도 한다. 그러나 최후의 진주병사나 다름없었던 민준호가 우병영이 폐지되었음에도 불구하고 진주성에 남아 계속 병무를 보았는지는 확인할 수 없다. 다만 갑오농민전쟁이 일어나자 일본군 축출을 위해 너우니에서 봉기한 진주동학농민군이 진주성으로 진격하자 민준호가 자진해서 성문을 열어 성내로 맞이하는 등 그들에게 동조하다가 해임됐다는 사실이 있다. 그는 사라져 가는 우병영의 역사에 마지막으로 의로운 무인의 참모습을 보여주었다. (『진양지』에는 민준호 다음으로도 박규희와 이항의가 우병사로 부임해 왔다고 기록하고 있으나 이름뿐인 것으로 보인다. 예전에는 재임기간이 짧아 문서상으로만 임명된 이들도 있었다.)

그렇지만 민준호 이외에도 역대 진주병사 중에는 참다운 벼슬아치의 모습으로 이름이 기억되는 대표적인 인물 두 사람이 있다. 우병영에 부임한 진주병사 남이흥과 한규설을 말한다. 남이흥은 광해군 때 진주병사로 부임한 인물로 임진왜란 때 파괴됐던 촉석루와 동장대를 다시 고쳐 세웠는데, 지금의 영남포정사도 그가 신축한 것이다. 그는 인조반정 후 이괄의 난을 평정해 그 공으로 평안도병사가 됐으나 정묘호란이 일어나자 안주에서 청나라 군대를 막다가 패전하자 자결했다.

또 한규설은 1800년대 말 진주병사를 역임하고 승승장구 출세한 끝에 을사늑약 체결 당시 참정대신(현재의 부총리급 지위)을 지냈다. 그는 1905년 11월 17일 일제가 조약체결을 강요하는 어전회의(고종 황제가 주재한 회의)에 참석해 조약체결을 반대했고, 이로 인해 파면당하자 고향으로 돌아갔다. 그리고 국권상실 후 일제로부터 남작 작위가 수여되었으나 받지 않았다. 현재 진주성내 비석군에는 한규설의 공덕비도 서 있다.

한편 우병영이 있었던 곳에 있었던 병마절도사의 집무실(선화당)은 이후 역대 도백(道伯)들의 집무실로 사용되었다. 1895년~1996년 사이에는 진주관찰부청이 설치되자 진주관찰사가 사용했고, 1896년~1910년 사이에는 경상남도 관찰도청이 설치되자 경남관찰사가 사용했다. 이어서 1910년~1926년 사이에는 경남도청이 설치되자 경남도장관(도지사를 말함)이 집무실로 사용했다. 그러나 일제시기를 거치면서 우병영과 관찰사의 상징과 같은 선화당 건물은 멸실되었고 오랫동안 잊혔으나 2000년대 이후 선화당을 복원해야 한다는 여론이 높아지면서 현재 선화당복원사업이 추진되고 있다.

96. 남강아파트(南江아파트)

옥봉동에 있었던 진주 최초의 아파트

▲ 1971년 11월 완공된 남강아파트는 진주 최초의 아파트로 기록되고 있다.
〈사진출전 : 진주로타리15년사〉

아파트는 우리나라 주거문화의 혁명이라고도 불릴만큼 산업화의 큰 상징으로 받아들여지고 있다. 우리 경제가 빠른 속도로 성장하면서 여러 가지 편의시설이 갖춰진 아파트의 수요도 빠르게 늘어났다. 많은 인구가 편리하게 집중적으로 모여 살 수 있는 아파트가 도시인의 주거공간으로서 각광받게 된 것은 어쩌면 당연한 귀결이었는지도 모른다.

진주에 맨 처음 세워진 아파트는 '남강(南江)아파트'이다. (남강
아파트는 진주동방호텔 옆에 위치해 있었다.) 1971년 11월 21일 옥
봉동 805-3번지 1천여 평의 대지에 준공된 남강아파트는 진주의
새로운 주거형태로 등장해 오늘날 진주의 아파트문화를 보편화시
킨 장본인이다.

70년대 초 장대지구 토지구획정리 사업으로 남강변 백사장과 남
강침수지역에 새로 조성된 광활한 택지의 한켠에는 진주지역 아파
트 건립의 효시라고 할 수 있는 남강아파트가 들어섰다.

이 진주 최초의 아파트의 현황을 구체적으로 살펴보면 부지면적
3,314.0m²이고 호수는 30호, 층수는 3층, 동수는 1개동, 연건면적
은 2,033.07m², 호당건평은 20평형으로 요즘의 초고층 대단위 아
파트와는 비교도 안되는 규모지만 그 당시로서는 현대식 주택문화
의 상징으로서 대단한 호평을 받았다. 진주시민들은 남강아파트를
가리켜 부자동네라고 부를 정도였다. (70년대 초 아파트 화장실의
세면대와 수세식 변기는 영화에서나 볼 수 있는 것들이었다.)

또 전통적인 아궁이 부엌 대신에 들어선 서구적인 입식부엌에는
각종 주방용품이 편리하게 사용될 수 있도록 돼 있었고, 아파트상
점에서 사들인 인스턴트 식료품들은 냉장고에 가득 차 있었다. 이
러한 장밋빛 환상을 심어준 아파트는 말 그대로 풍요의 대명사처
럼 생각됐다. (또한 그 당시 아파트는 부동산 투기의 대상이기도
했다.)

사실 따지고 보면 이 부자동네도 별거는 아니었다. 아파트라고

해서 지금처럼 기름보일러가 설치된 것도 아니어서 남강아파트도 아궁이에 연탄을 땔 수밖에 없었다. 연탄배달부가 등에 연탄을 지고 아파트에 올라가 각 호실 옆에 있던 연탄창고에 쌓아두면 입주민들은 그것으로 방마다 깔린 연탄보일러를 때는 것이었다. 지금으로서는 아파트에 연탄을 땐다는 것을 전혀 상상할 수 없지만, 당시만 해도 아파트 공터에 쌓여있는 연탄재를 흔히 볼 수 있었다.

따라서 남강아파트는 80년대 중반에 접어들면서 입주민 개개인이 기름보일러로 개조했고, 처음에 설치됐던 거실의 나무 마룻바닥도 뜯어내고 보일러 파이프를 깔아 방처럼 만들었다. 이 바람에 대부분 방바닥이 울퉁불퉁해졌고 심지어 구들장이 주저앉기도 했다. 또한 구식으로 만들어진 방구조도 편리한대로 고쳐 심지어 절대로 뜯어내서는 안 되는 내력벽(아파트 중심벽)조차 헐어내거나 새로운 구조물을 임의로 설치했다. (이때까지만 해도 아파트의 무단구조변경에 대해서는 법적 제재조치가 없어 남강아파트의 구조변경은 유행처럼 이루어져 붕괴의 우려까지 예상될 정도로 심각했다.)

그런데 아파트란 것이 원래 대량복제된 기성복처럼 천편일률적으로 양산돼 방구조는 물론 벽·화장실·문짝 또는 도배지 색깔까지도 획일적으로 만들어져 현대인들은 그 편리함을 얻는 대신에 닭장같은 똑같은 공간에 만족할 수밖에 없었다. 그래서 더 편리하고 넓은 공간을 만들고자 하는 사람들의 심리가 아파트의 구조변경을 부채질했다고 볼 수 있다.

우리 사회에 아파트의 등장은 그동안 유지해 왔던 생활패턴을 완전히 뒤바꿔버렸다. 아파트는 핵가족 사회가 낳은 주거공간이기 때문이다. 사실상 농업사회가 무너지면서 가족형태도 종래의 대가족제에서 핵가족제로 변화했으며, 그에 따라 3~4명의 가족이 살기에 적합한 아파트는 집 안팎의 생활에도 많은 변화를 초래해 자기만 아는 가족이기주의를 낳았다.

그래서 나지막한 초가집이나 기와집에 울타리를 두르고 땅에 뿌리를 박고 옹기종기 살던 마을공동체와는 달리 지금은 작은 면 단위의 인구수보다 훨씬 많은 사람이 아파트라는 한 건물에서 살면서도, 그야말로 서로가 이방인처럼 느끼고 있다. 마치 '군중 속의 고독'을 느끼며, 아파트라는 구조물 속에서 외롭게 살아가는 형편이 되고 말았다. 단지 베란다에 화분 몇 개 키우는 정도로 위안을 삼고 있을 뿐이다.

아무튼 이 진주 최초의 아파트는 25년의 세월이 흐르면서 연탄보일러에서 기름보일러로 바뀌고 구조변경도 했지만, 노후불량 아파트로 전락되는 것을 막을 수는 없었다. 특히 이 일대가 주거지역보다 상업지역이 많아 교육환경에 좋지 않았다. 특히 술집여자들이 많이 나오는 이른바 '방석집(여자가 술시중 드는 향락퇴폐업소)' 등 유흥업소가 밀집돼 있어 자녀교육에 문제가 많다고 판단한 이곳 소유자들이 대부분 전세나 월세로 내놓고 아파트를 떠나고 말았다. 대신에 노후된 남강아파트는 술집여자나 가난한 세입자들만 임시로 거주하는 아파트계의 빈민굴처럼 볼품없이 변해버렸다.

결국 세월의 흐름에 따라 남강아파트의 건물 외벽은 쩍쩍 갈라져 그 틈새를 시멘트로 땜질해 볼썽사납게 되었고, 건물이 낡아 천장과 베란다에서 물이 새어드는 것은 일상적인 일로, 새삼스러운 이야깃거리도 되지 않았다. 이에 따라 소유자들은 1995년 11월 남강아파트 재건축조합추진위원회를 결성하고 재건축 사업에 들어감으로써 비로소 남강아파트는 1998년 최신식 고층아파트로 다시 태어나게 됐던 것이다.

재건축된 남강아파트는 '남강'이라는 옛 이름과 건설업체의 이름을 따 '남강한주아파트'로 새로 이름이 지어졌다. 새로 건축된 남강한주아파트는 바로 옆에 있는 동방호텔(10층)보다 훨씬 높아(16층) 남강과 진주성 그리고 남가람문화거리를 한눈에 바라볼 수 있어 진주 최고의 주거공간이 되었다. 진주 최초로 아파트가 들어설 때 입주하던 설렘처럼 남강한주아파트는 예전의 남강아파트의 명성 못지않게 각광을 받았다. 반면에 남강변에 어지럽게 들어선 고층아파트군으로 인해 진주의 스카이라인을 엉망으로 만드는데 이 고층의 남강한주아파트도 일조했음을 부인할 수는 없다. 하지만 아파트입주민들은 남강을 조망하는 '뷰'가 좋아 집값이 오른다고 모두들 좋아했다.

사실상 도시계획 전문가들은 오래됐다고 무조건 재건축하는 것보다는 건물의 관리상태에 따라 옛 윤양병원 건물처럼 리모델링하는 방식으로 노후아파트의 주거환경도 개선해야 한다고 주장하고 있다. 그 까닭은 외국의 경우 50년에서 100년이 지나야 재건축이 논의되는데, 우리나라는 20년만 지나도 재건축이 추진되고(그만큼 부실공사였다는 것을 증명하고 있다.) 있어 환경문제와 사회적 손실을 막대하게 초래하고 있기 때문이다.

이제 우리는 아파트에 입주하면서 사생활보호라는 이유로 폐쇄

문화를 당연하게 받아들이고 있다. 아파트는 단독주택에서 살 때 발돋움하면 이웃집이 보일 듯 말 듯 하던 담장 대신에 교도소처럼 창문에 달린 쇠창살로 이웃의 접근을 원천봉쇄시켰다. 익명성 보장과 사생활 보호라는 미명 아래 언제부터인가 쇠문을 잠가야만 그 속에서 살 수 있는 각박한 생활환경을 만들고 말았다. 아파트는 골목길에 나와 담소를 나누며 함박웃음을 짓던 정겨운 우리 이웃들의 모습을 말살하고 삭막하고 이기적인 문화만 남겨준 것은 아닌지 생각해 본다.

97. 대동공업사(大同工業社)

우리나라 농업 기계화의 선구자

▲ 진주시 주약동에 있었던 초창기 대동공업사의 모습(1950년대).
〈사진출전 : 대동35년사〉

한국 농업발전과 갱생을 위해 평생을 바친 유달영 박사의 말처럼 대동그룹의 전신인 '대동공업사(大同工業社)'가 우리나라 농업 근대화에 미친 영향은 실로 지대한 것이었다.

"특히 대동(大同)의 역사적 의의는 한국 농업을 기계화해서 농업발전에 크게 이바지한다는데 있다. 우리나라의 농업이 지금은 사양산업처럼 보이기도 하지마는 차원 높은 눈으로 내다본다면 농업의 훌륭한 발전이야말로 이 나라가 세계에서 앞서 나갈 수 있는 큰 길이라고 할 것이다" (유달영의 '대동에 바라는 마음'에서, 1982년)

그러나 그 대동공업사는 안타깝게도 지금 진주에 없다. 1980년 가을부터 공장이전을 검토하기 시작한 대동공업사는 결국 진주시민들의 거센 반대에도 불구하고 대동그룹의 모태이자 탄생지이며 성장의 터전이었던 진주를 떠나고 말았다. 세계적인 농기계업체로 성장하기 위한 불가피한 선택이었을까. 아니면 진주라는 보수적인 풍토가 대동공업사의 발전을 막아 결국 진주를 떠나지 않으면 안 되게 만든 것일까. 아무튼 대동공업사가 없는 진주는 한국농업 근대화의 출발점이라는 자부심도 진주경제를 대표하는 주력산업의 소재지라는 점도 어느 것 하나 남김없이 모두 잃어버리고 말았다.

1946년 5월 젊은 기계공 김삼만은 해방된 조국에서 나라를 위해, 그동안 일본인 밑에서 온갖 고생을 다하면서 배운 기술을 써보려고 서울에서 고향 진주로 돌아왔다. 그는 진주에서 형제들과 힘을 합쳐 지금의 본성동 시청(현재의 진주청소년 문화회관자리) 앞에다가 철공소를 지었다. 이 철공소는 1947년 5월 공식적으로 설립허가가 난 대동공업사라는 기계공장이었다.

이 철공소는 공업사라는 간판을 내건 어엿한 공장이었지만, 당시 공장의 모습은 너무나 초라해 훗날 우리나라 농업기계화의 개척자가 될 것이라고는 아무도 상상하지 못했다. 비록 노동자나 다름없던 사장을 비롯해 20명도 안 되는 노동자들이 대장간 같은 전근대적인 시설 속에서 겨우 선반 4대를 비롯해 세퍼 1대, 볼반 1대, 전기와 산소용접기를 각 1대씩을 갖춰 놓고 가동한 가내수공업적인 공장에 불과했기 때문이다.

그러나 대동단결의 기치 아래 한국 농업기계화로 대표되는 농업기계생산은 처음엔 작은 것부터 만들기 시작했다. 농가에서 불을 피우는 가정용 송풍기 제작을 시작으로 경작용 쟁기·제초기·가마니기계·제승기·탈곡기·발동기 등의 각종 농기구와 농기계를 제작했다. 처음에는 단순한 농기구부터 시작했지만, 마침내 농기계의 대명사인 경운기를 국내 최초로 생산해 냈으며 그 후 트랙터와 콤바인 생산 등으로 대동공업사는 농기계회사로서 확고부동한 아성을 구축했다. 특히 농촌 근대화를 위해 새마을운동을 시작한 박정희 대통령의 농업 기계화 사업에 대한 관심과 지원에 힘입어 대동공업사는 쉼 없는 전진을 계속했다.

70년대 진주의 노동자가 대부분 대동공업사 직원들이었다고 해도 과언이 아닌 것은 이 당시 진주시내의 출·퇴근시간만 봐도 그렇다. 특히 출근시간이면 대동공업사로 향하는 도로가 대부분 공장으로 출근하는 노동자들이 탄 자전거의 물결로 장관을 이루었다고 전한다. 또 퇴근시간 무렵이면 대동공업사 복장을 한 사람들이 공장에서 우르르 쏟아져나오는 모습을 종종 볼 수 있었다.

이렇게 나날이 비약적인 발전을 거듭하던 대동공업사는 1975년 창업주인 김삼만 사장의 타계와 진주시 주약동 주거지에 둘러싸인 협소한 농기계 생산공장으로 인해 발생되는 생산차질(완성된 제품을 보관할 장소가 없을 정도였다)과 공해민원, 그리고 1982년부터 시행된 농기계 자유판매제에 따른 독점적 지위 상실 등으로 위기의식이 나날이 높아져만 가고 있었다. 이에 대동공업사는 공장이전을 모색하게 됐는데 진주내의 여러 가지 문제점(각종 규제로 인한 공장용지 절대부족, 비싼 보상문제, 행정의 비협조 등)으로 고민하고 있을 때 경상북도가 각종 세제혜택을 제시하며 달성공단으로 입주할 것을 적극적으로 권장하고 나선 것이다.

결국 대동공업사의 대구이전 결정사실이 알려지자 진주사회는 그야말로 난리가 났다. 대동공업사는 진주의 주력업체였을 뿐만 아니라 진주경제와 서부경남경제에 미치는 영향 또한 엄청났기 때문에 충격적일 수밖에 없었다. 실례로 대동사원과 공원들이 월급을 받는 날이면 중앙시장을 비롯한 시내 각 상점과 식당·술집 등은 매상이 달라질 정도로 시중경기를 좌우하는 등 대동공업사가 진주경제에 끼친 영향은 실로 대단했던 것이다.

진주시민들은 '대동공업 진주유치대책협의회'를 결성하고 대동공업사의 타지역 이전반대를 요구하는 서명용지를 20만 장이나 작성해 가며 결사적으로 이전반대운동을 벌였다. 이러한 반발을 예상은 했지만 시민들의 반발이 너무 커 대동공업사는 어쩔 수 없이 거짓말을 할 수밖에 없었다. '대동은 이전하지 않습니다'라는 성명서를 발표해 대구에는 주조공장과 신기종 조립공장을 건설할 뿐이고 사업 주기종인 경운기와 부품생산을 위주로 한 본사공장을 계속 진주에 두겠다는 것이었다. 그래서 시민들은 믿었다.

하지만 연차적으로 대구에 각종 공장을 건립한 대동공업사는

1987년 최후로 남아 있던 판금공장과 본사까지 전격적으로 이전함으로써 영원히 진주를 떠나고 말았다. 진주시민들을 속이고 떠난 대동공업사에 대한 시민사회의 배신감은 이루 말할 수 없었으나 이미 닭 쫓던 개나 다름없는 꼴이었다. 단지 대동공업사가 떠난 진주에는 창업주 김삼만이 세운 대동기계공업고등학교(현 경남자동차고의 전신)만이 남아 있어 오늘날의 대동그룹을 세우는데 토양이 됐던 진주에서 그 흔적을 전하고 있을 뿐이다.

'나는 가난했기에 어린시절부터 살길을 기술에서 찾았다. 그 뜻 하나를 앞세우고 40여년을 성실하게 노력해 왔다. 그러나 경운기에 이어 트랙터까지 생산하는 오늘의 대동공업을 이룩하기까지에는 나의 노력에 비할 수 없는 수많은 사람들의 도움이 밑받침되어 있다. 나는 그 사람들의 뜻에 보답코저 보다 열심히 성실하게 일해 왔다.' (김삼만의 자서전에서, 1976년)

98. 명석특별연성소(鳴石特別練成所)

일제 말 황국신민을 집단양성하던 세뇌교육장

▲ 진양군 명석공립청년특별연성소 제2회 수료생들(1945년 3월 23일).
〈사진제공 : 서정만〉

명석공립청년특별연성소(鳴石公立靑年特別練成所)는 일제 때, 당시 진양군 명석면 관지리에 있었던 명석국민학교(1995년 폐교된 명석초등학교)에 설치돼 있었다. 보통 '명석특별연성소(鳴石特別練成所)'라고 불렀다.

1942년 10월 26일 제8대 조선총독 고이소(소기국조)는 조선총독부령 제268호로 조선청년특별연성령을 발동하고, 같은 해 11월 3일부터 시행에 들어갔다. 총독부령으로 우리나라는 전국 곳곳에 특별연성소가 광범위하게 설치되었으며, 명석특별연성소도 그렇게 설치된 연성소 가운데 하나였다. 진주지역의 다른 연성소에 비해 늦은 1943년에 설치됐지만, 명석특별연성소는 일제 말의 명석 면민들에게 민족말살정책의 세뇌교육장으로 마지막 기승을 부렸다.

연성소를 좋은 말로 풀이하면 '몸과 마음을 단련하는 곳'이지만 일제 때의 뜻으로 해석하면 그것은 곧 '황국신민이 되기 위한 군사훈련소'를 뜻한다. 이는 태평양전쟁을 일으킨 일제가 조선의 모든 청년들을 가미가제 특공대식으로 일본군의 충실한 총알받이 또는 인간폭탄으로 쓰기 위해 만든 조치였기 때문이다. 연성소에 입소하면 일본말을 해야 하고 일본어를 써야 하는 등 완전히 일본인처럼 행동해야 했다.

명석특별연성소가 실시한 조선민족에 대한 말살교육을 구체적으로 이해하기 위해서는 특별연성령 제1조와 제2조 그리고 시행규칙 제1조를 전문 그대로 살펴볼 필요가 있다.

'제1조 본령은 조선인 남자청년에 대해 심신의 단련, 기타의 훈련을 실시해 장래 군무에 복무할 경우에 필요한 자질을 연성함을 목적으로 하고 겸하여 근로에 적응하는 소질의 연성을 하는 것으로 함.

제2조 조선에 거주하는 연령 17세 이상 21세 미만의 조선인 남

자로 제7조 제1항의 규정에 의해 선정된 자는 본령에 의해 연성을 받아야 함. 제7조 제1항의 규정에 의해 선정된 자 이외의 조선인 남자로 연령 17세 이상 30세 미만의 사람은 지원에 의해 연성을 받을 수 있음' (이상 특별연성령)

'제1조 청년특별연성소에서의 연성 항목은 훈육, 학과, 교련 및 근로작업으로 함. 훈육은 교육에 관한 칙어의 취지에 기초해 국체의 본위를 밝게 하고 황국신민이라는 자각을 철저하게 하고 이를 실천궁행하도록 하는 것을 요지로 함. 학과는 황국신민으로서 필요한 일상국어 및 지식을 습득하게 함을 요지로 함. 교련은 군사적 기초훈련을 실시하고 단체적 동작 및 기율을 철저하게 함을 요지로 함. 근로작업은 근로존중의 관념을 함양함과 함께 근로생활의 국가적 의의를 체득하게 함을 요지로 함. 연성은 각 연성항목 상호의 연락을 밀접하게 하고 또한 각 사항의 종합에 유의해서 할 것' (이상 시행규칙)

그러나 연성대상자에 대한 이러한 규정은 형식적인 것에 불과했고 실제로 초등교육도 받지못한 무학자(연성령에는 국민학교 졸업자 이상으로 했음)들도 가리지 않고 청년이라고 생각되면 무조건 동원함으로써 조선에 있는 거의 모든 남자들은 징병과 징용의 예비단계로서 연성소에 강제로 끌려갔다. 이들 중에는 국민학교에 다녀야 할 나이어린 소년들도 많았다. 실제로 명석특별연성소 2기 수료생 중에는 국민학생 또래의 어린아이도 끼어 있었다.

게다가 연성소의 훈련시기도 농번기(입소시기를 매년 4월로 규정했음)에 있어 연성대상자로 통보받은 조선인 남자들은 농촌가사나 농사일도 포기한 채 연성소에 입소할 수밖에 없었다. 그 기간은 1년이었는데, 연성소가 설치된 곳이 거의 국민학교였기 때문에 소장은 해당학교 교장이 맡고 교관은 교원들(훈도)이 맡았다.

따라서 명석청년특별연성소도 관지리에 있었던 명석국민학교에 설치되었던 것이며, 일본인 교장 후쿠다(복전영정)가 소장을 맡아 국민학교 친일교육의 연장선상에서 입소생들에게 황국신민화 의식을 집중적으로 심어주는 세뇌교육을 실시했던 것이다.

일단 명석면사무소로부터 연성대상자로 통보받게 되면 해당자는 사실상 입소를 피하기가 어려웠다. 혹시 불가피한 입소 연기나 면제가 필요한 경우가 있다고 하더라도 불가능에 가까웠다. 그것은 진주경찰서의 책임자나 명석면장이 발급하는 증명서를 첨부해 연성소 소장(명석국교 교장)의 허락을 받고 다시 경남도지사의 결재까지 받아야 가능했기 때문이다. 더구나 입소를 피하려고 했다가는 자칫하면 일제 경찰로부터 사상을 의심받게 돼 그보다 더한 곤경에 처할지 알 수 없었으므로 결국 '비국민'이 되지 않기 위해서는 도살장에 끌려가듯 입소할 수밖에 없었다.

이렇게 연성소에 입소하게 되면 그 교육과정은 철저하게 황국신민화의 세뇌교육과 군사훈련에 초점이 맞춰졌고, 그런 핵심내용으로 짜여진 시간표에 따라 강행되었다. 연성시간 수는 총 6백 시간 이상으로 그중 2백 시간을 군사훈련과 노동하는데 보내고, 나머지 4백 시간을 세뇌교육에 할애해 전시체제하에서 일제가 민족의식을 말살하기 위해 자행한 정책이 어떤 것이었는가를 실감나게 보여주었다.

1944년 4월에 입소해 1945년 3월 23일 수료한 명석특별연성소 2기생은 모두 55명인데, 이들은 연성소 소장을 비롯한 교관 6명과 연성수료식을 마치고 '황국신민이 된 기념'으로 사진을 찍었다. 그러나 그해 4월에 입소한 3기생들은 기념촬영을 영원히 할 수가 없었다. 불과 5개월 뒤에 8·15해방이 왔기 때문이다.

해방 후 명석특별연성소는 즉시 폐지되고 연성소로 사용된 건물은 원래 사용했던대로 교실로 복구되었다. 한때 황국신민화의 세뇌교육장이었던 그곳은 관지리의 명석초등학교가 1995년 폐교된 후 한동안 빈 건물로 남아있었다. (현 명석초교는 용우초교가 개명한 학교이고 소재지도 우수리에 있다.) 현재 옛 명석초교에는 진주시가 직영하는 진주목공예전수관이 들어서 있다.

99. 류계춘 묘(柳繼春 墓)

조선 최초의 농민항쟁을 주도한 양반의 무덤

▲ 진주시 대평면 당촌리 지하마을 뒷산에 있는 류계춘의 무덤 전경.
〈사진제공 : 김준형〉

"지금 여기 모인 여러분들이 한마음으로 힘을 모은 후에야 읍폐
를 고칠 수 있소. 내가 당장 개를 잡아서 맹세하고자 하니 여러분
들도 각기 입술에 피를 바르고 맹세하겠소? (중략) 이 따위로 해서
어떻게 일을 성취시킬 수 있겠소." (경상대 김준형 교수가 〈진주신

문〉에 연재한 '진주농민항쟁' 중에서 류계춘의 말)

　진주농민항쟁이 일어나기 직전에 수곡장터에서 열린 군중집회
(일명 수곡도회)에서 류계춘(柳繼春)은 소극적이고 나약한 태도를
보인 참석자들을 이렇게 비판했다. 이 말은 류계춘의 강경하고 소
신에 찬 혁명가의 모습을 엿보게 하는 대목이 아닐 수 없다. 양반출
신 류계춘이 1862년 진주농민항쟁(그동안 '진주민란'으로 알려져
왔지만 '진주농민항쟁'으로 쓰는 게 옳은 말이다)을 일으켰을 때 선
봉장이 되어 반봉건투쟁에 앞장섰던 것은 탐관오리의 학정을 더 이
상 보고만 있을 수 없다는 개혁의지가 작용했기 때문이었다. 이 농
민항쟁은 전국적으로 번진 조선시대 최초의 민중항쟁이 되었다.

　예로부터 우리나라의 기층민중을 형성했던 사람들은 대부분 농
민들이었다. '농자천하지대본야'라는 말이 있듯이 농민은 이 세상
의 근본이었다. 그러나 근본은커녕 심하게 말하면 미물의 때만큼
이나 인간취급을 받지 못했다. 혹심한 가뭄과 홍수 그리고 포악한
탐관오리의 가렴주구로 농민의 생활상은 고통과 억압의 대명사였
기 때문이다. 또한 한편으로 농민의 역사는 이에 저항하는 농민투
쟁의 역사이기도 했다. 이러한 농민투쟁의 역사에는 항쟁의 횃불
을 밝힌 임술년(1862년)의 진주농민항쟁이 있었고, 그 중심에는
양반의 신분을 포기하고 농민으로 내려온 류계춘이 있었다.

　류계춘(1818년~1862년)은 본래 진주 수곡면 원당리에서 향반
의 후예로 태어났다. 그는 본관이 문화류씨로서 남명 제자 중의 한
사람인 조계 류종지(선조 때 정여립 모반사건으로 옥사당함)의 9

대손이었다. (일설에는 류계춘의 본관은 문화류씨가 아닌 진주류씨로 보고 있기도 하다.) 그런 관계로 조선후기의 봉건적인 착취구조를 타파하기 위해 농민항쟁을 주도할 때 우리는 그의 모습에서 남명의 실천적인 학풍이 알게 모르게 배어 있음을 짐작할 수 있다.

류종지의 후손들은 대대로 수곡 원당리에서 살고 있었지만, 토지기반이 거의 없어 몇 평 안되는 땅뙈기도 가지지 못한 잔반으로 몰락해 있었다. 류계춘도 양반가문에서 3남 2녀의 장남으로 태어났지만, 토지가 거의 없는 빈한한 처지였다. 게다가 부친 류지덕도 일찍 죽는 바람에 홀어머니 진양정씨 밑에서 어렵게 성장하는 등 곤궁한 생활을 면치 못했던 것으로 보인다. 그래도 류계춘은 의로움이 있어 그의 삶은 비굴하지도 처량하지도 않았다.

빈한한 서생에 불과했던 그는 35세 되던 해(1850년경) 원당에서 가까운 축곡리 내평촌으로 이사를 했다. 이 무렵부터 류계춘은 국가에서 농민구제책으로 내놓은 환곡(백성들에게 봄에 꾸주고 가을에 이자를 붙여받는 곡식)의 폐단이 많다는 것을 인식하고 농민의 수탈상에 눈을 뜨면서 민중혁명가로 변신해 갔다.

그는 향론을 주도하면서 여러 차례 군중집회를 열어 읍(진주목관아)과 감영(우병영관아) 그리고 나아가 비변사(지금의 국방부이며 당시 조선정부의 최고의결기관이었다)까지 등소(탄원)하는 등 진주지역내에서 가장 중요한 농민운동가로 역할하기 시작했다. 바로 진주농민항쟁 때 민심을 규합하고 주변인물들을 모아서 실질적인 항쟁준비를 지도했던 사람이 류계춘이었던 것이다.

그 무렵 진주성 우병영에 주재한 벼슬아치로 우병사 백낙신이 있었다. 철종 때 탐관오리로 악명을 떨친 백낙신이 우병사로 진주에 부임하면서 진주사람들에 대한 수탈도 탐욕스럽게 다시 시작해 민중의 인내심도 극에 달하고 있었다. 온갖 구실로 거둬들인 세금과 식량을 착복하고 백성들을 학대하던 백낙신과 탐관오리들에 대한 진주지역 백성들의 원성은 나날이 깊어만 갔다. 그런 가운데 이를 시정해 달라는 지역민들의 탄원서도 관청마다 빗발치듯 쏟아졌으나 아무런 소용이 없었다. 마침내 대규모적인 농민봉기가 시작된 것이다.

진주농민항쟁은 류계춘의 투옥과 석방(제사를 지내기 위한 임시 귀가)을 시점으로 일어났다. 수곡도회사건으로 우병영에 체포돼 진주성안 진무청에 구금돼 있던 그가 2월 13일 집안제사를 핑계로 풀려나오자 초군(나무꾼) 무리와 농민 그리고 노비 등 진주의 피지배계급들은 류계춘의 지도하에 이튿날인 14일부터 일제히 행동을 개시했다.

그때서야 사태의 심각성을 인식한 백낙신은 그 상황을 모면하기 위해 농민수탈에 대한 책임을 자신의 부하에게 전가해 우병영 중영 소속의 서리 김희순을 농민군이 보는 앞에서 때려죽였다. (그는 자신을 위해 세금을 걷던 부하를 이렇게 죽일 정도로 무자비하고 무도한 자였다.) 그러나 농민들은 오히려 이러한 백낙신의 비열한 태도에 더욱 분개해 그를 포로로 잡고 죄상을 묻는 한편 진주성을 점령하고 그동안 농민수탈에 앞장섰던 우병영 이방 권준범과 그의 아들 권만두를 죽였으며, 진주목사 역시 사로잡아 욕을 보인 다음 도망간 진주목 이방 김윤두를 붙잡아 그 자리에서 죽이는 등 탐관오리들을 차례차례로 응징하며 처단했다.

이렇게 하여 농민항쟁이 시작된 2월 14일부터 23일까지 10일 동안 진주성 안팎에서 부서지거나 불탄 탐관오리와 상인부호·배신자·토호세력 등의 집은 모두 1백26호에 달했고, 농민군에게 재산과 곡물 등을 빼앗긴 집도 78호로 나타나 그 피해액수만도 모두 10만 냥에 달했다.

이같이 엄청난 투쟁을 벌인 진주 농민들은 2월 23일 일단 대오를 해산했다. (일부 농민의 경우 해산하지 않고 산발적인 항쟁을 계속했다.) 그렇지만 관군이 농민군을 진압하기 위해 한양에서 출동하고 있다는 소식을 듣고 앞으로 농민항쟁이 어떤 방향으로 수습될지 몰라 불안해하고 있었던 것도 사실이다. 역시 우려한 대로 농민항쟁 주동자들이 속속 체포되기 시작했고 류계춘도 14명의 주동자와 함께 3월 중순 체포돼 투옥됐다.

진주농민항쟁이 진정된 후 진상조사에 들어간 안핵사 박규수는 항쟁의 주동자급으로 파악된 1백10여 명에 대한 명단과 죄상을 하나하나 작성해 비변사에 보고했는데, 이때 류계춘은 사형에 해당하는 제1급 죄인으로 지목됐다. (당시 안핵사는 사태의 진상조사와 사후수습을 위해 중앙정부가 파견한 관리를 말하는데, 안핵사 박규수는 실학자 연암 박지원의 손자였다.)

결국 류계춘은 또 다른 1급 죄인으로 분류된 김수만·이귀재 등 핵심주모자들과 함께 5월 30일 진주성 남문 밖 빈터(내동면 청천 교장이란 설도 있음)에서 수많은 백성들이 지켜보는 가운데 효수형으로 공개처형됐다. 일종의 본보기였다. 반면에 진주민란의 원인을 제공했던 탐관오리들은 유배형에 처해졌다. 하지만 다시 벼슬아치로 복권시켜주는 등 가볍게 처벌했다. 처형된 류계춘의 시신은 사람들에 의해 옮겨져 마동(지금의 대평면 당촌리 남강댐 수몰지)의 한 야산에 묻혔다. 그가 묻힌 곳은 당촌리 지하마을 뒷산인데, 이때 지하(池下)는 '못밑'을 뜻한다고 한다.

이처럼 봉건적인 수탈구조에 맞서 싸우다가 의롭게 죽은 그에게 남은 것은 민란을 주동한 역적이란 낙인밖에 없었다. 그 왜곡된 역사 속에서 류계춘은 정당한 평가도 받지 못한 채 수십 년 동안 비석도 없는 초라한 봉분 속에서 망각되었다. 그의 묘는 오랫동안 방치되어 있었으나 진주농민항쟁에 대해 역사적 의미가 다시 부여되면서 새롭게 단장되었다. (90년대 중반무렵 상석이 설치되었고, 그의 생가터에 류계춘의 탄생지임을 알리는 표지목이 역사유적답사팀에 의해 세워졌다.) 그러다가 1999년 남강댐 2차수몰로 그의 묘지가 수몰지역에 포함됨으로써 그는 또한번 잊히게 됐다. 또한 진주농민항쟁의 불을 붙인 수곡도회가 열린 수곡면 창촌리 장터도 수해예방을 위한 제방축조로 인해 당시 흔적을 가늠하기 어렵게 되었다. 이에 대해 경상대 역사교육과 김준형 교수의 말은 정말 우리를 부끄럽게 만든다.

'진주농민항쟁은 봉건제의 해체기에, 그 해체를 촉진시키는 농민운동의 시작을 알리는 역사적인 사건으로 중요한 의미를 지니고 있다. 그런데 이의 후발사건인 동학농민전쟁은 일찍부터 하나의 농민혁명으로 높이 평가되어 왔고, 그 발상지와 관련 유적지에는 웅장한 기념비와 기념관이 세워졌다. 이에 반해 진주농민항쟁은 아직도 민란이란 용어가 국정 국사교과서에서조차 완전히 사라진 것은 아니며, 1862년 진주농민항쟁 발상지라고 하는 진주에조차 그것을 기리는 기념비가 세워졌다는 이야기를 들은 적이 없다. 그 뿐만이 아니다. 동학농민전쟁의 후손들은 현재 당당한 모습으로 당시의 조상의 역할을 자랑하고 있는데, 진주농민항쟁에 연루되었던 자들의 후손은 족보를 위조하는 등 자기의 본래의 신분과 가계를 바꾸는 경우도 있었다. 이들 후손들 중에는 그러한 사실들을 까맣게 모르거나 알아도 숨겨버리는 경우가 대부분이다.' (김 교수가 1993년 12월부터 1994년 10월까지 〈진주신문〉에 연재했던 '진주정신을 찾아서'중 마지막 부분을 필자가 발췌해 요약·정리한 것임)

100. 남강다리(晉州橋)

남강을 가로지른 진주 최초의 콘크리트 교량

▲ 남강다리는 도청이전에 대한 주민반발을 무마하기 위해 1927년 지금의 진주시 동성동과 강남동을 연결한 교량으로 건설된 다리였다. 〈사진출전 : 영남춘추〉

'남강다리'의 본명은 진주교(晉州橋)이다. 물론 남강다리의 한 자명을 남강교(南江橋)라고 쓰는 것이 맞지만 이 남강다리의 공식적인 교량명칭은 남강교가 아닌 진주교이다. 진주사람들은 일제 때 유일하게 남강에 세워진 하나밖에 없는 다리라는 점에서 진주교를 '남강다리' 또는 '남강교'라고 더 많이 불렀다. 결코 '진주다리'

라고 부르지는 않았다. (지금은 남강을 가로지르는 교량으로 진양교·천수교·상평교·금산교·희망교·진주대교·남강교·김시민대교 등 많은 다리가 놓여 있다.)

진주교는 비록 도청이전에 대한 주민무마용 선심성 선물로서 일제 때인 1927년 5월 16일에 만들어진 다리였지만, 경남도내에서 현대식 교량의 효시가 된 최초의 대규모 교량임은 분명하다. 남강 다리가 진주 최대의 공사였음을 증명하듯 당시의 진주교 개통식 축하연은 축제의 장이었다. 많은 진주사람들의 개통식에 참석해 다리를 구경했고 2일 동안이나 축하연이 축제처럼 진행되었으며, 다리 밑 백사장에서는 소싸움과 활쏘기대회 등이 열렸다.

이 남강다리가 일제 때 '공형구 단형교(工型構 單桁橋)' 구조로 건설된 현대식 교량이라고는 했지만, 그 당시 공법은 지금과 비교하면 원시적일 수준일 정도로 수준이 낮았다. 다리받침이 서는 곳에 잠수부가 들어가 구덩이를 파고 원통의 철판을 강바닥에 박으면 물이 들어오기 전에 그 안에다가 철근을 넣고 콘크리트를 쏟아 부었다. 그런데 변변한 장비가 없어 한쪽에서 시멘트와 모래·자갈을 섞어 넣으면 다른 한쪽에서는 양동이로 물을 퍼내는 수작업으로 다리건설이 이루어졌던 것이다. (사실상 지금도 대규모 교량건설에는 원통형의 철판에 콘크리트를 부어 교각을 만들지만, 당시에는 완전히 인력으로 하다시피 했다는 점에서 원시적이라고 표현한 것이다.)

이 공사는 그때 돈으로 총 25만4천 원의 공사비가 투입됐으며, 일본인 토목업자 게이다(경전)가 공사를 맡아 진행했는데, 1925년

10월 3일 오전 10시에 지진제를 올리고 15일부터 다리공사에 착수했다. 지진제란 대규모 토목공사를 할 때 그 공사의 안전을 비는 뜻으로 지신(地神)에게 지내는 제사를 말한다.

그러나 지진제까지 올려가며 시작한 남강다리 공사였지만 워낙 큰 공사여서 인부로 참여한 많은 조선인들이 난공사로 인해 부상을 당하거나 여러 명이 죽었다고 한다. 당시 일본인 토목업자와 기술자들이 직접 공사에 참여해 다리를 만들었는데, 조선인들은 그 과정을 주의깊게 지켜보면서 일본인들로부터 다리건설하는 방법을 배웠다. 한마디로 어깨너머로 배운 것이다. 이때 문산의 어느 노무자가 악착같이 다리를 건설하는 기술을 배워 토목기술자가 된 끝에 나중에는 문산의 '면전교'를 건설하는데 실력을 발휘했다는 후문이 있다.

아무튼 진주교가 완공되자 1927년 5월 28일 낙성식이 성대하게 열렸다. 이렇게 남강다리가 완공되자 많은 사람들이 구경하려고 한꺼번에 몰려들어 붕괴하지 않느냐는 걱정을 하는 사람도 있었으나 기우에 불과했다. 진주교는 사람은 물론 소와 말·인력거·자전거·손수레·승합차·화물차·모터사이카(지금의 오토바이와 비슷하며 그 옆에 한 사람이 탈 수 있는 좌석차가 매달려 있었음)·마차·소달구지까지 온갖 것들이 다 다녔어도 끄떡없었다.

그러나 완공된 지 10년도 안 가서 남강다리가 좁다는 여론이 나오기 시작했다. 1936년 8월 15일자 〈영남춘추〉(진주에서 발간된 신문)에서는 '진주교 협소'라는 기사와 더불어 차량과 사람들이 한데 뒤섞여 건너가는 다리사진을 게재했다. 이와 같이 진주교가 협소하다는 보도에도 불구하고 남강에는 더 이상 새로운 다리가 건설되지 않아 해방이 될 때까지 진주교가 남강의 유일한 교량으로 남아 있었다. 다음은 그 기사이다.

'晉州橋는 昭和二年 五月에 初渡式을 擧行한 것인대 늘어가는 戶數와 人口에 比하여 至今은 狹少하기 짝이 업다. 하로라도 速히 幅을 널니던지 그러치 안으면 新히 築造하여야 한다는 晉州市民의 熱望하는 하나이라고.' (기사 원문 인용)

[진주교는 1927년 5월에 개통식을 거행한 것인데 늘어가는 집들과 인구에 비하여 지금은 협소하기 짝이 없다. 하루라도 속히 폭을 넓히던지 그렇지 않으면 새롭게 만들어야 한다고 진주시민이 열망하는 것의 하나라고 한다.]

이처럼 협소했지만, 진주의 명물이며 가장 통행이 빈번한 장소가 됐던 남강다리가 해방 후 단정수립 때에는 불법화된 좌익세력들이 사람들 틈에 끼어 몰래 만나는 접선장소가 되기도 했다.

남로당원들은 오히려 남강다리 같은 공개된 장소를 접선장소로 활용함으로써 경찰의 눈을 피했다. 1948년 12월 20일 오후 5시께 사람들의 통행이 잦은 시간을 택해 남강다리에서는 은밀한 접선이 이뤄졌다. 남로당원 김재봉은 남로당 진주시당 간부로부터 '이승만 박사를 타도하라'고 인쇄한 삐라 3백 매를 남강다리 위에서 전달받은 것이다. 하지만 그는 주약동 일대에 불온삐라를 뿌린 혐의로 한국전쟁이 터지기 직전인 1950년 1월 경찰에게 체포됐다.

▲ 1930년대에 이르면 진주교가 사람과 차량이 뒤섞여 혼잡해지기 시작해
협소하다는 소리가 나왔다. 〈사진출전: 사진으로 본 진주〉

　한국전쟁 때에는 남강다리가 미공군의 혹심한 폭격피해를 입고 끊겨 있었다. 미공군은 인민군이 진주를 함락하고 마산 공략에 나서자 병참선을 끊기 위해 진주 시가지에 폭격을 개시했다. 미군기의 대대적인 폭격으로 진주는 지도상에서 지워질 정도로 초토화되어 잿더미로 변했다. 폭격의 타겟이 된 남강다리도 마찬가지였다. 폭격기의 직격탄을 맞아서 교각 사이의 상판이 주저앉아 강물 속에 들어가 버린 것이다. (전쟁이 끝난 지 수십 년이 흘렀는데도 남강다리에는 교각에 박힌 불발탄이나 다리밑 모래더미에 묻힌 불발탄이 종종 발견돼 남강다리가 얼마나 심하게 폭격당했는지 보여주었다.) 그래서 한국전쟁 당시 사람들은 진주시내를 들어오고 나가

기 위해서는 나룻배나 끊어진 다리 옆에 임시로 가설한 임시부교를 이용할 수밖에 없었다. 진주를 점령한 인민군 공병대는 군장비와 보급품 수송을 위해 끊어진 다리를 복구하기 위해 매일밤 수백 명의 진주사람을 동원해 야간복구 작업을 시켰다.

미공군의 공습 때문에 낮에는 일을 할 수 없었고, 밤에만 작업을 했는데, 그나마 변변한 장비 하나 없이 불빛도 전혀 밝히지 못한 채 수많은 사람이 칠흑 같은 어둠 속에서 공습과 안전사고를 무릅쓰고 다리를 복구했다. 그들은 가마니에 모래를 부어 부서진 다리 기둥 밑에서부터 쌓아 올리는 한편 가로세로 1자, 길이 30자 되는 엄청나게 큰 각목을 수십 명이 엉겨 붙어 끊어진 남강다리로 날라와 다리를 연결하는 작업을 계속했다.

이때 복구작업에 강제동원된 사람 중에는 대동그룹 창업주 김삼만(당시는 대동공업사 사장이었음)도 끼어 있었다. 인민군의 더딘 교량 복구작업을 보다 못한 그가 공병대장에게 와이어 로프와 체인 블록을 구해 오도록 부탁했다. 그는 그것을 이용해 2시간 30분 만에 다리 위에 나무 놓는 일을 손쉽게 끝마쳐 그날밤 안으로 10자 폭의 임시다리를 완성할 수 있었다. (이것이 화근이 되어 김삼만은 진주수복 후에 인민군 부역자로 몰려 진주경찰서와 특무대에 끌려가는 등 한동안 곤욕을 치렀다.)

하지만 이렇게 복구된 다리도 이튿날이면 박살이 나서 다시 끊어졌다. 제공권을 장악한 미공군이 진주상공을 정찰하다가 파괴된 진주교가 다시 연결된 것을 발견하고 여지없이 폭격을 가했기 때문이다. 그러면 인민군은 진주사람들을 동원해 야간작업으로 다시 연결했다. 그리고 날이 밝으면 미군기가 다시 끊고, 밤이 되면 인민군이 또다시 연결하는 등 악순환을 계속하다가 미군의 진주 탈환으로 그 악순환의 고리가 끊어지며 의미없이 반복되던 다리공사가 끝났다.

진주가 탈환되자 이번에는 국군 공병대가 인민군이 임시복구한 남강다리를 고쳐 육중한 아치형 철교로 다시 만들었다. 그래서 이때부터 사람들은 남강다리를 '철구다리(철교다리)'라고 부르게 됐던 것이다. 사실상 일제 때도 남강다리를 '남강철교'라고도 불렀으나, 한국전쟁 이후에 철구다리라는 이름이 더 널리 퍼졌다.

그 후 철구다리로 불린 남강다리는 1953년부터 2차선 차도와 인도를 갖추게 돼 일제 때처럼 인마와 차가 함께 엉켜 다니는 일은 더이상 없게 되어 이때부터 차도와 인도가 분리됐다.

그러나 70년대 이후 산업화가 가속화되면서 나날이 늘어나는 차량을 감당하지 못하고 전쟁 때 폭격피해까지 당한 터라 이 노후화된 다리는 결국 수명이 다했음이 드러났다. 시민들은 언제 붕괴할지도 모르는 상황에서 이 수명이 다한 고령의 다리를 계속 이용할수는 없다고 입을 모았다. 결국 1982년 남강다리 옆에 오늘날의 새진주교가 건설됨으로써 남강다리는 그 이름을 새 다리에게 물려주고 철거됐다.

그런데 아이러니한 것은 두 번째 다리건설에도 남강다리의 탄생배경이었던 도청이전에 따른 주민무마용이란 점이 또 한번 적용됐지 않았느냐는 소리가 나왔다. 그것은 남강다리(구 진주교)가 일제때 경남도청이 진주에서 부산으로 옮겨갈 때 선심성으로 생겨나더니만, 다시 수십 년 후 진주사람들이 도청복원운동을 벌였을 때 도청은 진주로 오지 않고 역설적이게도 1983년 신도시 창원으로 가버림과 동시에 새 남강다리(신 진주교)가 완성됐다는 것이다. 이후 도청은 진주에 돌아오지 않았지만 진주교는 아직도 튼튼하게 건재하고 있다.

■사진제공자

1. 김경현···'나불부락 표지석', '가화천 백악기 지층', '강상호 묘', '남인수 묘'

2. 김대준···'배다리'

3. 김도남···'성지 충혼탑', '모디기뱃가'

4. 김범수···'복도여관'

5. 김영호···'용호정원'

6. 김주아···'무촌리 5층석탑', '광문학원'

7. 김준형···'류계춘 묘'

8. 김중섭···'진주 봉양학교', '낙육재'

9. 김창문···'진주 제3야학교', '한빛공민학교'

10. 박성백···'진주사범 구료'

11. 박성훈···'상촌나루터'

12. 서정만···'명석특별연성소'

13. 전갑생···'대평 반공유적비'

14. 정문장···'각후재'

15. 황대영···'금촌선생송덕비'

■사진제공처

1. 옥봉성당···'옥봉천주당'

2. 제일카메라현상소···'수도교'

3. 진주문화원···'진주식량검사출장소'

4. 진주신문사···'진주보안대', '강주진영', '호랑이나무', '추새미', '전기가설기념비', '우다리', '관지리 서낭당', '충노비', '원계리 손경례 고택', '하륜 묘', '사평정미소', '솔모루', '노루목'

5. 형평운동기념사업회···'진주좌'

■사진출전

1. 개정증보 진주안내, 이작온계, 1914…'진주농공은행'

2. 개천예술제40년사, 개천예술재단, 1991…'은전다방', '예연기념비'

3. 경남농촌진흥사업지, 경남농촌진흥원, 1978…'진주종묘장'

4. 경남도정백년사, 경남도, 1996…'선화당'

5. 경남도지 중권, 경남도, 1963…'진주중계탑'

6. 경남일보, 1980. 11. 25, 폐간호…'〈경남일보〉 사옥'

7. 경남 진주, 이작우팔·옥정정장, 1912…'진주재판소', '진주우편국', '진주장'

8. 경상남도안내, 경남도, 조선시보사, 1914, …'진주군청', '진주면사무소'

9. 경상대학교40년사, 경상대, 1988…'진주농대 구본관'

10. 대동35년사, 대동공업(주), 1982…'대동공업사'

11. 대한민국 건국청년운동사, 건국청년협의회, 1989…'진주형무소'

12. 문산성당80년사, 천주교 문산교회, 1983…'문산찰방'

13. 시민을 위한 가야사, 부산·경남역사연구소, 집문당, 1996…'대평리 유적'

14. 시세일람, 진주시, 1961…'시공관'

15. 영남춘추, 1936. 8. 15…'남강다리'

16. 우병영지도, 여지도서, 영조(1757년경), 한국교회사연구소 소장…'동장대', '신북문 옹성', '충민사', '경상우병영'

17. 1969년 졸업기념사진첩, 진주여고, 1969…'일신생활관'

18. 일신60년사, 진주여고 동창회, 1985…'일신여고보', '진주 인민재판장'

19. 정촌80년사, 정촌초교, 1996…'정촌교 특활대'

20. 제2회 졸업기념사진첩, 진주교대, 1966…'진주사범 강당'

21. 제23회 졸업기념사진첩, 경상대학, 1973…'진주농대 부속목장'

22. 조선고적도보 제3권, 조선총독부, 1916…'수정봉 고분'

23. 조선일보, 1924. 12. 15…'영남포정사'

24. 지리풍속, 신광사, 동경, 1930…'너우니'

25. 진양문화 4호, 진양문화원, 1993…'무두묘'

26. 진주, 진주시 문화공보담당관실, 1991…'천리길 진주'

27. 진주교회80년사, 진주교회, 1985…'시원여학교', '옥봉리 예배당', '대사교', '알렌 묘'

28. 진주군지도, 광무3년(1899년), 규장각 소장…'진주관찰부'

29. 진주금석문총람, 진주시, 1995…'진주성벽 석각문'

30. 진주기독신문, 1996. 9. 2…'배돈병원'

31. 진주대관, 승전이조, 진주대관사, 1940…'진주신사', '청수문방구점', '진주식산은행', '죽본조', '진주조면공장', '원전자동차부', '삼중정백화점'

32. 진주로타리15년사, 진주로타리클럽, 1981…'남강아파트'

33. 진주목지도, 여지도서, 영조(1757년경), 한국교회사연구소 소장…'망진봉수'

34. 진주목지도, 진주목읍지, 순조(1882년경), 규장각 소장…'진영대'

35. 진주성도, 18세기, 국립 진주박물관 소장…'진주감옥'

36. 진주성 병풍지도, 18세기, 김준형 사진촬영본…'진주사직단'

37. 진주의 뿌리, 진주시, 1996…'삭실범종 발굴지'

38. 진주의 어제와 오늘, 신아일보 진주지사, 1970…'운돌', '남강다목적댐'

39. 진주중앙백년청사, 중안초교, 1996…'대사지', 'CAC원조 가교사', '진주보교 여자부', '길야국민학교'

40. 한국철도80년약사, 철도청, 1979…'진삼선 철도'

■추가 사진출전

1. 사진으로 본 진주, 한국사진작가협회 진주지부, 1999…'배다리', '남강다리', '너우니', '죽본조'

2. 진농관 진주를 품다, 경상국립대박물관·기록관, 국립진주박물관, 2021…'진주면사무소'

3. 형평운동 100주년 기념 특별전, 경상국립대박물관, 2023…'진주좌'